한국민족의 기원과 형성 연구

한국민족의 기원과 형성 연구

The Origin and Formation of Korean Nation

초판 1쇄 발행 2017년 1월 25일
초판 3쇄 발행 2018년 4월 30일

지은이 신용하
펴낸곳 서울대학교출판문화원
펴낸이 성낙인

출판등록 제15-3호

주소 08826 서울 관악구 관악로 1
대표전화 02-880-5252 | 팩스 02-888-4148
홍보마케팅팀(주문 상담) 02-889-4424, 02-880-7995
이메일 snubook@snu.ac.kr
홈페이지 www.snupress.com

ISBN 978-89-521-1878-3 93300

2017년 대한민국학술원 우수학술도서

한국민족의 기원과 형성 연구

신용하 지음

서울대학교출판문화원

The Origin and Formation of Korean Nation

Shin Yong-ha

Seoul National University Press

머리말

어느 나라 어느 민족에게나 자기 민족의 기원과 형성을 밝히는 것은 매우 중요한 일이다. 한국민족에게도 물론 그러하다. 그것은 한국민족의 뿌리와 초기 성장을 밝히는 작업인 것이다.

이 책은 한국민족의 기원과 형성에 대하여 저자가 쓴 세 편의 논문을 모은 것이다. 처음에 한 권의 책을 쓰려다가, 학술지에 게재하면서 논문 세 편으로 나누었던 것을 다시 모았으므로, 형식은 논문 세 편으로 구성된 논문집처럼 되었지만 내용은 연결 부분이 간단히 겹치면서 한 권의 책이나 거의 다름없이 되어 있다.

회고해 보면, 저자는 열세 살 소년 시절에 한국전쟁의 참혹함을 경험하면서, 한국민족은 왜 동족상잔의 전쟁을 하게 되었는가 하는 의문을 처음 갖게 되었고, '민족'을 공부하여 그에 대한 해답을 얻으려고 사회학과에 진학하였다. 교수가 되어 주로 '근대민족'을 공부하는 사이에 어느덧 정년을 넘기게 되었다. 젊은 교수 시절에 우리 민족은 어디서 기원하여 어떻게 형성되었는지 그 뿌리를 알고 싶어서 해답을 구하여 주로 고대사학계를 방청했으나 해답을 얻지 못하였다. 그 이유는 고대사학계의 사용 가능한 제일차 고문헌 사료가 한국민족의 기원과 형성에 대해서는 거의 없기 때문이었다. 한국민족의 뿌리를 밝히는 작업은 고대사학계만의 문제가 아니라 모든 과학의 학제적 공동 연구과제이며, 종합적 접근의 특장이 있는 사회학의 중요한 연구주제의 하나임을 절감하게 되었다.

저자는 환갑을 맞아 교수 정년을 몇 해 앞두고 생애가 끝나기 전에 우리 민족의 뿌리에 대한 의문을 풀고 가고 싶은 마음에서, 능력이 부족함을 스스로 잘 알면서도 이 주제를 연구하여 밝혀 보기로 결심하였다.

한국민족의 기원과 형성에 관한 기존 학설들은 한국민족의 원민족이 바이칼 지방, 카프카스 지방, 알타이 지방, 몽골 지방, 시베리아 지방, 고중국 북부지방 등에서 각각 형성되어 고(古)한반도에 이동·이입해 들어왔다는 견해가 지배적이었다. 한국민족 형성의 선행 '부족'에 대해서도 북방으로부터의 이동·이입을 전제로 '예' 1부족설, '예맥' 1부족설, '예'·'맥' 2부족 결합설이 제시되었다. 이러한 기존 학설들은 모두 유라시아 대륙 북방에서 형성된 한국 원민족이 한반도에 이동·이입해 들어올 때까지 고한반도는 '빈 공간'으로 전제되어 있었다. 그러나 최신 연구방법론을 적용하여 검증해 보면 기존 학설들은 사실과 일치하지 않는다. 새로운 패러다임 전환이 절실히 필요하게 되었다.

이 책의 제1편 "한국민족의 기원과 형성에 대한 '한'·'맥'·'예' 3부족 결합설"(『학술원논문집-인문·사회과학편』 제55집 1호, 2016)은 새로운 연구방법론으로 새 패러다임을 제시한 것이다. 동아프리카에서 발생해 약 100만 년 전에 유라시아 대륙에 들어온 인류의 구석기인은, 약 5만 년 전~1만 5천 년 전 '최후의 빙기'에 북위 약 40도(한반도의 신의주 통과선) 이북의 유라시아 대륙은 동토(凍土)가 되었으므로, 그 이남의 '동굴'지대로 피한해 들어간 소수 구석기인 외에는 거의 모두 사멸하였다. 북위 40도 이하의 동아시아에서 동굴이 가장 많은 고한반도의 동굴지대에서는 기존 구석기인들과 피한해 들어온 구석기인들이 합류하였다. 약 1만 2천 년 전 지구 기후가 오늘날처럼 온난해지자 고한반도 동굴에서 나온 구석기인들은 부근 강변과 해안에서 신석기시대를 열었다. 그 결과 구석기 말~초기 신석기시대에 고한반도는 '빈 공간'이기는커녕 유라시아 대륙에서 인구가 가장 많은 상대적 과잉인구지역이 되었다. 고한반도 초기신석기인들은 당면 과제인 '식료부족' 문제를 해결하기 위해 동굴에서 나오자마자, 온대 '단립벼'·'콩'·'조' 등 오곡의 농업경작을 시도하여 성공하기 시작하였다. 그러나 식료 문제 해결이 불충분하자 약 9천 년 전~6천 년 전에 고한반도 초기신석기인들은 북위 40도 이북의 과거 동토였다가 이제는 인간 거주와 농경이 가능한 지역으로 인구이동을 감행하게 되었다.

이에 고한반도 초기신석기인 유형은 크게 세 계열로 분화되었다. 첫째는 청천강 이남 고한반도에 그대로 남아서 '한강문화'와 '대동강문화' 등 강변과 해안에 신석기문화를 남기면서 선진적 농업경작을 발전시킨 태양숭배 '새'토템의 '한'부족이다. 둘째는 압록강을 넘어 요서 지방 대릉하·시라무렌강 유역에 이동·정착하여 여족장의 지휘 아래 홍산(紅山)문화를 비롯한 독자적 신석기문화를 남긴 '곰'토템의 '맥'부족이다. 셋째는 청천강 이북과 압록강을 건너고 동해안을 따라 북상해서 요동지방 요동반도·태자하·북류 제2송화강 일대에 이동·정착하여 '신락(新樂)문화'를 비롯한 독자적 신석기문화를 남긴 '범'토템의 '예'부족이다.

약 5천 년 전 요서지방에 강우량 급감으로 인한 건조화로 농업경작이 불가능하게 되자, 여족장이 이끈 '맥'부족의 주류는 새 농경 정착지를 찾아 요동반도와 고한반도 북부에 들어와서 '한'족의 한 갈래인 '환웅'족 군장을 조우하자 '혼인동맹'을 요청하였다. '한'족 군장과 '맥'족 여족장 사이에서 출생한 '단군'은 BC 30세기~BC 24세기에 '한'족에서 왕을 내고 '맥'족에서 왕비를 내는 혼인동맹과 '예'족은 자치권을 가진 후국으로 '한'·'맥'·'예' 3부족을 결합시켜, 도읍을 '아사달'에 정하고 동아시아 최초의 고대국가 '고조선'을 개국하였다.

고한반도에서 일단 고대국가 '고조선'이 건국되자 고조선 국민이 된 '한'·'맥'·'예' 3부족은 강력한 국가권력의 작용과 긴밀한 교류와 족외혼

제도에 의해 언어의 공동, 지역의 공동, 혈연의 공동, 문화의 공동, 정치의 공동, 사회경제생활의 공동, 역사의 공동이 실현되어, 약 2천 년간 고조선의 '장기지속' 기간에 '고조선민족'이 형성되었다. '고조선민족'이 바로 한국 '원민족'의 형성인 것이다. 그러므로 한국민족은 약 5천 년 전 고한반도에서 '한'족의 주도로 '한'·'맥'·'예' 3부족이 결합하여 형성된 것이었다. 고조선이 후국제도를 채택하여 요동·요서·동내몽고·연해주 지방으로 영역을 확대하면서 고대연방제국으로 발전하자 이 지역 부족들은 제1형 후국과 제2형 후국으로 고조선에 복속하였다. 고조선이 BC 108년 해체될 시기에 제2형 후국의 소수 부족은 이탈했으나, 고한반도 전체와 요동·요서의 제1형 후국들은 모두 한국민족의 형성에 들어오게 되었다.

제1편에서는 이상과 같이 한국민족이 유라시아 대륙의 북방 얼어붙은 어느 동토지역에서 고한반도에 들어온 민족이 아니라, 고한반도에서 '한'족의 주도 아래 '한'·'맥'·'예' 3부족이 결합하여 자생적으로 형성되어 유라시아 대륙 북방으로 진출해서 활동한 민족이라는 진실을 밝히고 새 패러다임을 제의하였다.

제2편 "한국 '원민족' 형성과 '전근대민족' 형성"(『사회와 역사』 제88집, 2010)은 한국민족의 '원민족'으로부터 '전근대민족'으로의 이행 전화 발전 과정을 주로 단재 신채호 선생의 역사서술을 비롯한 역사연구 성과들을 자료로 하여 사회학적으로 해석한 글이다. 한국 '원민족'과 '전근대민족'의 개념과 구성요소를 재정의하고 민족 형성요소별 구성의 변동 차이를 비교하여 한국 '전근대민족'의 특징을 구명하였다.

또한 한국 '전근대민족'이 당의 고구려·백제 침략과 천하통일정책 및 한반도 지배정책으로 절체절명의 위기에 처했을 때 뒤늦게 깨달은 신라군과 백제·고구려 독립군 및 유민들의 대동단결에 의해 당군을 몰아내고 '전근대민족'을 보전한 문제를 다루었다. 이어서 한국 '전근대민족' 형성의 완결을 '신라의 삼국통일'로 보아야 할 것인가, 고려의 후삼국통일로 보아야 할 것인가의 문제를 논의하였다.

제3편 "한국 '근대민족' 형성과 민족의식"(新稿)은 한국민족이 '전근대민족'을 거쳐 '근대민족'으로 형성 발전되는 과정을 실증적으로 밝힌 글이다. 한국민족처럼 고대에 '원민족'으로서 민족을 형성한 유형에서는 민족 형성의 객관적 요소들은 이미 '원민족'과 '전근대민족' 시기에 모두 성취되었다. 그러므로 근대민족 형성은 '근대적 민족공동체' 형성과 '민족의식' 형성 강화를 내부에서 저해해 오던 요소들을 소멸시키고 민족의식을 고양 강화시켜서 '전근대민족'을 '근대민족'으로 전화 발전시키는 연속적 변혁 과정이 된다. 그러므로 '원민족'과 '전근대민족'이 이미 형성된 유형에서는 '전근대민족'의 '근대민족'으로의 전화 형성 발전은 비교적 단기간에 이루어질 수 있다.

제3편에서는 19세기 후반 전근대민족 내부에서 근대민족공동체 형성을 저해해 온 가장 주요한 요소인 사회신분제 폐지, 상업자본주의의 발흥과 국민경제 성립의 기초 형성, 민주주의 운동의 발흥과 국민국가 수립운동, 국문으로의 '한글' 사용과 국민교육의 일반적 보급, 국민의 문화적 성장, 근대적 '민족의식'의 형성과 발전을 실증적으로 구명하였다. 그 결과 한국민족은 19세기 말 독립협회운동을 전환점으로 '전근대민족'으로부터 '근대민족' 형성이 확고하게 성취되었음을 증명하였다.

제3편에서는 또한 19세기 말 한국 '근대민족'의 형성과 비약적 발전에 동반하는 '국가' 체제의 비약적 개혁을 이루지 못하여 '근대민족'과 '대한제국 국가' 사이에 상당한 괴리와 지체가 발생했음을 논증하였다. 그 이유는 황제와 수구파 지배층 관료들이 일본제국주의 등의 침략 극복을 위한 체제개혁을 요구하는 '근대민족' 성원들의 개혁운동을 탄압하고 군주전제권과 기득권 수호에만 집착하여 대비책 수립 실천을 감행하지 못했

기 때문이었다. 그러나 한국 '근대민족'은 강렬한 '민족의식'을 한국 '근대적 민족주의'로 결정(結晶)하여 일본제국주의의 침략에 저항하고 투쟁하였다. 세계사에서 민족주의는 크게 제국주의에 결합한 인류에게 유해했던 '제국주의적 민족주의'와 민족해방에 결합한 인류에게 유익했던 '민족해방적 민족주의'의 두 유형으로 우선 분류된다. 한국 근대민족의 민족주의는 전형적인 '민족해방적 민족주의 유형'에 속한 것이었다. 대한제국 국가는 일본제국주의 침략에 제대로 대응도 하지 못한 채 붕괴되었으나, 한국의 '근대민족'은 '민족해방적 민족주의'를 강렬하게 형성 발전시키면서 치열한 민족해방독립운동을 전개해 빼앗긴 '국가'를 광복하는 원동력이 되었음을 설명하였다.

이 책에 쓴 저자의 여러 가지 견해는 '진실'에 일치하는 새로운 패러다임 전환을 제의한 것이다. 이 진실의 기준틀을 자기의 뿌리를 알고 싶어 하는 내 동포들과, 그리고 한국민족의 기원 및 형성 과정을 알고자 하는 세계 관련 학계 여러분께 알리고자 책으로 출판하는 것이다. 그러나 그 증명에는 저자의 능력과 자료의 부족으로 여러 가지 한계가 있을 것이다. 질정을 받은 후 다른 기회에 수정하고 보충하려고 한다.

이 책의 내용 연구에 도움을 주신 대한민국학술원 여러분과 이 책의 출판을 맡아 주신 서울대학교출판문화원 성낙인 이사장님(서울대학교 총장)과 박진수 원장님께 깊이 감사드린다. 또한 교정에 온갖 정성을 기울여 준 서울대학교 대학원 박사후보 박영대 군과 출판문화원 관계자 여러분께도 깊이 감사드리는 바이다.

2017년 1월

서울 禾陽書屋에서

저자 삼가 씀

차례

제2편 한국 '원민족' 형성과 '전근대민족' 형성

제1편

한국민족의 기원과 형성에 대한 '한'·'맥'·'예' 3부족 결합설

제1장 문제의 한정

어느 나라 어느 민족에게나 자기 민족의 기원과 형성을 밝히는 일은 매우 중요한 연구작업이다. 한국민족에게도 그러하다. 그것은 한국민족의 '뿌리'를 밝혀내는 작업인 것이다.

또한 사회학·민족학적으로 인류사회는 수많은 민족들이 모여서 구성된다. 인간 개인은 가족 안에서 태어남과 동시에 특정 민족에 속하게 되고, 특정 민족문화와 민족언어를 습득하면서 사회화되어 특정 민족 성원의 하나가 됨과 동시에 인류사회 성원의 하나가 된다. 특정 민족의 기원과 형성을 밝히는 일은 인류사회 역사의 한 면을 밝히는 중요한 작업도 되는 것이다.

민족의 기원과 형성을 밝히는 과학적 작업은 크게 구분하여 양면의 접근이 수행되어 왔다. 하나는 인종학적 체질인류학적 접근이다. 체질의 특징, 피부색, 두개골지수, 코의 높이, 눈의 색과 형, 두발 색과 형의 특징, 신장, DNA, 미토콘드리아 등을 비교 고찰하는 방법이다. 다른 하나는 사회학적 민족학적 문화인류학적 접근이다. 문화, 언어, 신앙, 생활양식 등의 특징을 비교 고찰하는 방법이다.

사회학은 성립과 동시에 민족 형성 문제에 대한 깊은 관심과 이론 정립을 추구한 전통이 있다. 예컨대 스펜서(Herbert Spencer)는 인류의 집단생활이 '무리'(bands) → 가족(families) → 씨족(clans) → 부족(tribes) → 민족(nations)의 진화 과정을 거쳤으며, 가족은 '단순사회', 씨족은 '복합사회',

부족은 '2중복합사회', 민족은 '3중복합사회'로서, 민족 형성에 동반하여 '고대국가'가 형성되고 인류는 '문명' 단계에 들어가게 되었다고 설명하였다.[1] 스펜서의 이론은 사회진화론의 선구가 되었을 뿐 아니라 진화론적 문화인류학의 선구가 되어 현재 다각적으로 발전되고 있다.[2]

사회학적으로 '민족'(nation, ethnicity)은 '인종'(race)과는 전혀 다른 별개의 실체와 개념이다. 민족은 "인간이 객관적으로 언어의 공동, 지역의 공동, 혈연의 공동, 문화의 공동, 정치의 공동, 사회경제생활의 공동, 역사의 공동 등으로 공고히 결합되고, 그 기초 위에서 주관적으로 민족의식이 형성됨으로써 더욱 공고하게 결합된 역사적 범주의 인간공동체"이다. 민족은 맨 처음 '원민족'(proto-nation)으로 형성되어 '전근대민족'(pre-modern nation) → '근대민족'(modern nation)으로 진화해 왔다.[3]

한편 '인종'은 생물학적 유전학적 개념으로서 혈연, 피부색, 두개골지수, 눈의 색과 형, 두발의 색과 형, 코의 높이, 신장, DNA, 미토콘드리아 등 각종 생물학적 특징을 지표와 기준으로 인류의 기원을 탐구하고 분류

---

1 Herbert Spencer, *First Principles*, London: Williams and Norgate, 1867.
Herbert Spencer, *The Principles of Sociology*, London: Williams and Norgate, 1893 참조.

2 스펜서(H. Spencer)를 검증하면서 20세기 후반기에 문화인류학에서 살린즈(M. Sahlins), 서비스(E. R. Service), 프라이드(M. Fried), 얼(T. K. Earle) 등이 스펜서의 사회진화론을 계승·발전시켰다. 특히 서비스는 스펜서의 '복합성의 정도'에 의거한 인류사회의 발전단계에서 '가족'을 생략하고 '씨족'을 '부족'의 초기에 통합시키면서, 인류학적 조사자료를 검토하여 마지막 단계의 부족을 세분해서 'chiefdom'의 단계를 설정하여, 무리(bands) → 부족(tribe) → 군장사회(chiefdom) → 국가(state)의 진화단계를 설정하였다.
E. R. Service, *Primitive Social Organizations*, New York: Random House, 1962.
E. R. Service, *Cultural Evolutionism: Theory in Practice*, New York: Holt, Rinehart and Winston, 1975.
E. R. Service, *Origins of the State and Civilization: the Process of Cultural Evolution*, New York: Norton, 1975.
T. Earle (ed.), *Chiefdoms: Power, Economy, and Ideology*, Cambridge: Cambridge University Press, 1991 참조.

3 신용하, 「民族形成의 理論」, 『한국사회학연구』 제7집, 1984(『한국민족의 형성과 민족사회학』, 지식산업사, 2001 재수록) 참조.

한 생물학적 개념의 인간집단이다.[4]

이 글에서는 사회학적 개념과 실체의 '민족'을 고찰하며, 한국민족의 기원과 형성 과정에 해당하는 한국민족의 '원민족' 형성의 고찰에 문제를 한정하기로 한다.

종래 한국민족의 기원과 형성에 대해서는 주로 다음의 견해들이 제시되어 왔다.

① 바이칼 지방으로부터의 이동과 이입

② 카프카스 지방(흑해와 카스피해 사이의 지방)으로부터의 이동과 이입('불함문화론' 등)

③ 알타이 지방으로부터의 이동과 이입

④ 몽골 지방으로부터의 이동과 이입

⑤ 시베리아 지방으로부터의 이동과 이입

⑥ 고중국 북부지방으로부터의 이동과 이입

어느 경우나 모두 이미 형성된 한국원민족이 북방 또는 서북방으로부터 한반도로 이동·이입해 들어왔다는 견해들이 제시·보급되어 온 것이다.

---

4 Ruth Benedict, *Race: Science and Politics*, Revised edition, New York: The Viking Press, 1950.
John Rex, *Race Relations in Sociological Theory*, New York: Schocken Books, 1970.
Pierre L. van den Berghe, *Race and Ethnicity: Essay in Comparative Sociology*, New York: Basic Books, 1970.
Georg Lukács, *Destruction of Reason*, Trans. Peter Palmer, New York: Humanities Press, 1981.
Malcolm Chapman (ed.), *Social and Biological Aspects of Ethnicity*, Oxford: Oxford University Press, 1993.
Anthony D. Smith, *The Antiquity of Nations*, London: Polity Press, 2004.
George J. Sefa Dei and Meredith Lordan (eds.), *Contemporary Issues in the Sociology of Race and Ethnicity*, New York: Peter Lang Publishing Inc., 2013 참조.

또한 한국민족을 형성한 '부족'에 대해서는 ① '예'(濊) 1부족설(이지린 교수 학설)[5]과 ② '예맥'(濊貊) 1부족설(이병도 박사 학설),[6] ③ '예'(濊)·'맥'(貊) 2부족 결합설(김상기 박사 학설)[7]이 제시·보급되어 있다.

한국민족 형성의 '예' 1부족설과 '예맥' 1부족설, '예'·'맥' 2부족 결합설은 처음으로 부족연맹이 민족으로 진화했다는 사회과학적 관점을 도입하여 한국민족의 형성을 고찰한 선구적 업적을 내었다. 또한 주로 중국의 고문헌 기록을 해석하여 증거로 제시하였다.

그러나 시베리아 등 북방 및 서북방으로부터의 한국원민족 이입설 등과 한국민족 형성의 '예' 1부족설, '예맥' 1부족설, '예'·'맥' 2부족 결합설은 당시의 시대적 제약과 학문적 여건의 제약으로 말미암아 한반도는 언제나 '빈 공간'으로 전제되어 있었다. 한반도에는 구석기시대와 초기신석기시대도 없었고, 금석병용기에 북방 또는 서북방에서 선진문물을 가진 고대인이 미개척의 빈 공간인 古한반도로 이동·이입해 들어와서 한국민족의 역사가 시작되는 것으로 전제되어 왔다. 그러나 이 대전제와 가정은 사실과 너무 다른 것이었다.

1980년대 이후 2010년대의 한국과 세계의 고고학적 발굴 성과와 세계 아날학파 등 사회사학과 연구방법론의 혁명적 발전은 한국민족의 형성 연구에도 완전히 새로운 패러다임 변환을 절실히 요구하게 되었다. 이 글

---

5 이지린, 『고조선연구』(과학원출판사, 1963), 백산자료원, 1997, p.147 및 pp.164~168 참조.

6 李丙燾, 「檀君說話의 해석과 阿斯達 문제」, 『한국고대사연구』, 박영사, 1976 참조.

7 金庠基, 「韓·濊·貊 移動考」, 『東方史論叢』, 서울대출판부, 1974 참조.
이 견해는 한(韓)족이 고중국 서주(西周)의 서방에서 형성되어, 제1단계에서 섬서성(陝西省) 한성현(韓城縣) 방면으로 이동하여 예(濊)·맥(貊)족을 지배했다가, 제2단계에서 하북성(河北省) 고안현(固安縣) 방면으로 이동하여 후조선(後朝鮮) 지배세력이 되었으며, 제3단계에서 다시 한반도(韓半島) 또는 남동만주(南東滿洲) 일대로 이동했다고 보았다. 이 견해는 한(韓)족을 다루었으나 고중국 서북부 지방에서 형성되어 3단계를 거쳐 동쪽으로 이동하다가 고조선 해체기에 한반도에 들어온 것으로 설명하였다.

의 목적은 1980년대부터 2010년대의 관련 학계의 연구성과를 흡수하면서 한국민족 형성의 새 패러다임으로 古한반도에서의 '한'·'맥'·'예' 3부족 결합설을 제시하는 것이다.[8]

이 글의 '3부족 결합설'은 기존의 '1부족설'과 '2부족 결합설'을 비판·부정하는 것이 아니라, 어려운 여건 속에서도 민족 형성 연구를 개척한 선행 업적들을 배워 섭취하고 기존 학설을 수정하여 거시적 관점에서 새 패러다임의 기본구성을 제시하는 것이다.

---

8 필자는 다음의 논문들에서 3부족 결합설을 단편적으로 제의해 왔는데, 이 글에서 본격적으로 이 주제만을 보다 상세히 설명하여 제시하려 한다.
신용하, 「民族形成의 理論」, 『한국사회학연구』 제7집, 1984.
신용하, 「檀君說話의 社會學的 解釋」, 『韓國社會史硏究會論文集』 제47집, 1995.
신용하, 「韓國民族의 起源과 形成」, 『韓國學報』 제100집, 2000(『한국민족의 형성과 민족사회학』, 지식산업사, 2001 재수록).
신용하, 「한민족의 형성과 단군에 대한 사회사적 고찰」, 『단군학보』 제3집, 2000(단군학회 엮음, 『단군과 고조선연구』, 지식산업사, 2005 재수록).
신용하, 「고조선 국가의 형성: 3부족 결합에 의한 고조선 개국과 아사달」, 『사회와 역사』 제80집, 한국사회사학회, 2008.
신용하, 「고조선의 통치체제」, 『고조선연구』 제1집(고조선학회), 지식산업사, 2008 참조.

제2장 '古한반도 초기신석기인 유형'의 성립과 분화

1. '古한반도 초기신석기인 유형' 성립의 사회·환경적 조건

한국민족이 형성되기 이전의 古한반도는 미개척의 '비어 있는 공간'이 아니라 동아시아에서 말기구석기인과 초기신석기인이 가장 밀집해 있던 지역이었다.

고고학자들은 250만 년 전 '손쓴 사람'(*homo habilis*) 단계의 인류를 타제석기 사용의 '구석기인'으로 호칭하고 있다.[9] 구석기인들은 '손쓴 사람' 단계에서 아프리카로부터 아라비아 반도를 건너 전체 유라시아 대륙으로 태양(해)이 솟는 곳을 향하여, 또는 보다 살기 좋은 곳을 향하여 '무리'(bands)를 지어 수십 만 년에 걸쳐 천천히 분산이동하였다. 당시 지구의 기후는 모두 아열대성이어서 시베리아에서도 매머드와 공룡이 생존하였다. 물론 古한반도에도 아열대성 식물과 공룡 등 동물이 생존하였다. 구석기인들 가운데 가장 적극적이고 정력적인 구석기인 무리는 태양(해)이 솟은 곳을 향해 이동하다가 유라시아 대륙의 가장 동쪽 끝인 古한반

9 구석기시대는 매우 길므로, 이를 다시 전기(약 250만 년 전~30만 년 전), 중기(30만 년 전~5만 년 전), 후기(약 5만 년 전~약 1만 5천 년 전)로 구분하고, 약 1만 5천 년 전~1만 년의 시기를 구석기시대로부터 신석기시대로 이행하는 과도기로서의 중석기(中石器)시대 또는 초기신석기(初期新石器)시대로 구분하기도 한다. 그러나 이러한 이행은 순탄하게 진화한 것이 전혀 아니었다. 약 5만 년 전에 전 지구에 혹독한 '빙하기'가 찾아왔기 때문이다.

도와 남부 연해주에 도착하여 바다에 닿아서 정착하였다. 그러나 이것은 인류 구석기인 '무리'의 정착이었지, 아직 '민족' 형성은 아니었다.

한반도에서는 가장 오래된 구석기시대 유적으로 평안남도 상원군 상원읍 흑우리 '검은모루 유적'(약 100만 년 전~70만 년 전)과 '절골 유적'(약 93만 년 전),[10] 충청북도 단양군 도담리 '금굴 유적'(약 70만 년 전)이 발견·발굴되었다.[11] 이 밖에 한반도에는 이미 발견·발굴된 주요 구석기시대 유적이 50여 곳에 달한다. 만주와 연해주 지방에서도 다수의 구석기시대 유적이 발견·발굴되었다. 약 100만 년 전에 인류가 이미 유라시아 대륙의 극동지역인 한반도와 만주·연해주 일대까지 이동하여 '구석기인'으로 살았음이 명백히 증명되는 것이다.

약 5만 년 전에 유라시아 대륙의 구석기인들에게 대재난이 찾아왔다. 지구의 기후변화로 혹한의 '최후의 빙기'(The Last Glacial Maximum)가 닥쳐온 것이다.[12]

최후의 빙기의 마지막 절정은 약 2만 8천 년 전~약 1만 5천 년 전에 닥쳐왔는데, 이 시기에는 대서양 난류의 영향을 받은 극소수 특수지대를 제외한 유라시아 대륙의 모든 지역의 북위 약 40도 이북은 생물이 생존

---

10 「상원 검은모루 유적 발굴중간보고」, 고고학연구소 편, 『고고민속논문집』 I, 사회과학출판사, 1969.
김신규·김교경, 「상원 검은모루 구석기유적 발굴보고」, 『고고학자료집』 4, 사회과학출판사, 1974 참조.

11 손보기, 「단양 도담리 금굴유적 발굴조사보고」, 『충주댐 수몰지구 문화유적 연장 발굴조사보고서』, 충북대박물관, 1985.
이융조, 『충북의 선사문화』, 충청북도 충북학연구소, 2006, pp.78~80 참조.

12 후기구석기인들은 지구 역사에서 플라이스토세(Pleistocene, 홍적세) 시기에 살았다. 플라이스토세는 크게 빙하기(Glacial)와 겹치는 시기인데, 이 빙하기는 크게 5개의 빙기(Glacial)와 4개의 간빙기(Interglacial)로 형성되어 있었다고 한다. 최후의 빙기(The Last Glacial Maximum, LGM; Würm Glacial)는 약 5만 년 전부터 1만 5천 년 전의 시기였다. 이 최후의 빙기는 그 가운데 다시 빙한기(Stadial) → 빙온기(Interstadial) → 빙한기(Stadial)가 반복되는 고(古)기후(Paleo-climate)의 특징이 있었다고 기후학자들에 의해 확인되고 있다.

할 수 없는 동토(凍土)가 되어 버렸다. 예컨대 우랄 지역의 겨울철 1월 평균온도는 -30°C였다.[13] 그러므로 북위 약 40도 이북의 구석기인들은, 북위 40도선 이남의 생존 가능한 따뜻한 지역으로 동굴을 찾아 이동한 구석기인들을 제외하고는, 거의 모두 사멸하게 되었다.

동아시아에서도 이 기간에 북위 약 40도 이북에서는 인류는 상주(常住)하지 못하였다.[14] 이 최후의 빙한기가 풀리기 시작한 것은 약 1만 3천 년 전 이후이고, 약 1만 2천 년 전(일설에는 1만 2,500년 전)에 이르면 빙한기가 종식되어 홀로세(Holocene, 충적세)가 시작됨에 따라 대체로 오늘날과 유사한 기후에 이르게 되었다고 한다.[15]

동북아시아의 대흥안령산맥 동쪽·연산산맥 동북쪽, 북위 약 40도 이북에 거주하던 구석기인들은 약 5만 년 전~1만 5천 년 전의 빙기-간빙기-빙기가 반복된 약 3만 5천 년간의 동토(凍土) 기간에 대부분 사멸하거나 또는 일부가 북위 40도 이남의 인간 생존이 가능한 동굴 지대로 남방

---

13 John H. Hoffecker, *A Prehistory of the North: Human Settlements of the Higher Latitudes*, London: Rutgers University Press, 2005, pp.91~95 참조.

14 John F. Hoffecker, "The Human Story," in Brian Fagan (ed.), *The Complete Ice Age*, London: Thames & Hudson, 2009, p.107.

15 S. H. Ambrose, "Late Pleistocene Human Population Bottlenecks, Volcanic Winter, and Differentiation of Modern Humans," *Journal of Human Evolution*, 34, 1998.
J. Severinghaus and E. Brooks, "Abrupt Climate Change at the End of the Last Glacial Period Inferred from Trapped Air in Polar Ice," *Science*, 286, 1999.
A. Berger and M. F. Loutre, "Climate: An Exceptionally Long Interglacial Ahead?" *Science*, 297, 2002.
John H. Hoffecker, *A Prehistory of the North: Human Settlements of the Higher Latitudes*, London: Rutgers University Press, 2006.
John F. Hoffecker and Scott A. Elias, *Human Ecology of Beringia*, New York: Columbia University Press, 2007.
Brian Fagan (ed.), *The Complete Ice Age: How Climate Change Shaped the World*, London: Thames & Hudson, 2009(이승호·김맹기·황상일 옮김, 『완벽한 빙하시대』, 푸른길, 2011).
S. Eldredges, "Ice Ages-What Are They and What Causes Them?" *Utah Geological Survey*, Retrieved 2, March, 2013.

이동하여 그곳의 구석기인에 이웃하고 합류하였다.

동아시아에서 북위 40도선을 보면 한반도의 신의주 중앙과 중국 북경 바로 아래를 지나가는 위도선이다. 그러므로 동아시아에서도 5만 년 전~1만 5천 년 전에 북위 40도 이북의 이 지역 동토에서는 인류가 상주(常住)하여 생존할 수 없었다.

동아시아의 북위 40도 이남에서 구석기인들이 피한해 들어가 살 수 있는 '동굴'이 가장 많은 지역은 '古한반도'였다. 한반도의 자연동굴은 동굴 총수의 90퍼센트 이상이 석회암동굴이고, 제주도에 약간의 용암동굴이 분포한다. 한반도의 북위 40도 이남의 카르스트(karst) 지형 석회암지대는 충청북도·강원도·경상북도 접경의 태백산맥 끝자락, 소백산맥·차령산맥 일대에 가장 발달해 있으며 무려 1천여 개의 자연동굴이 이 지역에 집중되어 있다. 그 다음이 평안남도와 황해도 접경지대에 석회암동굴지대가 있다.[16] 충청북도·강원도·경상북도 접경지대의 1천여 개의 동굴은 '한반도 제1동굴지대'이면서 동시에 북위 40도선 이남의 '동아시아 제1동굴지대'라고 말할 수 있다(〈그림 1-1〉 참조).[17]

古한반도는 최후의 빙기에 동토지대에 접한 북방한계선 지역이었고 동아시아 최대의 석회암동굴 밀집지역이었기 때문에, 이전의 古한반도의 구석기인과 북위 40도 이북에서 피한해 들어온 구석기인들과 남방에

16 徐茂松, 『韓國의 石灰岩 地形』, 세경자료사, 1996.
홍시환, 「우리나라 자연동굴의 지리적 분포와 그 특성의 연구」, 『한국동굴학회지』 제62집, 2004 참조.

17 김석주, 「중국의 동굴자원과 동굴 연구」, 『한국동굴학회지』 제95집, 2009 참조. 이 연구에 의하면, 중국에도 카르스트 석회암지대가 널리 분포되어 있는데 남서지방에 집중되어 있다. 중국 지질과학원의 발표에 따르면 현재 주요 석회암동굴은 450개가 등록되어 있다고 한다. 중국의 450개 석회암동굴의 지역별 분포를 보면, 광서성이 139개로 가장 많고, 40개가 넘는 지역은 귀주성과 호남성이며, 20~39개인 지역은 사천성·운남성·중경이고, 10~19개인 지역은 광동성·강서성·절강성·호북성이며, 그 밖에는 모두 10개 미만이다

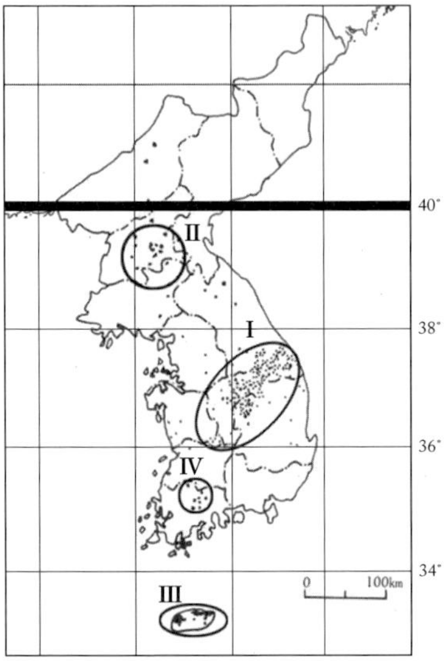

그림 1-1. 한국의 동굴 분포

I. 제1동굴지대(석회암동굴)
II. 제2동굴지대(석회암동굴)
III. 제3동굴지대(용암동굴)
IV. 제4동굴지대(석회암동굴)

서 이동해 들어온 구석기인들이 합해져서, 古한반도는 이 기간에 세계 구석기인의 인구가 가장 밀집된 지역이 되었다. 현재 남아 있는 구석기유적의 상대적 밀집 상태가 이를 증명한다. 그들은 '동굴생활'을 하면서 언제나 식료부족 문제에 당면할 수밖에 없었다.[18]

지구 위의 인류가 새로운 시대를 맞게 된 것은 최후의 빙기를 지나, 약 1만 3천 년 전경 지구 둘레의 먼지가 걷히고 기후가 따뜻하게 된 시기부터다. 지구의 기온은 약 1만 2천 년 전에는 오늘날의 기온처럼 되었다.[19]

약 1만 2천 년 전 무렵 기후 조건이 온난화되자 '동굴' 주거의 구석기인들은 동굴에서 쏟아져 나와 강변과 해안에 움막을 짓고, 새로운 용구를 만들어 새로운 생활양식을 형성하면서 '신석기시대'에 들어가게 되었

18 古한반도의 구석기인들은 다른 지역과 마찬가지로 주거는 대부분 '동굴'에서 하고, 수렵·어로·식물채집으로 연명하였다. 여름에 주위 강변과 해안에 움막을 치고 생존활동을 하는 것도 잠시뿐이고, 봄·가을과 긴 겨울의 추운 기후 조건에서는 '동굴생활'이 그들의 생활양식이었다. 유라시아 대륙의 다른 지역과 마찬가지로 古한반도의 동굴인인 구석기인들은 비교적 밀집한 인구에다가 동토에 연접된 북방한계선 추운 지역의 구석기인들이었기 때문에 '식료부족'으로 자연과의 투쟁에서 매우 고난에 찬 생존을 유지했을 것이다.

19 그 후 기온은 차츰 더 올라가서 9천 년 전~5,300년 전경에는 오늘날보다 평균 2~3도 더 높았다고 한다. 그 가운데서도 6,200년 전~5,300년 전경에는 기온이 가장 높이 상승했으며 5,300년부터 다시 하강하기 시작하여 오늘날보다 약간 추워졌다가, 다시 약간 상승하여 오늘날의 기후·기온을 회복했다고 한다. 지구과학자들은 기후·기온·해수면 높이가 오늘날과 같아져서 유라시아 대륙의 생물분포대가 오늘날과 유사해진 것은 약 1만 2천 년 전부터라는 견해에 대체로 합의하고 있다.

다. 유라시아 대륙 모든 지역의 신석기시대가 어느 지역에서나 약 1만 2천 년 전부터 시작되는 것은 이러한 지구의 환경·기후 조건 변화의 영향이라고 볼 수 있다.

古한반도는 초기신석기시대부터 비어 있던 공간이기는커녕 밖으로 인구가 이동해 나가야 할 이미 상대적 과잉인구지역으로 출발한 것이었다.

2. '古한반도 초기신석기인 유형'의 성립

동아시아 북위 40도 이남지역에서 가장 밀집된 동굴지역인 古한반도에서도 약 1만 2천 년 전 지구 기후가 온난화되자 구석기인들은 모두 동굴에서 나와 주위의 강변과 해안에서 움막을 치고, 새로운 용구로 마제석기(磨製石器)와 토기를 만들어, 사냥·어로·식료채집을 하면서 '신석기인'으로 진화되어 새로운 '신석기시대'를 열었다. 예컨대, 古한반도 제1동굴지역의 가장 가까운 남한강과 금강 상류 강변에는 수십 개 단위의 신석기시대 취락지 유적이 강줄기를 따라 남아 있었다. 남한강 유역 수양개 Ⅱ지구에서 약 3만 평 면적에 500채 이상의 대단위 취락지 유적이 확인되었다.[20] 이러한 500채 이상의 신석기시대 대규모 취락지는 세계 최대 취락지 중의 하나이다. 비유하면 이것은 오늘날의 세계 최대의 대도시와 같은 것이다.

신석기시대의 시작과 함께 古한반도 중부의 제1동굴지대 주변 강변은 유라시아 대륙 초기신석기인의 최대 인구밀집지역의 하나가 된 것이다. 이 신석기인 인구밀집지역의 가장 심각한 문제는 상대적 과잉인구로 인한 '식료부족'이었다. 사냥·어로·채집만으로는 식료부족 문제

20 이융조, 『충북의 선사문화』, 충청북도 충북학연구소, 2006, pp.113~114 참조.

가 해결될 수 없었다. 발굴보고서에 따르면, 이 지역의 식료부족 문제는 두 방향의 해결이 추구되었다. 그 하나는 야생식물 종자와 뿌리를 채용하여 식량 생산을 위한 '농업경작'(agriculature)의 순화재배(domestication)를 시작하는 것이고, 다른 하나는 다른 지역으로 인구이동을 감행하는 것이었다.

古한반도 중부 제1동굴지역 밖의 남한강과 금강 상류 유역은 북위 36°~37° 30분 지대로서 온난화된 신석기시대에는 온대 농업경작에 매우 적합한 지역이었다. 이 지역의 충청북도 청주 소로리(남한강과 금강 상류의 중간지역)에서는 1만 2천 년 전(12,500±115bp)의 '소로리 볍씨'가 발굴되었고 이것이 세계 최초의 단립벼(短粒稻, *japonica*) 재배 시작임이 보고되었다.[21]

뒤이어 남한강 유역 충주 조동리에서도 6,200년 전(6200±40bp)의 볍씨가 출토되었으며, 이어서 탄화미가 벼껍질·밀·보리·기장·수수와 함께 출토되었고,[22] 금강 상류 유역인 옥천 대천리에서도 5,500년 전(BC 3500년경)의 탄화미·밀·보리·조·기장·콩 등이 출토되었다.[23] 약 1만 2천 년 전~5,500년 전에 古한반도 중부에서는 세계 최초의 단립벼·콩 재배경작이 시작되었고, 또한 밀·보리의 제2재배 중심도 되어, 벼·밀·보리·조·콩 등 5곡을 재배경작하는 신석기시대 농업혁명이 시작되어

---

21 이융조·우종윤, 「세계最古의 소로리볍씨의 발굴과 의미」, 충북대박물관 제1회 국제학술회의 『아시아 선사농경과 소로리볍씨』, 충북대박물관·청원군, 2003, pp.27~46.
박태식·이융조, 「소로리볍씨 – 발굴로 살펴본 한국벼의 기원」, 『농업사연구』 제3권 제2호, 2004.
조현종, 「우리나라 稻作農耕의 기원과 稻作類型」, 『농업사연구』 제3권 제2호, 2004 참조.

22 이융조, 『충북의 선사문화』, 충청북도 충북학연구소, 2006, p.156.
이융조·우종윤, 『충주 조동리 선사유적(Ⅰ)』, 충북대박물관, 2001.
이융조·우종윤·이승원, 『충주 조동리 선사유적(Ⅱ)』, 충북대박물관, 2003 참조.

23 한창균·김근완·구자진, 「대천리 유적 신석기시대 집자리에 대한 고찰」, 『옥천 대천리 신석기유적』, 한남대박물관·한국고속철도건설공단, 2003 참조.

전개되었다.[24] 이것은 이 지역의 문명사에서 획기적인 일이었다.

그러나 초기신석기시대 古한반도 중부 제1동굴지역 주변은 유라시아 대륙 최대 인구밀집지역의 하나였기 때문에 초기신석기 시작 단계의 농경재배만으로는 식료부족 문제를 모두 해결할 수 없었다. 이에 초기신석기인들은 농업경작의 새로운 방법을 습득·간직한 채 씨족장들의 인솔 아래 식료부족 문제를 해결할 수 있는 다른 강변과 해안으로 인구이동을 감행하게 되었다. 古한반도 중부 초기신석기인의 인구이동은 두 단계로 나누어 볼 수 있다.

첫째는 북위 40도선 이남의 농업경작이 가능한 다른 강변과 해안으로 이동하는 것이다. 둘째는 최후의 빙기에 동토였다가 이제는 인간의 거주와 농업경작이 가능해진 북위 40도 '이북'의 아직 신석기인이 거주하지 않는 새로운 변경 미개척지로 인구이동을 감행하는 것이었다.

古한반도에서 형성된 초기신석기시대 이 지역 신석기인들은 이제는 '농업경작'이 식료부족 문제를 해결하는 최선의 방법임을 알았고, 농업경작과 관련된 사상과 신념을 형성하여 갖게 되었다.

농업경작은 '햇빛'과 햇빛의 '따뜻한 온도'의 은혜에 직결되어 있으므로, 古한반도 초기신석기인들은 매우 일찍 '태양'(해)을 숭배하는 '태양숭배사상'을 공통으로 갖게 되었고, '태양'이 제공하는 '밝음'[光明]을 숭상했으며, '태양'이 있는 '하늘'을 숭배하게 되었다. 또한 자신들을 '태양'의 후손, 즉 하늘[天]의 후손으로 생각하여 '천손의식'(天孫意識)을 갖게 되었고, 하늘을 나는 '새'를 토템으로 애경하였다. 후에 그들의 후예들은 그들을 태양의 '밝음'을 뜻하는 '밝족'(후대의 고대중국인의 음역표기로는 發人)이라고 호칭하였다.

---

24 신용하, 「고조선문명 형성의 기반과 한강문화의 세계최초 단립벼 및 콩의 재배경작」, 『고조신단군학』 제31호, 2014 참조.

주목할 것은 古한반도 동굴지대의 동굴들에서 나와 주로 강변과 해안 지역에서 신석기시대를 시작한 초기신석기인들은 서로 교류하면서 농업경작·사냥·어로·식료채집을 하고, '태양'(해)숭배, '태양'이 있는 하늘숭배, 천손의식, '밝음'애호사상을 공통으로 형성하여 생활하는 동안 구석기시대 말기와 신석기시대 초기에 걸친 오랜 공동생활과 교류를 통해 사람과 문화에 '공동 유형'을 형성하게 되었다는 사실이다. 이 초기신석기시대의 통칭 '밝'족을 엄격히 한정하여 '古한반도 초기신석기인 유형' 또는 '古한반도 초기신석기인 문화 유형'이라고 이름 붙일 수 있다. 여기서 제시하는 '古한반도 초기신석기인 문화 유형'은 '약 1만 2천 년 전~9천 년 전의 시기에 동아시아의 古한반도에서 형성된 동아시아 최초의 신석기인과 초기신석기문화의 유형'이라고 정의할 수 있다.[25]

---

25 여기서 필자가 제시하는 '古한반도 초기신석기인 유형', '古한반도 초기신석기인 문화 유형'은 1950년대 체질인류학에서 제시한 '朝鮮古人類型'(조선옛사람유형)과 다른 개념이다. '古한반도 초기신석기인 유형'은 사회학적 문화적 개념으로서, 시기적으로는 1만 2천 년 전~9천 년 전의 초기신석기시대로, 지역적으로는 북위 40도선 이하의 한반도에서 거주했던 초기신석기인 유형과 초기신석기인 공동의 문화 유형의 정립인 데 비하여, '조선고인유형'(조선옛유형사람)은 체질인류학적 생물학적으로 두개골지수, 코높이, 신장 등 신체적 특징을 주로 한국의 삼국시대부터 고려왕조 시대까지 발굴 인골을 측정해 체질 유형을 정립한 것이다. 또한 '古한반도 초기신석기인 유형'은 소련 인류학자 쉬로코고로프(S. M. Shirokogoroff)의 '고아시아족'·'퉁구스족'의 개념과도 다른 것이다. 쉬로코고로프는 신석기시대부터 청동기시대에 걸쳐서 시베리아에 거주하며 '우랄·알타이어'를 사용한 소수민족을 '고아시아족'으로 개념정립하여 동아시아 민족의 기원으로 생각하는 착각을 했고, 東胡(Tungus, Tunghus)의 중국 발음을 취하여 만주지역 제 민족의 기원을 퉁구스(Tungus, Tunghus)족이라고 생각했는데, 역사적 사실과 전혀 일치하지 않는 학설이라고 본다.

S. M. Shirokogoroff, *Anthropology of Northern China*, Shanghai: Royal Asiatic Society, 1923.

S. M. Shirokogoroff, *Ethnological and Linguistical Aspects of the Ural-Altaic Hypothesis*, Shanghai: The Commercial Press, 1931.

S. M. Shirokogoroff, *Social Organization of Northern Tungus*, Shanghai: The Commercial Press, 1933.

S. M. Shirokogoroff, *The Psychomental Complex of the Tungus*, London: Kegan Paul, Trench, Trubner & Co., 1935.

3. '古한반도 초기신석기인 유형'의 분화

1) 古한반도에 그대로 남아 정착하여 형성된 '한'부족

'古한반도 초기신석기인 유형'은 성립 후 크게 세 갈래로 분화, 발전하였다. 첫째는 지구 기후의 온난화 이후에도 古한반도의 북위 40도 이남의 강변과 해안에 그대로 남아 정착해서 '고대'를 맞은 신석기인들이다. 이들은 스스로 자기들을 '밝'족이라고 호칭했으나, 그들이 '남한강'을 거쳐서 '한강 본류'와 금강 유역을 비롯한 모든 강변과 해안에 거주하면서 시작한 특징 때문에, 후에 다른 부족들과의 구별을 위해 '한'강에서 유래했다는 특징이 파악되어 '한'족이라는 호칭도 갖게 되었다. 이때의 '한'은 '큰'·'하나'·'하늘'의 뜻을 가진 古한반도 신석기인들의 고유어로 해석된다.[26] 즉, 그들은 '밝'족 또는 '한'족으로 호칭되다가 '밝'족이 분화됨에 따라 점차 '한'족으로 호칭이 확정되어 간 것이다.

이들의 초기 특징은 '古한반도 초기신석기인 유형'의 특징 그대로 당시 매우 선진적 농업경작을 주요 생산방식으로 하고, 농업생산을 좌우하는 '태양'(해)과 '태양'이 있는 '하늘'의 '하느님'을 숭배하며, '태양'이 있는 하늘을 나는 '새'[鳥]를 토템으로 애호하고, 자신들을 천손(天孫)이라고 생각하는 천손의식을 가진 것이었다.

후에 확정된 호칭을 미리 빌려서 古한반도에 그대로 계속 정착한 이 신석기인들을 '한'족이라고 호칭하면, '한'족은 구석기 '동굴'시대로부터 계승된 古한반도의 신석기시대 본래의 주인인 '터주'에 비유할 수 있다. '한'족의 고조선 국가 형성 직전까지의 분포는 고고 유물·유적에서 볼

---

26 '한'은 중국 고문헌에는 '韓'·'寒'·'馯'·'桓'·'汗' 등 동일 발음의 여러 가지 다른 한자로 차음(借音) 표기되고 있는데, 이 사실 자체가 '한'은 고대 한국 고유어임을 증명하는 것이다. '한강'은 '큰 강'이라는 뜻이며, 이것을 '漢江'이라고 표기하는 것은 차음이고, 특히 '漢'자를 자자한 것은 옛 일부 선비의 사대적 악습이라고 해석된다.

때, 古한반도 청천강(青川江) 유역까지의 전역이었다.

'한'족의 사회경제생활의 가장 큰 특징은 동아시아에서 최초의 신석기 농업혁명을 수행하여 가장 선진적인 신석기시대 농업경작을 발전시키면서 당시 가장 선진적인 '신석기시대 농업사회' 생활을 영위한 점을 들 수 있다. 농업경작에는 막강한 남성 노동력이 필요했으므로 매우 이른 시기에 모계제 부족공동체가 해체되고 부계제 부족공동체와 남성 족장이 출현하였다. 한강·금강 유역의 초기 고인돌 무덤에서 석검(石劍)이 다수 출토되는 사실에서도 이를 확인할 수 있다.

2) 북위 40도선 이북의 서북방 요서 지역에 이동 정착하여 형성된 '맥'(貊)부족

둘째는 古한반도 초기신석기인 일부가 북위 약 40도 이북의 과거 동토였던 지역이 인간 거주가 가능한 지역이 되자 약 9천 년 전~6천 년 전에 서북방 이동을 감행해 지금의 요서·내몽고자치구 동부지역 일대에 정착한 신석기인들이다.

'古한반도 초기신석기인 유형'의 일부가 서북방으로 이동하여 요서지역·대릉하·소릉하·노합하·시라무렌강 유역에 정착하게 된 것은 기온이 급상승하고 강우량이 증가하여 기후와 환경이 급변해서 과거 인간 상주와 농경이 불가능했던 북위 40도 이북의 이 지역이 인간 거주와 농경에 매우 적합하게 변화되었기 때문이다.[27]

---

27 이와 관련하여 요녕성 남부 지역의 기후 급변을 장광직·우실하 교수의 도표에 따라 ① 기온, ② 건조도, ③ 해수면 변화의 삼면에서 다음과 같이 설명할 수 있다.

(1) 기온을 보면, 연평균 기온이 약 1만 1,300년 전경부터 상승하기 시작하여 약 9천 년 전경에는 섭씨 7°에 근접하고, 약 8,500년 전부터 급상승하기 시작하여 8,100년 전경에는 현재의 평균기온과 같은 약 섭씨 9°가 되며, 약 7,700년 전경에는 무려 13.5°로 더욱 급상승했다가, 약 5,200년 전부터 기온이 하강하기 시작하였다. 이것을 오늘날의 기온에 비교하면 약 7,700년 전~약 5,200년 전의 2,500년 동안 홍산문화 지역의 연평

이들은 자신들이 '밝'족의 일부로서 서북방 이동을 감행했다고 자부했는데, 후대에 고대 중국인들은 그들에게 한자로 '貊'족이라는 이름을 붙였다. '貊'의 상고음은 '박'(bak)·'백'(baek)이었다. 『후한서』는 "貊(맥)은 음이 陌(백)이다"[28]라고 기록하였다. 『설문해자』에서는 "貉(맥)은 북방의 貉인데, 豸(치)종이다. 貊은 十·百의 百(백)으로 발음한다"[29]라고 하여,

균 기온(13°)이 더 높아서 현재의 서울(연평균 기온 섭씨 12.2°)보다도 더 온화하고, 옛 홍산문화 지역인 현재의 요서 조양(朝陽 시내 용성구 연평균 기온 8.4°)보다도 더 따뜻한 매우 온화한 기후의 지역으로 변화하였다. 이것은 옛 홍산문화 지역이 현재의 한반도 중남부지역과 거의 동일한 기온의 따뜻한 지역으로 변화했음을 의미한다.

(2) 건조도를 보면, 약 8,500년 전부터 강우량의 증가로 습도가 급상승하여 약 7,800년 전 경에는 건조도가 오늘날을 1로 할 때 0.5 정도로 하강해서 5,200년 전까지 지속되었다. 이것은 요녕성 남부 옛 홍산문화 지역이 약 8,500년 전~5,200년 전에는 지금보다 훨씬 강우량이 많은 고온 다습한 지역으로 변화했음을 증명해 준다. 이것은 옛 홍산문화 지역이 현재의 한반도 중·남부와 유사하게 농업경작에 적합한 지역으로 변화했음을 의미하는 것이다.

(3) 해수면 변화를 보면, 약 1만 년 전부터 서해(황해)와 발해만의 해수면이 급상승하기 시작하여, 9천 년 전경에는 현재(0m)보다 10m가 낮던 것이 7,800년 전경에는 현재의 해수면(0m)과 같게 상승하고, 약 5,800년 전경에는 최고도로 약 13m까지 상승하게 되었다. 이것은 한반도 서해안 일부가 낮은 지대일수록 바닷물에 잠기게 되었음을 알려주는 것이다. 이 사실은 약 1만 년 전~약 5,800년 전 사이에 서해안에 거주하던 古한반도 초기신석기인들의 일부 거주지가 바닷물에 잠겨 밀려나게 되었음을 의미한다. 이것은 또한 古한반도 서해안 거주의 초기신석기인들에게 다른 지역으로의 인구이동을 강요하는 요인의 하나로 작용했음을 의미한다.

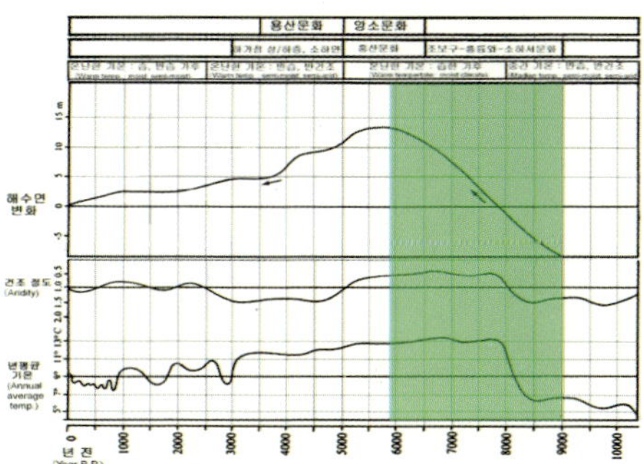

1만 년 전~1천 년 전 요녕성 남부 지역의 자연환경 변화

Kwang-chih Chang, *The Archaeology of Ancient China*, Fourth Edition, New Haven: Yale University Press, 1986, pp.77~81; 우실하, 「요하문명·홍산문화 지역의 지리적 기후적 조건」, 『고조선단군학』 제30호, 2014.

28 『後漢書』 卷1下, 光武帝紀 建武 25年 春正月條, "貊人穢貊國人也. 貊音陌."

29 『說文解字』(段玉裁注) 第9篇 下, "貉 北方貉 豸種也(貉讀爲十百之百)."

'豸'는 '북방종'을 가리키는 것이고, '百'은 족명의 '발음'이라고 설명하였다. 공자는 '貉'자는 '貊'으로도 동일하게 쓰인다고 말하였다.[30] 원래 '貉'의 속자(俗字)가 '貊'이고, 초기에는 '貃'자로도 쓰였다. 즉, '貉=貃=貊'인 것이다.

『한서』 고제기(高帝紀)의 안사고(顔師古)의 주에는 "貉은 東北方에 있고 三韓에 거주하는 것은 모두 貉類이다"[31]라고 기록하였다. 안사고는 백(貊)족은 중국의 동북방에 있고, 한반도 중·남부[三韓]의 사람들도 모두 중국 동북부에 들어와 사는 '백'(貉)족과 동일한 족속이라고 해설한 것이었다. 또 『한서』 무제기(武帝紀)에서는 주(周)의 성왕(成王)과 강왕(康王)이 외교관계를 돈독히 한 나라로 숙신(肅愼)·북발(北發)·거수(渠搜)·저(氐)·강(羌)을 들었는데, 안사고는 '北發'의 '北'은 '북방'이고 '發'은 '국명'이라고 하였다.[32]

『대대례기』 소한편에서는 "옛날 순임금이 하늘의 덕으로 요임금의 자리를 잇자 해외에서 肅愼·北發·渠搜·氐·羌이 來服하였다"[33]라고 기록하였다. 여기서도 '北發'의 '北'은 '북방'이고 '發'은 '밝'족을 가리킨 것으로서 '북방의 밝족', 즉 '貊'(백)족을 가리킨 것으로 해석된다.

양주동 박사는 "夫餘·貊·發·百 등은 모두 '블'·'볽'의 차자(借字)이다"[34]라고 지적하였다.

이 자료들은 貊족이 古한반도에서와 같이 자기들의 족속을 원래 '밝음'[光明]을 의미하는 '밝'·'박'·'백'이라고 호칭한 것을 고대 중국인들이

---

30 『尙書正義』 卷18, 周書 孔安國傳, "說文作貉 北方豸種. 孔子曰貉之言貊." 참조.

31 『漢書』 卷1, 高帝紀 第1上, "貉在東北方 三韓之屬皆貉類也. 音莫客反."

32 『漢書』 卷6, 武帝紀 第6, 「周之成康 刑錯不用 德及鳥獸 教通四海 海外肅眘·北發·渠搜·氐·羌來服」의 기록에 대한 안사고(顔師古)의 주(注)에서 "師古曰 北發非國名也 言北方即可徵發渠搜而役屬之. 瓚說近是." 참조.

33 『大戴禮記』(卷11, 少閒 第76), "昔虞舜以天德嗣堯 … 海外肅愼·北發·渠搜·氐·羌來服."

34 梁柱東, 『增訂古歌研究』, 一潮閣, 1969, p.388.

'發'·'貊'이라고 표기했으며, 후대에 변음되어 '맥'(maek, 貊)으로 읽게 된 것을 알려준다. 또한 안사고와 같은 중국 고대 지식인들의 일부는 貊족이 한반도의 '한'[三韓]과 동일한 족속임을 인지하고 있었음을 알 수 있다.

'맥'족의 기원은 '古한반도 초기신석기인 유형'으로 '한'족과 함께 거주하다가 약 9천 년 전~6천 년 전에 압록강을 건너 요동반도를 거쳐서 요서지역의 농업경작에 적합한 지역으로 새로운 북방한계선까지 이동하여 정착한 신석기인들이 하나의 큰 부족으로 형성된 것이었다.

'맥'족은 개척지에 새로 정착하여 농업경작을 시도하면서, 여전히 '태양'(해)을 숭배하면서도 새로운 환경조건에 적응하여 '곰'[熊]을 토템으로 정하여 '곰토템'족이 되었다. 일본어에서 '貊'을 음독에서는 '박'(bak)이라 읽고, 훈독에서는 '고마'(熊, goma)라고 읽는 것은 이러한 이유 때문이라고 해석된다.

'맥'족은 서요하 지역에서 古한반도와 동일 바탕의 문화를 가지면서도 서요하 지역의 새 정착지에서 '홍산(紅山)문화' 등 독자적인 신석기문화를 형성하면서 생활하였다.

3) 북위 40도선 이북의 요동지역에 이동 정착하여 형성된 '예'(濊)부족

셋째는 古한반도 청천강과 압록강을 건너고, 또한 동해안을 따라 북상하여 북위 40도선 이북의 미개척지를 향해서 동북방 이동을 감행한 신석기인들이다.

이들은 자기들을 '東'(동, 싀)쪽으로 이동한 '밝'족의 일부라고 자부하여 '싀'(東)족이라고 자신들을 차별화했는데, 후대에 고대 중국 지식인들은 '싀'를 '濊'·'獩'·'薉'·'穢' 등으로 차음 표기했다가, 변음되어 '예'(Ye)로 발음하게 되었다. 양주동 박사에 의하면, 濊의 원래 발음은 '새'(sae)·'세'(sei)로서, 고대조선어의 '東'의 의미를 음차해서 표기한 '싀'

의 차자(借字)이다. '식'는 '新'·'曙'의 뜻을 가진 '새'와 동원어(同原語)인 '東'의 고어(古語)이다. 현존하는 한국어 방언에도 '東'을 '새'라 하니, '샛바람'[東風]·'샛마'[東南風]·'샛쪽'[東方] 등과 같은 예이다.[35]

즉, 고대 중국 지식인이 음차 표기한 '濊'(예)족은 동북쪽으로 이동한 '밝'족으로서, 그들의 기원은 '한'족·'貊'족과 마찬가지로 '古한반도 초기 신석기인 유형'이었고, 그들의 뿌리는 古한반도 동굴지대의 강변과 해안에 있었다. 고대 중국학자 중에도 古한반도 '한'족과 '예'족이 동일 계통의 밀접한 관계가 있음을 인지했던 흔적이 보인다. 공조(孔晁)는 『일주서』(逸周書) 왕회해(王會解)에서 "穢人은 韓穢이니 東夷의 별종이다"[36]라고 하였다. 이것은 '穢'를 古한반도 '한'과 동계열의 '동이족'으로 주석한 것이다.

'濊'족은 '貊'족과 마찬가지로 약 9천 년 전~6천 년 전에 한반도에서 청천강·압록강을 건너고 동해안을 따라 북상하여 요하의 동쪽으로 이동해서 지금의 요동반도·태자하·목단강·제2북류 송화강·두만강 하류 일대를 중심으로 널리 분산해서 정착한 신석기인들이었다.

'예'족은 신개척지에 이동 정착하여 농업경작을 시작하면서, 여전히 '태양'(해)을 숭배하면서도, 울창한 삼림지대에 접해 맹수들과 대응하면서 생활하는 동안에 주위 환경조건에 적응하여, '범'[虎]을 토템으로 정하고 '새'를 부토템으로 한 '범토템'족이 되었다.

---

35 梁柱東, 『增訂古歌硏究』, 一潮閣, 1969, p.38, pp.387~392 및 pp.562~564 참조. 양주동 박사에 의하면, 『세종실록』 지리지 강릉(江陵)조에 "江陵 本濊國之古國 或稱鐵國 … 高麗太祖十九年 號東原京"의 기사에서 '濊·鐵(쇠)·東'을 대응시켰으니, '濊'의 古音 '식'와 '鐵'의 訓 '쇠'와 '東'의 訓 '새'이므로 상통하는 것이다. 또한 『세종실록』 지리지 철원(鐵原)조에 "鐵原 本高句麗鐵圓郡 新羅改爲鐵城郡. 高麗太祖卽位 改鐵原爲東州"의 기사에서 '鐵(쇠)·東(새)'을 대응시켰으니, 앞의 "濊之古國인데 혹 鐵國이라 칭하였다"라는 기사와 통합해 보면, 濊[=鐵(식)=東(식)]는 '식'로 발음했음을 알 수 있고 이것은 '東'의 뜻을 가진 것임을 재확인할 수 있다. 이것은 정곡을 얻은 탁월한 관찰이라고 생각한다.

36 『逸周書』 卷7, 王會解, 第59, 「穢人前兒」의 注 "穢韓穢 東夷別種."

‘예’족은 요하 이동지역에서 古한반도와 동일한 바탕에 기초한 문화를 가지면서도 요하 이동지역의 새 정착지에서 독자적인 신석기문화를 창조하면서 생활하였다. ‘신락(新樂)문화’는 현재 발굴된 ‘예’족의 대표적 신석기문화 유적이라고 판단된다.

여기서 주목할 것은 구석기 말~초기신석기시대에 古한반도는 사람이 거주하지 않는 ‘빈 공간’이 아니라, 도리어 유라시아 대륙에서 인구밀도가 가장 높은 지역의 하나였다는 사실이다. 사회사적으로 보면, 古한반도는 최후의 빙기에 극동아시아의 대흥안령과 연산산맥 동쪽의 ‘동토’(凍土)가 되어 버린 지역에서 살아남은 구석기인들과 古한반도의 말기구석기인들을 동굴 안에 모두 품어 안았다가 1만 2천 년 전 지구 기후가 온난화되자 동굴 밖으로 쏟아 내어 古한반도의 강변과 해안에서 ‘古한반도 초기신석기인 유형’, ‘古한반도 초기신석기인 문화 유형’을 형성시킨 유라시아 대륙의 초기신석기시대 최대 인구밀집지역의 하나였다.

밀집된 인구의 식료부족 문제를 해결하기 위해 ‘古한반도 초기신석기인 유형’ 가운데 일부는 구석기시대 말기 동토였다가 온난화되어 이제는 사람이 거주할 수 있고 농업경작도 할 수 있게 된 미개척지인 북위 40도 이북의 요서지역[貊]과 요동지역[濊]으로 인구이동을 감행한 것이 역사적 진실이었다.

그러므로 한국민족이 얼어붙은 북방 동토 지역이었던 바이칼 호수 지방, 카프카스 지방, 알타이 지방, 몽골 지방, 시베리아 지방, 고중국 북부 지방 등에서 형성되어 이동·이입해서 古한반도에 들어왔다는 가정은 과학적으로는 전혀 성립할 수 없는 상상인 것이다. 그것은 처음부터 과학적으로 불가능한 것이었고, 실재하지도 않았던 일이었다. 도리어 古한반도 초기신석기인들이 상대적 과잉인구 압력으로 인하여 그곳으로 이동해 간 것이 역사적 진실이다.

제3장 '한'부족의 형성과 '한강문화'의 특징(I)

1. 가족제도 · 씨족 · 마을 · 부족의 형성

1) 소가족제도의 형성

古한반도 지대 석회암동굴들에서 '동굴단위 무리가족'을 형성하고 생활하던 말기구석기인들은 지구 기후가 온난화되자 약 1만 2천 년 전에 모두 동굴에서 나와 처음에는 강변에 '움막'을 짓고 새로운 신석기시대의 생활을 시작하였다. 이때 자연히 하나의 '움막'이 한 '가족' 단위를 형성했음은 자명하므로 그 크기를 보면 가족 형태를 추정할 수 있다.

남한강과 한강 유역 신석기시대 주거지 사례 발굴보고에 따르면 '움막'의 형태는 크게 ① 원형, ② 말각방형(抹角方形), ③ 장방형(長方形)의 세 유형이고, 각 움막 안 중앙에 돌로 두른 '화덕'[爐址]을 둔 형식이었다. 움막 안에는 주거공간과 함께 저장시설도 두었다. '움막'의 크기는 원형의 경우 평균 지름이 4.94m이고 평균 면적은 20m^{2}이다. 말각방형의 경우는 가로 평균 4.89m, 세로 평균 5.32m로서, 평균 면적은 25.66m^{2}이다.[37]

신석기 고고학계에서 보통 채용하는 1인 소요면적 5m^{2}의 기준을 적용하면, 원형 움막에서는 평균 4인 가족이 거주했고, 말각방형 움막에서는 평균 5.13명이 거주한 것으로 된다. 고고학자들의 집자리 발굴조사보고

---

37 李相均, 『韓半島 新石器文化의 신동향』, 학연문화사, 2005, p.166의 한반도 주거지 일람표 '중서부지역'에서 필자가 계산한 것이다.

서들을 종합해서 '움막'의 이념형을 만들어 보면 〈그림 1-2〉와 같다.

필자는 여기서 '한강문화' 신석기시대 최초의 한국 가족제도는 평균 4~5명의 '핵가족' 중심의 '소가족제도'로 형성되었다고 본다. 하나의 '움막'에서 4~5명이 거주하는 가족 구성의 이념형은 남편과 아내, 2~3명의 자녀들로 구성된 '핵가족' 중심의 '소가족제도'였음을 용이하게 추정할 수 있는 것이다.

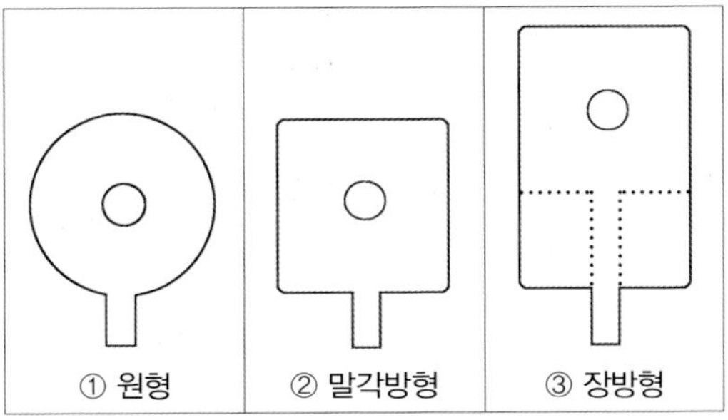

그림 1-2. 古한반도 '한'부족 신석기시대 주거지의 이념형

'한'족의 한강문화의 소가족제도는 처음에는 동굴 단위 무리가족의 영향으로 모계제 소가족으로 출발했다가 이른 시기에 바로 부계제 소가족으로 이행한 것으로 보인다. 그 요인은 식료 문제 해결에 채집보다 사냥·어로와 특히 농경이 중요하게 되자 강한 남성 체력의 중요성이 생계유지에 더 큰 비중과 영향을 점해 갔기 때문이라고 해석된다. 특히 개간과 농경에는 건장한 남성의 강한 노동력이 더 절실히 필요했으며, 그에 따라 남편과 아버지의 권위가 증대해 부계제 소가족제도가 일찍 형성되었다고 해석된다.

2) '씨족'의 형성

'한'족의 소가족제도는 시간이 경과함에 따라 자연히 동계 가족들의 결합인 '씨족'을 형성하게 되었다. '씨족'은 특정 가족 창설자의 후손들 또는 친족들이 결합하여 형성한 사회집단이다. 그러므로 씨족은 여러 세대의 혈연적 근접 가족들의 집합으로 구성된 혈연공동체라고 말할 수 있다.

古한반도에서 신석기시대에 처음 형성된 다수 씨족들은 결합하여 후에 더 크고 지역과도 연계된 복합집단인 '한'족을 형성했지만, 이 경우에도 형성된 '한'족은 씨족을 해체시킨 것이 아니라 그 내부에 다수의 '씨족' 혈연공동체를 포용하였다.

'한'족을 형성한 다수의 '씨족'들은 각각 '족외혼'(族外婚, exogamy)을 하였다. 이는 퇴화 방지를 위한 경험적 지식에 기초한 제도였다고 해석된다.

'씨족'에는 씨족장이 있었다. 씨족장에는 최초의 씨족 창설자의 후손 또는 가족장들에 의해 추대된 자, 또는 씨족 중 현명한 '장로'가 추대되었다. '한'족의 씨족제도와 씨족장제도는 전체 유라시아 대륙 신석기인의 그것과 기본적으로 동일한 보편적 제도의 하나였다.

'한'족을 구성한 씨족들은 처음부터 '토지'와 결합된 '농경'족으로 출발했기 때문에, 초기부터 씨족들은 '마을' 형성에서 '씨족마을'을 형성하는 경우가 많았다. 따라서 '한'족에서는 '씨족마을'인가 아닌가의 구별이 마을 구분 기준의 하나가 되는 것이 보통이었다.

3) '마을'의 형성

한강과 금강 유역 동굴지대의 신석기인들은 동굴에서 나와 소가족을 구성하자마자 '마을'을 형성하고 생활하였다. 소가족제도를 반영하는 크기의 '움집' 집자리들이 '마을'을 이루고 있기 때문에 이를 확인할 수 있다.

발굴조사보고서들을 보면 '움집' 형태와는 달리 '마을'의 구성 형태는 지형에 따라 매우 다양하여 이념형을 추출하기 어려운 점이 있다. 전형적인 경우의 이념형을 그려 보면, 산천이 있는 경우 산을 뒤에 두고 냇물을 앞에 둔 남향 또는 동향의 타원형·직사각형·이등변삼각형 형태의 마을을 형성하고, 중앙 또는 그에 유사한 위치에 공동집회소를 두었다. 마을 주변의 어느 한편에는 토기제작소와 석기제작소를 별도로 두는 경우도 있었다. 공동저장소로 추정되는 큰 규모의 집자리가 마을 외곽에 배치된 경우도 있었다. '마을'의 자연적 기본 단위는 '움집' 약 15~20호 정도로 구성된 것이 보통이었다.[38]

그림 1-3. 마을 촌장의 부계, 모계의 상징 선돌

(자료: 이융조, 『충북의 선사문화』, 충청북도 충북학연구소, 2006)

① 부계 촌장 마을(양주 옥정동 2호 선돌)

② 모계 촌장 마을(여주 처리 선돌)

③ 부계·모계 공동촌장 마을(제천 황석리 선돌)

앞에서 언급한 바와 같이 한반도 제1동굴지대 앞 남한강 충적지 벌판에는 무려 500개의 움집 집자리가 지표조사에서 확인되기도 했다.[39] 신석기시대에 움집 500개가 집중되어 있었다는 것은 마치 오늘날의 대도시 같은 엄청난 규모여서 '마을'로 범주화하기는 어렵고, 다른 단위 명칭을 찾아야 할 것이다.

'마을'은 '가족'이 결합하여 '씨족'이 형성됨에 따라 씨족마을 공동체와 비씨족 마을공동체의 두 유형이 나타나게 되었다. 또한 마을 촌장도 ① 동굴시대의 전통에 따라 '모계촌장' 지배 마을, ② '부계촌장' 지배 마을, ③ '부계와 모계' 공동 지배 마을의 세 유형이 출현하게 되었다.

---

38 이상균, 『한반도 신석기문화의 신동향』, 학연문화사, 2005.
임상택, 『한반도 중서부지역 빗살무늬 토기문화 변동과정연구』, 일지사, 2006.
이형원, 『청동기시대 취락구조와 사회조직』, 서경문화사, 2009 참조.

39 이융조, 『충북의 선사문화』, 충청북도 충북학연구소, 2006, pp.113~114 참조.

남한강과 금강 상류에는 신석기시대 매우 이른 시기의 '마을' 입구에 세웠던 '선돌' 수백 개가 아직도 남아 있는데, 촌장의 성별도 세 유형으로 구별되어 표시되어 있다. 즉, ① 부계촌장 지배 마을을 표시하는 위끝이 뾰족한 형태의 선돌, ② 모계촌장 지배 마을을 표시하는 위끝이 평평한 선돌, ③ 부계와 모계의 공동 지배를 표시하는 선돌 두 개가 공립하는 형태의 세 유형이다(〈그림 1-3〉 참조).[40]

4) '부족'의 형성

한강문화의 다수 씨족공동체와 마을공동체가 '古한반도 지역'의 강변과 해안과 구릉지에 분산 정착하여 생활하면서 한편으로는 공동의 생활양식을 갖고 공동의 언어를 사용하며, 공동의 신앙을 갖게 되자 다수의 씨족과 마을을 결합하여 한 차원 더 높고 큰 상위의 단위 집단인 '부족'이 형성되었다. 이것이 '한'부족이다.

'한'부족의 농업경영에는 자연재해에 대한 대책, 물의 공급, 자원과 식료의 공급, 절량기의 상호원조, 기타 등에서 다른 씨족들·마을들과의 상호 협동이 절대적으로 필요하였다. 또한 씨족들과 마을들 사이의 갈등 해결에도 보다 상위의 조정능력을 가진 사회집단이 필요하였다. 이에 古한반도의 다수의 강변과 해안에 정착한 古한반도 초기신석기인들이 가족·씨족·마을을 결합하여 연대하는 상위의 부족인 '한'부족을 형성한 것이었다. 그러므로 '한'부족은 혈연공동체와 지연공동체를 결합한 '농업부족'의 특징을 가진 사회집단이었다. 즉, 가족과 씨족은 혈연공동체였지만 부족은 지연공동체와 혈연공동체의 결합체였다.[41]

---

40 이융조, 『충북의 선사문화』, 충청북도 충북학연구소, 2006, p.21 참조.

41 여기서 말하는 '부족'은 사회발전사적·사회진화론적 관점에서 '민족'·'국가' 형성 직전의 역사적 개념으로서의 '부족'이지, 오늘날 국제연합기구 등에서 말하는 현대 '부족'(tribe)이

'한'부족에도 유라시아 대륙의 다른 부족의 형성과 마찬가지로 처음에는 고을마다 몇 개의 씨족들을 결합한 소부족장이 출현하였다. 다수의 고을 소부족장들은 처음에는 평등하게 동시 병존하다가 큰 과제에 부딪힐 때마다 점차 큰 단위로 통합되어 나갔다. '한'부족도 신석기시대 말기에 오면 소부족장들을 통합하여 막료(幕僚)로 두고 그 상위에 대부족장이 출현하여 수십 개 고을을 거느리는 여러 명의 군장들(chiefs)과 군장사회(chiefdom, 군장국가)가 출현하게 되었다. 신석기 후기-말기 하나의 고인돌 무덤에서 출토되는 다수의 석검(石劍)들이 군장들의 출현을 증명해 준다.

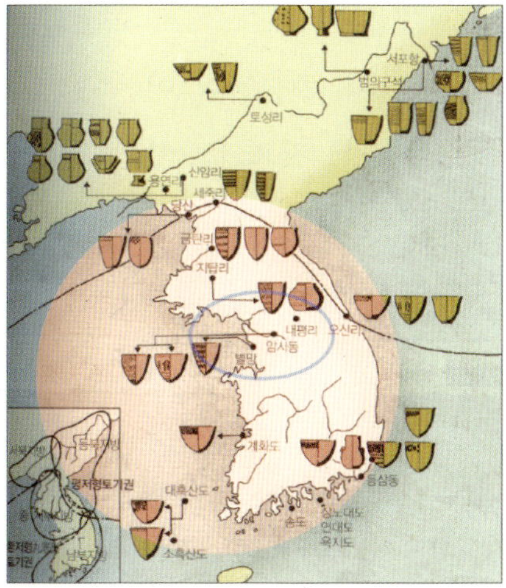

그림 1-4. '한'족의 분포를 반영한다고 볼 수 있는 뾰족밑 빛살무늬 토기의 분포(국립중앙박물관의 분포도에 필자가 동심원 2개 추가)

'한'부족이 한반도 중부 지역에서 형성되기 시작하여 한반도 전 지역의 크고 작은 강의 유역과 해안과 구릉에 정착해 활동한 분포 영역 범위는 대체로 북으로는 청천강까지, 남으로는 남해안까지 한반도 전역에 미친 것으로 해석된다. 그 증거의 하나로 '한'부족의 독특한 '뾰족밑(첨저) 햇빛살무늬 토기'의 분포를 보면 〈그림 1-4〉와 같이, 북으로는 청천강까지, 동으로는 강원도 북부까지, 서와 남으로는 한반도 전체에 걸쳐 있음

아니다. 사회발전사에서 '부족'은 고대국가 형성 직전 단계에서 혈연의 공동성을 배경으로 '지역의 공동성'에 더욱 크게 의거하여 일정의 넓은 영역과 결합된 인간공동체이며, 서양에서는 'tribe'라는 용어를 사용해 왔지만 동양에서는 종족(種族)으로 표기되어 온 '민족' 형성 직전의 공동체다.

을 확인할 수 있다. 여기에 동심원을 그리면서 그 중앙지점을 찾아보면 한강 유역이 중심인데, 이는 선진 농경의 기원 지역과 대체로 일치한다.[42]

물론 다른 지표 유물에 의거해 보완되어야 하겠지만, 우선 가장 특징적인 지표인 '뾰족밑 햇빛살무늬 토기'의 분포만으로도 '한'부족의 지역적 분포 범위를 명확히 가름해 볼 수 있다.

2. 세계 최초 단립벼 및 콩 재배경작과 신석기 농업혁명

'한'족은 신석기시대 한강문화에서 세계 최초로 '단립벼' 재배를 시작하고 '콩' 재배를 동아시아 각지에 보급 전파하였다.[43] 여기서 '한강문화'는 초기신석기시대부터 초기청동기시대에 남한강과 금강 상류 유역에서 기원하여 한강·한탄강·임진강·예성강·금강 유역을 중심으로 형성된 신석기시대~초기청동기시대의 문화 유형을 총칭하는 용어다.

한반도의 중부지방 북위 36°~37° 30분 온난지대의 집중적 제1동굴지역의 동굴 밖 최근접 강들인 남한강 유역과 금강 상류의 저지대에서는 동굴에서 나온 신석기인들의 인구 압력 아래서 신석기시대의 시작과

---

42 만일 '뾰족밑 빛살무늬' 토기가 대동강이나 청천강에서 기원했다면 이 유형의 토기가 남쪽으로 한강을 넘어 남해안에 분포되기 전에 북으로 압록강을 넘어 요동반도에 들어갔을 것이다. 반면에 남해안이나 낙동강에서 기원했다면 반대현상이 일어났을 것이다. 뾰족밑 빛살무늬 토기 분포의 북방한계선이 청천강이었고 남쪽으로 남해안 전역과 낙동강 하구에 이미 도달한다는 사실은 뾰족밑 빛살무늬 토기의 기원지가 한강 유역의 한강문화임을 간접적으로 시사하는 것이라고 볼 수 있다. 또한 신석기시대 '한'부족의 세력과 한강문화의 지역적 범위가 북으로는 청천강까지 미쳤고, 남으로는 남해안 전역까지 모두 미쳤음을 동시에 시사한다. 뾰족밑 빛살무늬 토기는 한강문화의 독특한 토기이지만 한강문화권 안에서 지역에 따라, 그리고 시대에 따라 약간의 변형이 나타난다. 뾰족밑 빛살무늬 토기를 직접 계승한 약간의 변형이 팽이형 뾰족밑 빛살무늬 토기와 둥근밑[圓低] 빛살무늬 토기이며, 후에 빛살무늬가 사라진 변형이 '뾰족밑 민무늬 토기'와 '둥근밑 민무늬 토기'이다.

43 신용하, 「고조선문명의 형성과 한강문화의 세계최초 단립벼 및 콩의 재배경작」, 『고조선단군학』 제31호, 2014 참조.

동시에 1만 2천 년 전경부터 급박한 식료 문제를 해결하기 위해 온대 단립벼(*japonica*)의 재배(domestication)가 시작되었다.

(1) 남한강 유역과 금강 상류 유역 사이의 충청북도 청원군 소로리에서 이융조 교수팀에 의해 볍씨 18톨이 발굴되었는데, 단립벼가 17톨, 장립벼가 1톨, 그 밖에 유사벼(자연벼)가 109톨이었다.[44] 단립벼 17톨은 농업과학자들이 거듭하여 조사한 결과 초기 순화(馴化, domestication) 단계의 재배벼임이 확인되었다.[45] 서울대학교 기초과학연구소(AMS, SNU)에서 소로리 볍씨 단립벼 17톨이 포함된 중부 토탄층의 윗부분 토탄층을 탄소측정한 결과 12,500bp로 측정되었고, 장립벼 1톨과 유사벼 1톨이 출토된 중부 토탄층 중간 부분의 토탄층 연대는 13,920bp로 측정되었다.[46] 이 단립벼 볍씨와 토탄층을 분리하여 단립벼 볍씨 8톨을 미국 애리조나대학교 고고연구소(Geochron Lab. GX)에서 탄소측정한 결과 토탄의 연대가 12,552±90bp(AA-82240), 고대벼가 12,500±1500bp(AA-8239)로 측정되었다.[47] 이 사실은 한반도의 남한강 유역과 금강 상류 유역에서는

---

44 이융조·우종윤, 「세계 最古의 소로리볍씨의 발굴과 의미」, 제1회 국제학술회의 『아시아 선사농경과 소로리볍씨』, 충북대박물관·청원군, 2003, pp.27~46 참조.

45 박태식·이융조, 「소로리볍씨 발굴로 살펴본 한국벼의 기원」, 『농업사연구』 제3권 제2호, 2004, pp.119~132 참조. 한반도 이 지역의 '단립벼'와는 별도로 '장립벼' 1톨의 출토 토탄층의 탄소측정치는 13,920bp이므로 '단립벼'보다 약 1,400여 년 앞선다. 이것은 이 지역의 초기신석기인이 '장립벼'와 '단립벼'를 모두 재배실험경작을 되풀이하다가 결국 '단립벼' 선택 재배가 대세가 되었음을 나타내는 것으로 해석된다. 최근 이융조 교수는 장립벼 출토의 13,920bp를 calBC 15,118로 환산하고 약 1만 7천 년 전부터 장립벼 재배가 시도되었다고 강조한다. 이융조, 「소로리 볍씨, 왜 중요한가?」, 2014년 4월 15일 한국선사문화연구원 발표논문 참조.

46 박태식·이융조, 「소로리볍씨 발굴로 살펴본 한국벼의 기원」, 『농업사연구』 제3권 제2호, 2004.
조현종, 「우리나라 稻作農耕의 기원과 稻作類型」, 『농업사연구』 제3권 제2호, 2004 참조.

47 이융조, 「중원지역의 구석기문화」, 『중원광장』 창간호, 중원포럼·충북일보, 2009.
Kyeong Ja Kim, Yung-jo Lee, Jong-Yoon Woo, and A. J. Timothy Jull, "Radiocarbon ages of Sorori ancient rice of Korea," *Beam Interactions with Materials and Atoms (Nuclear Instruments and Methods in Physics Reserach B)*, vol. 294, January 2013 참조.

1만 2,500년 전경부터 '단립벼' 경작이 시작되었음을 알려주는 것이다.[48]

(2) 또한 남한강 유역 충주시 조동리 유적에서 6,200년 전경(BC 4250년)과 6,140년 전경(BC 4190년)의 볍씨가 출토되었다.[49] 단립벼 탄화미가 탄화된 밀·보리·수수·기장·알 수 없는 열매 껍질들·도토리·박씨·복숭아씨 등이 농경문화와 관련된 용구로서 빗살무늬 토기, 민무늬 토기, 붉은 간토기, 돌보습, 돌도끼, 돌낫, 반달돌칼, 돌칼, 그물추 등과 함께 출토되어 농경재배가 확산되었음을 증명해 주었다.[50]

(3) 또한 남한강 상류와 가까운 금강 상류 충청북도 옥천군 대천리 유적에서는 BC 3500년경(약 5,500년 전)의 것으로 탄소측정된 단립벼의 탄화미가 탄화된 밀·보리·기장·조·콩(후에 알 수 없는 열매껍질)과 함께 출토되었다.[51] 또한 이 곡물들은 뾰족밑 팽이형 빗살무늬 토기, 뾰족밑 민무늬 토기, 돌도끼 뒤지개, 갈돌갈판 등 농경 용구들과 함께 출토되어 재배곡물임을 알려주었다.

(4) 또한 한강 본류 유역인 경기도 일산 I 지역(대화리 성저)에서는 토탄층에서 토기와 함께 고대 단립벼 볍씨 10톨이 검출되었는데, 그중 1톨의 토탄층 연대측정치는 6210bp(1지역-가)였다.[52]

---

48 한편 중국 양자강 유역 옥섬암(玉蟾岩) 동굴에서 볍씨 2톨이 출토되었는데 '장립벼'(*indica*)였고, 11,000 bp로 연대측정이 나왔다. 이것이 설혹 재배벼라고 판정될지라도 남한강 '소로리 볍씨'보다 약 1천여 년 뒤늦은 것일 뿐 아니라, 한반도 남한강의 최초의 재배벼는 '단립벼'인 데 비하여, 중국 양자강의 최초의 볍씨는 '장립벼'로서 종류가 다른 것이었다.

49 이융조, 『충북의 선사문화』, 충청북도 충북학연구소, 2006, p.156 참조.

50 이융조·우종윤 편저, 『선사유적 발굴도록』, 충북대박물관, 1998, p.282.
충주시, 『조동리 선사유적박물관』, 2005, pp.57~61 참조.

51 한창균·김근완·구자진, 「대천리유적 신석기시대 집자리에 대한 고찰」, 『옥천 대천리 신석기유적』, 한남대 중앙박물관·한국고속철도건설공단, 2003, pp.157~171 참조.

52 손보기·신숙정·장호수, 「일산1지역 고고학조사」, 『일산 새도시 개발지역 학술조사보고 I : 자연과 옛 사람의 삶·자연환경 조사-고고학발굴보고』, 한국선사문화연구소·경기도, 1992, pp.213~234 참조. 그 10톨 가운데 2톨은 부서져 8톨만이 계측되었다. 볍씨가 출

(5) 일산Ⅱ지역 가와지 1지구 갈색 토탄층에서 단립벼 볍씨(왕겨) 12톨이 검출되었는데, 4330±80 bp(Beta-45,536)로 연대측정되었고, MASCA 이론에 따라 보정연대(recalibration)가 5020 bp로 발표되었다.[53]

(6) 일산Ⅲ지역의 가와지층의 흑색 토탄층에서 민무늬 토기, 겹입술토기와 함께 볍씨 6톨이 출토되었는데, 2점이 훼손되어 4톨을 검증한 결과 모두 단립벼였다. 이 흑색토탄층과 갈색토탄층의 경계지역에서 얻은 숯의 측정연대는 3220±60 bp였다.

(7) 일산Ⅲ지역의 대화리층에서는 8000년기 bp~4000 bp의 빗살무늬토기 3개체분 이상이 출토되었다.[54] 일산Ⅲ지역 대화리층의 빗살무늬토기 2점(8000년기 bp~4000bp)과 갈대의 식물규소체(plant-opal)를 분석한 결과, 모두 '벼' 식물규소체가 검출되어, 여기서 출토된 빗살무늬 토기는 벼농사와 함께 사용된 용구임이 증명되었다.[55]

(8) 한강 중류 지역인 경기도 하남시 미사리 030호 주거지에서는 단립벼 볍씨 자국이 찍혀 있는 신석기시대 구멍무늬[孔列] 1기 토기조각들

토된 층의 측정 연대는 4070·4240·5290·5650 bp(1지역-다), 4400·4490·6210 bp(1지역-가)였다.

53 박태식·이융조, 「고양 家瓦地 Ⅰ지구 출토 벼 낟알들과 한국선사시대 벼농사」, 『농업과학논문집』 제37집, 1995.
이융조·박태식·우종윤, 「고양 가와지 볍씨의 발굴과 농업사적 의미」, 『고양 가와지볍씨와 아시아 쌀농사의 조명』, 고양 600주년 기념 국제학술회의 논문집, 2013. 가와지 2지구 상부 흑색 토탄 아래층(2770±60 bp, Beta-45,538)에서도 300여 톨의 단립벼 볍씨가 출토되었는데, 계측 가능한 287톨을 계측한 결과 길이는 평균 6.75mm, 너비는 평균 2.84mm, 장폭비(길이/너비)는 평균 2.39였다. 이를 세분하면 약 87.7퍼센트가 오늘날이 단립벼(*japonica*)보다 약간 작은 단립벼였고, 나머지 12.3퍼센트가 장폭비에서 장립벼(*indica*)의 형질도 남아 있는 것으로 보고되었다.

54 윤내현·한창균·신숙정·양현주, 「일산 3지역 고고학 조사」, 『일산 새도시 개발지역 학술조사보고 I : 자연과 옛 사람의 삶·자연환경조사·고고학발굴보고』, 한국선사문화연구소·경기도, 1992, pp.313~397.

55 이융조·김정희, 「한국 선사시대 벼농사의 새로운 해석: 식물규소체 분석자료를 중심으로」, 『先史와 古代』 제11집, 1998, pp.11~14 참조.

그림 1-5. 한강 유역에서 출토된 신석기 벼 · 탄화미(크기 부동)

① 청원군 소로리 볍씨(BC 11,950~BC 10,550년)
② 충주 조동리 유적 탄화미 1(BC 4250±40년)
③ 충주 조동리 유적 탄화미 2(BC 4140±40년)
④ 충주 조동리 유적 벼 껍질(BC 4200년경)
⑤ 옥천 대천리 유적 탄화미 · 보리 · 밀 · 조 · 기장(BC 3500년경)
⑥ 고양군 일산 II 지역 가와지 I 지구 볍씨(4330±80bp, 보정연대 BC 3318±80년)
⑦ 고양군 일산 II 지역 가와지 II 지구 볍씨(2770±60bp)
⑧ 고양군 일산 III 지역 볍씨 토탄 상부(3220±60bp)
⑨ 고양군 일산 III 지역 빛살무늬토기 볍씨 자국(BC 8000년기 bp~4000bp)
⑩ 김포군 가현리 볍씨(BC 2070±26년)
⑪ 여주군 흔암리 탄화미(BC 1650~BC 1490년경)
⑫ 대동강 유역 평양 남경 유적 탄화벼(BC 3000년기~BC 2000년기)

이 출토되어, 이미 신석기시대에 한강 유역에서는 단립벼 경작이 진행되고 있었음을 알려 준다.[56]

여기까지만 보아도 이미 신석기시대에 남한강 유역과 금강 상류 유역에서 세계 최초의 '단립벼'를 비롯한 5곡의 재배경작이 시작되어 시계열의 성립과 함께 공간적으로 확산되어 나가고 있었음을 명확히 확인할 수 있다.[57]

56 고려대 미사리 발굴 조사단(윤세영 · 이홍종), 『美沙里』 V, 1994, pp.347~356 참조.
57 신용하, 『고조선 국가형성의 사회사』, 지식산업사, 2010, pp.47~55 참조.

고조선 국가형성기(BC 30세기~BC 24세기)에 오면 단립벼를 비롯한 5곡의 농업경작은 더 넓은 지역으로 확산 전파되었다.

(9) 한강 하류지역인 경기도 김포군 가현리에서는 토탄층과 함께 쌀과 조의 탄화물이 검출되었는데, 탄소 측정 결과 BC 2070±26년(보정연대, 4020±26 bp)으로 연대가 측정되었다.[58]

(10) 남한강 유역인 경기도 여주군 흔암리(欣岩里) 12호 집자리에서는 다량의 단립벼 탄화미와 보리·조·수수 등의 곡물이 출토되었는데, BC 1650년~BC 1490년(3306±70 bp)의 것으로 측정되었다.[59]

(11) 대동강 유역인 평양 남경 유적 36호 집자리에서는 BC 3000년기~BC 2000년기로 연대측정된 탄화된 단립벼가 탄화된 조·수수·콩·기장 등과 함께 다량 출토되어 이 시기에 대동강 유역에서도 단립벼를 비롯한 5곡의 재배경작이 시행되었음을 알려주었다.[60]

이상의 제한된 미곡 및 곡류 발굴 사실에서 보아도 문명의 서막을 알리는 경작농업의 시작은 동아시아에서는 이미 초기신석기시대에 古한반도 남한강 유역과 금강 상류 유역에서 세계최초 온대 '단립벼' 순화경작 등 5곡의 재배경작에서 비롯되었음을 알 수 있다.

최근(2012년) 발굴 보고된 강원도 고성군 문암리 유적에서는 동아시아 최초로 상층밭과 하층밭으로 구성된 신석기시대 중기 밭 유구가 주거지와 함께 발굴 조사되었다.[61] 이 '신석기시대 중기' 경작층의 식물규소체를 자연과학자들이 분석한 결과 '벼'의 기동세포 기원의 부채형 규소체가 확

---

58 임효재, 「경기도 김포반도의 고고학조사연구」, 『서울대학교박물관보』 제2집, 1990.
임효재 편저, 『한국 고대 稻作문화의 기원-김포의 古代米를 중심으로』, 학연문화사, 2001 참조.

59 임효재, 『흔암리주거지』 Ⅳ, 서울대박물관, 1978 참조.

60 김용간·석광준, 『남경유적에 관한 연구』, 과학·백과사전출판사, 1984, p.108.

61 국립문화재연구소, 『고성 문암리유적(사적 426호) 발굴조사 현장설명회 자료집』, 2012 참조.

인되었으며, 상·하층밭에서 '벼' 규소체가 모두 나오지만, 특히 하층밭에서는 수전(경작)의 평균 기준을 초과하는 양의 벼 규소체가 꾸준히 검출되어 '벼농사'[稻作]가 이루어졌던 것으로 판단되었으며, 그 재배벼는 아시아 재래의 '단립벼'(*japonica*)로 확인되었다.[62] 이러한 신석기시대 한강문화의 농업혁명의 성과는 바로 동아시아에서 최초의 고대국가인 '고조선'을 건국할 수 있게 한 경제적 기반이 되었음은 물론이다.

또한 고조선 건국 이후에는 '단립벼'를 비롯한 5곡의 재배경작은 고조선 문명권의 기후가 허락하는 북방한계선까지 확산 전파되어, '단립벼' 재배와 5곡 경작 등 농업경작과 생산이 비약적으로 발전했음을 확인할 수 있다.

세계 온대 단립벼의 재배 기원은 남한강 유역 소로리볍씨(12,500±150 bp, BC 10,550±150년)와 그 후 충주 조동리 유적 볍씨(6200±40 bp, BC 4250±40년), 옥천 대천리 유적 탄화미(BC 3500년), 고양 가와지 유적 볍씨(BC 3318±80년) 등으로 계승되는 '한강문화'에서 나온다. 그러므로 단립벼의 재배 기원에 대해서 필자는 '한강기원설'(漢江起源說)을 제의했었다.[63]

---

62 류춘길·최미경, 「식물규소체 분석을 통한 재배작물분석: 고성 문암리유적 신석기시대 경작층을 중심으로」, 『자연과학에서 본 農耕출현』(제1회 동아시아 농경연구 국제워크숍 발표논문집), 문화재청 국립문화재연구소, 2013. 10. 필자는 강원도 문암리 다른 유적 발굴보고를 자료의 하나로 하여 우리나라 신석기시대의 시작을 약 1만 2천 년 전(BC 1만 년경)에 시작되었다고 이미 판단 서술한 바 있으므로(신용하, 『고조선 국가형성의 사회사』, 지식산업사, 2010, pp.35~43 참조), 신석기시대 '중기'인 BC 6000년~BC 5000년경에는 문암리 지역에서도 신석기시대 '벼' 재배농경이 실행되고 있었다고 확신할 수 있다.

63 신용하, 『고조선 국가형성의 사회사』, 지식산업사, 2010, pp.78~94 참조. 이것은 소로리 단립벼 볍씨가 옥섬암 장립벼 볍씨보다 약 1,200여 년 앞서므로 '전체 도작 재배기원'에 대해서도 '한강기원설'을 정립할 수 있다. 도작 기원에 대한 '양자강 기원설'은 수정되어야 하며, 그것은 '장립벼의 양자강 기원설'로 수정하여 재검토되어야 할 것이다.

단립벼 재배는 남한강 유역 소로리 볍씨(BC 10,550±150년)에서 기원하여, 한강 본류와 금강·섬진강·영산강·낙동강·대동강 유역·한반도 전체로 보급되었다. 대동강 유역 남경 유적 36호 집자리에서도 BC 2000년기의 단립벼 탄화미가 출토되었다.

고조선문명의 단립벼 재배는 산동반도와 요동반도에도 전파되었다. 산동반도 용산문화 유적들에서도 BC 2000년기의 탄화벼들이 나왔다. '대취자(大嘴子) 유적'에서 BC 1000년경(일설 BC 2000년경)의 탄화미가 출토되었다. 대취자 유적에서는 고조선식 청동창의 조각(BC 2000년경)이 출토되었으므로 이 무렵에 이미 산동반도와 요동반도로 고조선 단립벼 도작 재배가 전파되었다고 보아야 할 것이다.

그러므로 장립벼(*indica*)는 별도로 하고, 단립벼(*japonica*) 재배의 기원과 전파 경로에 대해서는 ① 남한강 소로리 볍씨(12,500±150 bp, BC 10,550±150년)를 기원으로 하여 → ② 북으로는 조동리 유적(6200±40 bp, BC 4250±40년) → ③ 고양 가와지 볍씨(BC 3318±80년) → ④ 김포 가현리 볍씨(BC 2030±25년) → 대동강 유역 평양 남경 유적 탄화미(BC 3000년기~BC 2000년기) → 산동반도 양가권(楊家圈) 볍씨(BC 2040±70년)와 양저(良渚)문화 상층유적 볍씨(BC 2760±140년) 및 요동반도 대취자 유적 탄화미(BC 1000년경, 일설 BC 2000년경 및 그 선행시기) 등으로 전파되었다고 볼 수 있다.[64]

또한 남쪽으로는 ① 남한강 소로리 볍씨(12,500±150 bp, BC 10,550±150년)를 기원으로 하여 → ② 고양 가와지 볍씨(BC 3318±80년) → ③ 옥천

64 현재 출토된 산동반도 양가권(楊家圈) 볍씨 연대가 양저(良渚)문화 상층유적 볍씨 연대보다 늦은 것이어서 양저문화 상층으로 먼저 단립벼가 전파되고, 다음에 산동반도로 전파되었을 가능성도 있다. 그러나 중국 동해안 지역 볍씨들이 모두 출토 조사된 것이 아니므로 여기서는 이를 묶어서 다루고, 후일 중국 동해안 다른 지역의 볍씨 출토 결과에 따라 그 방향을 설정하기로 한다.

대천리 볍씨(BC 3500년경) → ④ 여주 흔암리 탄화미(BC 1650년~BC 1490년) → ⑤ 일본 규슈 지방(BC 7세기~BC 5세기경) 등으로 전파되었다고 볼 수 있다(〈그림 1-6〉 참조).

특히 주목할 것은 단립벼 재배의 전파가 고조선 사람들 및 고조선 이주민들이 거주 활동한 지역과 대체로 일치한다는 사실이다. 한반도와 만주 일대는 모두 단립벼 재배이고, 중국의 북부와 동해안 황하 및 회수 사이 일대 고조선 이주민(소위 東夷)의 정착 활동 지역에서만 단립벼 재배가 성행하였다. 반면에 양자강 유역과 그 이남은 장립벼 재배 지역이다.[65]

---

65 고대 중국에서는 '단립벼'[粳]는 '동이'족(東夷, 고조선 이주민과 그 후예)이 들여와 보급했으며, '장립벼'[籼]는 '월'(越)족이 보급했다는 사실이 인지되고 있었다. 사마천의 『사기』까지도 "(禹왕이) 백익(伯益)에게 명하여 백성들에게 볍씨(稻)를 주어서 저습한 땅에 심도록 했으며, 후직(后稷)에게 명하여 백성들에게 부족한 식량을 주도록 하였다"([禹]命益予衆庶稻 可種卑濕. 命后稷予衆庶難得之食.)라고 기록하였다(『史記』 卷2, 夏本紀). 필자는 고조선문명의 '단립벼'를 고중국 산동반도 일대에 들여온 부족은 동이족 가운데 '백익'(伯益)족이 주도했다고 본다. 그리고 이때 '백익'족이 보급한 『사기』의 볍씨 '稻'는 '단립벼'가 틀림없다고 본다. 백익족은 산동반도에 거주했던 동이족의 한 갈래인 소호(少昊)족의 후예로서 고중국 하(夏)나라 후기에 동이족 가운데 당시 가장 세력이 큰 대표적 부족이었으며, 영(嬴)성이었다(張富祥, 『東夷文化通考』, 上海古籍出版社, 2008, p.222 참조). 백익족의 거주지역은 "지금의 산동 태산(泰山) 이남 및 소북(蘇北)과 완북(皖北), 서쪽으로는 노(魯)에 이르러 예교(豫交) 경계의 태행산(太行山) 기슭까지, 동으로는 황해(중국 동해)까지가 모두 백익족의 거주지였다(李江浙, 「秦人起源東方考」, 『先秦史硏究動態』, 1984年 4期, 1984; 張富祥, 『東夷文化通考』, 2008, p.225 참조). 필자는 중국학자들이 발굴한 산동성 용산문화유적 양가권(楊家圈)에서 출토된 단립벼[粳] 볍씨(BC 2040±70년)의 출토지역이 바로 이 백익족 거주지였다는 사실을 지적하며, 여기에 주목할 필요가 있다고 생각한다. 또한 중국학자들이 양자강 하류의 단립벼 보급지였다고 생각하는 '양저문화'(良渚文化) 상층은 '동이족문화'이며, 출토 유물의 옥기들 가운데는 '고조선'의 상징인 '아사달' 문양(신용하, 「고조선 '아사달' 문양이 새겨진 山東 大汶口文化유물」, 『한국학보』 제102집, 2001; 『한국 원민족 형성과 역사적 전통』, 나남출판, 2005 참조)과 그 위에 소호족의 상징인 '새'를 새긴 옥기가 출토되었다는 사실에도 주목할 필요가 있다고 본다(安作璋·王志民 主編, 『齊魯文化通史』 I (远古至西周卷, 王志民·張富祥 著), 中華書局, 2004, pp.162~163 참조). 양자강 하구 일대에는 고조선 이주민들의 고인돌 무덤이 다수 남아 있다는 사실도 주목할 필요가 있다(李榮文, 「중국 절강성 지역의 지석묘」, 『韓國支石墓社會硏究』, 학연문화사, 1999, pp.371~407; 陳元甫, 「중국 절강성지역의 석실 토돈묘」, 제2회 아시아권 문화유산(고인돌) 국제심포지엄 논문집, 『아시아 거석문화와 고인

단립벼(短粒稻, *japonica*) 재배는 한반도 신석기시대 한강문화권의 남한강 유역과 금강 상류 유역에서 기원하여 고조선문명권에서 확산 전파 재배되었으며, 고중국에서는 하(夏)나라 후기 백익(伯益)족 등 동이족이 고조선문명의 단립벼를 도입하여 재배 보급함으로써 고중국에도 단립벼가 보급 전파되었다.[66]

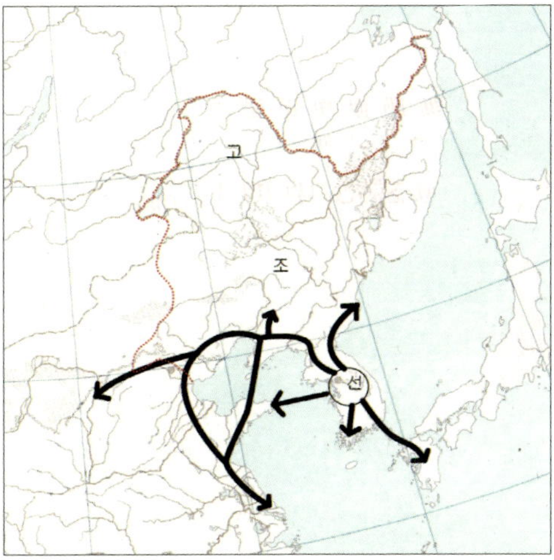

그림 1-6. 단립벼의 재배기원지와 보급 경로도 (○는 단립벼 재배기원지)

한반도 남한강 유역(한강문화)에서 기원한 단립벼의 세계적 보급 경로를 지도에 나타내 보면 〈그림 1-6〉과 같다.

이러한 '도작(단립벼) 한강기원설'은 현대의 세계 단립벼와 장립벼의 재배 분포에 대한 일본학자의 연구결과와도 대체로 합치되어 시사하는 측면이 있다.[67]

돌』, 동북아지석묘연구소, 2007. 12, pp.69~88 참조).

66 사마천(太史公)의 말로(『史記』 卷5, 秦本紀), 백익(伯益)이 성(姓)을 하사받아 영(嬴)성이 된 후, 영성의 후예는 다시 각 지역에 봉해져서 그 봉국의 이름으로 성씨를 삼았는데, 서(徐)씨 · 담(郯)씨 · 거(莒)씨 · 종려(終黎)씨 · 운엄(運奄)씨 · 도구(菟裘)씨 · 장량(將梁)씨 · 황(黃)씨 · 강(江)씨 · 수어(修魚)씨 · 백명(白冥)씨 · 비렴(蜚廉)씨 · 진(秦)씨 등이 있었고, 진나라는 그의 선조 조보(造父)가 조성(趙城)에 봉해졌으므로 조(趙)씨가 되었다고 기록하였다. 이러한 백익의 후예 영(嬴)성의 씨족들이 다스린 성읍(城邑) 봉국들을 중심으로 중국의 상고(商周)시대~춘추전국(春秋戰國)시대에 고조선에서 도입된 단립벼[粳] 재배가 고중국 산동성과 화북 및 회수 지역에 전파 보급되었다고 볼 수 있다.

67 渡部忠正, 「アジア栽培稻の起源と傳播」, 『サイエンス』 14(12), 1984.
박태식, 「한반도 출토 곡류의 동정법과 연구성과」, 충북대학교 농업기술연구소 세미나 발표자료, 2010 참조.

고조선 문명의 '단립벼' 재배경작은 남한강·금강 상류에서 시작되어 북으로는 대동강 유역과 요동반도(대취자 유적)를 거쳐서 고조선 이주민들과 함께 중국 동해안의 고조선 이주민(소위 '東夷'족)의 정착 지역에 전파되어 양자강 하류 양저문화(良渚文化) 유적 상층문화에서 양자강을 따라 내려오는 '장립벼' 경작문화에 만나서 양저문화 상층에서 장립벼 경작문화와 단립벼 경작문화가 중첩하게 되었다. 또한 '한'족의 한강문화에서 시작한 '단립벼' 재배경작은 BC 7~5세기경에는 한반도로부터 일본 열도에도 전파되어, 일본 열도가 '단립벼' 문화권에 들어오게 되었다.

'한'족의 한강문화는 한반도에서 벼의 야생종을 순화해서 단립벼 선택재배를 시행·발전시켜 고조선문명을 통해서 '단립벼 쌀'을 세계에 보급한 큰 공헌을 한 것이었다.

또한 '한'족은 '맥'족·'예'족과 함께 인류문명사에서 BC 3500년~BC 2000년경에 최초로 '콩 재배'의 기원을 성취하였다. 기원지에 대해서는 ① 한반도와 ② 만주의 두 가지 설이 있으나, 고조선문명의 시기에는 한반도와 만주가 모두 '고조선문명권'이었다.

중국에서는 『관자』(管子)에 근거하여 BC 7세기에 제(齊)의 환공이 '산융'(山戎)으로부터 '콩'[戎菽, 大豆]을 도입하여 보급시킨 것으로 해석하고

근래(1980년대) 세계 단립벼와 장립벼 재배 분포

자료: 渡部忠正 작성, 박태식이 번역하여 채색하고, 필자가 '온대자포니카'의 재배기원지에 ○표를 추가하였음.

있다. '산융'은 '고죽'과 함께 고조선의 서변 후국(侯國)의 하나로서 '고조선문명권'의 일부였다. 즉, 중국은 고조선문명의 '콩' 재배를 도입하여 보급시킨 것이다.

유럽에는 고대에 '콩' 재배가 없었다. 일본에서는 한반도에서 BC 30년~AD 70년에 콩을 도입하여 재배하기 시작하였다. '한'족과 고조선은 '콩'이라는 인류생활에 매우 귀중한 식물성 단백질 공급 작물을 순화재배하여 전 세계에 전파 보급함으로써 인류의 식생활에 매우 큰 공헌을 한 것이다.

'한'족의 한강문화가 통합된 고조선문명은, 메소포타미아 문명의 재배기원의 밀·보리를 어떤 경로를 통해 도입해서, 동아시아의 밀·보리 '제2재배중심'이 되어 밀과 보리를 적어도 BC 4200년(조동리 유적)~BC 3500년(대천리 유적)경부터 재배 보급하였다.

중국에는 동이족의 하나인 래(萊)족이 고조선에서 산동반도에 '밀'[小麥]을 도입하여 재배 보급하였다. 또한 동이족의 하나인 근모(根牟)족은 고조선에서 '보리'[大麥]를 산동반도에 도입하여 재배 보급하였다.[68]

여기서 주목할 것은 유명한 중국 고문헌 『태평어람』(太平御覽)[69]과 『예기정의』(禮記正義)[70]에 중국에 '농경'을 가르쳐 준 신농씨(神農氏)가 포함된 태호(太昊)족이 태양을 상징으로 하면서 동방의 '진'(震)에서 나왔다[出]고 기록하고 있다는 사실이다. 여기서 주목할 것은 태호족(의 제왕)이

68 張富祥, 『東夷文化通考』, 上海古籍出版社, 2008, pp.477~499 참조.

69 『太平御覽』 제78에 인용된 「帝王世紀」 "太昊의 帝는 震에서 나와 아직 취한 바 없으므로 그 位가 東方에 있다"(帝出於震 未有所因 故位在東方) 참조.

70 『禮記正義』 「樂令」에 인용된 「帝王世紀」 "太皞의 帝 庖犧氏는 [···] 뱀의 몸에 사람의 머리를 하고 聖德이 있어서 百王의 先이 되었다. (태호의) 帝는 震에서 출하여 아직 취한 바 없으므로 位가 東에 있었고, 사계절에서 봄을 주관하며, 밝은해(日·太陽)를 상징으로 삼았으므로 太皞라고 칭하였다"(蛇身人首 有聖德 爲百王先 帝出於震 未有所因 故位在東 主春 象日之明 是以稱太皞) 참조.

나온 나라가 '진'(震)이라는 사실이다. 중국학자들은 위의 동방의 '진'(震)을 산동반도에서 찾으려 하는데, 필자는 古한반도 중·남부 '진국'(辰國·震國) 지역을 그 후 고대 중국학자들이 기록한 것으로 해석한다. 산동(山東)이 이미 동방이므로 산동에 정착한 태호족의 출신지 '진'(震)을 구태여 다시 '동방'으로만 해석할 이유가 없기 때문이다.

또한 태호족 거주 지역인 산동반도에서 한반도의 '진국', '한'족의 '고인돌' 등 여러 가지 고고유물들이 출토된 사실도 태호족 출신지 '震'이 古한반도의 '震'임을 알려준다. 또한 '태양'숭배족인 사실도 한반도의 '한'족과 동일하다. 태호(太皞)의 호(皞)를 중국학자들이 뒤에 '昊'(여름하늘 호)로 표기했지만 옛 경서의 글자는 '皞'(휠 호, 밝을 호)로 표기했었다. '皞'는 '白'자 2개와 '本'자를 합성하여 본래 '밝달족'(白족)임을 나타냈었다.

사마천은 신농씨가 "나무를 쪼개어 보습을 만들고 나무를 휘어서 보습자루를 만들어, 보습과 가래의 사용법을 만민에게 보여서 비로소 農耕을 가르쳤다. 그래서 神農氏라 했다"[71]라고 기록하였다. 즉, 중국에 농경을 전파한 부족을 고대 중국에서는 신농씨(神農氏)로 보아온 것이다.

부사년은 중국 고문헌에 명료하게 나타난 첫 '동이'족으로서 '태호족'과 '소호족'을 들면서 "太皞(태호)와 太昊(태호)는 동일한 말이니, 옛 경서들에 흔히 '복희씨'(伏羲氏)와 '포희씨'(庖犧氏)로 일컬어졌다"라고 하면서 '태호'의 기록으로 이른 시기의 고문헌의 기록을 들어 고증하였다. 부사년은 '동이'의 기원이 동북(東北)과 조선반도(朝鮮半島) 서북 지방에 관련되어 있다고 보았다. 이것은 바로 '고조선'을 시사한 것이었다고 해석된다. 그는 '복희씨'와 '포희씨'의 대리명칭으로 기록된 '태호족'의 중국 고대국가 형성 및 고대문화 형성에 미친 큰 공헌을 높이 평가하였다.[72]

---

71 『史記』 卷1, 五帝本紀의 「集解」 및 「索隱」 참조.

72 傅斯年, 「夷夏東西說」 참조. 부사년이 제시한 자료에서 태호족의 문화적 업적은 다음과

古한반도 '한'족의 선진적 농경문화가 '한'족과 고조선 이주민들에 의해 고중국에 전파되었음을 확인할 수 있는 것이다. 일본에는 밀이 약 BC 6세기경에 '한반도'에서 도입되어 재배 보급하기 시작했다고 일본 전문학자는 설명하였다.

'한'족의 한강문화가 선두에 선 농업경작의 형성과 발전은 동아시아의 신석기인들을 이른 시기에 일정 지역에 정착시켜 신석기문화를 만드는 데 크게 기여하였다. '한'족의 한강문화가 일찍이 신석기시대 이른 시기에 세계 및 동아시아 최초의 '단립벼' 재배경작을 비롯한 5곡의 재배경작을 시작하고 발전시켜서 신석기 농업혁명을 수행했다는 사실은 세계문명사에서도 주목해야 할 획기적인 사실이라고 생각한다.

3. 신석기 농경(농업혁명) 업적의 기념비

한족의 한강문화에서 성취된 동아시아 최초의 신석기 농업혁명의 성과는 당시 신석기인들도 이를 잘 인지했는지, 세계 문화유산에서도 매우

같이 요약할 수 있다.

① 태호족은 결혼[嫁娶] 제도를 확립하였다.

② 태호족은 음식을 불로 익혀 먹는 화식(火食) 제도를 확립하였다.

③ 태호족(포희씨)은 새끼의 매듭에 의한 의사소통법[結繩]과 그물 짜는 법[網罟]을 만들어 가르쳐서 생활을 편리하게 하였다.

④ 태호족(포희씨)은 비파(거문고의 일종) 36줄을 만들었다.

⑤ 태호족의 포희씨는 역(易)의 8괘(卦)를 만들어 만물의 이치를 알게 하였고, 신농(神農)이 이를 제곱하여 64괘를 만들었다.

⑥ 태호족의 허(墟, 본읍, 수도)는 진(陣, 하남성)이다.

⑦ 태호족은 관직명을 '용'(龍, 靑龍·赤龍 등)으로 이름 붙였다.

⑧ 태호족은 오행(五行)으로는 목(木)을 덕으로 삼았다.

⑨ 태호족의 제(帝) 포희씨와 여왜씨(女媧氏)는 풍성(風姓)으로 뱀의 몸에 사람의 머리[蛇身人首]를 왕족의 표시로 사용했다. 태호족의 임금 15세가 모두 포희(庖犧)의 호를 답습하였다.

⑩ 태호족(복희씨)의 후손은 임(任)·숙(宿)·수구(須句)·전유(顓臾)의 4국(國)이다.

그림 1-7. '한'족의 신석기시대 농경기념선돌

① 옥천 남곡리 1호 농경기념선돌
② 옥천 수북리 동정마을 농경기념선돌

드물게 신석기시대 농업경작(농업혁명)의 업적을 기리는 신석기시대 '농경기념선돌'이 금강 상류에 2개나 남아 있다.

충청북도 옥천군의 지금은 대청댐으로 수몰된 남곡리 개미재에 밭고랑을 새긴 선돌(남곡리 1호 선돌, 〈그림 1-7〉의 ① 참조)과, 그로부터 약 100미터 떨어진 수북리 동정마을에 밭고랑을 새긴 또 하나의 선돌(수북리 선돌, 〈그림 1-7〉의 ② 참조)이 서 있었다가, 대청댐 공사로 이 지역이 수몰되어 다른 곳으로 옮겨졌다.[73]

남곡리 개미재 1호 선돌은 크기가 높이 165cm, 밑변 가로 52cm×세로 25cm로서, 위의 왼쪽 끝을 뾰족하게 높이고 오른쪽은 낮게 만들어서 '남성' 족장(또는 공동체 장)의 기념(비석)선돌임을 표시하였다. 기념하는 업적 내용은 선돌 표면에 논밭 고랑 45개를 등간격의 줄로 새겨 표시하였다. 위의 직삼각형 부분을 제외하면 고랑줄의 길이는 약 41cm이고, 줄의 간격은 3~4cm이며, 줄의 깊이는 최대 1cm로서 모두 돌로 쪼아서 새긴 것이었다.

옥천 수북리 동정마을 앞에 서 있던 또 다른 선돌은 높이 173cm, 밑변 가로 52cm×세로 25cm로서, 역시 위의 왼쪽 끝은 뾰족하게 높이고 오른쪽은 낮게 만들어서 '남성' 족장(공동체 장)의 기념(비석)선돌임을 표시하

73 이융조, 『충북의 선사문화』, 충청북도 충청연구소, 2006, pp.318~323 참조.

였다. 기념하는 업적 내용은 선돌 표면에 논밭고랑 50개를 등간격의 줄로 새겨 표시하였다. 아직 문자가 없던 신석기시대이므로 농업혁명(농업경작)의 위대한 업적을 '논밭고랑'으로 그려 표시한 것이었다.[74]

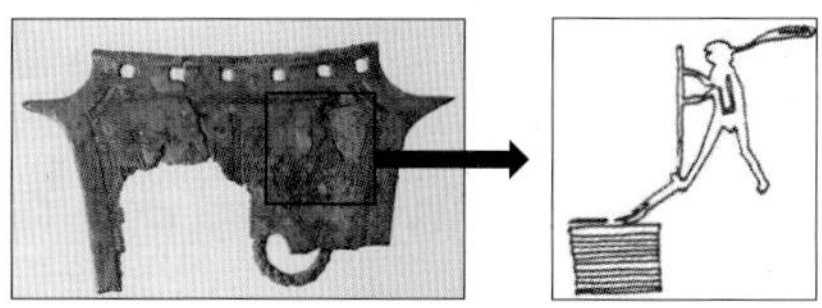

대전 괴정동 출토 '방패형 농경문 청동기'

74 이 신석기시대 기념비에 조각한 '줄'들이 '논밭이랑'(또는 논밭고랑)이라는 증거는 금강 유역인 대전 괴정동 출토 '농경문 청동기'에 새겨진 '논밭이랑'에서 확인할 수 있다. 대전 괴정동의 밭갈이하는 농부가 새겨진 '농경문 청동기'에 새겨진 '논밭이랑'과 옥천 남곡리 1호 농경기념선돌 및 수북리 동정마을 농경기념선돌의 '논밭이랑'의 도안이 완전히 동일하다는 사실이 이를 증명해 준다. 대전 괴정동 출토 '방패형 농경문 청동기'에는 '따비'라는 농구로 밭갈이 하는 남성 농부가 새겨져 있다. 옥천 남곡리 1호와 수북리 농경기념선돌에 새겨진 논밭도 신석기시대 '따비'로 밭갈이를 했다고 추정된다. 한반도의 신석기시대와 청동기시대 사용된 '따비'는 청동기로 제작된 것은 출토된 일이 없고, 매우 단단한 목재로 만든 '따비'가 사용되었다. 평안북도 염주군 주의리에서 고조선시대 참나무로 만든 '따비'(후치)가 출토되었는데, 한반도 중부지역에서 사용된 '따비'도 동일한 유형의 '따비'였을 것으로 추정된다. 신석기시대와 청동기시대 한반도 중부지역 남한강 유역과 금강 상류 유역에서 일어난 경작재배의 농업혁명은 '따비'를 농구로 사용한 단립벼·콩·밀·보리·잡곡 재배 경작 생산의 농업혁명이었음을 알 수 있다. 이러한 신석기시대 농업혁명의 성과를 '밭이랑 그림'을 새긴 선돌을 세워 기념한 '농경 그림 선돌'은 전 세계에 보고된 것으로는 옥천 남곡리와 수북리의 '농경 그림 선돌' 2개뿐인 것으로 안다.

제4장 '한'부족의 형성과 '한강문화'의 특징(II)

4. '한'부족의 '태양'(해)숭배사상과 신앙

한강문화를 남긴 '한'부족은 동아시아 최초의 신석기시대 농업경작재배의 농업혁명 수행 사실과 관련하여 '태양'(해)숭배사상과 신앙을 형성하여 갖게 되었다. 왜냐하면 농경재배는 환경요인들 가운데 날씨와 가장 관계가 깊고, 가장 은혜로운 것이 '태양'의 빛과 온도이기 때문이다. '한'족의 태양숭배사상은 그들이 남긴 유적·유물의 그림과 도안에 광범위하게 남아 있다.[75] 그중 몇 가지 예만을 들면 다음과 같다.

(1) '한'족의 신석기시대 유물의 예로, 경상남도 울산 반구대와 천전리 신석기시대·청동기시대 암각화들의 중앙 상부층에는 2개의 '태양(해)무늬' 암각화가 새겨져 있다.[76]

(2) '한'족의 청동기시대 청동거울인 고조선 전기 '다뉴조문경'(多鈕粗紋鏡)과 고조선 후기 '다뉴세문경'(多鈕細紋鏡)의 형태는 '둥근 해'를 형상화한 것이며, 뒷면의 무늬는 각종 '햇빛살무늬'를 기하하적으로 형상화하여 도안한 것이다. 종래 다뉴조문경과 다뉴세문경의 뒷면 무늬를 '삼각형 무늬', '톱니무늬' 등으로 표현해 온 것은 피상적 관찰이다. 사상이

---

75 신용하, 『고조선 국가형성의 사회사』, 지식산업사, 2010, p.65 참조.

76 文明大, 「천전리 암각화의 발견 의미와 도상의 재해석」, 『울산 반구대 천전리 암각화』(천전리 암각화 발견 40주년기념 학술대회 논문집), 한국미술사연구소, 2010 참조.

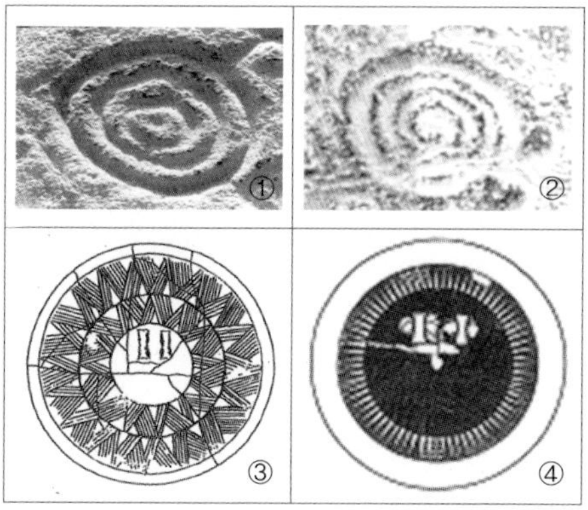

그림 1-8. 태양무늬와 햇빛살무늬

① 울산 반구대 겹둥근 태양무늬 (신석기시대)
② 울산 천전리 겹와근 태양무늬 (신석기시대)
③ 고조선식 햇빛살무늬 다뉴조문경 (충남 아산군 남성리, 청동기시대)
④ 고조선식 햇빛살무늬 다뉴세문경 (전북 장수군 남양리 1호묘, 청동기시대)

도안에 투영되어 있으므로, 삼각형이나 톱니처럼 보이는 것들도 사실은 '햇빛'(태양광선)을 기하학적으로 다양하게 형상화한 것이라고 필자는 생각한다.[77]

고조선의 청동거울은 태양(해)을 형상화했으므로 모두가 태양처럼 완전히 둥근 것뿐이고, 직사각형이나 다각형의 형태는 없다. 반면에 고중국의 청동거울은 둥근 것과 함께 직사각형도 많으며, 뒷면의 무늬도 햇빛살무늬는 거의 없고 대부분이 동물 등 구상 도안이다.

(3) '한'족의 한강문화에서 창조한 토기의 독특한 형태에는 각종 '뾰족밑 팽이형' 토기가 있고, 그 무늬에 '햇빛살'을 도안해 새긴 토기가 있다. '뾰족밑 팽이형 빛살무늬' 토기가 그것이다. 종래 이 무늬는 한자로 '즐목문'(櫛目紋) 토기라 하여, 머리 빗는 '빗살'[櫛目]을 한글로 풀어서 '빗살무늬' 토기로 이름해 왔다.[78] 그러나 이것은 '햇빛'을 형상화한 것이므로, '햇빛살무늬'(약칭 '빛살무늬' 또는 '햇살무늬')로 이름하는 것이 보다 정확한 것이라고 생각한다.[79]

---

77 신용하, 「고조선 국가의 형성과 고조선 금속문화」, 『단군학연구』 제21호, 2010.
신용하, 「고조선 국가의 영역 확대와 고조선 청동기의 분포」, 『사회와 역사』 제101집, 한국사회사학회, 2014 참조.

78 有光教一, 『朝鮮櫛目紋土器の研究』, 有光教一著作集 第1卷, 京都: 同朋舍, 1962 참조.

그림 1-9. 한강 유역 암사동 뾰족밑 햇빛살무늬 토기의 햇빛살(크기 부동)

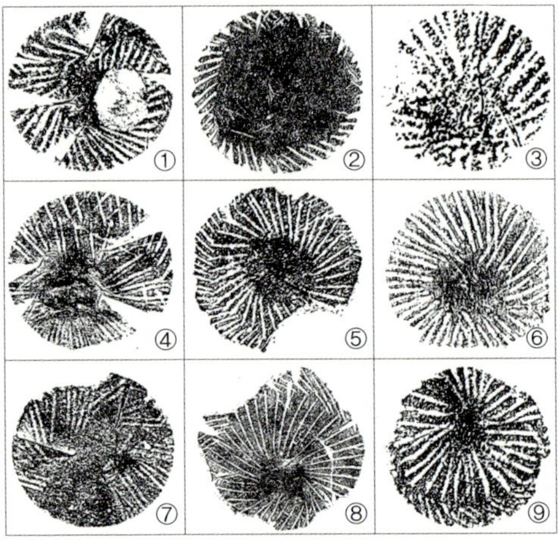

그림 1-10. 한강문화 암사동 출토 햇빛살무늬 토기의 뾰족밑 햇빛살 도안(크기 부동)

(자료: 국립중앙박물관, 『岩寺洞』, 1994에서 작성)
① 제3호 주거지 바닥 출토
②, ③ 제4호 주거지 내부 퇴적토 출토
④, ⑤ 제4호 주거지 출토
⑥ 제5호 주거지 출토
⑦~⑨ 제7호 주거지 내부 퇴적토 출토

신석기시대인들은 햇빛살을 빗금으로 표시하는 것이 일반적이었다. '한'족의 뾰족밑[尖底] 햇빛살무늬 토기도 제작 과정을 고려하여 꼭지(뾰족밑)의 도안을 모아보면 꼭지 정점을 중심으로 하여 '햇빛살'을 그린 것을 확인할 수 있다(〈그림 1-10〉 참조).

'뾰족밑 햇빛살무늬 팽이형 토기'는 한강문화의 독특한 토기 양식으로서, 한강문화와 다른 문화를 구분하는데 지표 유물로도 사용할 수 있다.

(4) 청동기시대에 들어와서도 이와 같은 문화전통은 계속되어 '한'족 계통 고조선의 청동그릇에는 '해'(태양)와 '햇빛살' 무늬를 넣은 것이 많다. '해'와 '햇빛살' 무

79 김양동, 『한국고대문화 원형의 상징과 해석』, 지식산업사, 2015.
신용하, 「고조선문명의 사회사①」, 『고조선문명의 학제적 연구 제1차 연도 보고서』, 한국학중앙연구원, 2014(미간행) 참조.

늬는 일상생활의 용구 도안에도 애용되었다.

또한 '한'족의 청동기시대 청동 혁대고리 등 일상용품과 장신구에도 '해' 및 '햇빛살'의 형태와 무늬를 애용하였다. '한'족은 고조선을 건국한 이후 '말'을 타는 기마문화를 형성하면서 혁대와 혁대고리를 애용하게 되었는데, 혁대고리에는 '말'과 함께 청동거울처럼 둥근 '해'(태양)의 형태와 '햇빛살' 무늬의 형상도안을 애용하는 일이 많았다.

한강문화에서는 각종 제사용·제천용 의기(儀器)의 도안에서도 '햇빛살'을 기하학적으로 형상화하는 일이 매우 많았다. 거의 모든 제천·제사용 의기에 태양과 태양광선 무늬가 도형화되어 있는 것이 '한'족의 한강문화의 특징 가운데 하나다.

태양숭배사상은 한강문화를 창조한 '한'족의 가장 큰 사상적 특징이 되었으며 '신앙'으로까지 승화되었다.[80] 한강문화의 태양숭배사상은 고조선 국가 성립 후에는 전체 고조선문명권에 전파·보급되었다. 또한 한강문화의 태양숭배사상은 그 후 일본열도에도 전파되어 '일본'(日本)이라는 호칭의 기원이 되었다.[81]

5. '한'부족의 '하느님'[天神] 숭배사상

'한'족의 '하늘'에 있는 '태양'(해)숭배사상은 확대되어 '하늘'을 신격화해서 '하느님'[天神]을 숭배하고 제사하는 사상과 관습을 갖게 되었다. 또

---

80 신용하, 『고조선 국가형성의 사회사』, 지식산업사, 2010, p.65 참조.

81 江上波夫, 「騎馬民族の渡來」, 『騎馬民族國家』, 江上波夫著作集6, 東京: 平凡社, 1986, pp.318~321 참조. 에가미 나미오(江上波夫)는 '임나일본부(任那日本府)설'을 다른 방식으로 인정하고 합리화하려는 증거 없는 오류에 빠져 있으나, 일본열도의 '태양'숭배와 그 후 '日本'의 국호가 한반도 남한(南韓: 辰國) 지역으로부터의 도래인(渡來人) 지배층이 가져온 것임을 지적하였다. 일본에서 '日本' 호칭이 나라 이름으로 사용되기 시작한 것은 8세기 초부터다.

한 이 '태양숭배사상'은 고조선 국가 건국 후에는 시조 '단군'이 승하한 후 산신이 되었다가 승천하여 '하늘'에서 태양신이 되었다는 사상으로, '하늘·태양·단군'이 결합되어 '하느님' 신앙으로서의 '태양숭배'와 '단군조상숭배'의 융합이 전개되었다고 해석된다.

중국 고문헌인 『삼국지』,[82] 『후한서』,[83] 『진서』[84] 등은 '한'족의 관습으로서, 국읍에 각각 한 사람을 두어 '하느님'[天神]의 제사(祭祀)를 주관하게 하는데 그를 '천군'(天君)이라고 호칭한다 하고, 또 '소도'(蘇塗)라는 별읍을 두어 큰 장대나무를 세우고 방물과 북을 매달았다고 하였다. 이것은 진국과 삼한시대의 '한'족 관습의 기록이지만, 관습은 오래전에 형성되고 잘 변하지 않으므로, 신석기시대부터의 '한'족의 신앙과 관습이라고 볼 수 있다. '소도'에서 증명되는 '한'족의 '하느님' 숭배에는 태양숭배와 단군숭배가 통합되어 있었다고 해석된다.

6. '한'부족의 천손의식과 사상

'한'족의 '태양'(해)숭배사상과 해가 있는 하늘의 천신(天神)숭배사상은 특히 족장들에게 자기들은 '태양(해)의 정기를 받고 태어난 하느님의 자

82 『三國志』 卷30, 魏書, 東夷傳, 韓條, "귀신을 믿기 때문에 國邑에 각각 한 사람씩을 세워서 天神의 祭祀를 주관하게 하는데 이를 天君이라 부른다. 또 여러 나라에는 각각 別邑이 있으니 그것을 蘇塗라 한다. (그곳에) 큰 나무를 세우고 방울과 북을 매달아 놓고 귀신을 섬긴다. (다른 지역에서) 그 지역으로 도망 온 사람은 누구든 돌려보내지 아니하므로 도둑질하는 것을 좋게 하였다. 그들이 蘇塗를 세운 뜻은 浮屠와 같으나, 행하는 바의 좋고 나쁜 점은 다르다." 참조.

83 『後漢書』 卷85, 東夷列傳, 韓條, "여러 國邑에는 각각 한 사람이 天神의 제사를 주재하는데, (그 사람을) 天君이라 부른다. 또 蘇塗를 만들어 거기다가 큰 나무를 세우고서 방울과 북을 매달아 놓고 귀신을 섬긴다." 참조.

84 『晋書』 卷97, 東夷列傳, 馬韓條, "國邑에는 각각 한 사람을 세워 天神에 대한 제사를 주재하게 하는데, 그를 天君이라고 부른다. 또 別邑을 설치하여 그 이름을 蘇塗라고 하는데, 큰 나무를 세우고 방울과 북을 매단다. 蘇塗의 뜻은 西域의 浮屠와 흡사하지만 행하는 바의 좋고 나쁜 점은 차이가 있다." 참조.

손'이라는 천손(天孫)의식과 사상을 형성하게 했으며, 이러한 천손의식은 모든 주민들에게도 보급되었던 것으로 해석된다.

'한'족의 초기신석기시대 농업혁명의 요람 가운데 하나인 금강 상류 유역 옥천 지역에는 천손의식의 실재를 극적으로 잘 증명하고 상징하는 '태양'(해)을 잉태한 여성(족장의 어머니·할머니·여족장)의 신석기시대 선돌이 남아 있다.[85] 태양(해)을 임신한 선돌의 주인공이 출산한 아기는 '아기태양'(해)으로서 '천손'(天孫)이며, 하늘에 있는 큰 태양(해)의 아들인 것이다. 이 '태양(해) 임신 선돌'은 원래 신석기시대 농업혁명 기원지의 하나인 옥천의 대청댐 수몰 지역의 바로 외곽에 서 있었다. 이 사실은 농업경작재배 시작의 신석기 농업혁명과 '태양(해)숭배사상'·'천손의식'이 모두 '농업경작'을 골간으로 하여 형성되었음을 시사하고 있다.

그림 1-11. 아기태양(해)을 잉태한 천손사상의 상징적 선돌(옥천 안터 1호 선돌)

고조선 개국 단군설화에서 '환웅'을 하느님(桓因, 上帝, 한울님)의 아들이라고 의식하여 기록한 것도 '천손의식'과 관련된 것이다. 또한 고조선문명 후예들의 개국설화 대부분에 '햇빛'(태양광선)을 받아 태양의 정기로 잉

85 이융조, 『충북의 선사문화』, 충청북도 충북학연구소, 2006, pp.166~172 참조. 이 '태양(해) 임신'의 옥천 안터 1호 선돌은 이융조 교수 등 충북대학교 박물관팀이 발굴 보고한 것인데, 크기는 높이 260cm×가로 92cm×세로 54cm의 상당히 큰 선돌이다. 긴 대형 바위를 약간 다듬어서 임신부의 형상을 갖도록 만들고, 그 복부 중하위에 둘레 86cm의 정확하게 둥근 원(圓)으로 커다란 '태양'을 아름답게 새겨서 '태양'을 임신했음을 명료하게 표시하였다.

태하여 낳은 아기가 장성하여 왕이 된 것으로 기록한 것도 모두 '천손의식'과 관련된 것이라고 볼 수 있다.

7. '한'부족의 '새'[鳥]토템 형성

'한'족의 토템은 '새'[鳥]였다. 신석기시대 유라시아 대륙의 거의 모든 부족들이 토템을 가졌는데, '한'족은 명확하게 '새'를 토템으로 애경하였다는 것이 필자의 견해다.[86] '한'족의 '새'토템은 '맥'족의 '곰'[熊]토템 및 '예'족의 '범'토템과 비교된다.

'한'족은 하늘에 있는 '해'(태양)와 '하느님'[天神]을 숭배했으므로, 하늘을 나는 '새'를 토템으로 애호하여 '새토템'족이 되었다고 해석된다. '한'족 '새'토템의 '새'는 특정되어 있지 않고, 독수리 · 까마귀 · 닭 · 오리 등 실재하는 새들로부터 상상의 새인 봉황에 이르기까지 애호하는 모든 새가 포함되었다.

'한'족의 토템이 '새'였다는 명백한 증명은 하느님[天神]에게 제사 올리는 성역(聖域)인 '소도'(蘇塗)라는 신성한 별읍(別邑)에 세워진 '솟대'의 꼭대기에 붙인 '새'에서 확인할 수 있다. 하느님을 제사하는 성스러운 '소도'의 상징 표시로 '새'를 꼭대기에 앉힌 솟대가 세워지기 때문에 '새'가 '한'족의 토템임을 더욱 명료하게 알 수 있는 것이다.

'소도'(蘇塗)는 『삼국지』 등에서 "큰 나무를 세우고 그에 방울과 북을 매달아 놓고 천신(天神)을 섬긴다"라고 했는데, 손진태 교수는 '소도'(蘇塗)를 '솟대'의 한자 차음표기로 보았다.[87] 솟대는 실제 유물과 그림도 다

---

86 신용하, 「고조선문명의 사회사①」, 『고조선문명의 학제적 연구 제1차 연도 보고서』, 한국학중앙연구원, 2014(미간행) 참조.

87 孫晉泰, 「蘇塗考」, 『朝鮮民族文化의 硏究』, 을유문화사, 1948, pp.182~223.
金貞培, 「蘇塗의 정치사적 의미」, 『歷史學報』 제79집, 1978.

수 남아 있는데, 꼭대기에는 반드시 '새'를 앉혀서 '솟대'임을 표시하였다. 즉, '새'가 '솟대'의 존재를 알리는 상징이었던 것이다. 종래 이를 인식하지 못했던 것은 『삼국지』 위서 동이전을 기록한 중국 고대 관리가 '새'의 중요성을 알지 못하고 '거울'·'방울'·'북'만 기록했기 때문이었다고 본다.[88]

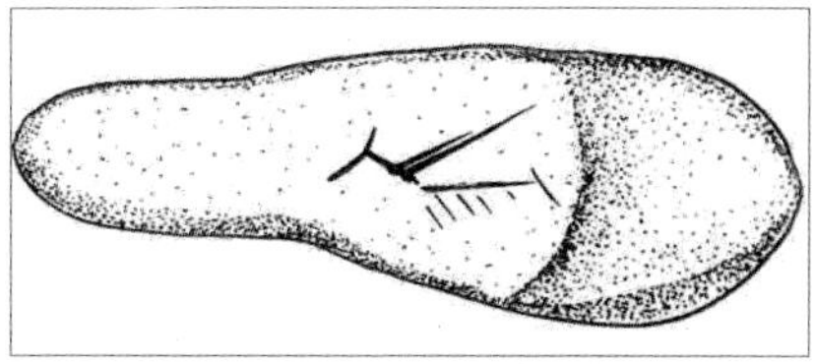

그림 1-12. 남한강 유역 앙덕리 고인돌(신석기시대) 부장품 자갈돌에 새겨진 '날아가는 새' 형상

'한'족의 '새'토템은 남한강 유역의 古한반도 초기신석기인 시기부터 형성된 증거가 있다. 남한강이 한강 본류와 합류하는 경기도 양평 앙덕리 지역의 매우 이른 초기신석기시대 무덤인 '앙덕리 고인돌'에서 족장의 '지휘봉'으로 추정되는 방망이 형상의 다듬은 돌에 '날아가는 새'(발굴자는 독수리로 추정)를 쪼아서 새긴 부장품이 출토되었다(〈그림 1-12〉 참조).[89]

남한강 유역 초기신석기시대 고인돌 무덤에서 출토된 이 돌방망이는 손에 쥘 수 있도록 손잡이를 갈아서 만든 마제석봉(돌방망이)에 '새'를 조각한 것이어서, 이 용구가 족장급 지휘자의 권위·신앙·제의(祭儀)와 연관된 지휘석봉이며, 새겨진 '새'는 '새'[鳥]토템임을 알려준다. 이 지역 초기신석기인들은 동아시아 최초로 농경재배를 시작하여 신석기 농업혁명

金杜珍, 「三韓 別邑社會의 蘇塗 신앙」, 『韓國古代의 國家와 社會』, 일조각, 1985 참조.

88 영국과 독일의 사회사학파와 프랑스의 아날학파는 유물·유적·그림·조각 등을 문헌기록보다 더 중시하여 증거자료로 사용한다. 고대 문헌기록은 기록자의 편견과 권력자·시배자의 견해가 깊이 지배하고 있기 때문이다. 사회사 방법을 '소도'(솟대)에 적용하면 한족의 '새'토템이 바로 부각된다. 그러나 진수(陳壽)의 『삼국지』(三國志) 위서(魏書) 동이전(東夷傳) 한(韓)조가 부주의로 '새'를 기록하지 않았으니, 이를 필사윤문한 『후한서』(後漢書), 『진서』(晉書) 등 중국 고문헌들은 모두 솟대의 '새'를 기록하지 않았고, 문헌고증사학에만 의존하면 이들 고문헌에 기록이 없으니 '한'족은 토템이 없는 것으로 오해하게 된 것이라고 해석된다.

89 이융조, 「양평 앙덕리 고인돌 발굴보고」, 『韓國史硏究』 제11집, 1975, pp.55~99 참조.

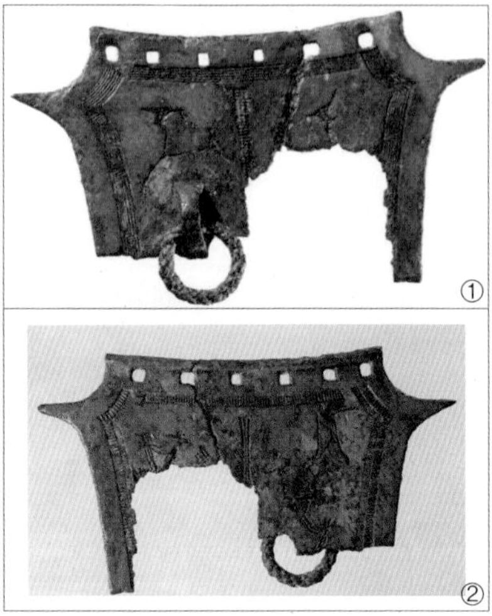

그림 1-13. 대전 괴정동 출토 농경문 청동기의 '새'토템 조각

① (뒷면) 솟대의 '새'토템 상징 조각
② (앞면) '새' 깃털을 머리에 꽂은 농부의 밭갈이 조각

을 선도했고, 농경과 관련하여 하늘의 '태양'(해)을 숭배했으므로, 동물에서 토템을 취하는 경우 지상의 힘센 동물보다도 태양이 있는 하늘을 나는 '새'를 토템으로 선호했을 것임은 충분히 이해할 수 있는 일이다. '농경'과 '태양숭배'와 '새'토템은 하나의 통합된 체계라고 볼 수 있다. 이 지역의 신석기시대 유적·유물에 그려진 각종 새들은 '한'족 계열 토템의 상징이었다고 해석된다.

초기신석기시대 한강 유역 '한'족의 '새'토템 발전 형태가 고조선·진국 시대 '소도'(蘇塗)로 기록되고, 청동기시대 유물들에도 조각되어 나오는 것이라고 생각한다. '농경'문화와 '태양'(해)숭배와 '새'토템의 체계적 결합을 나타내는 청동기시대 유물의 하나로, 예컨대 대전 괴정동 출토 '농경문 청동기'를 들 수 있다.

이 진국시대 한강문화의 '방패형 농경문 청동기'의 뒷면에는 왼쪽과 오른쪽에 모두 '솟대' 위에 앉은 '새'를 조각하였다(〈그림 1-13〉의 ① 참조). 또한 앞면 왼쪽에는 솟대 위에 '새'가 앉아 있고, 오른쪽에는 밭갈이 하는 농민이 '새의 깃털'을 머리에 꽂고 따비로 밭을 갈고 있는 형상이 조각되어 있다(〈그림 1-13〉의 ② 참조). '한'족에게는 평민인 농민에 이르기까지 모든 성원에게 '새'토템이 일상화되어 있었음을 확인할 수 있다.

'한'족의 '새'토템의 발견은 동아시아 선사시대의 해명에 여러 가지 도움을 줄 수 있다.[90] '한'족의 한강문화의 '새'토템 사상은 고조선 건국 후

진국(辰國)시대에는 시조신(始祖神)이며 천신(天神)인 '단군'(단굴) 신앙과 관련하여 주민과 단군신(천신)을 연락하는 '영매조'(靈媒鳥) 사상으로 발전하였고, 소도별읍(蘇塗別邑)이 신성한 종교적 성소(聖所)로 제도화되었다. 또한 고조선 건국 후 건국설화가 형성·보급된 뒤에는 '삼족오'(三足烏) 태양신 사상과 결합되었으며, 여기서 '삼족오'로 표현된 3태양신은 '환인·환웅·단군'의 삼신(三神)이라고 해석됨은 이미 밝힌 바 있다.[91]

'한'족의 '새'토템은 훨씬 후의 마한·진한·변한·신라 시대에도 닭·오리·봉황 등 '새'(조류)를 토템으로 간주하는 문화로 계승되었다고 볼 수 있다. 『삼국지』 위서 동이전은 "(변진에서는) 큰 새의 깃털을 사용하여 장사를 지내는데, 그것은 죽은 사람으로 하여금 (새처럼) 날아 올라가라는 뜻이다"[92]라고 기록하였다. 이 기록도 '한'족의 '새'토템을 방증하는 기록의 하나로 볼 수 있다.

8. 부계 부족공동체 사회의 조기이행

'한'족이 매우 이른 시기에 농경재배를 시도하고 농업사회에 들어간 것은 구석기시대 말~초기신석기시대의 모계 공동체를 매우 일찍 해체하고 부계 씨족공동체 및 부계 부족공동체 사회로 이행하도록 작용하였다.

古한반도 중부의 구석기인이 약 1만 2천 년 전 동굴에서 나오자마자 강변과 해안에 움막을 짓고 남녀가 한 쌍씩 '가족'을 이루어 초기신석기

---

90 예컨대 중국 고대문헌과 고고학자들 및 고대사학자들이 말하는 소위 '동이'(東夷) 가운데 '조이'(鳥夷)는 古한반도 '한'족 계열의 이동·이주족이라고 필자는 생각한다.

91 신용하, 「古朝鮮文明圈의 三足烏太陽 상징과 朝陽袁台子벽화묘의 三足烏太陽」, 『한국학보』 제105집, 2001 참조.

92 『三國志』 卷30, 魏書 烏丸鮮卑東夷傳, 韓傳, 弁辰條, "以大鳥羽送死 其意欲使死者飛揚."

시대 농경에 들어간 경우, 농업경작에는 가족노동력에서 자연히 강한 남성 노동력이 필수적이고 우위였기 때문에 종래의 모계제는 급속히 해체되고 부권이 강한 부계제가 매우 일찍 형성되었다. 이것은 가부장제도 성립의 동인이 되었으며, 자연히 씨족장·마을촌장·부족장의 직책에 '남성' 족장이 나오도록 제도화되었다.

'한'족이 부계 공동체 사회로 매우 일찍 이행했다는 사실은 '한'족의 신석기시대 무덤 양식인 '고인돌' 무덤에서 '석검'(돌검)과 '석촉'(돌화살촉)이 많이 출토되는 사실에서도 확인할 수 있다. 이 석검 등 무기는 전투용·수렵용·지휘용 무기로서 남성 족장 및 부계 공동체 사회의 상징적 문화 항목의 하나라고 볼 수 있다. 여성 부족장이 지배한 '맥'족의 홍산문화 우하량 유적 적석총 무덤에서는 '돌검'이나 '옥검'은 1점도 출토되지 않고 아름다운 '옥'기들만 다수 출토된 사실과 대비된다.

신석기 말기~고조선 건국기의 '단군설화'에서 '한' 대족장의 아들 가운데 하나인 '환웅'(桓雄)의 '환'은 '한'과 호환되는 표기이며, '웅'(雄)은 남성 족장과 연관된 표기라고 해석할 수 있다.

'한'족의 부계공동체 사회는 기본적으로 농경사회였고, 문자 이전의 신석기시대 농경의 지식은 경험이 많은 '노인'의 지식과 지혜에 의존하고 전수되기 때문에 '노인공경'·'장로(長老)공경' 문화를 동반하였다. 특히 남성(부계) 노인 족장은 매우 큰 권위를 갖고 존경의 대상이 되었다고 볼 수 있다.

9. '한'부족 언어의 형성과 존대어

한강문화를 남긴 '한'족은 초기신석기시대에 '한'족 부족언어를 형성하여 발전시켰다. 이 '한'족 언어는 그 후 고조선 고대국가 형성에 동반하여 '맥'족 및 '예'족 언어와 융합하여 '고조선어'를 형성하는 근간의 하나가 되었다. 필자는 언어학도가 아니기 때문에 이를 언어학적으로 설명할 수는 없으나, '민족' 형성에는 '언어의 공동' 요소가 필수적 구성 요소이므로, 여기서 약간의 사회학적 고찰을 피력하여 독자의 연구에 참고자료를 제공하려 한다.

사회학적 관점에서 인간은 구석기시대에 '언어'를 발명하여 사용하기 시작했으므로, 古한반도에 들어온 구석기인도 '언어'를 사용했음은 더 말할 필요가 없다. 5만 년 전에서 1만 5천 년 전에 이르는 가혹한 최후의 빙기 동안 古한반도의 동굴지대에 들어가서 생존을 유지한 구석기인들은 의사소통을 위해 공동의 원시언어를 사용했을 것이다. 또한 그들은 기후가 온난화된 약 1만 2천 년 전부터는 동굴에서 나와 주로 강변과 해안 지역에서 식료의 채집·고기잡이·사냥·농업경작을 시작하면서 약 9천 년 전 '古한반도 초기신석기인 유형'을 형성하기까지 장구한 기간에 걸쳐 古한반도 초기신석기인의 '공동의 원시언어'를 형성했을 것임은 논란의 여지가 없다. 이어서 약 9천 년 전~약 5천 년 전 시대에 古한반도 한강(남한강·북한강 포함)·금강·낙동강·섬진강·영산강·임진강·예성강·재령강·대동강·청천강을 비롯하여 기타 하천변과 해안에서 '한'부족이 형성되고, '한'부족의 공동언어로서 '한'족 언어가 형성되었다고 볼 수 있다.

'古한반도 초기신석기인 유형' 중에서 약 9천 년 전 북위 40도선 이북의 만주 대요하 동쪽으로 이동하여 정착한 초기신석기인들은 '예'부족을 형성하였고, 대요하 이서 지역에 이동하여 정착한 초기신석기인들은 '맥'부족을 형성하였다. '예'부족과 '맥'부족은 새 정착지에서 신석기시대에 각각 '예'족 언어와 '맥'족 언어를 형성했으며, 또한 동시에 신석기문화로서 '예'족 문화와 '맥'족 문화를 형성하였다.

여기서 주목할 것은 기후 온난화 이후 북방으로 이동하여 형성된 '예'족과 '맥'족도, 이동하지 않고 古한반도에 그대로 남은 '한'족과 함께, 북위 40도선 이하 동굴생활시대와 그 직후 시기의 장기간에 걸쳐 형성된 '古한반도 초기신석기인 문화 유형'의 공통적 기반을 공유하고 있었다는 사실이다. 따라서 9천 년~6천 년 전 이후의 대대적 분산 진화 속에서도 언어와 문화에 '古한반도 초기신석기인 문화 유형'의 뿌리와 공통적 기반 위에서 각각 '한'족·'예'족·'맥'족 언어가 형성·발전되었다고 볼 수 있다.

'한'족의 분포 범위는 뾰족밑 빗살무늬 토기의 분포가 시사하는 바와 같이 한강과 금강을 중심으로 북으로는 청천강까지, 남으로는 남해안과 제주도에 이르는 넓은 범위였다.

약 5천 년 전 요서·요동 지역의 강우량 급감으로 인한 기후변동으로 '맥'족이 남방으로 이동할 시기에, '한'족과 이동해 온 '맥'족 및 '예'족의 3부족이 중첩된 변경에서, '한'족에서 왕을 내고 '맥'족에서 왕비를 내며 '예'족은 자치권을 얻는 방법으로 3부족이 동맹하여 古한반도에서 '고조선'(아사달) 고대국가를 건국하였다. 이 동아시아 최초의 고대국가인 '고조선'에서 형성·사용된 '고조선어'는 '한'부족어·'맥'부족어·'예'부족어가 통합되어 형성된 언어였음을 쉽게 추론할 수 있다.

이 가운데서 '한'부족어는 왕을 낸 부족의 언어이므로 고조선어 형성에서도 중심적 위치에 있었다고 볼 수 있다. 그뿐만 아니라 '한'족은 '古한반도 초기신석기인 문화 유형'을 古한반도에 그대로 남은 채 계승했으므로, '고조선어' 형성에서의 중심성이 더욱 강화되었을 것이라고 볼 수 있다. 바로 이 고조선어가 현대 한국어의 제1단계 고대어임은 더 말할 필요도 없다.

주시경 선생은 일찍이 한국어의 존대법을 '서분'(序分)이라고 하여 언어에서 높고 낮음의 질서(서열)를 구분하는 방법이며, 동사에 '시'와 '니다'를 넣어 표현한다고 설명하였다.[93] 즉, '가니'를 '가시니'라고 '시'를 넣고, '가다'를 '가십니다'로 '니'를 넣어 표현하는 규칙성을 발견한 것이다. 고조선 건국 후 고대·중세에 걸쳐 존대어는 어휘에도 보통어와 존대어의 어휘'쌍'을 만들어 내었다. 현대 한국어에서 예를 들면 '나'와 '저', '우리'와 '저희', '말'과 '말씀', '있다'와 '계시다' 등과 같은 것이다. 또한 접미어에도 '가'(내가)와 '께서'(아버지께서)와 같이 존대어가 도입되었다.

필자는 한국어의 특징인 '존대어'(높임말)는 동아시아에서 가장 이른 시기에 농경사회를 발전시킨 신석기시대 '한'족어에서 형성된 특징이라고 생각한다.

이기문 교수에 의하면, 존대어가 있는 언어는 우랄·알타이 어족 가운데서도 신라어(新羅語)와 일본어뿐이다. 다른 우랄·알타이 어족의 말들에는 존대어가 없다.[94] 이런 특징은 어떻게 형성되었을까? 존대어는 한국어 가운데서도 고조선 시대 '한'족의 진국(辰國) 지역이 초기신석기시대부터 신석기 농업혁명을 추진하여 가장 일찍 농경사회를 형성했으므로 당연히 진국 지역의 후신인 신라의 언어에서 존대어가 강하게 된 것이라고 해석된다. 일본어에 존대어가 강한 것은 역사적으로 인구와 문화의 이동 및 교류가 진국 지역에서 일본 규슈 지역으로의 흐름이 가장 활발했기 때문이었다고 볼 수 있다.

존대어가 '한'족 언어에서 발생한 사회적 배경은 가장 이른 시기의 족장사회와 농경문화의 형성에 수반한 족장과 노인에 대한 존경과, 신분적

---

93 周時經, 『국어문법』, 아세아문화사, 1976, pp.98~99 참조.

94 李基文, 「韓國語形成史」, 『韓國文化史大系(V)』(言語·文學史), 고려대 민족문화연구소, 1967, p.99 참조. 이 연구에서 지적한 신라어의 존대어 특징은 거슬러 올라가 한반도 중부 지역 진국(辰國)을 거쳐 신석기시대 '한'부족의 언어형성에서 기원한 것으로 볼 수 있을 것이다.

사회질서 및 예절의 형성과 연관되어 있다고 본다. 사회학적으로 언어의 기능과 역할은 생각과 뜻을 다른 사람에게 전달하여 소통하고, 다른 사람과 사회관계를 형성하여 결합하며, 공동체의 문화 가치를 다음 세대에 전승하고, 사회관계의 규범과 예절을 공급하여 학습시키는 것이다.

'한'족은 매우 이른 시기에 가장·씨족장·부족장·군장 등 족장제도를 형성하고, 가장 이른 초기신석기시대에 농경사회를 형성하기 시작했으므로 농업재배경작 발전과 관련하여 노인의 경험·지식·지혜가 유일한 지식체계로 매우 존숭되었고, 족장과 노인에 대한 존경의 서열(序列) 규범과 예절이 언어 형성기에 아예 언어구조(체계, 문법) 속에 들어가서 매우 이른 시기에 '시'·'니' 등의 도입에 의한 존대어의 특징이 형성되었다고 해석할 수 있다.

10. '한'부족 토기의 특징: 뾰족밑 빛살무늬 토기와 홍도 및 흑도

1) 햇빛살무늬(빛살무늬) 토기

전 세계 신석기인들은 신석기시대 시작과 동시에 마제석기와 토기를 제작하여 사용하였다.

'한'족의 한강문화의 특징적 토기로 널리 인지되고 있는 것이 '뾰족밑 빛살무늬 토기'이다. 토기의 바닥을 뾰족[尖底]하게 만든 것은 매우 특이한 형태이고 한강문화권에서만 출토되기 때문에, '뾰족밑 빛살무늬 토기'는 한강문화의 분포와 범위를 추정함에 있어 지표 유물로 사용될 수 있다. 여기에 '햇빛'(태양광선)을 도안한 '빛살'도 이 토기의 독특한 도안이다. 한강 유역에서 특히 많이 출토되는 '뾰족밑 빛살무늬 토기'는 대형이 많아서 알곡의 저장용 그릇 등 농경과 관련된 일상 용구로 해석된다.

현재까지 암사동 유적[95]과 미사리 유적[96] 등 한강 유역에서 발굴된 '뾰족밑 빗살무늬 토기'의 편년은 나이테 등에 의한 교정 이전의 편년으로 늦게 잡아도 BC 6500년~BC 5000년경에 널리 사용되었다고 볼 수 있다.

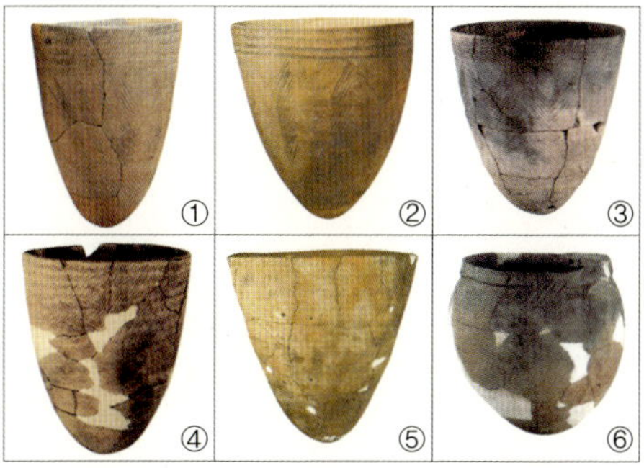

그림 1-14. 뾰족밑 빗살무늬 토기의 몇 가지 양식

① 한강 유역 암사동(BC 6000년기~BC 4000년기)
② 한강 유역(BC 6000년기~BC 4000년기)
③ 황해도 지탑리(BC 6000년기~BC 4000년기)
④ 장촌 유적(신석기시대)
⑤ 대동강 유역 남경 유적(BC 3000년기)
⑥ 대동강 유역 남경 유적 팽이그릇(BC 3000년기)

필자는 '뾰족밑 빗살무늬 토기'가 초기신석기시대부터 한강문화의 선진적 농경문화의 용구로서 남한강 유역과 금강 상류 유역을 비롯하여 한강문화에서 기원하여 다른 지역으로 널리 전파되었다고 본다. 그 분포 지역을 검증해 보면 이 글 앞부분의 농경을 처음 시작한 '한'족 분포와 일치한 곳에서 이를 확인할 수 있다(앞의 〈그림 1-4〉 참조).

한국 고고학계가 지금까지 발굴한 '뾰족밑 빗살무늬 토기'의 분포도를 보면 남으로는 남해안과 낙동강 하구까지, 북으로는 청천강까지, 동으로는 강원도 양양 오산리까지, 서로는 서해안 모두가 포함되어 있다. 여기에 동심원을 그리면서 그 중앙지점을 찾아보면 한강 유역이 중심인데, 이는 선진 농경의 기원지역과 대체로 일치한다.

---

95 金元龍, 「岩寺里遺蹟의 土器 · 石器」, 『歷史學報』 제17 · 18집, 1962.
任孝宰, 『암사동』, 서울대박물관, 1985.
國立中央博物館, 『岩寺洞』, 1994 참조.

96 金元龍, 「廣州 渼沙里 櫛文土器遺蹟」, 『歷史學報』 제14집, 1961.
金鍾徹, 「廣州 渼沙里 櫛文土器에 대한 小考」, 『韓國考古』 1, 1967.
渼沙里遺蹟發掘調査團, 『渼沙里』 I ~IV, 1994 참조.

뾰족밑 빗살무늬 토기 분포의 북방한계선이 청천강이었고 남쪽으로 남해안 전역과 낙동강 하구에 도달한다는 사실은 뾰족밑 빗살무늬 토기의 기원지가 한강 유역의 '한강문화'임을 간접적으로 시사하는 것이라고 볼 수 있다. 또한 신석기시대 '한'족의 세력과 한강문화의 지역적 범위가 북으로는 청천강까지 미쳤고, 남으로는 남해안 전역까지 모두 미쳤음을 동시에 시사하는 것이다.

뾰족밑 빗살무늬 토기는 한강문화의 독특한 토기이지만 한강문화권 안에서 지역에 따라, 그리고 시대에 따라 약간의 변형이 나타난다. 뾰족밑 빗살무늬 토기를 직접 계승한 약간의 변형이 팽이형 뾰족밑 빗살무늬 토기와 둥근밑[圓低] 빗살무늬 토기이며, 후에 빗살무늬가 사라진 변형이 '뾰족밑 민무늬 토기'와 '둥근밑 민무늬 토기'이다. 모두 '한'족의 한강문화와 대동강문화의 일상생활 용구였다고 해석된다.

2) 홍도(紅陶)와 흑도(黑陶)

'한'족은 신석기시대에 빗살무늬 토기 등 일상 생활용품 토기뿐만 아니라 제천용·제사용·의례용 토기로서 '붉은 간토기'[磨研紅陶]·'검은 간토기'[磨研黑陶] 등 예술적 토기들을 만들어 사용하였다.

'붉은 간토기'는 붉은 흙으로 토기를 굽기 전에 그릇 표면에 산화철을 바르고 겉면을 매끄럽고 윤이 나도록 문지른 다음 구워서 붉은색을 발색시킨 토기인데, 뾰족밑[尖底] 빗살무늬 토기와 민무늬 토기의 시대에도 밑을 평평하게 만들고 작은 목을 만들어 형태의 아름다움에 힘을 쏟은 예술적 토기이다. 〈그림 1-15〉의 ②와 같은 형태의 '굽이 긴 술잔 붉은 간토기'(굽잔토기)는 멋을 낸 매우 귀중하게 여긴 예술품 토기임에 틀림없다.

초기신석기시대 양평 앙덕리 고인돌 무덤은 무덤방 바닥을 돌로 깔지 않고 '붉은 흙'으로 덮었는데, 뼈 조각 5점도 붉은 흙이 나온 범위 안에서 출토되었다고 보고되었다.[97] 이것은 '붉은 흙'을 신성한 것으로 생각한 의식과 관련된 것으로서, '붉은색'을 하늘의 '태양'(해)숭배와 연관하여 신성시한 것으로 추론된다. 또한 귀중한 붉은 흙을 채취하여 모양을 낸 예술품으로서 '붉은 간토기'와 '술잔'을 제조하여 예술품과 제기 등으로 사용한 것으로 해석된다. 족장급 커다란 고인돌에서 부장품으로 출토된 '붉은 간토기'는 '하느님'[天神]·'태양'과 관련된 제의기(祭儀器)로 생각된다.

그림 1-15. 남한강 유역의 '붉은 간토기'(신석기시대, 크기 부동)

① 충주 조동리 3호 집터 출토
② 충주 조동리 1호 집터 출토 굽잔토기
③ 제천 청풍면 양평리 주거지 출토
④ 제천 황석리 고인돌 출토

이에 비해 '검은 간토기'[磨研黑陶]는 같은 시대에도 형태를 달리해서 목을 길게 만들었다. 이 '검은 간토기'는 특별히 검은 흙으로 긴 목의 토기를 빚고 겉면을 갈아서 윤이 나고 매끄럽게 제작한 것인데, 물을 담을 수 있는 볼록하고 큰(20~25cm) 몸체와 긴 목은 물병으로 매우 적합한 형태다. 이 점은 일찍 농경문화를 발전시킨 '한'족이 '흙'을 표상하는 '지신'(地神)과 '물'을 표상하는 '수신'(水神)의 제의기로 '검은 간토기'를 사용한 것이 아닌가 해석된다.

---

97 이융조, 「양평군 양근리지역·앙덕리지역 유적발굴보고」, 『八堂·昭陽댐 수몰지구 유적발굴 종합조사보고』, 문화공보부 문화재관리국, 1974, pp.155~156 참조.

그림 1-16. 한강문화권의 '검은 간토기'(흑도)(크기 부동)
① 부여 구봉리 석관무덤 출토(높이 23.0cm)
② 대전 괴정동 석관무덤 출토(높이 22.0cm)

한강문화를 창조한 '한'족은 색깔로서는 '붉은색'[赤·紅]을 가장 신성시하였다. '한'족의 유물들에서 관찰되는 색깔의 인지와 채택의 특징은 '태양'(해)의 색을 '붉은색'으로 인지하여 가장 신성시하고, '햇빛'을 '흰[白]색'으로 상징하여 선호했으며, '흙'(비옥한 경작지)은 '검은[黑]색'으로, '땅'은 '노란(누런, 黃)색'으로, '하늘'은 '청(靑)색'으로, 식물은 '녹(綠)색'으로 연관시켜 인지하여 채택해서 선호한 것으로 생각된다. 그들은 이러한 원색의 배합을 자신들이 자주 목격하는 '무지개'에서 발견하고, 무지개를 가장 아름답고 신기한 색깔의 조합으로 인지한 것으로 생각된다. 이 점은 그 후 고대에 이 지역에서 '색동옷'을 만들게 한 미의식으로 진전된 것이라고 해석된다.

'한'족의 색깔에 대한 인식은 '맥'족 및 '예'족과 결합하여 '고조선' 고대국가를 건국해서 광대한 영역을 갖게 된 무렵에는 '방위'와 관련되어 배정되었다. 즉, 중앙은 '노란색', 남쪽은 '붉은색', 북쪽은 '검은색', 동쪽은 '청색', 서쪽은 '흰색'을 배정하여 이를 고조선의 오방색(五方色)으로 사용하였다. 오방색은 미술품은 물론이고 군기(軍旗)의 색으로도 널리 사용되었다.

11. 십진법(十進法)과 자[尺度]의 사용

'한'족의 숫자 계산은 '십진법'(十進法)을 사용한 것으로 본다. 고대 한국어에서 '열'(10)을 단위로 하여, '열하나'(11)부터는 다시 '하나'(1)를 붙여서 숫자 언어[數詞]를 창조한 곳에서 이를 알 수 있다.

'한'족은 구석기 말~초기신석기시대부터 '십진법'을 사용하고, 십진법의 '자'[尺度]를 사용했다는 사실을 증명하는 유물이 최근에 출토되었다. 문화재청과 한국선사문화연구원은 남한강 유역인 충청북도 단양군 적성면 하진리의 단양 수중보 건설 지역에서 진행된 남한강변 구석기 유적 발굴작업 중 3개 층으로 구성된 후기구석기 유적(수양개 6지구)의 최하층에서 '눈금'을 새긴 돌제품을 비롯하여 총 1만 5천여 점의 유물을 발굴했다고 2014년 6월 16일 발표하였다. 이 가운데 '눈금돌'은 약 3만 9천 년 전의 제3문화층에서 발굴되었는데, 길이 20.6cm, 너비 8.1cm, 두께 4.2cm의 길쭉한 규질사암 자갈돌에 0.41cm의 간격으로 눈금 21개를 새긴 것이었다. 한국선사문화연구원은 이러한 '눈금돌'은 동아시아에서 처음 발견된 것이라고 설명하였다.[98] 그 후 '눈금돌'이 출토된 제3문화층의 연대는 3만 8천 년 전에서 3만 9천 년 전이라고 공식 발표되었다.[99]

이 '눈금돌'은 많은 사실을 알려주고 있다고 생각한다.

(1) '눈금돌'이 발견된 단양 하진리의 남한강변은 북위 36도 50분에 위치한 강변이므로 3만 8천 년 전~3만 9천 년 전의 '빙기'에도 여름철에는 남한강이 녹아 동굴 안의 구석기인들이 강가에서 고기잡이와 용구 제작 활동을 할 수 있었을 것이다. 또한 이 지역은 강변이어서 유물들의 다른 층으로의 이동도 가정해야 하므로, 여기서 발견된 눈금돌은 기후가 온난화되어 동굴에서 나와 강변 지역에서 움막집을 세워 기주하기 시작한 초기신석기인들까지도 사용했던 '눈금돌'이라고 볼 수 있다.

---

98 『동아일보』, 2014년 6월 17일자 A16면; 『조선일보』, 2014년 6월 17일자 A20면; 기타 각 신문 동일자 보도기사 및 사진 참조.

99 Institute of Korean Prehistory, *Recent Discoveries and Interpretations from Korean Paleolithic Sites(V)*, 2014, pp.3~18.

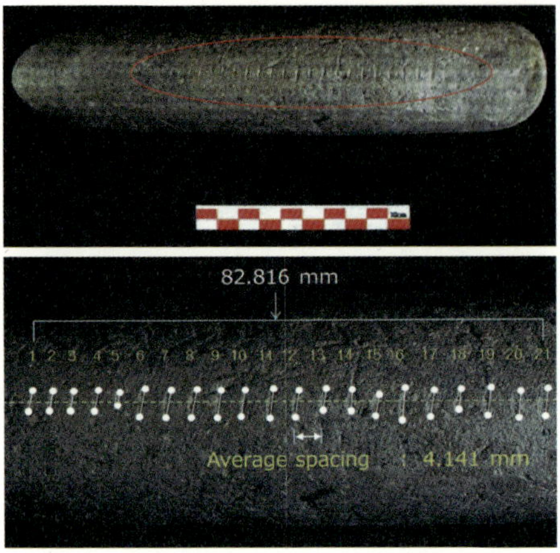

그림 1-17. 남한강 유역 단양 하진리(수양개 6지구)에서 출토된 구석기 말기 '눈금돌'
(자료: Institute of Korean Prehistory, *Recent Discoveries and Interpretations from Korean Paleolithic Sites(V)*, 2014)

(2) 이 '눈금돌'은 남한강 유역의 말기구석기인들과 초기신석기인들이 강변에서 석기와 토기 등 용구를 만들 때 길이와 높이와 너비 등 크기를 측정하는 '눈금자'[尺度]로 사용되었다고 볼 수 있다.

(3) 또한 이 눈금돌은 '표준척도'가 되어 나뭇가지나 섬유줄로 동일한 길이의 '줄자'를 만들어 여러 곳에서 사용해 표준화된 동일한 크기의 석기와 토기 등의 용구를 만들게 한 '길이의 표준척도' 기능을 수행하는 '눈금자'였다고 볼 수 있다.

(4) 이 눈금돌의 전체 길이는 82.816mm이고, 그것을 20개 칸으로 세분하여, 1개 눈금의 급간은 4.141mm였다. 이 '눈금돌'은 이 지역 말기구석기인과 초기신석기인들이 20개 급간(1개 급간 0.4141cm)을 가진 약 8.2816cm의 '길이의 표준척'을 1단위자로 사용한 것으로 해석할 수 있다.

(5) 이 눈금돌은 남한강 유역의 말기구석기인과 초기신석기인들이 숫자는 물론이고 20개 급간의 '줄자'를 사용한 것으로 보아 '십진법'('5진법' 포함)의 산수 개념을 갖고 있었음을 시사하는 것이라고 해석할 수 있다. 20개 급간의 절반이 10개 급간이다. 인간의 손가락 5개에 양손을 합하면 10개가 되므로, 인간의 지적 성능이 크게 활동하기 시작한 구석기 말기에서 초기신석기에 '한강문화'에서는 가장 편리하고 보편적 셈법으로 '십진법'이 형성되었다고 해석할 수 있다.

(6) 필자는 남한강 유역 초기신석기인('한'족)의 십진법과 척도 사용 증거를 이 지역 신석기시대 농업경작 기념선돌(비)의 밭고랑줄 길이 조각에서 찾아 확인하였다. 옥천 남곡리 출토의 신석기시대 농업경작 성취의 기념 선돌(남곡리 1호 선돌)에 새겨진 45개 고랑의 각 고랑줄 길이는 41cm이다(앞의 〈그림 1-7〉 참조). 한편 담양 하진리 출토 '눈금돌'의 1눈금의 길이는 0.4141cm≒0.41cm이다. 이 눈금돌 1단위(0.41cm)에 100을 곱하면 이 선돌 논밭고랑 길이(41cm)와 정확히 일치한다. 이것은 이 지역 초기신석기시대 '한'족이 0.41cm의 '눈금돌'(척도)을 길이 척도로 사용했으며, 여기에 '십진법'을 적용하여(0.41cm×100=41cm) 길이 41cm의 논밭 고랑을 비석(선돌)에 새겼음을 나타내는 것이라고 해석된다. 여기서도 '한'족의 한강문화에서 '십진법'을 사용했고, '눈금돌'을 척도로 제작하여 실생활에 사용했음을 확인할 수 있다.[100]

남한강 유역에서 출토된 '한'족의 신석기시대 유물이 기하학적으로 매우 반듯하고 선진된 특징을 가진 것은 '눈금돌'에서 볼 수 있는 바와 같이 명확한 표준척도를 사용했기 때문이었다고 볼 수 있다.

12. 기하학적 도안의 특징과 예술적 표현

1) 기하학적 도안의 특징

남한강 유역 신석기시대(및 청동기 시대) 유물의 큰 특징은 매우 이른 시기의 경탄할 만한 기하학적 도안이다. 이것은 모든 유물에서 나타나고

---

100 필자는 충주댐 지역인 단양 하진리에서 출토된 '눈금돌'의 척도와 대청댐 지역인 옥천 남곡리에서 출토된 농경성취 기념선돌의 밭고랑 척도가 완전히 일치하는 것은 초기신석기시대의 농경발생기에 남한강 유역과 금강 상류 유역이 동일한 농경문화권이었음을 증명하는 것이라고 본다. 현재의 충주댐이 된 지역과 대청댐이 된 지역이 신석기시대 한강문화의 농업혁명의 중심적 시발지역이었다고 추정할 수 있는 것이다.

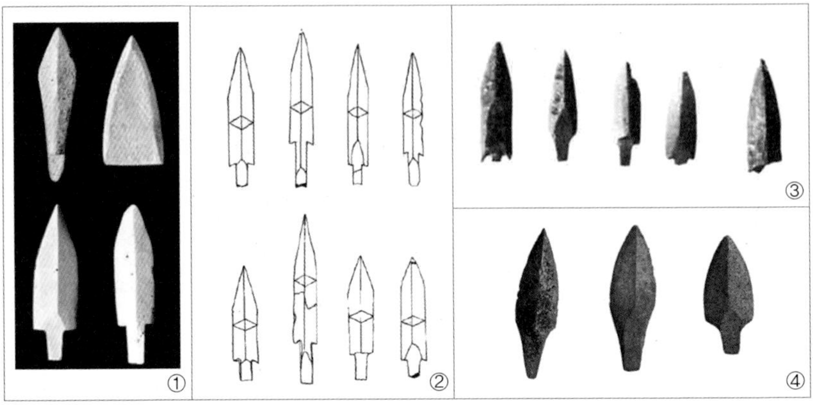

그림 1-18. 남한강 유역의 신석기시대 돌화살촉 도안의 사례(크기 부동)
①, ② 양평 상자포리 고인돌 출토; ③ 양평 대심리 유적 출토
④ 양평 문호리(북한강과 남한강 합류지) 고인돌 출토

있는데 그중 몇 가지 예만 들기로 한다.

신석기시대 초기부터 이 지역에서는 석기에도 컴퍼스를 사용한 것처럼 매우 정확한 '원'을 그리는 도안이 실행되었다. 신석기시대의 옥천 안터 1호 선돌의 '태양'(해)을 임신한 여성 족장 복부의 '해' 형상의 '원'은 컴퍼스를 사용한 것처럼 정확한 원을 가득 차게 도안하여 쪼아서 새긴 것이었다.[101] '한'족의 이러한 기하학적 원형 도안의 전통은 청동기시대에는 더욱 발전하여 '한'족의 '진국' 지역에서는 기하학적 원형 도안을 활용한 우수한 청동기들이 다수 출토되고 있다.

또한 마제 돌화살촉 제작에서 볼 수 있는 바와 같이 세모꼴(정삼각형과 직삼각형)·마름모꼴·사다리꼴의 도안도 이미 신석기시대 초기부터 한강문화에서는 광범위하게 사용되었다. 또한 직삼각형과 직사각형의 조합, 마름모꼴과 직삼각형 및 직사각형의 조합 등도 널리 활용되

101 이융조, 『충북의 선사문화』, 충청북도 충북학연구소, 2006, pp.169~172 참조.

었다.

한강문화의 청동기시대에 들어오면 삼각형 도안의 활용은 모든 부문에서 더욱 활발히 진전되었다. 예컨대 다뉴조문경, 다뉴세문경 등 청동거울의 뒷면 '태양'(해)과 '햇빛'(태양광선)을 표현하는 곳에 삼각형과 원을 조합한 도안을 많이 활용하였다(앞의 〈그림 1-8〉 참조).

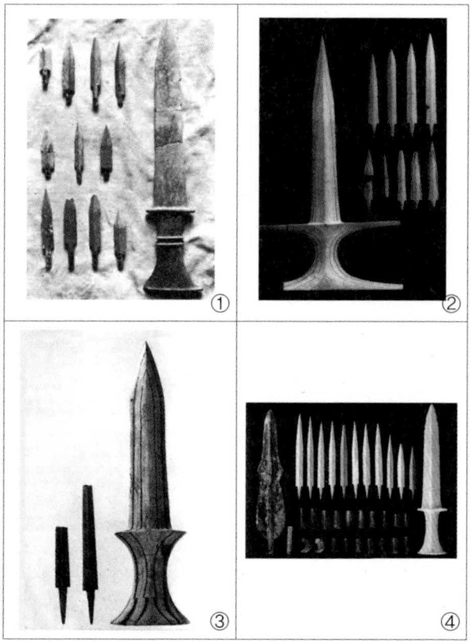

그림 1-19. 한강문화의 신석기시대 및 초기청동기시대 석검(돌검)의 도안 유형(크기 부동)
① 양평 상자포리 4호 고인돌(신석기시대)
② 김해 무계리 고인돌(신석기시대)
③ 의창 진동리 석관무덤(초기청동기시대)
④ 부여 송국리 석관무덤(초기청동기시대)

한강문화에서 신석기시대에 매우 일찍 ○(원), ㅁ(네모꼴), △(세모꼴), ◇(마름모꼴), ⌂(사다리꼴)과 그 변형 및 조합이 자유자재로 활용되어, 추상적인 기하학적 도안이 크게 발전한 요인의 하나는 '한'족이 숭배하는 '태양'(해)과 '햇빛'을 용구에 구체적으로 구상화해서 표현하는 방법을 추구한 지적 노력에도 큰 요인이 있다고 생각된다.

한강문화에서는 신석기시대 석검(돌검)도 기하학적 도안에 의서하여 제작되었다. 예컨대, 남한강 유역 양평 상자포리 4호 고인돌에서 출토된 신석기시대 석검(돌검)은 석검 전체가 매우 균형 있게 기하학적으로 잘 도안되어 있을 뿐 아니라, 특히 손잡이 부분의 미끄럼방지 2개 양각 줄은 특출한 것이다(〈그림 1-19〉의 ① 참조).[102] 이러한 유형의 석검은 파주 옥석리(玉石里) 신석기시대 고인돌 아래 수혈주거지에서도 출토되었다.

한강문화의 남해안 쪽에서도 신석기시대와 초기청동기시대 석검의 기하학적 도안은 화려하였다. 검목과 손잡이 부분에 멋을 낸 곡선과 직선을 조합시켰을 뿐만 아니라 검은색 줄을 새겨 돋보이게 하였다(〈그림 1-19〉의 ②와 ③ 참조). 꾸밈이 없는 소박한 석검도 기하학적 도안은 세계 어느 지역 출토의 석검에 비해서도 참으로 우수한 기하학적 균형을 갖춘 석검이었다(〈그림 1-19〉의 ④ 참조).

한강문화의 신석기시대 석검에서 보이는 직선과 곡선의 조합의 특징은 고조선의 청동기시대에 이르면 다른 문명의 직선형 청동검이 아니라 곡선의 아름다움을 크게 배합한 독특한 비파형 창끝과 비파형 동검의 기하학적 도안 창조로 전개된 것이라고 볼 수 있다.

2) 예술적 · 미적 사유와 표현의 특징: 그림과 조각의 사례

한강문화를 창조한 '한'족 신석기인들은 초기신석기시대에도 바위나 돌에 그들이 애호하는 동물 등을 조각해서 예술적 미적 사유와 의식을 자주 표현하였다. 예컨대, 양평 문호리 2호 지석묘 적석총에서 발견된 물고기 선각화도 그 한 예다(〈그림 1-20〉의 ① 참조).[103]

울산의 거대한 반구대 암각화와 천전리 암각화는 신석기시대부터 초기청동기시대에 걸쳐 후대의 '진국' 지역에 살던 '한'족이 누대에 걸쳐 그려 넣은 바위그림인데, 태양과 고래를 비롯하여 많은 동물들이 그려져 있다. 특히 사람들이 배를 타고 나가서 작살로 고래잡이를 하는 장면의 바위그림은 세계 다른 곳에서는 보기 드문 독특한 그림이다.

---

102 『八堂 · 昭陽댐 수몰지구 유적발굴 종합조사보고』, 1974, p.57 및 p.69 도판 30 참조.
103 『八堂 · 昭陽댐 수몰지구 유적발굴 종합조사보고』, 1974, p.372 참조.

신석기시대와 청동기시대에는 종이가 발명되어 있지 않았기 때문에 '나무판' 위에도 그림을 그리거나 새겼을 것임에 틀림없다. 그러나 오랜 시간 동안에 나무는 부식되어 지금은 그 유물이 발견되지 않는다.

진국 지역에 거주했던 사람들은 사람 얼굴의 조각에도 관심이 있었음을 볼 수 있다. 이미 구석기의 동굴시대에도 청원 두루봉 2동굴에서는 사슴 뼈에 사람 얼굴을 조각한 일종의 예술품이 출토되었다.[104] 옥천 안터 1호 고인돌에서도 돌에 사람 얼굴을 파서 조각한 예술품이 출토되었다.

그림 1-20. 신석기시대 한강문화의 그림과 조각의 사례

① 한강 양평 문호리 2호 고인돌 적석총에서 발견된 물고기 선각화
② 한강 유역 화성 쌍정리의 신석기시대 여인 얼굴 조각석상

신석기시대 사람 얼굴의 대표적 조각품으로는 한강 유역 화성 쌍정리의 선돌 석상(石像)을 들 수 있다(〈그림 1-20〉의 ② 참조). 쌍정리 선돌 석상의 머리 위쪽 부분이 평평한 것은 '여성'을 나타내며, 그 아래 가늘게 미소를 머금은 여인의 얼굴이 크게 조각되어 있다. 이 선돌의 여인 얼굴 석상은 세계 신석기시대 조각 예술품의 하나가 될 것이다.

13. 별자리와 천문(天文)에 대한 관심

한강문화를 창조한 남한강 유역과 금강 상류 지역의 신석기인들은 신석기시대 초기부터 고인돌 무덤의 덮개돌에 굼(홈 구멍)을 쪼거나 찍어 파

104 이융조, 『충북의 선사문화』, 충청북도 충북학연구소, 2006, p.57 참조.

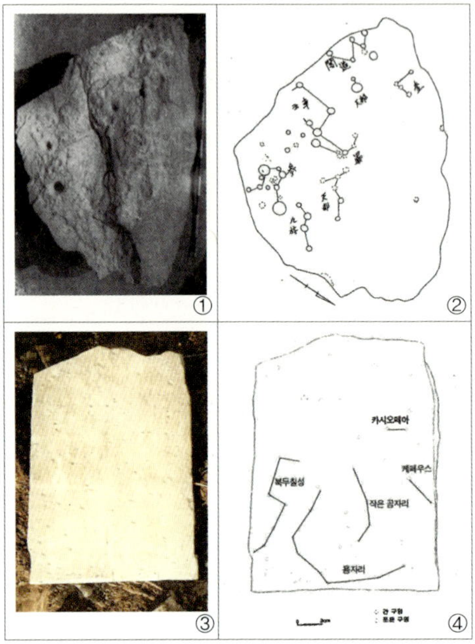

그림 1-21. 한강문화의 신석기시대 고인돌에 새겨진 별자리(크기 부동)

① 양평 앙덕리 고인돌
② 별자리 이름(김동일 교수): 삼수(오리온), 구유, 천도, 필수(황소), 5차(마부), 천반(페르세우스), 규수(안드로메다), 각도(카시오페이아)
③ 청원 아득이 출토 별자리 돌판
④ 별자리 이름(이융조 교수)

서 하늘에 있는 '별자리'를 새겼다(〈그림 1-21〉 참조). 이러한 별자리 고인돌은 이미 신석기 초기의 양평 앙덕리 고인돌부터 바로 나타나기 시작하였다.[105] 앙덕리 고인돌에는 고대에 동양과 서양에서 이름 붙여진 삼수(參宿, 오리온), 구유(九斿), 천도(天都), 필수(畢宿, 황소), 오차(五車, 마부), 천반(天盤, 페르세우스), 규수(奎宿, 안드로메다), 각도(閣道, 카시오페이아) 등의 별자리와 별들이 새겨져 있었다.[106]

또한 청원 아득이 고인돌 유구 출토 별자리 돌판(32×25×5cm)에서는 북두칠성, 용자리, 작은곰자리, 카시오페이아, 케페우스 등의 별자리가 확인되었다.[107]

남한강 유역 양평 앙덕리 고인돌 외에도 양수리 1호 고인돌, 금남리 고인돌,[108] 제천 도아리 광암 고인돌과 금강 상류 유역의 청원 가호리 아

105 『八堂·昭陽댐 수몰지구 유적발굴 종합조사보고』, 1974, p.167 참조.
이융조, 「양평 앙덕리 고인돌 발굴보고」, 『韓國史研究』 제11집, 1975 참조.

106 김동일, 「별자리가 새겨진 고인돌무덤에 대하여」, 이형구 엮음, 『단군과 고조선』, 살림터, 1999, pp.538~554 참조.

107 이융조, 『충북의 선사문화』, 충청북도 충북학연구소, 2006, pp.217~218 참조.

108 황용훈, 「양평군 문호리지구 유적발굴보고」, 『八堂·昭陽댐 수몰지구 유적발굴 종합조사보고』, 1974, p.353 및 p.365 참조.

득이 고인돌, 옥천 석탄리 안터 고인돌, 옥천 교평리 2호 고인돌과 3호 고인돌, 기타 수많은 고인돌 무덤의 덮개돌 등에 별자리 굼(홈구멍)이 새겨져 있다.신석기인들은 별자리의 모양은 굼(홈구멍)의 모임 형식으로 표시하고, 별의 밝기는 굼의 크기로 표시했다고 해석되었다.[109] 고인돌에 새겨진 별자리는 신석기시대와 청동기시대 '한'족의 하늘에 대한 신앙뿐만 아니라 '천문'(天文)에 관한 큰 관심을 보여 준다.

'한'족은 일찍 시작한 농경과 관련하여 농경을 거의 결정하다시피 하는 기후, 기온, 강유량 등에 큰 지적 관심을 가졌으며, 그것을 가져오는 공간인 하늘의 태양, 달, 별에도 큰 관심을 가져서 태양·달과 별자리를 고인돌 덮개돌에도 새겨 어떤 의미를 부여한 것이라고 해석된다. 고인돌 덮개돌에 매우 큰 굼(홈 구멍) 2개는 해와 달을 새긴 것이고(옥천 교평리 2호 고인돌), 크고 작은 굼 7개만을 새긴 것은 북두칠성을 새긴 것으로 해석된다.

이러한 별자리 표기는 단순히 신앙적 접근이 아니라 신석기시대 '한'족의 '천문'에 대한 지적 접근을 나타낸다는 점에 주목할 필요가 있다.

14. '한'부족의 고인돌 무덤

한강문화를 창조한 '한'부족은 개석식(蓋石式) 고인돌 무덤의 장례문화를 시작하고 남겼다. 한강문화에서는 신석기시대 이른 시기의 농경지역과 개석식 고인돌 무덤 분포지역이 일치하고 있다. 또한 고인돌 무덤의 부장품으로서 '돌화살촉'과 함께 '반달돌칼'이 다수 출도되고 있다.[110] 반

---

109 이융조, 『충북의 선사문화』, 충청북도 충북학연구소, 2006 참조.

110 이융조, 「양평 앙덕리 고인돌 발굴 보고」, 『韓國史硏究』 제11집, 1975.
하문식, 「금강과 남한강 유역의 고인돌문화 비교연구」, 『손보기박사정년기념고고인류학논총』, 지식산업사, 1988.
우장문, 『경기지역의 고인돌 연구』, 학연문화사, 2006.

달돌칼은 농경 수확농구이므로 농경문화의 시작과 고인돌 무덤의 시작 사이에 어떤 공반관계를 시사해 준다고 할 것이다.

古한반도 한강(남한강·북한강 포함)·임진강·금강·영산강·섬진강·낙동강·대동강 등 큰 강과 지류의 농경지대의 낮은 산과 들에는 '개석식 고인돌'이 집중적으로 분포되어 있다. 예컨대 전라남도 지역에만 1만 9천여 기의 개석식 고인돌이 보고되고 있다. 최근 남한지역 전국조사를 보면 전남 19,068기, 경북 2,800기, 전북 1,597기, 경남 1,238기, 경기 502기, 강원 338기, 충북 189기, 제주 140기, 충남 4기, (북한의 옛 조사인용 3,160기) 등 모두 29,510기가 알려져 있다.[111] 그러나 1999년 이후에도 계속 고인돌 지표조사 보고가 있었으니, 실수는 이보다 훨씬 많을 것이다.

개석식 고인돌 무덤의 장례 양식은 신석기시대 초기·전기에 한반도의 한강문화에서 발생·기원했다고 필자는 보고 있다. '한'족의 한강문화의 신석기 농업혁명 유적·유물을 추적하다 보니, 그 유적들이 거의 모두 고인돌 무덤과 직결되어 있음을 관찰하였다.

현존 유물 증거의 하나로 남한강 유역 양평의 신석기시대 초기·전기의 '앙덕리 고인돌' 무덤을 재해석하여 들 수 있다. 앙덕리 고인돌은 남한강 강변에서 약 400m 안쪽으로 10여 기의 고인돌이 강변을 따라 1km 정도의 거리에 줄지어 있는데 그중 1기를 손보기·이융조 교수팀이 발굴한 것이다.[112]

하문식, 「고인돌의 축조에 관한 문제: 채석과 덮개돌운반-경기 지역을 중심으로」, 『白山學報』 제79호, 2007.
오대양, 「한강 본류 유역 고인돌유적의 성격」, 『白山學報』 제79호, 2007.
경기도박물관, 『경기도 고인돌』, 2006 참조.

111 최몽룡·이청규·이영문·이성주 편저, 『한국 지석묘(고인돌)유적 종합 조사·연구(Ⅱ)』, 문화재청, 1999 참조.

112 손보기·이융조, 「앙덕리」, 『八堂·昭陽댐 수몰지구 유적발굴 종합조사보고』, 1974, pp.147~169 참조. 개석(덮개돌)의 크기는 220×170cm이며, 두께는 30~40cm이고, 덮개돌 무게는 약 3.5톤이며, 고인돌의 높이는 기준밑 약 50cm 이내로 쌓은 것이었다. 개

이 앙덕리 고인돌은 탄소 측정이 되어 있지 않지만 신석기시대 초기·전기의 것임을 출토 부장품의 다음과 같은 특징에서 확인할 수 있다.

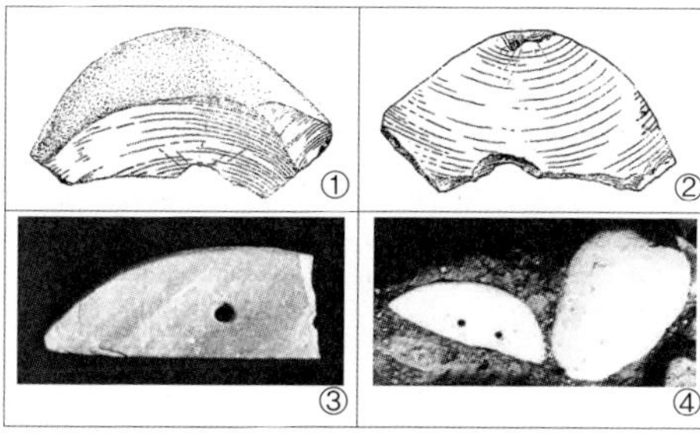

그림 1-22. 남한강 유역 신석기시대 초기·전기(①·②)와 중기·후기(③·④) 고인돌에서 출토된 (반달)돌칼 비교(크기 부동)

①·② 앙덕리 고인돌 출토
③ 상자포리 6호 고인돌 곽외 출토
④ 양수리 3호 고인돌 출토

① 고인돌 부장품으로 한강문화에서는 '반달돌칼'[半月形石刀]이 자주 출토되는데, 신석기 중기·후기의 '반달돌칼'은 잘 갈아진(마제된) 반달돌칼인 데 비하여, 앙덕리 고인돌에서 출토된 반달돌칼은 구석기 말기의 것으로 보일 정도의 초기 홈날석기(반달돌칼에 해당)여서 신석기 초기의 도구임을 나타내고 있다(〈그림 1-22〉 참조).

② 한강문화의 고인돌 부장품에서는 '돌화살촉'이 자주 출토되는데, 신석기 후기의 돌화살촉은 잘 갈아진(마제된) 직삼각형의 화살촉인 데 비하여, 앙덕리 출토의 돌화살촉은 찌르개 형태의 거친 구석기식 타제의 돌화살촉이다(〈그림 1-23〉 참조).

③ 앙덕리 고인돌의 부장품으로 나온 9점의 돌도끼(유구에서 3점, 돌무지에서 6점) 가운데서 8점이 완전히 떼기만을 베푼 '타제 돌도끼'이고, 나머지 1점도 돌도끼의 대체적 형태와 비슷한 자갈돌을 선택하여 양옆 날에

석의 표면에는 약 60여 개의 크고 작은 굼(구멍)을 파서, 하늘의 별자리 모양을 표시하였다. 이 고인돌 무덤에서는 2.0~39.0g 사이의 사람 뼈조각 5점이 붉은 흙 출토 범위 안에서 출토되었고, 그 밖에 부장품으로 약간의 석기(흑요석의 긁개, 새기개, 돌도끼, 홈날석기, 갈돌대, 찌르개, 구멍을 뚫은 자갈돌, 새를 새긴 자갈돌, 물고기·돼지 모양 자갈돌)가 출토되었다.

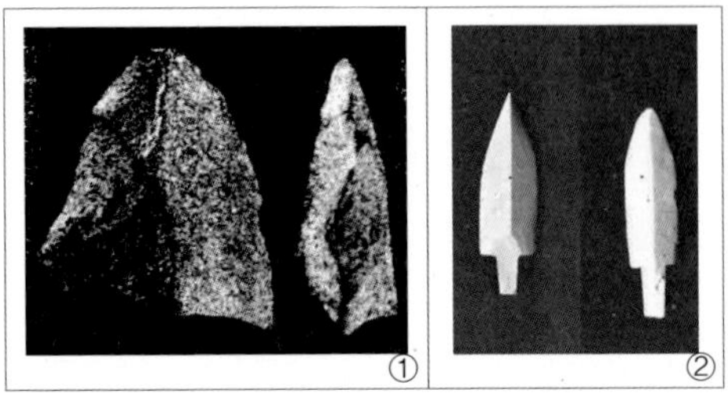

그림 1-23. 남한강 유역 신석기시대 초기·전기(①)와 중기·후기(②)의 고인돌 출토 돌화살촉 비교(크기 부동)

① 양평 앙덕리 고인돌 출토(신석기 초기)
② 양평 상자포리 고인돌 곽외 출토(신석기 후기)

간(마제한) 흔적이 있는 것이었다.[113]

이러한 구석기 말기에 가까운 타제석기는 초기신석기시대의 것이라고 해석된다.

이 밖에도 남한강 유역 양평 양수리의 조사된 5개 고인돌 가운데 1호 고인돌은 신석기시대 초기·전기의 것이고, 3호 고인돌은 신석기시대 중기·후기의 것임이 반달돌칼에서 추정된다.[114]

'한'족의 한강문화 남한강 유역에서의 고인돌 무덤 형성의 기본과정을 간단히 재구성해 보면 다음과 같다.

(1) '한강문화'에서 가부장, 씨족장·부족장 등 족장이 사망하면, 신석기시대 영혼불멸과 부활의 사상에 의거하여 족장의 영혼은 승천해서 후손인 성원들을 가호해 줄 것이라고 생각하면서, 족장의 시신을 땅에 묻은 후에, 족장의 유골이 흘러 유실되지 않도록 그 위에 시신보다 훨씬 커다란 '돌'을 옮겨와 덮고, 덮개돌 위와 주변에 족장을 기념할 수 있도록 공동체 성원의 의식과 신앙을 그들의 방법에 따라 표시한 것이 '고인돌' 무덤의 발생 기원이라고 해석할 수 있다. 씨족장과 부족장을 위해 시작된 고인돌 장례 방식은 유력한 가장에게도 적용되어 일반화된 것으로 해석된다.

113 이융조, 「양평 앙덕리 고인돌 발굴보고」, 『韓國史硏究』 제11집, 1975 참조.
114 李浩官·趙由典, 「양평군 양수리지석묘 발굴보고」, 『八堂·昭陽댐 수몰지구 유적발굴 종합조사보고』, 1974, pp.283~325 참조.

(2) 고인돌 장례 방식이 성립되자 그 발전 방향은 다음 몇 가지 방향으로 진전되었음이 관찰된다. ① 시신을 묻는 방의 사면에 '돌'을 쌓는 방식과 재료의 변화와 진전, ② 덮개돌을 받치는 고임돌(기둥돌)의 크기와 높이, ③ 덮개돌의 크기 및 모양의 변화와 진전, ④ 무덤방과 덮개돌 위에 그들의 의식과 사상을 표현하는 방식의 변화와 진전 등이다.

(3) 영혼불멸과 부활을 신앙하는 경우에는 무덤방이나 그 주변에 주인공이 평소에 애용하던 부장품을 함께 묻기도 했다. 또한 덮개돌의 표면에는 그들의 의식과 신앙을 표시하여 하늘의 별들이나 태양을 상징하는 '굼'을 파 넣기도 했다. 앙덕리 고인돌 및 양수리 1호 고인돌의 덮개돌과 같이 '별자리' 등을 덮개돌에 새기는 방식은 고인돌 무덤 형성 초기부터 존재하였다고 관찰된다.

(4) 고인돌 장례문화는 '한'족의 한강문화에서 기원하여 전체 한반도에 '한'족이 진출·이주하는 인접지역에 확산되었다고 본다.

고인돌의 변화 추세는 고인돌의 높이와 덮개돌의 크기가 증대하는 방향으로 변화하였다. '한'·'맥'·'예' 3부족이 '한'족에서 왕을 내는 동맹으로 결합하여 '고조선' 고대국가를 건국할 무렵에는, 고조선 제왕의 무덤들은 고인돌의 고임돌 높이를 크게 높이고, 덮개돌도 최대로 큰 것을 다듬어 모양을 내어 웅장한 '탁자식' 고인돌 무덤을 성립시키게 되었다. 막강한 권력과 부력이 필요한 '탁자식' 고인돌 양식이 일단 성립되자, 고조선 역대 제왕들과 제왕급 왕족·귀족 권력자들은 '탁자식' 고인돌을 채용하여 장례하였다.[115] 그 결과 고조선사회에서는 '개석식' 고인돌과 '탁자

---

115 사회학적 관점에서 제왕과 귀족의 권력·부력·권위를 과시하는 지향은 높이를 더욱 높이고, 크기는 더욱 크게 하는 것이다. 이 지향이 고조선 언어의 왕 칭호에 투영된 표현은 '마리한'(麻立干, 머리한, 首王)과 '거서한'(居西干, 큰한 大王)이라고 본다(『三國史記』 卷1~4, 新羅本紀 第1~4 참조). 이 지향이 고인돌 무덤에 투영된 것이 '탁자식' 고인돌 무덤이라고 볼 수 있다.

그림 1-24. 남한강 유역 한강문화의 신석기시대 초기·전기 고인돌(크기 부동)
① 양평 앙덕리 고인돌(옆면)
② 양평 앙덕리 고인돌(윗면, 부분 파손)
③ 양평 양수리 1호 고인돌
④ 양평 상자포리 제2지구 1호 고인돌

식' 고인돌의 두 유형의 고인돌 장례문화가 형성되었다고 볼 수 있다.[116]

고대사회에서 거대한 '탁자식' 고인돌은 제왕이나 제왕급 최고위 왕족·귀족이 아니면 축조할 수 없는 것이었다. 따라서 현재 남아 있는 한반도와 요동 지역의 거대한 '탁자식' 고인돌은 '왕릉'(또는 왕릉급)이라고 볼 수 있다.

필자는 '개석식' 고인돌은 '한'족의 '한강문화'의 일부로서 초기신석기시대부터 '한'족이 시작하여 한반도와 요동 지역에 전파시킨 무덤 양식이며, '탁자식' 고인돌은 '한'족의 주도로 '맥'·'예'족과 연맹하여 고대국가 고조선을 건국할 무렵 '한'족의 '대동강문화'의 일부로서 신석기시대 말기~청동기시대 초기부터 한반도와 요동 지역에 전파시킨 무덤 양식이라고 본다.[117] 그러므로 결국 '개석식' 고인돌과 '탁자식' 고인돌은 고인돌 무덤의 2대 유형이 되었지만, 시기별로는 '개석식' 고인돌이 신석기시대 초기·전기에 해당하고, '탁자식' 고인돌이 신석기시대 말기·청동기시대 초기로 그 다음이다.

고인돌 무덤의 기원은 한강문화의 개석식 고인돌 무덤과 장례문화에

---

116 고인돌 무덤의 장례양식은 '한'족에서 '개석식' 고인돌 무덤으로 기원하여, 고조선 국가의 제왕이 '한'족에서 나온 무렵에 '탁자식' 고인돌로 발전한 것이므로, '고인돌' 무덤은 고조선 국가와 사회 연구에서 '한'족 지배의 범위와 시대를 판별하는 지표 유물로도 사용할 수 있다고 본다.

117 신용하, 『고조선 국가형성의 사회사』, 지식산업사, 2010, pp.68~72 참조.

서 형성되어 그 후 탁자식 고인돌 무덤과 기타 형식으로 변화·발전되었다고 볼 수 있다.

15. '한'부족의 선돌[立石]문화

1) '한'부족 선돌문화의 특징

'한'부족은 초기신석기시대에 한강 유역과 금강 유역에서 작물재배의 농업혁명을 시작하면서 고인돌문화와 함께 '선돌[立石]문화'를 창조하였다. '한'부족의 '개석식 고인돌'이 죽은 사람을 땅에 묻고 그 위에 덮은 '큰돌문화'라고 한다면, '선돌문화'는 산 사람을 위하여 세운 '큰돌문화'라고 할 수 있다. 선돌에는 여러 가지 기능과 의미가 있으나, 그 가운데 중요한 몇 가지를 들면 다음과 같다.[118]

(1) 선돌은 마을공동체 또는 씨족마을공동체의 표지석 상징으로 건립되고 사용되었다. 선돌은 모계씨족공동체로부터 부계씨족공동체로 이행하던 시기에 주로 건립되었다고 추정된다. 부계족장일 경우에는 남성 상징으로 선돌의 끝을 뾰족하게 치석하고, 모계족장일 경우에는 여성 상징으로 끝을 납작하게 치석하였다. 선돌 가운데는 제천 황석리 선돌(앞의 〈그림 1-3〉의 ③)처럼 여성 선돌과 남성 선돌을 나란히 세웠으나 여성 선돌을 더 크게 축조하여 아직도 모계족장의 지배력이 더 막강함을 표시하기도 했다.[119] 현재 남아 있는 선돌의 대부분은 부계 남성 선돌만 1기씩

---

118 한흥수, 「朝鮮의 巨石文化 研究」, 『震檀學報』 제3호, 1935.
손진태, 「조선 Dolmen에 관한 조사연구」, 『朝鮮民族文化의 연구』, 을유문화사, 1949.
방선주, 「한국 巨石制의 제문제」, 『史學硏究』 제20집, 1968.
한규항, 「한국 선돌의 기능변천에 대한 연구」, 『白山學報』 제28호, 1984.
이융조, 「한국 선사문화에서의 선돌의 성격」, 『東方學志』 제46집, 1985.
우장문, 「화성·용인지역 선돌의 비교고찰」, 『京畿史學』 제6집, 2002.
하문식, 「경기지역 선돌유적과 그 성격」, 『古文化』 제72집, 2008 참조.

서 있어서, '한'부족은 선돌 축조 시기에 이미 부계 씨족·부족공동체 단계의 사회에 들어섰음을 알려준다.

(2) 선돌은 농업생산의 풍요와 후손의 다산(多産)의 상징으로도 건립되고 기능하였다. 선돌의 끝에 성별 구분 상징을 표현한 것도 그러하거니와, 대부분의 선돌이 평지와 야산·구릉의 끝자락에 샛강의 물줄기를 따라 세워진 것도 농업생산의 풍요와의 관련을 나타내는 것이라고 볼 수 있다.[120]

(3) 선돌은 마을공동체의 안전·안녕과 수호 의지의 표현으로도 기능하였다. 마을공동체장의 강력한 힘으로 외부의 적으로부터 공동체를 보호함과 동시에 질병과 악귀의 침입도 물리치겠다는 '벽사' 의지를 표상했다고 볼 수 있다. 이 때문에 지역에 따라서는 선돌을 마을공동체 수호신의 표상으로 삼기도 했다.[121]

(4) 선돌은 고인돌 무덤 부근에 연결되어 세워졌을 경우에는 고인돌 무덤의 묘표의 기능과 의미도 갖고 있었다. 예컨대 옥천 안터 1호 고인돌과 선돌의 관계, 그리고 청원 아득이 고인돌과 선돌의 관계가 그 좋은 예라고 할 수 있다.

2) '비석문화'의 기원

한강문화의 '선돌'은 고조선문명과 동아시아의 '비석문화'의 기원을 이

---

119 이융조, 「한국 선사문화에서의 선돌의 성격」, 『東方學志』 제46집, 1985 참조.

120 이융조, 「한국 선사문화에서의 선돌의 성격」, 『東方學志』 제46집, 1985.
이융조·우종윤 편, 『선사유적 발굴도록』, 충북대박물관, 1998, pp.236~237.
이융조, 『충북의 선사문화』, 충청북도 충북학연구소, 2006, pp.274~358.
하문식, 「경기지역 선돌유적과 그 성격」, 『古文化』 제72집, 2008 참조.

121 하문식, 「금강과 남한강유역의 고인돌문화의 비교연구」, 『손보기박사 정년기념 고고인류학논총』, 지식산업사, 1988.
하문식, 「경기지역 선돌유적과 그 성격」, 『古文化』 제72집, 2008 참조.

루었다고 필자는 보고 있다. 한강문화에서는 부족공동체에서 큰 업적을 내어 성원들에게 큰 혜택을 준 위대한 인물을 기리고 기념하고 기억하기 위해서 '기념비'로서 선돌을 세우기도 했다.

그림 1-25. 한강문화에서 '비석문화'의 시작을 알리는 '기념비' 선돌(크기 부동)

① 제천 마곡리 1호 선돌
② 용인 창리 2호 선돌

앞에서 설명한 '옥천 남곡리 1호 농경기념선돌'과 '옥천 수북리 동정마을 농경기념선돌'은 이 지역 농경재배에서 큰 업적을 낸 위대한 인물의 기념비석이라고 볼 수도 있다(앞의 〈그림 1-7〉 참조). 또한 앞서 설명한 '옥천 안터 1호 태양임신 선돌'은 족장을 출산한 위대한 여성(족장의 어머니 또는 여족장)의 기념비석이라고도 볼 수 있다(앞의 〈그림 1-11〉 참조).

'화성 쌍정리 선돌'은 이 지역에서 큰 업적을 낸 위대한 여성(어머니 또는 할머니 또는 여족장)을 문자가 없던 시대이므로, 아예 선돌에 '얼굴'을 조각하여 '석상 비석'을 건조하였다(〈그림 1-20〉의 ② 참조).

'제천 마곡리 1호 선돌'과 '용인 창리 2호 선돌'은 우연히 집안 고구려 '광개토대왕비'와 형상이 비슷하여 동아시아의 비석문화가 한강문화의 선돌에서 발전한 것이 아닌가 하는 착상을 갖도록 유도하는 인상을 주는 선돌이다(〈그림 1-25〉 참조).

고조선문명권에서는 비석문화가 왕족 등 지배층에 퍼져 있었고, 고중국에서도 초기에는 주로 북방계가 비석문화를 갖고 있었다는 사실도 참고할 필요가 있다.

제5장 '한'부족의 '군장국가' 출현

1. 다수의 '군장국가' 출현

'한'부족은 신석기 말기에 古한반도에서 다수의 군장국가사회(chiefdom)를 형성·발전시켰다. 여기서 '군장국가'(君長國家)란 고대국가 형성 직전에 부족의 군장들(chiefs)이 각각 자기 고을에 일종의 '준국가'(準國家)라고 볼 수 있는 통치조직과 질서를 만들어서 자기 고을과 그 주변 일대를 통치하는 지배질서 수립의 정치체를 의미한다.[122] 군장국가는 부

122 여기서 '군장사회'(chiefdom) 또는 '군장국가'의 개념과 용어는 스펜서(Herbert Spencer)와 서비스(E. R. Service)의 사회진화론의 개념과 용어를 차용하여 수정해서 사용한 것이다. 스펜서는 인류사회가 진화해 왔는데 '복합성의 정도'(degree of complexity)에 의거해 진화 단계를 '가족'과 같은 '단순사회'(simple societies) → 씨족과 같은 '복합사회'(compound societies) → '부족'과 같은 '2중복합사회'(doubly compound societies) → '국가'와 같은 '3중복합사회'(trebly compound societies)로 진화했다고 설명하였다. 즉, 그는 인류사회조직의 진화가 '무리'(bands) → '가족'(families) → '씨족'(clans) → '부족'(tribes) → '국가'(states)의 진화 단계를 거쳤다고 설명한 것이다. 또한 그는 각 단계의 수장 유형을 ① 우두머리 없는 사회(headless), ② 간헐적 우두머리(occasional headship), ③ 불안정한 우두머리(unstable headship), ④ 안정적 우두머리(stable headship)로 진화론적으로 유형화했으며, 주민의 정착 정도를 ① 유목(nomadic), ② 반(半)정착(semi-settled), ③ 정착(settled)으로 유형화하여 우두머리의 유형과 조합시켰다. 스펜서는 "2중복합사회인 '부족'의 '안정적 수장'(stable headship)의 정착(settled) 사회"가 '부족'의 마지막 단계로서 '국가' 형성 직전의 단계이며, 이러한 마지막 단계의 부족의 사례로서 고대 과테말라인 사회, 고대 고 페루인 사회, 아랍의 오만 사회, 고대 이집트 왕국, 고대 영국의 왕국, 기타 등을 들었다. 그는 마지막 단계의 부족들이 결합하여 '국가'를 형성하면서 '문명민족국가'(civilized nations)가 출현하여 고대문명이 형성되고 고대 '제국'(empires)의 형성으로 나가게 된다고 설명하였다. 스펜서의 이론은 19세기 후반과 20세기 초기 전 세계 학계에 심대한 영향을 끼쳤다. 스펜서의 사회진화론은 사회학에서

족공동체가 고대국가를 형성해 가는 과정에서 나타나는 과도적 정치체라고 말할 수 있다. 군장국가의 특징은 동일한 부족 안에서도 다수의 군장과 그들의 크고 작은 다수의 군장국가들이 출현하여, 처음에는 상호 대등한 관계에서 서로 협동하고 또는 경쟁하면서 통치세력을 확대해 나가는 것이었다.

'한'부족의 무덤 양식인 고인돌 무덤의 부장품들 중에서, 하나의 고인돌 또는 한 무덤떼의 고인돌에서 생산용 도구와는 다른 전투용 및 위세

는 물론이고 문화인류학과 고고학에서 20세기 후반에 검증·수정되면서 신진화론적 견해로 발전하였다. 스펜서 이후 워드(Lester F. Ward), 기딩스(Franklin H. Giddings), 엘우드(Charles A. Ellwood), 살린즈(M. Sahlins), 서비스(E. R. Service), 프라이드(M. Fried), 얼(T. K. Earle) 등이 대표적인 신진화론적 학자들이다. 이들 가운데 서비스는 스펜서의 '복합성의 정도'에 의거한 인류사회의 발전 단계에서 '가족'을 생략하고 '씨족'을 '부족'의 초기에 통합시키고, 인류학적 조사자료를 검토해서 마지막 단계의 부족을 독립범주화하여 'chiefdom'의 단계를 설정해서, 무리(bands) → 부족(tribe) → 군장사회(chiefdom) → 국가(state)의 진화 단계를 설정하였다. 'chiefdom'은 '우두머리'·'수장'(首長)·'족장'(族長)·'추장'(酋長)·'군장'(君長) 등으로 번역해 왔으나, 필자는 chiefdom(군장사회)이 고대국가 형성 직전의 단계임을 강조하여 '군장'(君長)으로 옮기기로 하였다. 필자는 스펜서의 진화론과 신진화론을 통합하여, 인류사회의 초기 진화 단계를 '무리'(bands) → '가족'(families) → '씨족'(clans) → '부족'(tribes) → '군장사회'(chiefdom) → '국가사회'(states)의 6단계를 설정하여 사용하고 있다. 이 가운데 가족과 씨족은 혈연공동체이고, 부족은 혈연공동체가 지역(지연공동체)과 결합한 것으로서, 부족은 비교적 광대한 지역에 분산되면서 정착생활을 지속하는 사회조직이다. 따라서 부족의 마지막 단계인 '군장사회'·'군장국가'는 동일 부족의 정착지역 안에 다수가 처음에는 수평적으로 형성되었다가 종국에는 위계적으로 통합되어 고대국가 형성으로 나아가는 정치생활공동체라고 볼 수 있다.

Herbert Spencer, *First Principles*, London: Williams and Norgate, 1867.

Herbert Spencer, *The Principles of Sociology*, London: Williams and Norgate, 1893.

Lester F. Ward, *The Psychic Factor of Civilization*, Boston: Ginn and Company, 1893.

Franklin H. Giddings, *Civilization and Society*, New York: Hery Holt and Co., 1932.

Charles A. Ellwood, *Cultural Evolution*, New York: The Century Co., 1927.

E. R. Service, *Primitive Social Organizations*, New York: Random House, 1962; E. R. Service, *Cultural Evolution: Theory in Practice*, New York: Holt, Rinehart and Winston, 1975; E. R. Service, *Origins of the State and Civilization: the Process of Cultural Evolution*, New York: Norton, 1975.

T. Earle (ed.), *Chiefdom: Power, Economy and Ideology*, Cambridge: Cambridge University Press, 1991 참조.

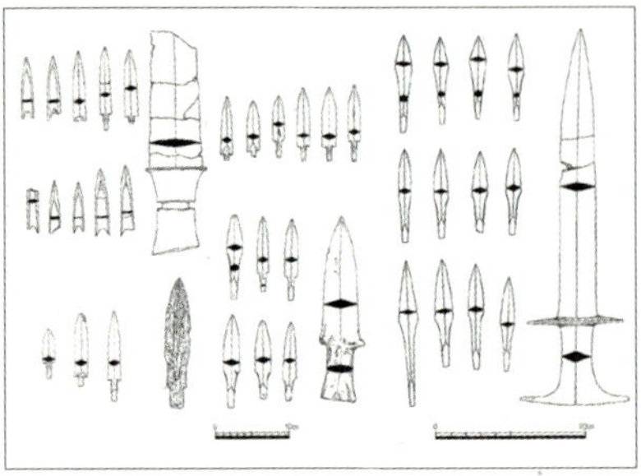

그림 1-26. 제천 황석리 고인돌 출토 석검과 석촉

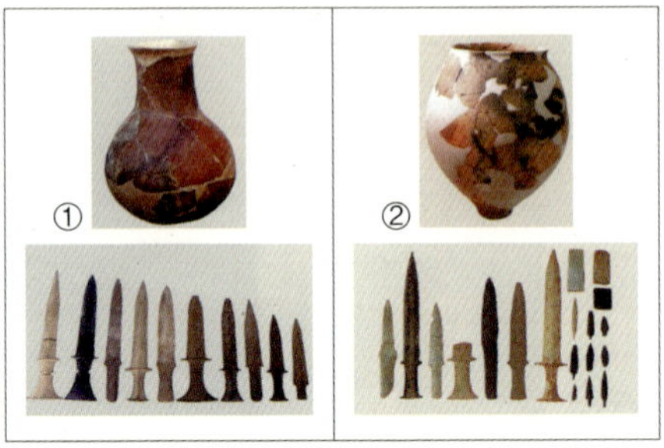

그림 1-27. 진안 모정리 출토 석검과 제사용 토기

① 진안 모정리 A-1 고인돌 출토 석검과 홍도
② 진안 모정리 망덕 고인돌 출토 석검과 토기

용 석검(石劍)들과 제사용 토기들이 다수 출토되는 사실은 군장국가 존재 증거의 일부로 해석된다(〈그림 1-26〉과 〈그림 1-27〉 참조).

우선 '한'족의 고인돌 무덤에서 고인돌의 규모, 석검의 숫자, 제사용 토기 유무를 기준으로 종합하여 군장국가의 범주에 들 수 있는 지역을 〈표 1-1〉과 같이 검출해 볼 수 있다. 〈표 1-1〉에서 검출된 지역의 59개 대소 군장국가들 중에서도 고인돌의 규모가 크고 하나의 고인돌에서 다수의 석검과 석창이 출토되는 10여 개 고인돌의 주인공은 대군장국가의 군장으로 추정된다.[123] '환웅'도 그러한 대군장 가운데 하나였다고 생각된다.

---

123 고인돌 크기, 하나의 고인돌에서 출토된 석검과 석촉의 다수, 제사용 채색토기 유무를 기준으로 위의 59개 지역에서 다시 10여 개를 검출해 보면, ① 충북 제천 황석리 등 일대, ② 경기도 양평 상자포리·앙덕리 등 일대, ③ 강화 삼거리 등 일대, ④ 충남 대전 비래동 등 일대, ⑤ 전북 고창 산수리 등 일대, ⑥ 진안 삼락리·모정리 등 일대, ⑦ 전남 순천 가곡동 등 일대, ⑧ 여수 우두리 등 일대, ⑨ 경북 고령 봉평리 일대, ⑩ 대구 이천동 등 일대, ⑪ 경남 김해 내동 등 일대, ⑫ 밀양 전사포리 등 일대, ⑬ 창원 진동리 등 일대, ⑭ 제주 용담동 일대, ⑮ 황해도 은율 운산리 등 일대, ⑯ 평남 강동 문흥리 등 일대의 약 16곳이 검출된다. 군장국가들은 규모가 여러 고을을 통합한 상당히 큰 대군장국가여서 상호 경쟁하면서 점차 고대국가 형성의 방향으로 발전하고 있었던 것으로 해석된다. 이러한 '한'족의 대군장국가들 가운데 '강동'지역의 대군장국가의 하나가 환웅(桓雄)의 군장국가였다고 해석된다.

표 1-1. '한'족의 신석기시대 말기 대소군장 형성 추정 지역

	군장 출현 추정지역	자료 쪽수		군장 출현 추정지역	자료 쪽수
1	(충북) 제천 황석리 일대	Ⅰ-274~281	31	안동 지례리 일대	Ⅱ-78
2	청원 가호리 일대	Ⅰ-284~285	32	청도 진라리·대천리 일대	Ⅱ-97~103
3	충주 하천리 일대	Ⅰ-290~292	33	대구 이천동·상인동·진천동·상동·시지동 일대	Ⅱ-125~193
4	영동 유전리 일대	Ⅰ-250~251	34	(경남) 거제 아주동·대금리 일대	Ⅱ-225~234
5	(충남) 보령 평라리·노천리·관창리 일대	Ⅰ-315~327	35	거창 대야리·무릉리·월평리 일대	Ⅱ-237~249
6	대전 비래동·신대동·대정동 일대	Ⅰ-332~346	36	김해 내동·무계리·율하리 일대	Ⅱ-252~266
7	논산 원봉리·신기리 일대	Ⅰ-306~308	37	밀양 전사포리·후사포리·가인리·금포리·남전리 일대	Ⅱ-275~298
8	(경기) 파주 다율리·당하리 일대	Ⅰ-198~203	38	사천 이금동 일대	Ⅱ-311
9	연천 학곡리·통현리 일대	Ⅰ-17~18	39	의령 석곡리 일대	Ⅱ-322
10	포천 금현리·자작리 일대	Ⅰ-19	40	진주 내촌리·대평리·이곡리 일대	Ⅱ-329~354
11	안산 선부동 일대	Ⅰ-135~140	41	창원 진동리·외동·덕천리 일대	Ⅱ-363~371
12	양평 상자포리·앙덕리 일대	Ⅰ-160~169	42	함안 동촌리·오곡리 일대	Ⅱ-384~390
13	강화 삼거리·오상리·부근리 일대	Ⅰ-213~229	43	합천 역평리·계산리 일대	Ⅱ-398~405
14	(전북) 고창 산수리·상금리·죽림리 일대	Ⅰ-22~23 및 365~384	44	(제주) 용담동 일대	Ⅱ-446~450
15	진안 삼락리·모정리 일대	Ⅰ-399~431	45	(강원) 춘천 발산리·천전리·중도 일대	Ⅰ-69~87
16	무주 사천리 일대	Ⅰ-385	46	속초 조양동 일대	Ⅰ-34~35
17	(전남) 고흥 석봉리·중산리·한천리·운대리·신안리·장수리 일대	Ⅲ-39~65	47	양구 고대리 일대	Ⅰ-36~38
18	곡성 공북리·유정리·연화리 일대	Ⅲ-69~83	48	철원 토성리 일대	Ⅰ-16
19	나주 복암리·화진리·운곡동 일대	Ⅲ-101~110	49	(황해) 배천 대아리·홍현리 일대	Ⅳ-197~199

표 1-1. (계속)

	군장 출현 추정지역	자료 쪽수		군장 출현 추정지역	자료 쪽수
20	보성 덕치리·죽산리 일대	III－131-144	50	은율 운산리 일대	IV－217
21	순천 가곡동·신평리·오봉리·우산리·월산리·유평리·조례동·복성리·대치리 일대	III－161～238	51	용연 곡정리 일대	IV－192
22	여수 우두리·미평동·봉계동·복산리·월내동·가장리·적량동·화동리·화장동 일대	III－241～300	52	사리원 광성동·해방동 일대	IV－151～154
23	영광 영양리 일대	III－309	53	신평 선암리 일대	IV－158
24	영암 신호리·엄길리 일대	III－324～333	54	황주 침촌리 일대	IV－187～190
25	장흥 송정리·오복리 일대	III－380～406	55	(평남) 순안 석암야영소 일대	IV－132
26	화순 사수리·창량리·다지리 일대	III－443～476	56	개천 묵방리 일대	IV－42
27	광주 매월동 일대	III－492	57	성천 백원리 일대	IV－62
28	(경북) 고령 봉평리 일대	II－43～46	58	상원 귀일리·용곡리·장리 일대	IV－115～123
29	김천 송죽리 일대	II－47～57	59	강동 문흥리·송석리 일대	IV－108～110
30	상주 마곡리 일대	II－58～62			

자료: 국립나주문화재연구소 편, 『한국지석묘』 I(강원도·경기도·충청남북도·전라북도편); II(경상남북도·제주도편); III(전라남도편); IV(북한편), 2012에서 작성.

후에 진수(陳壽)의 『삼국지』에서 삼한시기 '마한에 54국', '변한·진한에 24국'을 합하여 78국이 있었다고 기록한 것은 청문한 자료를 수록한 것이지만,[124] 이때의 '국'(國)이 삼한의 지방제에 편입되기 전 신석기시대 말기의 대소 군장국가로부터의 역사적 계승 유제였다고 볼 수 있다.

124 『三國志』 卷30, 魏書 烏丸鮮卑東夷傳, 韓傳 및 弁辰傳 참조.

2. '환웅'(桓雄)의 군장국가

신석기시대 말기에서 고대국가 형성기에 古한반도 '한'족의 분포지역에서 대군장들이 소군장국가들을 통합하여 고대국가 건국을 지향하는 동태적 큰 변화가 자료들에서 관찰된다.

고조선 개국설화에서 나오는 환웅(桓雄)은 '한'족 군장국가들의 대군장들 가운데서 강동·성천·상원·순안·개천 일대를 통합해 나가면서, 신석기 말기 이 지역에 상당히 발전된 '한'족의 군장국가[桓雄國]를 형성했던 대군장으로 해석된다. 환웅은 BC 3000년경 '맥'족과 '예'족에게 접경하게 되자, 선진 농업과 우세한 무력으로 '맥'족을 평화적으로 포용하고 연맹하여 고대국가 형성으로 나아가기 시작했다고 추정된다. '한'은 차음 한자 표기로 '桓'으로 표기되는 경우가 자주 있으며, '雄'은 군장이 남성(부계공동체 군장)이라는 뜻을 포함하고 있다.[125] '환웅'은 '한'족 군장들 가운데 북방 변경에서 영역이 여러 고을에 걸친 상당히 큰 규모 '군장국가'의 군장(君長)으로서 거의 고대국가의 왕(王)이나 다름없는 지위에 있었다고 해석할 수 있다.

'한'족의 변경지역 군장 환웅의 군장국가는 고대국가 형성 직전 단계의 준국가(準國家)로서, 관료와 거의 유사한 막료제를 구비한 정치체였다고 해석될 수 있다(〈그림 1-28〉 참조).[126]

환웅의 군장국가의 위의 막료조직과 기타 설화와 유적유물은 다음의 사실을 알려준다.

---

125 신용하, 『고조선 국가형성의 사회사』, 지식산업사, 2010, p.66 및 pp.196~197 참조.

126 尹世福, 「檀君考」, 『建國大學術誌』 제2집, 1959.
李康植, 「'古記'에 기록된 神市조직의 구조와 기능」, 『경북대경상대논문집』 제15집, 1987.
愼鏞廈, 「檀君說話의 사회학적 해석」, 『한국사회사학회논문집』 제47집, 1995 참소.

① 환웅의 거의 전통적 관료제에 가까운 막료조직은 그의 군장국가의 중앙집권적 부서조직의 존재를 알려주고 있다.

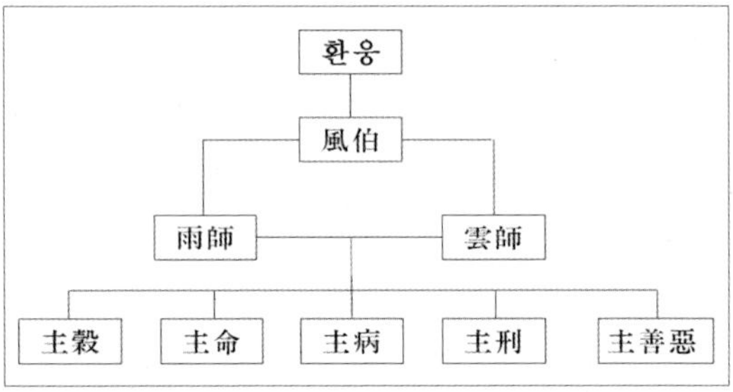

그림 1-28. 환웅의 군장사회 '준국가'의 막료(관료)조직

② 환웅이 추종자 3천 명을 이끌고 하늘에서 내려왔다는 것은 그의 부족집단이 당시로서는 상당히 큰 규모로 천손의식을 가진 '한'족의 기원지역(하늘)에서 이동해 정착했음을 시사하는 것이다.

③ 환웅족 집단의 생업(경제)은 막료의 직책 명칭이 풍백·우사·운사의 기후 관련 호칭이고, 부서에 주곡(主穀)이 있는 것으로 보아서도 '농경'임이 명백하다. 즉, 환웅의 집단은 원래 한반도의 신석기 농업혁명이 가장 먼저 수행된 한강문화의 선진농경문화를 가지고 남에서 북으로 이동(설화의 표현으로는, 하늘에서 하강)해 온 것으로 해석된다.

④ 환웅의 군장국가·군장사회에서는 고인돌 무덤의 층화, 부장품의 차별과 차이, 다수의 석검(石劍) 출토, 중앙부서 막료 중의 주형(主刑) 부서의 존재로 보아 신분·계급이 출현하기 시작한 사회임을 알 수 있다.

⑤ 환웅의 군장국가는 막료조직의 주형(主刑) 명칭 부서의 존재로 보아 주민에 대해 환웅을 정점으로 한 사회통제기구를 갖추고 있었음을 알 수 있다.

⑥ 환웅의 군장국가 막료조직의 주병(主病) 부서와 고조선 개국설화의 쑥·마늘(약재) 이야기는 주민에 대한 질병과 의약 치료의 전문화·분화가 형성되고 있었음을 시사하는 것이라고 볼 수 있다.

⑦ 환웅의 군장국가 막료조직의 주선악(主善惡) 부서의 존재는 환웅의

군장사회의 도덕 중시와 장려를 시사하는 것이라고 볼 수 있다.

⑧ 환웅의 이동(하강) 후 치세의 목표에 홍익인간(弘益人間, 인간을 널리 이롭게 함)과 재세이화(在世理化, 세상을 이치로 교화시킴)의 설화가 기록되어 있는 것은 환웅의 군장국가의 통치이념이 정립되어 있었음을 시사하는 것이라고 볼 수 있다.

⑨ 환웅시대 고인돌 무덤 부장품의 붉은 간토기 단지와 '새'의 조각 그림, 덮개돌의 별자리 등은 환웅 군장사회의 하느님 숭배·태양숭배·조상영혼숭배·새 토템사상 등 신앙의 형성을 시사한다고 볼 수 있다.

⑩ 환웅시대 말기의 '한'족 고인돌 무덤에서는 '청동기' 조각들이 출토되기 시작하여 청동기시대의 서막을 예고하고 있었다고 볼 수 있다. 예컨대, 평안남도 성천군 용산 고인돌 무덤에서 '청동(靑銅)조각'이 뾰족밑 빛살무늬 팽이형 토기, 돌도끼 등과 함께 출토되었는데, '청동조각'은 절대연대 5,069년 전으로 측정되었다.[127] 이것은 청동기 용구 제조 직전의 청동조각이지만, 이미 동(銅)·석(錫)·연(鉛)의 3광석을 용해하고 '합금'시켜 제조한 청동 합금 조각이기 때문에 청동기시대의 시작을 예고하는 것이었다고 볼 수 있다.[128] '한'족의 '한강문화'의 특징이 선진적 농업경작에

127 과학·백과사전종합출판사, 『조선기술발전사 I』, 1996, p.38 참조.

128 위의 『조선기술발전사 I』에서 발굴된 그 후 청동기의 편년을 일람표로 정리해 보면, 다음의 표와 같다. 이 표는 '한'족의 '한강문화'의 선진적 농업경작 문화의 제공과 '한'족의 '대동강문화'의 선진적 청동기문화가 결합하여 고조선 건국의 사회경제적 기반이 되었음을 알려주는 것이라고 볼 수 있다.

한반도에서 출토된 BC 31세기~BC 24세기의 청동기 유물 유적

	유적 이름	유적 종류	출토 청동기·금동 유물	측정연대
1	평남 성천군 용산 무덤	고인돌 무덤	청동조각	BC 31세기
2	평남 상원군 용곡 4호	고인돌 무덤	청동단추	BC 26세기
3	덕천시 남양 유적	16호 집자리	비파형창끝	BC 26세기
4	덕천시 남양 유적	16호 집자리	청동단추	BC 26세기
5	덕천시 남양 유적	16호 집자리	청동방울거푸집	BC 26세기
6	상원군 장리	고인돌 무덤	청동교예장식품	BC 26세기

있었다면, '한'족의 '대동강문화'의 특징은 선진적 '청동기문화의 시작'에 있었다고 볼 수 있을 것이다.

환웅의 막료조직과 구조는 환웅의 군장국가가 다른 부족들의 군장국가들과 부족연맹에 성공하는 경우에는 얼마든지 고대국가 형성에 들어갈 수 있는 정치적·사회적·경제적 진화 단계에 있었음을 알 수 있다. 그러므로 고대국가와 고조선문화 형성 과정에서 환웅의 중요성을 주목할 필요가 있는 것이다.[129]

	유적 이름	유적 종류	출토 청동기·금동 유물	측정연대
7	상원군 장리	고인돌 무덤	청동방울 2개	BC 26세기
8	상원군 장리	고인돌 무덤	청동끌 1개	BC 26세기
9	평남 강동군 순창리	고인돌 무덤	비파형 청동창끝	BC 25세기
10	평남 강동군 순창리	글바위 5호 무덤	금동귀걸이	BC 25세기
11	강동군 송석리	문성당 8호 무덤	금동귀걸이	BC 25세기
12	강동군 순창리	글바위 2호 무덤	금동귀걸이	BC 24세기
13	강동군 송석리	문성당 3호 무덤	금동귀걸이	BC 24세기
14	강동군 송석리	문성당 8호 무덤	금동귀걸이	BC 24세기
15	경기도 양평군 양수리	고인돌 무덤	청동기시대 공반 유물	BC 24세기
16	전남 영암군 장천리	집자리 ①	청동기시대 유적	BC 27세기
17	전남 영암군 장천리	집자리 ②	청동기시대 유적	BC 24세기

129 임재해, 『고조선문화의 높이와 크기』, 경인문화사, 2015 참조.

제6장 ‘맥’부족의 형성과 그 신석기문화의 특징

1. ‘맥’부족의 형성

‘맥’부족은 종래의 견해와 같이 고중국 북서지방 또는 알타이 지방에서 형성되어 동방으로 이동해 들어온 부족이 아니었다. ‘맥’부족은 앞서 밝힌 바와 같이 ‘古한반도 초기신석기인 문화 유형’(밝족)에서 기원하여, 북위 40도 이북의 과거 동토였던 곳이 인간거주 가능지역이 되자 古한반도 신석기인 일부가 약 9천 년 전경(BC 7000년경)부터 약 6천 년 전경(BC 4000년경)에 북방 이동을 감행해서 그 서방행로가 지금의 요서·내몽고자치구 동부지역 일대에 정착하여 형성된 부족이었다.

‘古한반도 초기신석기인’ 일부가 북방 이동을 한 시기는, 기후변화 농업경작 조건을 고려할 때, 서북방 이동의 경우 2단계로 나누어 볼 수 있다.

제1단계는 약 9천 년 전부터 약 8천 년 전까지의 서북방 이동 시기이다. 이 기간에는 주로 ‘소하서(小河西) 문화유적’(BC 7000년~BC 6500년), ‘흥륭와(興隆洼) 문화유적’(BC 6200년~BC 5200년)을 남긴 초기신석기인들이 이동했다고 볼 수 있다. 제1단계의 서북방 이동 인구는 비교적 소수였으리라고 추정된다.

제2단계는 약 8천 년 전부터 6천 년 전까지의 서북방 이동 시기이다. 이 기간에는 주로 사해(查海) 문화유적(BC 5600년~BC 5500년), 부하(富河) 문화유적(BC 5200년~BC 5000년), 조보구(趙寶溝) 문화유적(BC 5000년~BC

4400년), 홍산(紅山) 문화유적(BC 4500년~BC 3000년), 소하연(小河沿) 문화유적(BC 3000년~BC 2000년)을 남긴 중기·후기 신석기인들이 여기에 해당한다. 제2단계의 서북방 이동 인구는 옛 홍산문화 지역이 현재의 그 지역보다 농업경작에 더 적합한 기후로 급변했기 때문에 더 다수였다고 볼 수 있다. 그러므로 '홍산문화'의 범위는 '우하량 유적'에 한정하지 않고 그와 유사한 문화 유형을 가진 요서지역 신석기시대 유적을 모두 포괄하는 것으로 해석될 수 있다.[130]

---

130 중국 고고학계가 '홍산문화 유적'의 범위에 포함시키는 신석기시대 주요 유적은 〈그림 1-29〉에 표시된 바와 같이 ① 적봉 홍산후(赤峰 紅山後) 유적, ② 적봉 지주산(蜘蛛山) 유적, ③ 적봉 서수천(西水泉) 유적, ④ 옹우특기 삼성타랍(翁牛特旗 三星他拉) 유적, ⑤ 임서 사와자(林西 沙窩子) 유적, ⑥ 파림우기 나사대(巴林右旗 那斯台) 유적, ⑦ 파림좌기 성교(巴林左旗 城郊) 유적, ⑧ 위장 하과방(圍場 下夥房) 유적, ⑨ 오한 하와(敖漢 下窪) 유적, ⑩ 나만기(奈曼旗) 유적, ⑪ 금서 사와둔(錦西 沙鍋屯) 유적, ⑫ 부신 호두구(阜新 胡頭溝) 유적, ⑬ 부신 부흥지(富興地) 유적, ⑭ 객좌 동산취(客左 東山嘴) 유적, ⑮ 객좌 신영자(新營子) 유적, ⑯ 우하량(牛河梁) 유적, ⑰ 조양 십이대영자(朝陽 十二臺營子) 유적, ⑱ 북표 백석수고(北標 白石水庫) 유적, ⑲ 강평 성교(康平 城郊) 유적, ⑳ 소하연(小河沿) 유적 등이다. 이 가운데서 중국 고고학자에 따라서는 '소하연 유적'은 '소하연문화'로 독립시키는 견해도 있다.

중국 일부 고고학자는 홍산문화 유적의 최근 발굴 성과로 특히 다음의 중요 유적들에 주목할 것을 권고하기도 한다. 즉, ① 나만기 만덕도(奈曼旗 滿德圖) 유적, ② 나만기 대심타랍(大瀋他拉) 유적, ③ 적봉 서수천(西水泉) 유적, ④ 파림우기 나사대(巴林右旗 那斯臺) 유적, ⑤ 옹우특기 해금산(翁牛特旗 海金山) 유적, ⑥ 오한기 삼도만자(敖漢旗 三道灣子), ⑦ 오한기 사능산(四棱山) 유적, ⑧ 적봉 지주산(赤峰 蜘蛛山) 유적, ⑨ 우하량 여신묘(牛河梁 女神廟) 유적, ⑩ 부신 호두구(阜新 胡頭溝) 유적, ⑪ 객좌 동산취(喀左 東山嘴) 유적, ⑫ 능원 삼관전자 성자산(凌源 三官甸子 城子山) 유적, ⑬ 우하량 적석총(積石塚) 유적 등이 홍산문화의 중요한 유적들이다.

張星德, 『紅山文化硏究』, 中國社會科學出版社, 2005, pp.15~25.
劉振華, 「內蒙古奈曼旗滿德圖遺址」, 『社會科學輯刊』, 1994년 增刊號, 1994.
朱鳳瀚, 「吉林奈曼旗大瀋他拉新石器時代遺址調査」, 『考古』, 1979年 3期, 1979.
中國社會科學院考古硏究所內蒙古工作隊, 「赤峰西水泉紅山文化遺址」, 『考古學報』, 1982年 2期, 1982.
巴林右旗博物館, 「內蒙古巴林右旗那斯臺遺址調査」, 『考古』, 1987年 6期, 1987.
遼寧省博物館文物工作隊, 「內蒙古翁牛特旗西處新石器時代遺址」, 『內蒙古文物考古』, 3期.
遼寧省博物館·昭烏達盟文物工作隊·敖漢旗文化館, 「遼寧敖漢旗小河沿三種原始文化

주의해야 할 것은 제1단계와 제2단계의 서북방 부족이동의 경로가 모두 현재의 요동반도(遼東半島) 지방을 경유했다는 사실이다. 또한 노합하·시라무렌강 유역의 최서북방 지역으로 이동한 부족도 씨족별로 요동과 요서의 각지에 수십·수백 년간씩 정착했다가 다시 이동하는 식의 점진적 이동을 했으리라는 점도 고려해야 할 것이다.

요서에 이동한 '맥'족 부족장 씨족장들이 주로 요동반도의 '수암(岫岩)옥'으로 주요 옥기를 제작했다는 것은, 옥광석의 교역을 고려할지라도, 그들이 '수암옥 광산'이 있는 요동반도 일대를 경유하여 이동했으므로 요동반도의 거대한 '수암옥 광산'의 존재를 잘 알고 있었기 때문이라고 볼 수 있다.

'맥'족은 '古한반도 초기신석기인 문화 유형'에서 기원하여 약 9천 년 전~약 6천 년 전에 대흥안령 동부, 과거에는 '동토'가 되었다가 다시 온

的發現」, 『文物』, 1977年 12期, 1977 참조.
遼寧省博物館·昭烏達盟文物工作隊·敖漢旗文化館, 「遼寧敖漢旗小河沿三種原始文化的發現」, 『文物』, 1977年 12期, 1977.
中國社會科學院考古硏究所內蒙古工作隊, 「赤峰蜘蛛山遺址的發掘」, 『考古學報』, 1979年 2期, 1979.
遼寧省文物考古硏究所, 「遼寧牛河梁紅山文化'女神廟'與積石塚群發掘簡報」, 『文物』, 1986年 8期, 1986.
華玉冰, 「牛河梁女神廟平臺東坡筒形群遺存發掘簡報」, 『文物』, 1994年 5期, 1994.
方殿春·劉葆華, 「遼寧阜新縣胡頭溝紅山文化玉器墓的發現」, 『文物』, 1984年 6期, 1984.
郭大順·張克擧, 「遼寧省喀左縣東山嘴紅山文化建築群發掘簡報」, 『文物』, 1984年 11期, 1984.
李恭篤,「遼寧凌源縣三官甸子城子山遺址試掘報告」, 『考古』, 1986年 6期, 1986.
遼寧省文物考古硏究所, 「遼寧牛河梁紅山文化'女神廟'與積石塚群發掘簡報」, 『文物』, 1986年 8期, 1986.
魏凡, 「牛河梁紅山文化第三地点石棺墓」, 『遼海文物學刊』, 1994年 1期, 1994.
遼寧省文物考古硏究所, 「遼寧牛河梁第二地点四號塚筒形器墓的發掘」, 『文物』, 1997年 8期, 1997.
朝陽市文化局·遼寧省文物考古硏究所, 『牛河梁遺址』, 學苑出版社, 2004.

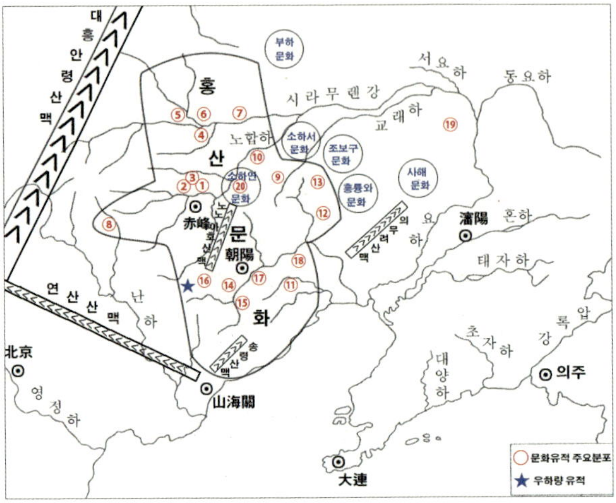

그림 1-29. 홍산문화 유적의 위치 약도

① 적봉 홍산후(赤峰 紅山后)	② 적봉 지주산(赤峰 蜘蛛山)
③ 적봉 서수천(赤峰 西水泉)	④ 옹우특기 삼성타랍(翁牛特旗 三星他拉)
⑤ 임서 사와자(林西 沙窩子)	⑥ 파림우기 나사대(巴林右旗 那斯臺)
⑦ 파림좌기 성교(巴林左旗 城郊)	⑧ 위장 하과방(圍場 下夥房)
⑨ 오한 하와(敖漢 下窩)	⑩ 나만기(奈曼旗)
⑪ 금서 사와둔(錦西 沙鍋屯)	⑫ 부신 호두구(阜新 胡頭溝)
⑬ 부신 부흥지(阜新 復興地)	⑭ 객좌 동산취(喀左 東山嘴)
⑮ 객좌 신영자(喀左 新營子)	⑯ ★우하량(牛河梁)
⑰ 조양 십이대영자(朝陽 十二臺營子)	⑱ 북표 백석수고(北票 白石水庫)
⑲ 강평 성교(康平 城郊)	⑳ 소하연(小河沿)

(자료: 郭大順, 『紅山文化』, 2005; 張星德, 『紅山文化硏究』, 2005; 우실하, 「요하문명·홍산문화 지역의 지리적 기후적 조건」, 『고조선단군학』 제30호, 2014)

난화된 요서, 내몽고자치구 동부지역에 정착해서 농경과 목축을 시작하면서 새 시대를 연 '곰'토템을 가진 신석기인들의 통칭이며, 그들이 남긴 유적들이 위에서 든 홍산문화 유적 등 신석기문화 유적들이었다.[131] 이 유적과 유물들을 통해 '맥'족 신석기문화의 특징을 간추려 볼 수 있다.

---

131 신용하, 「고조선문명 형성에 들어간 貊부족의 紅山문화의 특징」, 『고조선단군학』 제32집, 2015 참조.

2. '맥'부족 신석기문화의 특징과 '맥'부족의 여신숭배

홍산문화 우하량 제1지점에는 제단(祭壇)과 신(神)을 모시는 신성한 묘당(廟堂)터에서 진흙으로 빚은 여신상(女神像)의 파편들이 출토되었다.[132] 여신상이 '묘당'터에서 출토되었기 때문에, 우하량 일대의 홍산문화를 남긴 부족이 '여신숭배' 부족임을 확인하게 되었다.

우하량 유적지에서 약 50km 떨어진 객좌현 동산취(東山嘴)의 건축물 유적지에서 역시 진흙으로 빚은 파손된 여인상 조각들이 출토되었는데, '여신상'으로 판정되었다.[133] 홍산문화를 남긴 신석기인들이 '여신숭배' 부족이었음을 거듭 증명하는 것이다.

'맥'족은 고조선 건국 이전 신석기시대에는 부족신으로서 '여신숭배' 신앙과 여성 족장 숭배사상을 갖고 있었다. '맥'족의 '신'이 고조선 건국 후에도 '여신'(女神)이었음은 일찍이 양주동 박사의 연구에 의해 밝혀진 바 있다.[134]

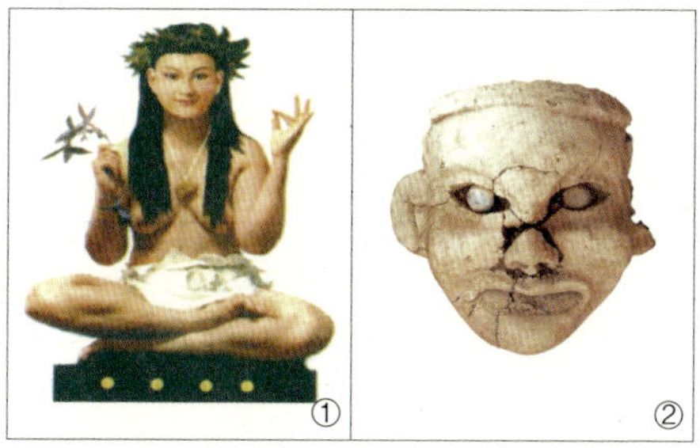

그림 1-30. 우하량 여신상 복원도

① 복원된 우하량 여신묘 여신상의 상상도
② 우하량 여신묘에서 발견된 여신상의 머리 부분

132 遼寧省文物考古研究所, 「牛河梁紅山文化 '女神墓'與積石塚群發掘簡報」, 『文物』, 1986年 8期, 1986.

133 郭大順·張克擧, 「遼寧省喀左縣東山嘴紅山文化建築群址發掘簡報」, 『文物』, 1984年 11期, 1984.

134 양주동 박사에 의하면, '곰'토템에서 'ᄀᆞᆷ'(임검, 임금)의 단어가 왔는데 '왕'과 '신'(神, 일본어 '가미')의 두 뜻을 가진 고대어이다. '신'으로서의 'ᄀᆞᆷ'(곰·검)은 여신(女神)이었으며, 'ᄀᆞᆷ·검'은 'ㄱ-ㆁ-ㅇ'의 소리 전화(音轉)에 의하여 'ᄋᆞᆷ·엄' 등으로 전화되었음이 『삼국사기』의 지리지에 의해서도 증명된다고 하였다(梁柱東, 『增訂古歌硏究』, 일조각, 1969, pp.8~10 참조). '맥'족은 여신숭배 부족의 상태에서 '왕비'를 내는 부족으로서 고조선 건국과 고조선문명 형성에 들어와서 신모(神母)사상, '삼신(三神) 할머니' 사상·신

홍산문화의 여신숭배 '맥'족과 한강문화의 태양숭배 '한'족이 원래 동일한 기원과 뿌리를 가졌다는 사실은 우하량 여신묘 벽면의 '번개무늬'와 우하량 출토 토기의 '번개무늬'에서도 확인된다. 우하량 여신묘의 벽에는 신성한 '붉은색'으로 '번개무늬'가 그려져 있는데, '한'족과 후의 고조선에서 애용된 '번개무늬'와 동류의 것이다. 우하량 여신묘의 토기와 통형질그릇에서도 '한'족의 한강문화와 그 후 고조선문명이 애용한 '번개무늬'가 널리 애용되고 있었다.[135]

3. '맥'부족의 곰[熊]토템과 새[鳥]부토템의 한강문화와의 관련

'맥'부족은 '곰'[熊]토템 부족이었다. 우하량의 여신을 모시는 신성한 묘당에서 여신과 함께 모셔져 있던 '곰'의 조각상이 출토된 사실은, 우하량 일대의 홍산문화를 남긴 신석기인이 '곰'을 주토템으로 하는 '맥'부족이었음을 증명하는 것이다.[136]

『후한서』는 '맥이'(貊夷)는 '웅이'(熊夷)와 같다고 설명하였다. 일본어에서는 훈독할 때 '貊'도 '고마'로 읽고 '熊'도 '고마'로 읽는데, '고마'는 '곰'의 고대어이며 일본어이다.

우하량의 여신묘에서 출토된 '곰'의 조각상은 파손된 상태여서 앞발 2개, 아래턱과 이빨(실물사용) 1개, 입술 2개가 흩어져 출토되었는데, 원래는 2개체의 곰 조각상이 안치되어 있었던 것으로 추정된다.[137]

'맥'족은 '곰'을 토템으로 하면서, 동시에 '새'[鳥]를 부토템으로 애호하

앙·전설과 관련된 것으로 볼 수 있다.

135 遼寧省文物考古研究所 編著, 『牛河梁: 紅山文化遺址發掘報告(1983~2003年度)』, 2012, 圖版 24~26, 圖版 113~114, 圖版 121, 圖版 228, 圖版 257~258 및 圖版 273 참조.

136 신용하, 『고조선 국가형성의 사회사』, 지식산업사, 2010, pp.100~101 참조.

137 『牛河梁: 紅山文化遺址發掘報告(1983~2003年度)』(上), p.25 및 (下) 圖版 19 참조.

였다.[138] 우하량의 신성한 묘당에서 여신상, '곰' 조각상과 함께 '새'의 날개와 두 발톱이 출토되었다.[139] 원래는 온전한 '새' 조각상이었겠지만 이미 파손되어 부분만 출토된 것이다. 이 '새' 조각상은 신성한 장소인 묘당에 '여신상'·'곰상'과 함께 모셔져 있었기 때문에 '새'부토템을 증명하는 것이 된다. '새'토템은 초기 신석기시대부터 古한반도의 '한강문화'에서 매우 성행한 것으로서, 태양숭배와 관련된 토템이었다.[140]

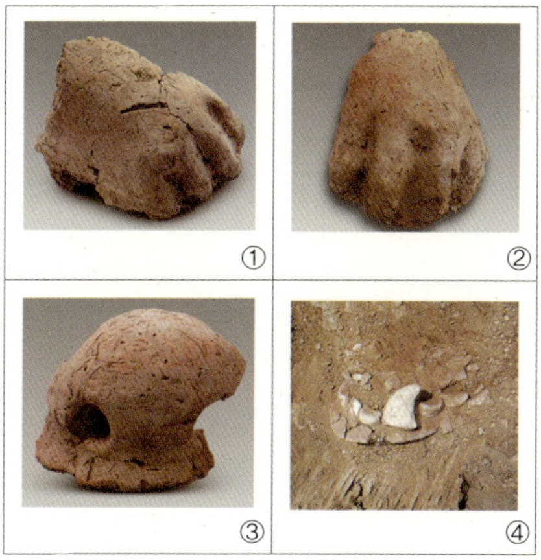

그림 1-31. 우하량 여신묘 출토 곰 조각상의 파편

①, ② 우하량 제1지점 여신묘 출토 곰의 爪(N1JB: 8)
③ 우하량 제1지점 여신묘 출토 곰의 吻部(N1J1B: 7)
④ 우하량 제1지점 여신묘 출토 곰의 下頜 출토 상태

'맥'족은 원래 초기신석기시대에 '古한반도 초기신석기인 유형'에서 기원하여 북상해서 대릉하 일대의 새로운 환경에 적응하여 정착한 시기에 '맥'부족을 형성하면서 '곰'토템을 정했었으나, 원래 한강문화의 '새'토템도 부토템으로 여전히 간직하고 있었던 것으로 해석된다.

우하량의 여신묘에서 '새'토템이 발견된 것은 맥족의 홍산문화가 古한반도의 한강문화의 영향과 깊은 관련이 남아 있었음을 증명하는 것이다. 홍산문화를 창조한 '맥'족이 '새'토템을 간직하고 있었다는 사실은 우하량

138 우실하, 「홍산문화의 곰토템부족과 단군신화의 웅녀족」, 『고조선단군학』 제27호, 2012 참조.

139 『牛河梁: 紅山文化遺址發掘報告(1983~2003年度)』(下), 圖版 20 참조.

140 신용하, 「고조선문명의 형성과 한강문화의 특징」, 『고조선문명의 학제적 연구 제1차년도 연차보고서』, 2014 참조.

그림 1-32. 우하량 여신묘 출토 '새' 조각상 파편

① 새의 발톱 부분(N1J1B: 9-1)
② 새의 날개 부분(N1J1B: 9-2)

16지점 4호 무덤에서 출토된 '옥 봉황새'에 의해서도 확인되고,[141] 우하량 제2지점 17호묘의 '옥 봉황새' 머리조각에서도 확인되며,[142] 제27지점 23호묘 여족장급의 '옥봉황새' 패물에서도 확인된다.[143] 이 옥봉황새는 발굴 위치가 죽은 이의 머리 상단에 마치 베개처럼 놓여 있어서 매우 귀중하게 애호한 토템 상징임을 재확인시켜 준다.

4. 여족장 지배의 모계 부족공동체와 '군장사회'의 성격

홍산문화를 남긴 '맥'족은 신석기시대 말기까지 '모계 부족공동체 사회'였으며, 부족장도 '여족장'이었다.

홍산문화의 중심지인 BC 3500년경의 '우하량'(牛河梁) 유적 제2지점 여신을 위해 제사하는 제단(祭壇) 다음에 족장급 묘들이 있는데, 중부대묘(中部大墓)의 2개 대묘 가운데 제단을 향해 맨 앞에 있는 대묘(N2Z1M25)가 '대족장'의 대묘인 것으로 판단되었다. 중국 과학자들이 발굴·검증한 결과 대족장의 무덤인 '앞 대묘'(N2Z1M25)의 인골은 여성의 것이었다.[144] 이것은 홍산문화를 창조한 부족의 대족장이 '여성족장'임을 알려주는 것이다.[145]

---

141 『牛河梁: 紅山文化遺址發掘報告(1983~2003年度)』(下), 圖版 274 참조.
142 『牛河梁: 紅山文化遺址發掘報告(1983~2003年度)』(下), 圖版 84 참조.
143 『牛河梁: 紅山文化遺址發掘報告(1983~2003年度)』(下), 圖版 96~97 참조.
144 『牛河梁: 紅山文化遺址發掘報告(1983~2003年度)』(上), pp.74~78 참조.
145 필자는 최근 여러 차례 우하량 유적을 다시 답사했었는데, 웅장한 돔식 유적보호 건축물

'맥'족의 여신숭배와 여족장지배와 모계부족공동체사회는 하나의 큰 고리로 연관되어 통합체계를 이루고 있었던 것으로 해석된다. 신(神)과 족장이 모두 모계(母系)이고 여성이었다.

인류의 신석기시대에 여족장은 장식물로서 '옥'이나 '그릇'을 선호하고, 남족장은 '검'이나 '활'을 선호하는 것이 통례였다. 홍산문화 우하량 유적의 무덤들에서는 매우 정교하고 아름다운 '옥' 장식 패물과 예기들이 다량 출토되었고, 아름다운 채색 단지도 출토되었으나, '석검'이나 '옥검'은 한 자루도 출토되지 않았다. 이 사실도 '맥'족의 족장이 여성이었음을 방증하는 것이라고 본다. 홍산문화의 '옥' 패물 중심의 부장품은 한강문화의 '석검'·'돌화살촉' 중심의 남성 족장급 무덤의 부장품과 매우 대조적이다.

전 세계 모든 신석기시대 부족들은 초기에 '모계사회'로 시작했다가 신석기시대의 어느 시기에 주로 농경·목축·수렵의 발달과 병행하여 '부계사회'로 이행하는 것이 일반적이었다. '맥'족의 홍산문화는 여족장 지배하에서 형성되었으므로, 찬란한 '옥문화'를 창조하였다. 그러나 여족장은 '검문화'를 창조하지 못했으므로 단독으로 '고대국가'를 건국하기는 어려웠다고 본다. 고대국가는 군사형 국가였으며, 세계 모든 지역에서 한 손에는 '검'(무력)을 들고 다른 손에는 '덕화'(농경·생계·신앙)를 들면서 여러 부족들과 연맹하여 고대국가를 건국하는 것이 일반적이었기 때문이다. 소병기(蘇秉琦) 교수 등 일부 중국 고고학자들이 우하량의 여족장 부족정치체를 '고국'(古國, ancient state: 일종의 고대국가)의 일종으로 해석하려고 시도하는 것은 무리라고 생각된다.[146]

을 만들고, 여신묘 주변의 건물 회랑에는 중국 미술가들의 벽화가 있었는바, 역시 '여족장'이 맨 앞에서 '여신'에게 제사하는 상상도를 그려서 중국인들도 홍산문화 부족이 '여성 족장' 지배체제였음을 인지하고 있음을 보여 준다.

146 蘇秉琦, 「遼西古文化古城古國—試論當前田野考古工作的重點和大課題」, 『文物』, 1986

필자는 '맥'족의 '홍산문화'가 제신(祭神)체계를 갖추면서 상당한 규모의 '제단'과 시설들을 축조하고 찬란한 '옥문화'를 창조한 것으로 보아 여족장 체제의 평화적 '군장사회'(chiefdom: 준국가)를 형성했었다고 본다. 그러나 '맥'족은 아직 고대국가를 건국하지는 못했고, 고대국가를 건국하기 위해서는 '검'을 든 남족장의 군장사회와 연맹하지 않으면 안 되었다고 생각한다.[147]

홍산문화 우하량 유적을 창조한 '맥'족은 우하량 일대를 중심으로 대릉하·소릉하·노합하·시라무렌강 일대에서 '여족장 체제'의 '군장사회'를 형성하여 신석기문화를 창조하고, 막 청동기시대에 들어가기 시작한 상태의 고대국가 형성 직전 단계에서 약 BC 3000년경에 강우량 급감으로 인한 연속적 대한발에 조우하여 대부족이동을 감행했다고 해석된다.[148]

年 8期, 1986 참조.

147 물론 여족장 지배하의 부족 군장사회에서도 남성 무사는 존재했음이 틀림없지만, 그들은 여족장 지배하에서 여족장의 호위무사와 군장사회의 질서유지가 주임무였고 외적으로부터의 방어가 임무였지, 타 부족의 무력 병합을 적극 추진했다고 보기는 어렵다.

148 필자의 견해로는 요서지역 신석기시대 문화의 가장 선진적인 홍산문화 유하량 유적은 세계 사회학계와 문화인류학계가 널리 사용하는 보편적 개념을 빌려 표현하면 군장사회(君長社會, chiefdom)의 대부족공동체 사회 단계였다고 본다. 초기형태 제단(祭壇)·묘(廟)·총(塚)의 조합은 신석기시대 말기의 부족공동체에서 널리 발견되는 신앙집단 표시이기 때문에, 이것만으로는 고대국가나 고대문명의 증거지표로서는 부족하다. 고대문명은 물질적으로는 '농업'경작 생산과 함께 '청동기' 등 금속문화 또는 그에 버금가는 자연광물 변용 사용방법을 동반하는 것일 뿐만 아니라 사회학적으로 반드시 '국가'라는 통합적 지배체제의 형성과 동반하는 것이다. '국가'의 지표로서는 수장으로의 '국왕'(king, emperor)과 '관료'(또는 막료와 국가방위용 군대의) 지배체제 유적이 증명되어야 한다. 우하량 유적에는 제단·여신묘·적석총의 3자의 체계적 결합이 발굴되어 이 유적의 창조자가 신앙제사공동체 집단이었음을 잘 증명해 준다. 그러나 '국가' 형성의 증거는 어디에도 보이지 않는다. 특히 고대국가 형성에 필수인 '군왕의 무력'을 나타내는 '검'은 무수한 부장품들 가운데 한 자루도 출토되지 않으니, 이 신앙공동체 집단은 아직 '고대국가'를 건설할 수 있는 단계에 진입하지 못했다고 볼 수 있다. 우하량 유적의 창조자들은 아직 평화로운 부족공동체 제사집단의 단계에 있었다고 보아야 할 것이다. 부족장이 '여성 부족장'이었다는 사실도 이를 보완하여 증명해 준다.

5. 옥(玉)문화의 형성 · 발전과 그 동인

맥족의 홍산문화는 인류문명사에서 매우 이른 시기인 신석기시대 중·후기에 이미 독특한 옥기문화를 형성·발전시켰다. 홍산문화 유적 중에서 가장 오래된 대표적 '옥귀걸이'가 출토된 유적은 흥륭와(興隆洼) 문화유적(BC 6200~BC 5200년)이다. 흥륭와 유적에서 출토된 옥귀걸이는 태양처럼 정확한 동그란 형태에 귀에 끼우는 부분만 열어놓은 형식이다(〈그림 1-33〉 참조).

중국 고고학계의 연구에 의하면, 이 흥륭와 옥귀걸이는 요동반도의 수암(岫岩)에서 나오는 '수암옥'(岫岩玉)으로 만든 것이다.[149] 이 형식의 귀걸이는 흥륭와문화와 같은 시기의 한반도 강원도 고성군 죽왕면 문암리(文岩里) 유적(BC 6000년 이상)과 동일한 형식의 것이다.[150] 중국 요녕성 흥륭와 유적과 한국 강원도 고성 문암리 유적에서 동일한 시대의 동일한 형태와 재료의 옥귀걸이가 출토되었다는 것은 두 부족의 기원·형성·분화·관계 등과 관련하여 극히 주목해야 할 사실이다. 그 다음 시기에 동일한 형식의 옥귀걸이는 한반도 전라남도 여수시 남면 안도 패총 유적(BC 4000년~BC 3000년)에서도 발견된다.[151]

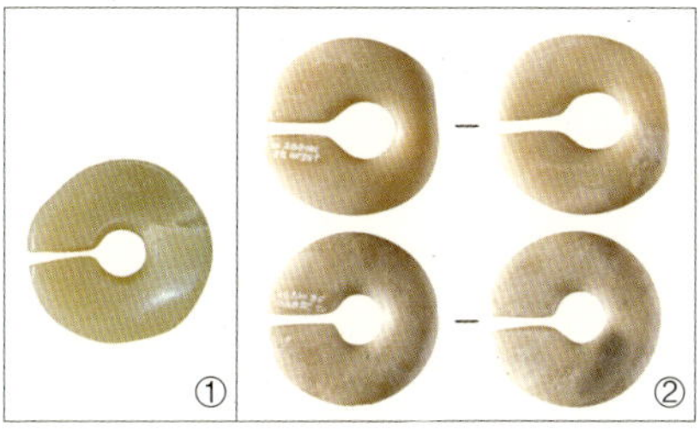

그림 1-33. 흥륭와 유적과 문암리 유적의 옥귀걸이

① 흥륭와 유적

② 강원도 고싱 문암리 유적

149 劉國祥, 「紅山文化墓葬形制與玉制度研究」, 『首届紅山文化國際學術研討會』 資料集, 2004.
우실하, 『동북공정너머 요하문명론』, 소나무, 2007 참조.

150 國立文化財硏究所, 『高城文岩里遺蹟』, 2004, pp.237~239 및 p.267 참조.

151 우실하, 『동북공정너머 요하문명론』, 소나무, 2007, pp.109~119 참조.

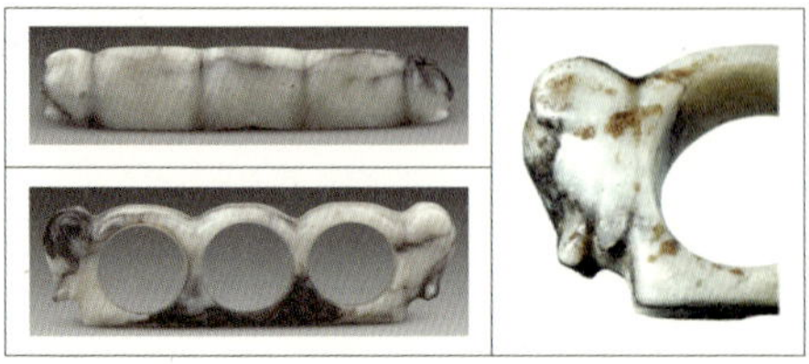

그림 1-34. 우하량 제16지점 제1묘(N16-79M1) 출토 웅수삼공기(熊首三孔器) 삼련옥벽

흥륭와문화에서 선도한 옥기문화가 홍산문화를 남긴 모든 '맥'족에 전파되었음은 홍산문화 유적들 모두에서 출토되고 있는 동일한 유형의 옥기들에서 확인할 수 있다. 우하량 여신묘 발굴 책임자의 하나인 곽대순은 홍산문화의 옥기를 크게 ① 동물형옥(動物形玉), ② 통형옥(筒形玉), ③ 구운형옥(勾雲形玉), ④ 옥벽(玉璧)의 네 유형으로 분류하고, ⑤ 그 밖의 옥기를 특수형 옥[特形玉]으로서 열거하였다.[152]

우하량 출토 옥벽 가운데 필자가 주목한 것은 웅수삼공기(熊首三孔器) 삼련옥벽인데, 웅수삼공기의 양쪽 끝에는 '곰'의 머리가 장식되어 있다. 삼공(三孔)은 '3개의 태양'[三大陽神]을 상징한 것이고, 양끝의 곰머리는 곰토템을 상징한 것으로서, 이 '웅수삼공기'는 홍산인의 곰토템과 태양숭배신앙에 직결된 옥기라고 생각된다(〈그림 1-34〉 참조).

여기서 나오는 문제는 '맥'족의 홍산문화에서만 특이한 아름다운 '옥문화' 발전의 동인에 관한 것이다. 필자는 '맥'족 옥문화의 발전 동인은 무엇보다 '여족장'제도의 영향이었다고 본다.[153]

---

152 郭大順 主編, 『紅山文化』, 文物出版社, 2005(동북아시아재단 번역판), pp.164~206 참조.

153 필자는 '맥'족 '옥문화'의 발전 동인에 대해 약간의 사회학적 견해를 갖고 있다. 첫째, 마제석기를 특징의 하나로 하는 신석기인이 자연석 가운데서 발견한 가장 아름답고 귀중한 자연석(즉 보석)은 옥석(玉石)인데, 그 광산부존지역이 요동의 수암(岫岩) 옥광산과 의무려산(醫巫閭山) 옥광산이다. 고대 중국인들이 '동이옥'(東夷玉)이라고 호칭한 것이 바로 이것이다. 신석기시대에 '古한반도 초기신석기인들'의 일부가 새 정착지를 찾아 요동반도를 거쳐 동·서로 나뉘어 북상할 때 서방행렬(후에 貊족 형성) 부족과 동방행렬(후에 濊족 형성)에게 발견되어 '맥'족과 '예'족은 신석기시대에 '옥'을 애용하는 신석기문화를 창조하게 되었다. '맥'족의 흥륭와문화와 홍산문화의 옥기들은 대부분의 주요 옥기들이 지리적으로 먼 지역에서도 요동반도의 '수암옥'을 원재료로 사용했다는 사실은

일부 중국 고고학자들 가운데는 홍산문화의 옥기 발달에 기초하여, 신석기시대 말기에서 초기청동기시대로 이행하는 과도기에 시대구분의 한 단계로서 '옥기시대'[154] 또는 '옥병(玉兵)시대'[155]를 설정하려는 시도까지

그들이 상당히 빈번한 교류를 하며 동일 계통 기원과 이동경로와 교통로와 문화권을 저변에서 유지했음을 시사하는 것이라고 해석할 수 있다.

둘째, 맥족과 예족이 같은 시기에 옥광산을 발견하고 옥을 보배로운 돌로 애용했음에도 불구하고, '예'족의 신석기문화보다는 '맥'족의 홍산문화에서 '옥문화'가 더 찬란하게 발전한 요인은 맥부족의 족장이 '여족장'이었고 섬기는 신(神)이 여신(女神)이었으며, 모계부족공동체 사회였다는 사실과 관련되어 있다고 본다(신용하, 『고조선 국가형성의 사회사』, 지식산업사, 2010, p.102 참조). 여족장은 '패물'(장식품)을 '남족장'보다 훨씬 애호했던 것이 일반적 성향이었다. 홍산문화 여족장의 무덤에서 가끔 출토되는 부장품 토기도 아름답게 채색한 '채도' 단지들이 대부분이다. 우하량 적석총 발굴자인 곽대순은 우하량 적석총 부장품의 특징은 다른 부장품은 거의 없고 옥(玉)만을 부장품으로 사용한 것이라고 지적하고 그 옥은 '통신'(通神)의 수단으로 사용한 것 같다고 하였다(郭大順, 「紅山文化 '惟玉爲葬與遼河文明起源特徵'再認識」, 『文物』 1997年 8期, 1997).

필자의 설명을 하나 첨가한다면 그 신(神)이 여신(女神)이었고 여신도 여성이었기 때문에 玉이 일찍이 통신(通神)의 수단으로 매장의 부장품의 원인이 된 것이라고 해석할 수 있다. 홍산인(맥족)이 여신을 섬겼다는 사실도 여신을 홍산인의 조상신과 연결시킨다면 여족장의 옥 애호와 여신의 옥 애호는 동일체계인 것이다. 여족장과 홍산인이 그들의 조상신인 여신과 영혼의 소통을 이루는 도구는 옥기가 될 것임은 당연한 일이라고 볼 수 있다.

셋째, 홍산문화의 특징의 하나는 세석기(細石器)의 발달에 있다(『牛河梁: 紅山文化遺址發掘報告(1983~2003年度)』 下, 圖版 202, 圖版 204, 圖版 206~209, 圖版 229, 圖版 246, 圖版 250~253 참조). 이를 놓고 일부 중국 고고학자들은 세석기의 발달이 홍산문화의 옥기문화 발전의 원인이라고 보는 견해를 제시하였다(郭大順, 「玉器的起源與漁獵文化」, 『北方文物』, 1996年 4期, 1996 등). 이것은 그와 정반대로도 생각할 수 있다. 요하 이동지역 심양의 신락(新樂)유적에서는 세석기가 매우 많이 출토되었음에도 불구하고 옥(玉)제품은 매우 적게 출토되었다(瀋陽市文物管理辦公室, 「瀋陽新樂遺址試掘報告」, 『新樂文化論集』, 瀋陽新樂遺址博物館, 2000). 원래 세석기 문화는 신석기시대 수렵경제에서 가죽을 벗기고 고기를 자르기 위해 발전한 초원 축목(畜牧) 경제의 특징이라는 견해도 있다(李恭篤, 「遼寧原始文化區計劃分與類型研究」, 『遼寧大學學報』, 1988年 2期, 1988 참조). 우선적으로 고찰할 필요가 있는 것은 사회적 필요의 요인이다. 여족장과 공동체의 관심과 명령이 '옥'에 집중되어 있고, 정교한 옥기 세공을 위해서는 세석기가 필요했으므로, 옥기문화의 수요가 세석기를 발전시킨 측면도 동시에 관찰되어야 할 것이다.

154 張光直, 「談'琮'及其在中國古史上的意義」, 『文物與考古論集』, 文物出版社, 1986.
牟永抗·吳汝祚, 「試論玉器時代-中國文明時代産生的一個重要標誌」, 蘇秉琦 主編, 『考古學文化論集(4)』, 文物出版社, 1997.

있다. 그러나 우하량 유적 발굴자가 지적한 바와 같이 우하량 유적의 옥기는 주로 '장례' 때의 매장부장품 의기(儀器)로 사용되었다.[156] 필자의 견해로는 시대구분의 기준이 되는 용구는 생산력 변혁에 직접 관계를 가진 생산용구를 채택하는 것인데, '옥기'는 생산력 변혁의 생산용구가 아니라 제사용 의기와 장식용 패물이었기 때문에 시대구분의 기준으로는 부적합하며, '옥기시대'·'옥병시대'의 설정은 타당치 않다고 본다.

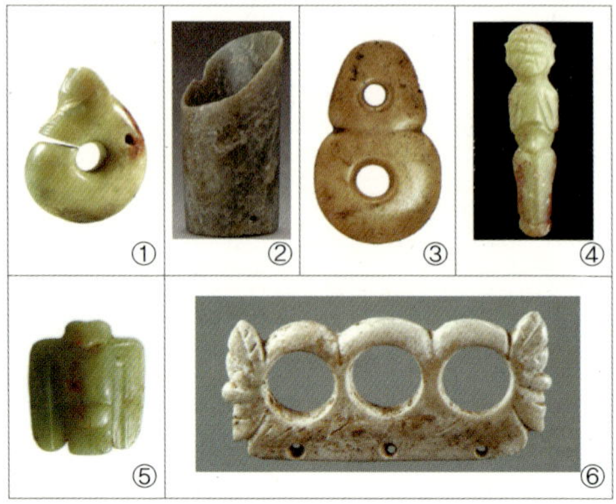

그림 1-35. 홍산문화 옥기의 몇 가지 사례

① 옥웅룡, 우하량 제2지점 1호총 제4호묘 출토
② 사구(斜口) 통형 옥기, 우하량 제2지점 1호총 제25호묘 출토
③ 쌍련옥벽(雙聯玉璧) 우하량 제2지점 수집
④ 거북모양옥기, 우하량 제2지점 1호총 제21호묘 출토
⑤ 홍산문화 황옥매, 홍산문화 유적 수집
⑥ 사람머리 3공 옥빗 패물(人首三孔梳背飾) 우하량 제2지점 1호총 제12호묘 출토

'맥'족의 발전된 옥기는 다른 부족들에게는 맥족의 장식적 표상으로 인지되었다.[157]

'맥'족의 옥기문화는 생산용구문화가 아니라 장례용 예기와 장식용 패물이라는 한계가 있지만,[158] 신석기시대의 장식문화와 공예로서는 당시

陳星燦, 「青銅器時代與玉器時代-再論中國文明的起源」, 『考古求知集』, 中國社會科學出版社, 1997.
郭大順 主編, 『紅山文化』, 文物出版社, 2005(동북아역사재단 번역판), pp.161~163 참조.

155 孫守道, 「論中國史上'玉兵時代'的提出-紅山文化玉器硏究札記」, 『遼寧文物』, 1983年 第5期, 1983.

156 郭大順, 「紅山文化'惟玉爲葬與遼河文明起源特徵'再認識」, 『文物』 1997年 8期, 1997.

157 후에 '맥'족이 왕비를 내는 부족으로 '한'족 및 '예'족과 연맹하여 '고조선' 국가를 건국한 뒤, 고조선의 왕계는 하늘이 내려준 3개 왕통의 증거물의 하나로 '옥'을 '거울'(청동거울) 및 검(석검 및 동검)과 함께 한 벌로 갖추어 사용한 사실도 그 증거사례의 하나가 된다.

세계 최고 수준의 것이라고 볼 수 있다.

6. 기장[黍]과 조(粟) 농경의 시작

'흥륭와 유적'(BC 6200~BC 5200년)에서 7,700년 전~8천 년 전의 기장[黍]과 조(粟)가 출토되어 '맥'족이 기장·조를 중심으로 한 잡곡 재배 농경을 시작했음이 증명되었다.

중국 고고학계는 2010년 8월 31일 신화사 통신을 통하여 흥륭와 문화 유적(내몽고 적봉시 紅山區 文鍾鎭 魏家窩鋪村 유적)에서 2003년 발견된 1,500 낟알(90퍼센트는 기장, 10퍼센트는 조)을 캐나다 토론토대학에 의뢰해 방사성동위원소 14번의 탄소측정을 했더니 7,700년에서 8천 년 전의 것으로 측정돼 나왔는데, 이것은 중부유럽에서 발견된 것보다 2천 년에서 2,700년 앞선 것이므로 세계에서 가장 오래된 북방 한작(旱作)농업의 기원지 또는 기원지의 하나라고 볼 수 있으며, 중국은 이를 '세계 중요 농업문화유산'으로 등재신청하기로 했다고 발표하였다.[159]

여기서 주목해야 할 점은 흥륭와 유적의 기장과 조의 농업경작 시작이 古한반도 한강문화의 동아시아 최초의 신석기 농업혁명의 시작과 연결·연장선상에 있다는 사실이다. 한강문화에서는 1만 2천 년 전의 단립벼의 재배 볍씨가 충주 소로리에서 출토되어, 신석기시대가 시작되자마자 신석기 농업혁명이 시작되었음을 알려 주었다. 충주 조동리 유적에서는 6,200년 전의 볍씨를 비롯하여 그 후 탄화된 쌀·밀·보리·수수·기장

158 郭大順, 「紅山文化'惟玉爲葬與遼河文明起源特徵'再認識」, 『文物』, 1997年 8期, 1997.

159 우실하, 「고조선문명의 기원과 요하문명」, 『고조선문명의 학제적 연구 제1차년도 연차보고서』, 2014.
孫永剛·趙志軍, 「魏家窩鋪村: 紅山文化遺址植物遺存綜合研究」, 『農業考古』, 2013年 3期, 2013 참조.

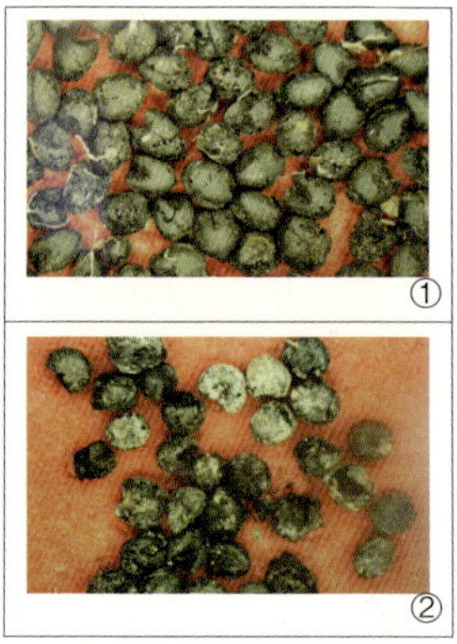

그림 1-36. 흥륭와 문화유적 출토의 탄화된 기장(①)과 조(②)

등이 출토되었다.[160]

구석기시대 말기~신석기시대 초기 동굴에서 나와 강가에서 농경을 시도하다가 북방의 새 정착지를 찾아서 이동한 '古한반도 초기신석기인 유형'의 한 갈래가 흥륭와 유적 일대에 정착하여 북방의 한랭한 기후 조건에 적응하면서 기장과 조의 재배를 시작했을 것임은 충분히 가능한 일이다.

이 사실을 더욱 보강해 주는 것은 흥륭와 유적에서 출토된 한강문화 유형과 비슷한 '빗살무늬' 토기이다. 한강문화의 '빗살무늬' 토기는 처음에는 뾰족밑[尖底]이었다가 중·후기에는 둥근밑[圓低]·납작밑[平底]으로 변해 갔는데, 흥륭와 유적에서 출토된 '빗살무늬' 토기의 바닥은 모두 '납작밑'[平底]으로 변화되었지만 무늬는 한강문화와 동일한 '빗살무늬' 그대로였다.

흥륭와 유적에서 '기장·조'의 출토는 요서에 이주해 정착한 '맥'족의 주식이 '기장'과 '조'였음을 알려주는 것이다.

7. 돼지의 사육과 가축화의 특성

맥족은 '돼지'[猪]를 사육해서 가축화했으며, 애완하고 때로는 장례에도 사용하였다. 우하량 유적을 비롯하여 홍산문화 유적들에서 가장 많이 출토되는 옥패물 장식의 대상 동물은 '돼지'였다. 중국 고고학자들은 이

---

160 이융조·우종윤 편저, 『선사유적 발굴도록』, 충북대박물관, 1998, p.282.
충주시, 『조동리 선사유적 박물관』, 2005, pp.57~61.
이융조, 『충북의 선사문화』, 충청북도 충북학연구소, 2006, p.156 참조.

옥돼지 패물을 '옥저룡'(玉猪龍)이라고 호칭하지만, 끝에 '용'(龍)자를 붙이는 것은 이 유물을 고중국 계열에 연결시키려는 일부 중국 고고학자들의 관행에 불과하고,[161] 전혀 '용'이 아니며, '새끼 옥돼지'로서 '옥저'(玉猪)가 정확한 것이다. 일부 중국 고고학자들은 이것이 '돼지'가 아니라 새끼 '옥곰'[玉熊]이라고 보는 견해도 있다.

그림 1-37. 흥륭와 문화유적 118호 '人猪合葬墓'
(자료: 『敖漢文物精華』, pp.14~15.)

'맥'족은 농경을 주업으로 하면서 돼지는 가축으로 가옥(수혈주거)에 부속하여 사육했으며, 새끼돼지는 가옥 내부 공간에서 애완동물처럼 사육한 것으로 보인다.

'맥'족이 '돼지'를 가옥 경내에서 사육한 요인의 하나에는 수혈주거 '맥'족에게 위협적 파충류인 '뱀'[蛇]을 퇴치하려는 목적도 있었던 것으로 추정된다. 돼지는 뱀 등 파충류의 천적으로서 신석기시대에 이 지방에도 많이 번식했으므로, 수혈주거지에 들어오는 뱀 등을 자연퇴치하는 데는 돼지의 주거지 내 사육이 가장 효과적 방법이었을 것이기 때문이다.

'맥'족의 돼지 사육과 애호의 특징은 흥륭와문화 유적에 사람과 돼지를 합장한 무덤이 발굴된 사실에서도 확인할 수 있다.[162]

---

161 林沄, 「소위 '玉猪龍' 幷不是龍」, 『二十一世紀的 中國考古學』, 文物出版社, 2006. 복기대, 「試論 紅山文化 原始龍에 대한 재검토」, 『白山學報』 제77호, 2007 참조. 『牛河梁遺址』(2004), 『敖漢文物精華』(2004), 『遼河文明展文物集萃』(2006) 기타 도록들을 보면 옥(玉)으로 만든 돼지 패물은 '옥저'(玉猪)이고 중국 고고학자들의 호칭처럼 '옥저룡'(玉猪龍)은 아니다. 끝에 '龍'자를 붙여 호칭한 것은 실물(實物)과 일치하지 않는다.

162 內蒙古敖漢旗博物館, 『敖漢文物精華』, 內蒙古文化出版社, 2004, pp.14~15. 흥륭와문화 유적의 118호묘는 50여 세의 남성 묘주의 인골 우측에 〈그림 1-37〉과 같이 머리와 꼬리를 상접시킨 완전한 암·수 돼지를 나란히 합장시켜, '인저합장묘'(人猪合葬墓)로 불린다.

8. '빗살무늬' 토기의 다양한 발전과 한강문화 토기와의 관련

1) 납작밑[平底] 빗살무늬 토기의 발전

홍산문화의 토기는 주로 모래를 섞어 만든 회도(灰陶)와 진흙으로 만든 홍도(紅陶)가 많고, 다음으로 진흙으로 만든 흑도(黑陶)가 있다. 회도의 특징은 항아리[筒形罐]의 햇빛살무늬(중국고고학계의 표현은 '之'자 문양)이다.[163] 즉, 홍산문화 토기의 가장 큰 특징은 '납작밑[平底] 빗살무늬 토기'로 중국고고학자들도 지적하고 있는 것이다.

홍산문화의 중심지인 우하량 여신묘 유적지에서는 '납작밑[平底] 빗살무늬 토기'가 다수 출토되었다(〈그림 1-38〉 참조). 우하량 유적지 출토의 '납작밑[平底] 빗살무늬 토기'들은 한강문화의 '뾰족밑[尖底] 빗살무늬 토기'와 비교할 때, 한강문화 토기보다 시기가 후기이고 바닥만 '뾰족밑'이 아닌 '납작밑'이지, 형태와 '빗살무늬'는 거의 같다.[164]

이 사실은 우하량 일대의 신석기문화 토기들을 만든 '맥'족이 한강문화의 '빗살무늬' 토기를 만든 '한'족과 동일 계열 '古한반도 초기신석기인 유형'의 뿌리를 가진 부족임을 시사하는 것이다. '맥'족은 모래톱이 없는 평지에서 '세우기'[立]에 불편한 '뾰족밑'을 '납작밑'으로 변형·개조하여 '납작밑 빗살무늬 토기'를 만든 것으로 추정된다. '납작밑 빗살무늬 토기'는 우하량 유적지뿐만 아니라 넓은 의미의 홍산문화(중국고고학자들의 '요하문명') 유적지 일대에서 모두 출토되고 있다. 특히 '기장'과 '조'의 경작 농업이 시작된 지역에서는 '빗살무늬' 토기가 다수 출토되고 있음을 주목

---

163 郭大順 主編, 『紅山文化』, 文物出版社, 2005(동북아역사재단 번역판), pp.53~56 참조.

164 國立中央博物館, 『岩寺洞』, 1994 보고서에서 볼 수 있는 바와 같이, 홍산문화 우하량 출토 토기는 한강문화 암사동 출토 토기와 바닥밑의 첨저·평저를 제외하면 동일한 유형의 빗살무늬 토기다.

그림 1-38.
홍산문화 우하량 유적 출토 빗살무늬 토기

① 제2지점 2호총(N2Z1)
② 제2지점 4호총(N2Z4H1:3)
③ 제2지점 4호총 坑(N2Z4H1:4)
④ 제5지점 상층 2호총 D(N5SCZ2D:1)
⑤ 제5지점 하층 1호총(N5ZCZ1:3)
⑥ 제5지점 41坑(N5H41:4)

할 필요가 있다. 매우 이른 시기(7,700년 전~8천 년 전)의 '기장'과 '조' 낟알이 출토된 '흥륭와'(興隆洼)문화 유적에서도 토기는 거의 모두 '납작밑 빗살무늬 토기'가 출토되었다.[165]

중국고고학자들의 서요하 유역 토기문양 조사결과를 보니, '흥륭와문화'의 경우 흥륭와 토기 206개 중에서 각종 형식의 빗살무늬 토기가 무려 202점, 다른 문양이 2점, 민무늬 토기가 2점이었다.[166]

홍산문화의 이러한 '납작밑 빗살무늬 토기' 분포는 이 문화를 남긴 '맥'족이 원래는 '뾰족밑 빗살무늬'를 남긴 '한'족과 동일한 기원과 뿌리를 가진 부족으로서 '뾰족밑 빗살무늬' 토기를 환경에 적응하여 '납작밑 빗살무늬'로 변형 발전시킨 것임을 시사한다고 볼 수 있다.

2) 채색토기의 출현과 다양한 발전

홍산문화 토기의 특징의 하나는 '채색토기'[彩陶]의 발전이다. '한'족의 한강문화의 토기는 자연색인 '회색토기'[灰陶]를 특징으로 하고, 채색의

165 席永杰 · 張國强 · 王華 · 孫永剛 編著, 『西遼河流域史前陶器紋飾圖錄』, pp.2~3 및 敖漢旗博物館, 『敖漢文物精華』, 2004, p.52 참조.

166 『西遼河流域史前陶器紋飾圖錄』, pp.13~82 참조.

경우는 도안을 넣지 않고 적색(赤色)과 흑색(黑色)에 마광(磨光)을 내어 주로 제기(祭器) 등으로 사용한 것이 일반적이었다. '맥'족은 아름답게 채색한 '채색토기'를 만들고 발전시켰는데, 그 배경은 '맥'족의 족장이 '여성족장'이었다는 사실과 깊이 관련되어 있다고 해석된다. 여성은 남성보다 섬세하고 아름다움을 추구하는 성향이 강하기 때문에 권력을 가진 여족장의 이러한 성향은 '옥기'의 발전뿐만 아니라 채색토기의 출현과 발전에도 직접 크게 작용했으리라고 생각된다. 채색토기는 '맥'족의 여족장과 지배층의 제기 및 애완용기였다고 판단된다.

3) 3족토기의 출현과 납작밑 빗살무늬 토기의 3결합 변형

'맥'족 토기의 주목해야 할 특징은 홍산문화 말기~고조선 건국기 '하가점 하층문화'에서 '한'족의 뾰족밑 토기의 영향을 받아 삼족기(三足器)가 출현한 것이다. 필자는 홍산문화의 3족토기는 한강문화의 '뾰족밑 빗살무늬 토기'·'뾰족밑 민무늬 토기'에 발(다리)을 3개 붙이거나 빗살무늬 토기 3개를 결합시킨 착상에서 창조된 토기라고 생각한다.

바닥이 뾰족한 '뾰족밑 빗살무늬 토기'는 강가 모래톱이나 돌무지 화덕 위에는 세우기 쉽지만, 평탄한 바닥에는 세울 수 없는 큰 불편이 있다. 그러나 뾰족밑 빗살무늬 토기 밑에 발(다리)을 3개 붙이거나, '뾰족밑 빗살무늬 토기'나 '뾰족밑 민무늬 토기' 3개를 결합시켜 하나의 몸통에 통합하면 용이하게 세울 수 있는 '3족토기'가 만들어진다.

홍산문화 유적지에서 이러한 '뾰족밑 빗살무늬 토기'에 발 3개를 결합시킨 형태의 '3족토기'가 출토되기 시작하며, 하가점 하층문화 유적에서는 집중적으로 다수 출토되고 있다.[167]

---

167 홍산문화와 하가점 하층문화의 3족토기는 다음과 같이 세 유형으로 나눌 수 있다. 제Ⅰ유형은 뾰족밑(첨저) 빗살무늬 토기의 밑바닥에 작은 발을 3개 붙인 유형이다. 동아시아

에서 뾰족밑 빗살무늬 토기는 한강문화의 토기뿐이다. 그러므로 이 유형의 삼족기는 한강문화권에서 이주해 온 사람들 또는 그 문화의 영향을 직접 크게 받은 유형이라고 볼 수 있다. 〈그림 1〉의 신석기시대 홍산문화 3족토기는 한강문화의 '빗살무늬 토기'의 밑바닥에 3개의 발을 붙인 형태임을 명료하게 나타내고 있다. 몸체 형태도 한강문화의 뾰족밑(및 둥근밑) 빗살무늬 토기와 동일유형일 뿐 아니라, 몸체에 새긴 무늬도 한강문화의 빗살무늬와 동일한 유형이다.

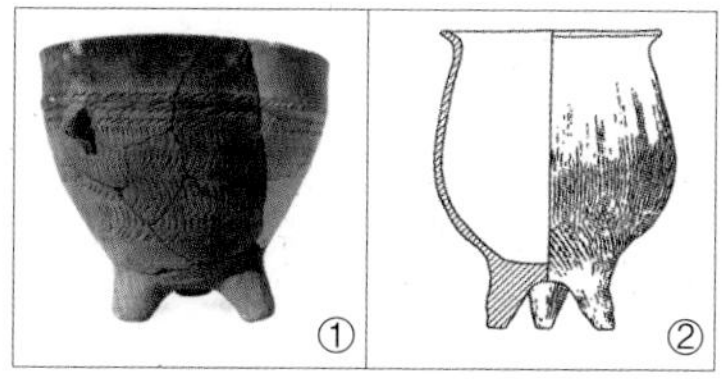

그림 1. 빗살무늬 토기에서 3족토기로의 변화과정 사례(Ⅰ)

① 홍산문화(신석기시대), 南塔鄕 杜力營子 유적 출토

② 우하량 제16지점 하가점 하층문화유적 출토

제Ⅱ유형은 뾰족밑(첨저) 빗살무늬 토기 3개의 상체를 비스듬히 결합시켜 다리 3개를 만들고 그 위에 납작밑 단지를 얹어 붙이는 유형이다. 즉, 3개의 뾰족밑(첨저) 빗살무늬 토기 3개를 하나로 합하여 하나의 삼족기를 제작한 것이다. 이것은 단순한 추론이 아니라, 필자는 고조선 계통 상(商)나라 지식인이 '商'자의 한문자를 만들 때 갑골문에 표현한 유형이라고 해석한다. '商'자는 三足器를 사용하는 사람이 사는 나라의 뜻과 모양이 포함되어 있다고 본다. 중국에서는 갑골문에서 '酉'자와 '丙'자의 원형은 바로 3개의 첨저병이 변천하여 하나로 결합된 형식이라는 해석이 있다(郭大順 主編, 『紅山文化』, p.212 참조).

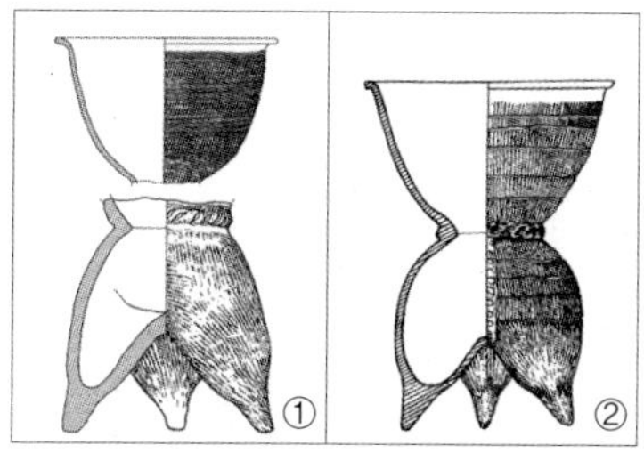

그림 2. 빗살무늬 토기에서 3족토기로의 변화과정 사례(Ⅱ)

① 우하량 제16지점 하가점 하층문화유적 출토 토기

② 하가점 하층문화 赤峰지구 출토 토기

자료: 『牛河梁: 紅山文化遺址發掘報告(1983~2003年度)』(中) 및 『西遼河流域 史前陶器紋飾圖錄』, 2010.

그러므로 제Ⅱ유형은 뾰족밑 빗살무늬 토기 3개를 다리로 사용하고, 그 위에 납작밑 단지 1개를 붙여서 제조한 모형이라고 할 수 있다. 〈그림 1〉의 우하량 제16지점 하가점 하층문화와 적봉지구 하가점 하층문화의 3족토기는 한강문화의 그것과 유사한 뾰족밑 빗살무늬 토기 3개를 하나의 형태로 결합한 창의로 제조한 것임을 명료하게 나타내고 있다(『牛河梁: 紅山文化遺址發掘報告(1983~2003年度)』(中), 2012, p.445 및 席永杰·張國强·王華·孫永剛 編著, 『西遼河流域 史前陶器紋飾圖錄』, 內蒙古出版集團·內蒙古人民出版社, 2010, p.271 참조). 몸체의 형태 부분도 그러하거니와 몸체에 새긴 빗살무늬도 한강문화의 빗살무늬와 동일 유형의 것이다. 또한 〈그림 2〉에서 볼 수 있는 바와 같이, 화분형 빗살무늬 토기와 별도의 뾰족밑(첨저) 빗살무늬 토기를 분리하거나 결합하면 3족토기가 제조됨을 명료하게 알 수 있다.

제Ⅲ유형은 중국 고고학계가 존(尊)형이라고 부르는 주둥이와 입술이 밖으로 떡 벌어진 화분형 단지에 다리 3개를 붙이는 유형이다(卜箕大, 「존(尊)의 기원과 계승성에 관한 시론」, 『先史와 古代』 제25집, 2006; 「홍산문화와 하가점 하층문화의 연관성에 관한 시

필자는 요서지방의 홍산문화와 하가점 하층문화의 3족토기는 한강문화의 '뾰족밑 빗살무늬' 토기의 영향과 교류 속에서 출현한 것이며, 고조선문명의 서부지역 토기 형태라고 본다. 고조선문명의 3족토기는 하가점 상층문화에서는 3족 청동기로 발전하며, 고조선 이주민이 처음 세운 박(亳)·상(商)나라에서 3족 청동기로 크게 발전했다고 볼 수 있다.

9. 적석총(積石塚)의 장례문화

'맥'족 홍산문화의 무덤 양식은 주로 '적석총'(돌무지 무덤)이었다.[168] 이것은 '한족'의 한강문화에서 '고인돌'(개석식 고인돌) 무덤 양식이 주를 이루었던 사실과 비교된다. 홍산문화의 적석총은 하층적석총(下層積石塚)과 상층적석총(上層積石塚)으로 분류되었다.[169] 하층적석총은 땅 밑을 상당히 깊고 넓게 파서 돌로 벽을 쌓은 직사각형의 묘실(1개묘, 쌍묘, 또는 다수의 묘)을 설치하고, 흙으로 봉한 다음 그 위에 다시 자갈돌을 쌓는 적석총이었다. 상층적석총은 땅을 얕게 파서 돌로 벽을 쌓아 만든 직사각형의 묘실을 설치하고 흙 봉분 위에 다시 자갈돌을 쌓아 덮을 뿐 아니라, 반드시 주위에 돌을 쌓아 만든 사각형 돌담장을 조성하여 무덤을 보호하는 적석총이었다.

론」, 『文化史學』 제27호, 2007 참조). BC 30세기~BC 24세기 고조선 건국 후에 요서지방의 청동기시대 하가점 하층문화에서는 온갖 형태의 채색 3족토기가 출현하여 발전하였다. 후기 하가점 하층문화의 채색 삼족기를 피상적으로 보면 한강문화의 뾰족밑 빗살무늬 토기와 관련없는 토기로 보일 수도 있으나, 그 진화 발전 과정과 구성 부분을 분석적으로 보면 제Ⅲ유형의 3족토기에도 그 관련과 영향이 관찰된다.

168 『牛河梁: 紅山文化遺址發掘報告(1983~2003年度)』(中), p.471 참조.

169 『牛河梁: 紅山文化遺址發掘報告(1983~2003年度)』(上), pp.142~208 및 pp.217~221; 『牛河梁: 紅山文化遺址發掘報告(1983~2003年度)』(中), pp.292~336, pp.362~426 및 pp.471~473 참조.

홍산문화의 무덤 양식에는 주류인 '적석총' 이외에 '수혈토갱묘'가 있었다. 이것은 땅에 직사각형의 토갱(흙구덩이)을 파고 돌을 쌓음이 없이 토갱 안에 시신을 바로 매장하는 방식이었다. 그러나 '수혈토갱묘'는 우하량 조사지역 전체에 3기밖에 없었다.

10. 기후 건조화와 '맥'부족 주류의 남방 이동

우하량 유적지를 중심으로 하여 신석기시대 '홍산문화'를 남긴 '맥'족은 거족적으로 BC 3000년경(5000 bp)에 남방으로 부족 대이동을 감행하였다. 홍산문화 출토 유적·유물이 BC 3000년경의 것으로 갑자기 뚝 그쳐 소멸되고, 그 대신 요동반도 압록강 유역, 요서의 하가점 하층 문화유적 지역에서 홍산문화를 계승한 '맥'족의 유적·유물이 발견·발굴된 데서 이를 알 수 있다

왜 '맥'족은 대릉하·소릉하·노합하·시라무렌강 유역에 오랫동안 정착 거주하면서 찬란한 옥 문화 등을 창조해 남겨 놓고 갑자기 이 지역을 쫓기듯이 떠나 남방으로 이동했을까? 기후가 급변하여 농업경작이 거의 불가능하게 되었기 때문이었다. 앞의 흥륭화문화 유적에서 증명되는 바와 같이, '맥'족은 기장과 조 재배를 중심으로 한 농경부족으로 형성·발전하였었다. 농경부족은 정착지가 농경에 부적합하게 되면 그곳을 떠나 농경에 적합한 새 정착지를 찾아서 이동할 수밖에 없는 것이다.

약 5천 년 전(BC 3000년) 요서지역은 강우량이 급감하여 150퍼센트 건조화되었고, 기온도 급감하여 농경이 불가능하게 되었다.[170] 기후 환경

---

170 요녕성 남부지역의 기후의 급변을 다시 장광직·우실하 교수의 도표에 따라 ① 기온, ② 건조도, ③ 해수면의 급변에서 추적해 보기로 한다(19쪽 각주 27의 그림 참조). (1) 먼저 '기온'을 보면, 연평균 기온이 '홍산문화' 시기(6500 bp~5000 bp)에는 평균 섭씨 13°였던 것이 5,200여 년 전부터 갑자기 내려가기 시작하여 3천 년 전에는 섭씨 9°,

및 생태 조건의 급변으로 말미암아 더 이상 이 지역에서 기존의 농경이 불가능하게 된 '맥'족은 약 5천 년 전(BC 30세기)에 더욱 따뜻하고 습한 기후를 가진 '남방'으로 '부족 대이동'을 감행하게 되었다. '맥'족의 남방 이동은 세 갈래로 나누어 볼 수 있다.

첫째 갈래는 여족장(우하량 지역 홍산문화의 중심)의 지휘 아래 압도적 주류와 절대다수가 이동한 동남쪽 요동반도와 압록강을 건넌 한반도 북부로의 이동이다. '맥'족의 주류 절대다수가 요동반도·한반도 북부를 택하여 이동하게 된 이유로는 세 가지를 들 수 있다. 첫째, '맥'족의 신석기 초기 기원은 '古한반도 지역'이었으므로 그곳의 온난한 기후와 강우량을 아는 '맥'족은 그들의 기원지인 역사적 고향에 근접한 안전한 방향으로 진로를 택했다고 볼 수 있다. 둘째, 그들의 생업인 농업경작에 적합한 토지가 있는 새 정착지를 찾는데, 요동반도와 한반도는 그러한 지역이기 때문이었다. 셋째, 여족장층의 관심이 많은 '수암(岫岩) 옥광산'이 있는 요

2,900년 전에는 섭씨 약 8°까지 급격히 떨어졌다. 이것은 연평균 기온이 섭씨 4°~5°나 급격히 하강한 것을 의미하는 것이다. 이것은 오늘날의 기온에 비유하면 서울(연평균 섭씨 12.2°)보다도 더 따뜻했던 홍산문화 지역이 오늘날의 조양(朝陽)시 용성구(조양 중심 시내-섭씨 8.4°)보다 약간 더 추운 지역으로 기온이 급격히 내려간 것을 의미한다. 기존의 이 지역 생태계와 농업경작에 대타격이 올 수밖에 없는 것이었다. (2) 더욱 심각한 것은 건조화의 급속한 진전이었다. 각주 27의 그림에서 볼 수 있는 바와 같이, 습도가 급격히 내려가서 건조도는 현재를 1로 했을 때 약 1.5로 갑자기 더욱 건조화되어서 약 3천 년 전까지 지속된 것이다. 이것은 물론 비가 내리지 않아서 강우량이 급감했기 때문이었다. 그 결과 이 지역은 (농경에 적합한) '습한 기후'(moist climate)로부터 (농경에 적합하지 않은) 건조해진 '반습·반건조 기후'(semi-moist, semi-arid climate)로 변해버린 것이었다. 이 지역에서 더 이상 농업경작을 할 수 없게 된 홍산문화를 남긴 '맥'족은 농경에 적합한 다른 지역으로의 이동이 불가피하게 되었다고 볼 수 있다. (3) 해수면의 변화는 이 지역의 건조화에 더욱 박차를 가하였다. 전 지구 기후의 온난화에 따라 해빙기 이후 발해만의 해수면은 꾸준히 상승해서 현재를 0으로 할 때 6천 년 전경(BC 4000년경)에는 약 15m까지 높아졌다가 5,500년 전부터 내려가기 시작하여 3천 년 전에는 5m까지 내려갔다. 이러한 변화는 기존의 홍산문화 지역이 해안선을 더 멀리 두게 하고 지하수의 고갈을 가속화해서 토지의 건조화를 가속시켰다고 볼 수 있다.

동반도 쪽이 고려되었으리라고 추정된다. '맥'족의 여족장을 비롯한 절대 다수의 주류는 이 세 가지 조건을 모두 갖춘 요동반도와 한반도 북부로 이동해 들어왔다고 볼 수 있다.

둘째 갈래는 어떠한 사정으로 '맥'족 내의 소수 일부 씨족이 주류에서 이탈하여 바로 남방의 발해만 연안 해안으로 내려와 새 정착지를 개척한 경우다. 해수면이 낮아지고 있었으므로 해안선은 아래로 내려가고 있었다. '맥'족 이동의 작은 갈래가 서요하 발해만 연안지역에 정착해 남긴 유적이 하가점 하층문화라고 볼 수 있다.

셋째 갈래는 어떠한 사정으로 '맥'족 내 극소수의 씨족이 서남방으로 이동하여 중국 동해안에 정착한 경우다. 그들은 고대 중국인들이 말한 '동이'(東夷)의 일부가 되어 앙소문화의 후예들과 연접해 살면서 상호 교류를 활발하게 했으리라고 추정된다.

제7장 '예'부족의 형성과 요동지역 신석기 문화의 특징

1. '예'부족의 형성과 요동지역 '예'부족 신석기문화의 특징

지구 기후가 약 1만 2천 년 전 온난화된 이후 '古한반도 초기신석기인 유형' 가운데 한반도에 그대로 남아 강변과 해안에서 매우 일찍부터 농경을 하며 정착한 부족을 후에 고대인들은 '한'족이라고 호칭한 데 비하여, 북동쪽을 향해 이동해서 지금의 대요하 동쪽 요동반도, 태자하, 제2북류 송화강, 눈강, 목단강, 수분하, 혼강, 두만강 중·하류, 연해주 남부 일대를 중심으로 정착한 신석기인들을 '예'(濊)족이라고 호칭하게 되었다. 이들은 역시 '농경'을 시도하면서 산악과 산림지대의 주변 환경과 관련하여 '범'[虎]을 토템으로 하였다.[171] 이들은 '동(東)쪽'의 밝족이라는 뜻으로 '싀'(새, 東)족이라고 호칭했는데, 후에 고대 중국문인들이 이를 '濊'·'獩'·'薉'·'穢'라고 음차해서 표기했다가, '예'(濊, 원래 발음은 sae, sei, 東의 의미)족이라고 발음하게 되었다.[172]

이것은 북서쪽을 향해 이동해서 지금의 대릉하·소릉하·노합하·시라무렌강 강변 등 지금의 요서지역에 정착한 신석기인들을 '북쪽으로 이동해 온 밝족', '북방의 밝족'으로 정체성을 인지하여 '북방의[豸] 밝[百·白]족'을 나타내는 '貊'이라고 쓰고 '박'·'백'이라고 발음했다가, 후에 '貊'을

171 『後漢書』卷85, 東夷列傳 濊傳 참조.

172 梁柱東, 『增訂古歌研究』, 일조각, 1969, p.38, pp.387~392 및 pp.562~564 참조.

'맥'으로 변음해서 읽게 된 것과 대비되는 것이다.

그러므로 古한반도 초기신석기인들 가운데 한반도에 정착해서 남은 '한' 대부족, 북상하여 대요하의 동쪽 제2송화강 유역 등에 정착해서 형성된 '예'(濊) 대부족, 북상하여 대요하의 서쪽인 대릉하·시라무렌강 유역 등에 정착해서 형성된 '맥'(貊) 대부족 등 3대 부족은 모두 원래 '古한반도 초기신석기인 유형'에 기원을 둔 신석기인들이었음에 주목할 필요가 있다.

이 가운데 '예'족은 소주산(小珠山), 요동반도, 태자하, 운하, 제2송화강, 눈강, 목단강, 수분하, 혼강, 흥개호, 두만강 중·하류, 연해주 남부 등 지역에서 한편으로 '한'족과 유사하면서도 다른 한편 '한'족과 구별되는 독특한 신석기문화를 남겼는데 이것을 '요동 신석기문화'라고 할 수 있다. 현재 심양시 인근의 '신락(新樂)문화 유적'은 '예'족의 요동 신석기문화의 대표적 유적이라고 필자는 판단하고 있다.[173]

'예'족의 기원은 이전 얼어붙어 인간 생존이 불가능했던 시베리아 동토지역의 가상 '古아시아족'에서 기원하여 내려온 것이 아니라, 말기구석기인과 초기신석기인이 생존 가능했던 북위 약 40도 이남 古한반도 동굴지대 부근 강변과 해안 지역에서 기원한 古한반도 초기신석기인들이 지구 기후온난화(약 1만 2천 년 전) 이후에 북상하여 압록강, 요동반도, 소주산, 태자하, 운하, 제2송화강, 눈강, 목단강, 두만강, 동해안 북부에 이르

---

173 예(濊)족에 대한 중국 고문헌의 기록은 맥(貊)족에 비해 매우 드물다. 예족의 거주지가 원래 현재의 요하 이동 지역에 분포되어 고중국으로부터 거리가 매우 멀었기 때문이었다고 해석된다. 예족에 대한 3세기 이전의 중국 고문헌 기록은 『일주서』(逸周書) 왕회해(王會解)의 '예인'(穢人) 기록과 『관자』(管子) 소광편(小匡篇)의 '예맥'(穢貊) 기록뿐이다. 『관자』의 기록은 '예'와 '맥'으로 읽을 수도 있지만, '예'족이 '맥'족과 요서에서 섞여 활동한 이후여서 '예맥'으로 붙여 읽을 수도 있으므로, 엄밀하게 '예'족만 언급한 것은 『일주서』가 유일하다. 그러므로 신석기시대와 초기청동기시대 예족 연구는 거의 전적으로 고고 유적·유물에 의거한 판단과 해석이 극히 중요하다고 생각한다.

러 정착해서 형성된 것이었다.

'예'족의 기원인 '古한반도 초기신석기인'의 일부가 북방 이동을 감행하여 지금의 요동·제2송화강 지역 등 일대에 도달해서 정착한 것은 '맥'족의 기원과 마찬가지로 9천 년 전경(BC 7000년경)부터 6천 년 전경(BC 4000년경)이라고 추정된다.[174]

2. 범[虎]토템 부족과 새[鳥]부토템의 의미

'예'족은 '범'[虎, 호랑이]토템 부족이었다. 『후한서』 예전에서 "(예족은) 해마다 10월이면 하늘에 제사를 지내는데, 주야로 술 마시고 노래 부르며 춤추니 이를 무천(舞天)이라 한다. 또 범[虎]을 신으로 여겨 제사 지낸다"[175]라고 하였다. 또한 "(예족은) 그 풍속이 산천을 중시하여 산천마다

---

174 약 1만 2천 년 전~약 7천 년 전의 초기 '한강문화 유적'과 '대동강문화 유적'에서 나오는 '빛살무늬 토기', 초기 마제석기 가운데 특징적 농구, 동물토템('새'토템 등) 등과 동일 유형의 유적·유물을 지표로 하여, 초기신석기시대 요하 이동지역으로 북상한 이주민 계통의 동일 문화유형의 유적·유물을 추적해 보면 '예'족의 대표적 초기신석기시대 유적으로는 ① 요동반도 남단 대련·여순 지구 및 부근 섬들의 유적을 대표하는 광록도(廣鹿島) '소주산(小珠山) 하층문화' 유적(8000~6000 bp 추정)과 '소주산 중층문화' 유적(5810±105 bp~4870±100 bp), ['곽가촌(郭家村) 유적', '영결촌(英杰村) 유적', 오가촌(吳家村) 유적 포함], ② 압록강 하류 대안의 단동(丹東)·수암(岫岩)·봉성(鳳城)·관전(寬田)·해성(海城)·본계(本溪) 등 요동반도 지역 신석기 유적을 대표하는 동구현(東溝縣) 삼가촌(三家村)의 '후와(后洼) 하층문화' 유적(5600±110 bp~5410±150 bp, 나이테 교정 추정치는 7000 bp~6000 bp), ③ 심양(瀋陽)과 신민(新民) 일대의 초기신석기 유적을 대표하는 '신락(新樂) 하층문화' 유적(7245±165 bp~6800±145 bp), ④ 북류 제2송화강 유역 초기신석기 유적을 대표하는 길림성 농안현(農安縣) '좌가산(左家山) 하층문화' 유적(6755±115 bp)과 '좌가산 중층문화' 유적(6400 bp~6000 bp 추정), ⑤ 눈강 중·하류 신석기문화를 대표하는 치치하르 부근의 '앙앙계(昻昻溪)문화' 유적(신석기시대·연대 미측정), ⑥ 연해주에 연접한 홍개호(興凱湖) 호반 일대의 신석기문화를 대표하는 '신개류(新開流)문화 유적'(6100 bp경), ⑦ 한반도 북부 초기신석기문화 유적으로 강원도 고성(高城) '문암리(文岩里) 유적 하층'(12,000 bp~8000 bp)과 '문암리 유적 중층'(8000 bp~5500 bp) 문화 유적 등을 들 수 있다.

175 『後漢書』 卷85, 東夷列傳, 濊條, "常用十月祭天 晝夜飮酒歌舞 名之爲舞天. 又祠虎以

각 부락의 경계가 있으며, 함부로 서로 침범하지 않는다. 동성(同姓) 간에는 혼인하지 않는다"[176]라고 하여 마을 사이의 경계와 '족외혼'(族外婚, exogamy)의 실재를 기록하였다. 이것은 신석기시대부터 계속되어 온 매우 오래된 민속으로 해석된다.

고고 유물로는 '예'족의 유적인 압록강 하류 요녕성 동구현(東溝縣) 후와(后洼) 하층문화에서 활석제 '범'(호랑이 머리) 조각이 출토되었다.[177] 이 밖에도 후에 예족이 흩어져 거주한 중국 요녕성과 길림성 일대에서는 '범'(호랑이) 조각상이 다수 발견되었다.

古한반도에서 요하이동으로 북상 이주하여 정착한 '예'족의 자연환경은 장백산맥과 천산산맥을 중심으로 울창한 삼림지대 사이사이에 흐르는 크고 작은 강변들과 골짜기에 정착했기 때문에 '범'을 비롯한 각종 맹수들이 출몰하는 지역이었다. 이에 '예'족은 환경의 영향을 받으며, 부족 정체성을 맹수의 왕인 '범'을 토템으로 정해 외경했던 것으로 추정된다.

'한'족·'맥'족과 함께 고조선 건국에 일정한 자치권을 가진 후국족으로 참여한 후에 '예'족은 요동지방뿐만 아니라 요서지방의 일부에도 이주하여 마을공동체를 이루어 '맥'족과 섞여서 생활하였다. 이 경우에도 '예'족은 부족 정체성으로 '범'토템을 상징하는 조소품들을 요서지방에 다수 남겼다.

古한반도 초기신석기인 유형에 기원을 둔 초기신석기인들은 古한반도 거주 시기에 모두 해(태양)를 숭배하며 '새'를 토템으로 했기 때문에, 북상 이주하여 형성된 '예'족도 처음에는 '새'를 토템으로 간직한 흔적이 여러

爲神." 참조.

176 『後漢書』 卷85, 東夷列傳, 濊傳, "其俗重山川 山川各有部界 不得妄相干涉 同姓不婚."

177 趙賓福, 『中國東北新石器文化』(崔茂藏 역), 集文堂, 1996(이하 번역본 사용), 도판 34의 4 참조.

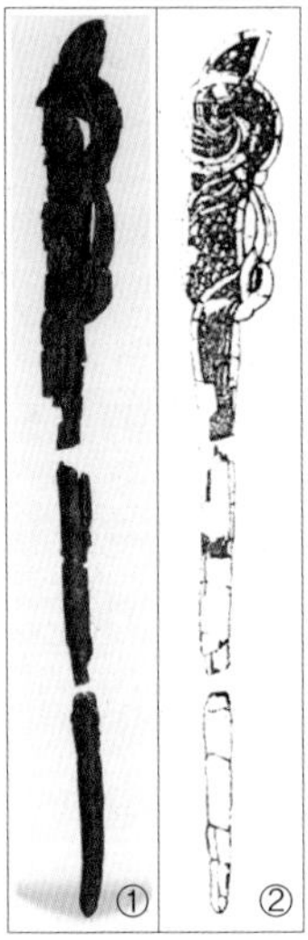

그림 1-39.
신락하층문화의
'새'토템 지팡이
① 사진, ② 그림

곳에 보인다. 그러나 '예'족이 '범'토템을 정한 후에는 종래의 '새'토템은 부토템으로 전화되었다.

'예'족의 씨족에 따라서는 '새'토템을 강인하게 간직한 경우도 일부 관찰된다. 예컨대 '예'족의 초기 이주민 문화유적인 '신락하층문화'에서는 씨족장의 토템 지팡이(totem pole)로 판단되는 '나무지팡이'(길이 38.5cm, 너비 4.8cn, 끝두께 1cm)가 마을 중앙의 가장 큰 집자리에서 출토되었는데, 지팡이에는 커다란 '새'[大鳥]가 조각되어 있었다(〈그림 1-39〉 참조).[178] 이 나무지팡이의 '새'는 '부리'[嘴]·머리[頭]·몸[身]·꼬리[尾]·자루[柄]의 다섯 부분으로 구성되어 있었는데, 새의 전신을 양면으로 음각한 매우 예술적인 작품의 지팡이였다.[179] 중국고고학계도 '새'가 조각된 이 지팡이를 '권장'(權杖)이자 '새'토템을 표시한 것이라고 해석하고 있다.[180]

신락하층문화의 '새'조각 지팡이의 '새'토템은 그들이 이주하기 이전에 갖고 있었던 토템을 가지고 이주해 온 것이라고 해석된다. 그들의 이주 전 '새'토템은 어느 지역의 어느 부족이 가졌던 토템인가? '새'토템은 古한반도의 '초기신석기인'과 '한'족이 태양숭배와 함께 가졌던 토템이었다. 즉, 신락하층문화에서 출토된 이주정착민 씨족장의 '새'조각 토템 지팡이'와 '새'토템은 신락인이 古한반도에서 출발하여 이주해 온 씨족이

178 瀋陽市文物管理辨公室·瀋陽古宮博物館, 「瀋陽新樂遺址第2次發掘報告」, 『考古學報』 1985年 2期, 1985.

179 陳俏蕾, 「新樂遺址木雕藝術品再探」, 瀋陽市文物考古研究所 編, 『瀋陽考古文集』 第2集, 2009.

180 曲瑞琦, 「試論新樂文化」, 『新樂遺址學術討論會文集』, 1983; 『新樂文化論文集』, 2000, p.109.

며 '古한반도 신석기인 유형'에서 분화되어 나온 씨족임을 강력히 시사하는 것이다.

또한 압록강 하류 '후와 유적' 하층에서도 출토된 조소품의 3분의 1 이상이 '새'형 조소품이었다. 그중 1점은 활석제 조각의 '사람·새 합일상'이었다. 즉, 활석제 조각의 앞면은 '사람', 뒷면은 '새'로서 사람과 새를 합일시켜 신상에 달고 다니는 토템 장식품을 만들었다.[181] 이것은 후와 유적을 남긴 '예'족이 '범'토템과 함께 '새'부토템을 갖고 있었음을 증명하는 것이다.

3. 농경과 가축 사육

'예'족은 정착지에서 '농경'을 주업으로 하고 어로와 수렵을 부업으로 보충하였다. 『삼국지』 동이전 예조에 '예'족은 "항상 10월을 제천(祭天)하는 달로 써서 주야로 음주하고 노래하며 춤추니 이름하여 무천(舞天)이라 한다"[182]라고 했는데, 『삼국지』 한(韓)조의 10월에 농사가 끝났을 때의 '한'족의 제천 행사와 일치한 데서도 '농경' 주업을 추정할 수 있다.[183]

신락하층문화에서는 주거지에서 탄화된 곡물과 함께 갈돌과 공이, 기타 마제석기 농구들이 다수 출토되었다. 이것은 '예'족이 '농경'을 생업으로 했음을 알려주는 것이다. 이와 함께 돌화살촉, 어망추, 짐승 뼈와 탄화된 과일 씨가 출토되었다. 이것은 '농경'만으로는 식량이 부족하여 어로

181 許玉林, 「后洼遺址考古新發現與硏究」, 『中國考古學會 第6次年會論集』, 文物出版社, 1990.
趙賓福, 『中國東北新石器文化』, 集文堂, 1996, pp.273~274 참조.

182 『三國志』 魏書, 東夷傳 濊條.

183 '예'의 한자 표기가 '薉'에서 '濊'로, 다시 '穢'로 옮겨 간 것도 '예'족이 수초를 따라 이동하다가 정착하여 농경생활로 들어간 것을 반영한 것이라고 볼 수 있다.

와 수렵, 과실 채집을 병행하여 부족한 식량을 보충했음을 알려준다.[184]

'예'족의 '후와하층문화'(BC 6000년경)에서도 신락하층문화에서처럼 갈돌, 공이, 돌도끼, 돌호미 등 농구가 매우 많이 출토되어 '농경'이 주업이었음을 증명해 준다. 그러나 '예'족의 정착지는 아직도 기후가 추워서 농경만으로는 식량이 부족하여 수렵과 어로를 부업으로 보충했음을 출토된 유물로 알 수 있다.[185]

'예'족의 생산양식과 생활양식에서 주목할 것은 돼지와 개의 가축화와 사육이다. 요동반도 대련시 곽가촌(郭家村) 유적에서는 다량의 생활용구 및 생산도구와 함께 많은 짐승뼈가 출토되었다. 그중 가장 많은 것은 전체의 55.3퍼센트를 차지하는 각종 사슴뼈들이고, 돼지 200여 개체와 '개'뼈가 나왔다. 중국 고고학자들의 분석 결과 사슴뼈는 꽃사슴, 말사슴, 노루, 사향노루 등 모두 사냥하여 식료로 보충한 것이었다. 그러나 주거지와 저장 구덩이에서 출토된 200여 개체의 돼지는 사육한 것이었다. 개도 사육된 것이었다.[186] 이것은 '예'족이 돼지와 개를 가축화하여 사육했음을 알려 준다. '예'족의 돼지 사육은 같은 시기 서북방 '맥'족과 같은 것이지만, 개의 가축화와 사육은 '예'족의 독특한 것임을 주목할 필요가 있다.

4. 개[犬] 사육과 수렵문화의 병행 발전

'한'족과 '맥'족의 초기정착지역에서는 보이지 않지만, '예'족의 초기정착지역에서 보이는 특징의 하나는 '개'[犬, 狗] 사육이다. 이것은 '예'족

---

184 瀋陽新樂遺址博物館 · 瀋陽市文物管理辨公室, 「遼寧瀋陽新樂遺址搶救清理發掘簡報」, 『考古』, 1990年 11期, 1990.

185 李曉鐘, 「瀋陽新樂遺址 1982~1988年發掘報告」, 『遼海文物學刊』, 1990年 1期, 1990.

186 傅仁義, 「大連郭家村遺址的動物遺骨」, 『考古學報』, 1984年 3期, 1984.
遼寧省博物館, 「大連市郭家村新石器時代遺址」, 『考古學報』, 1984年 3期, 1984.

이 북위 40도선을 넘어 북상해서 정착하자 바로 '개'를 가축화하여 사냥에 활용함으로써 농경과 병행해서 수렵문화를 발전시킨 사실을 시사하는 것이다. 이것은 '예'족이 장백산맥과 천산산맥 등을 낀 울창한 삼림지대의 인접 강변 및 호수 인근과 골짜기에 정착한 환경적 요소들과 관련된 것이라고 볼 수 있다.

'예'족의 가장 오래된 소주산 하층 1기 문화(약 7천 년 전)에서는 '개' 뼈만 출토되었고 '집돼지' 뼈는 없었다. 소주산 2·3기 문화시기에는 '개' 뼈와 함께 사육된 200여 개체의 '집돼지' 뼈가 출토되었다.[187] 이것은 '맥'족의 초기신석기 유적에서 '돼지' 뼈는 출토되지만 '개' 뼈는 출토되지 않았다는 사실과 대조적이다.

'예'족은 '개'를 가장 먼저 가축화하여 사육하였고, 다음에 '돼지'를 '맥'족과 함께 가축화하여 많이 사육한 것으로 해석된다. 요동반도 남단 대련시 곽가촌 하층유적에서 탄화된 기장[黍]과 마제석기 농구들과 함께 가장 많이 출토된 짐승 뼈는 사슴 뼈, 집돼지 뼈와 그 다음이 약 20개체의 '개' 뼈였다. 개는 당시 사냥에서 상당히 중요한 역할을 했기 때문에 '개' 뼈의 수량 증가는 사냥의 발달과 연관이 있었음을 나타내 준다.[188] '예'족의 신석기 초기 '개' 가축화와 사냥에서의 활용은 그들이 농경과 함께 수렵문화도 버리지 않고 발전시켰음을 알려주는 것이라고 볼 수 있다.

'예'족의 '개' 사육은 신석기시대 '한'족의 한강문화에 전파되어, 부산 동삼동 패총에서 '개' 뼈가 나오기 시작하였다. 그 후 예족문화가 고조선 문명에 통합된 BC 3000년경 이후에는 개와 돼지의 사육이 '한'족에서도 널리 보급된 것으로 해석된다.

---

187 遼寧省博物館, 「大連市郭家村新石器時代遺址」, 『考古學報』, 1984年 3期, 1984.
劉俊勇, 『中國大連考古研究』, 集文堂, 1996, pp.32~33.

188 傅仁義, 「大連郭家村遺址的動物遺骨」, 『考古學報』, 1984年 3期, 1984.
趙賓福, 『中國東北新石器文化』, 集文堂, 1996, p.171.

세계 학계는 '개'가 극동 지방에서 신석기시대에 가축화된 것으로 해석하고 있는데, 필자는 초기신석기시대에 '예'족이 삼림지대 맹수들과 대결하면서 생활하는 과정에서 '개'를 매우 일찍 가축화하여, 고조선문명과 유라시아 대륙에 전파된 것이라고 본다.

고조선 건국에 '예'족이 참가한 후, 고중국에서 가장 선호한 고조선으로부터의 비싼 수입품이 "發朝鮮(박달조선)의 文皮(표범 및 범무늬 가죽)"로 기록되고 있는데,[189] 이것은 '예'족이 농경과 함께 발전시킨 수렵문화의 결과로 해석된다.

5. 부계 부족공동체

'예'부족의 부족장은 남성이었으며 부계 부족공동체를 형성했다고 추정된다. 다음의 고고유물에서 이를 판단할 수 있다.

(1) 흥개호(興凱湖) 지구 '신개류(新開流)문화' 유적에서 32기의 무덤이 발굴되었는데, 부장품이 많은 1차장의 큰 묘들의 묘주는 모두 남성이었다. 부장품이 102점으로 가장 많이 출토된 가장 큰 M6호의 묘주는 씨족장으로 추정되었는데, 묘주는 남성 노인이었다.[190] 이것은 부계 가족제도와 부계 씨족공동체제도의 성립을 나타낸 것으로 해석된다.

(2) '예'족 출토 유물 가운데 돌화살촉과 돌검 등 무기의 비중이 상당히 높다. 소주산 유적의 돌화살촉과 돌검, 송화강 유역 좌가산(左家山) 하층유적의 돌화살촉과 창, 눈강(嫩江) 유역 앙앙계(昂昂溪) 유적의 석제 창끝, 석검과 돌화살촉, 흥개호 지구 신개류문화의 다수의 돌화살촉, 투창머리 등은 모두 남성이 사용한 사냥 용구·무기다.

---

189 『管子』 卷23, 揆道篇 및 『管子』 卷24, 輕重甲篇 참조.

190 黑龍江省文物考古工作隊, 「密山縣新開流遺址」, 『考古學報』, 1979年 4期, 1979.

(3) '예'족은 농경을 추구했지만 기후와 자연환경의 영향으로 수렵과 어로의 비중이 다른 부족에 비해 상대적으로 매우 컸고, 따라서 남성 가장과 씨족장 및 부족장의 성립 기반이 컸다고 볼 수 있다. '예'족의 출토 유물에서 남성의 수렵과 어로 도구인 큰 화살촉과 '작살'이 많다는 사실에도 주목할 필요가 있다.

(4) '예'족이 '범'을 토템으로 정한 사실도 삼림지대 자연환경에의 적응과 함께 용맹한 남성 가장·씨족장·부족장의 대두와 관련이 있음을 추론할 수 있다.

(5) '예'족이 '한'·'맥' 등과 함께 고조선을 건국할 때 '한'족과 '맥'족은 '한'족에서 제왕을 내고 '맥'족에서 왕비를 내는 '혼인동맹'으로 결합했었는데, '예'족은 혼인동맹이 아니라 일정한 자치권을 가진 후국으로 참가하게 된 배경에는 '맥'족 족장은 여성인 데 비해 '예'족 족장은 '한'족과 동일하게 남성이었던 사실과도 관련이 있었다고 볼 수 있다.

6. 납작밑[平底] 빗살무늬 토기와 손잡이 토기

'예'족의 신석기 토기문화의 특징은 한강문화의 뾰족밑(첨저) 빗살무늬 토기를 실용에 편리한 납작밑(평저) 빗살무늬 토기로 개혁하고, '손잡이'를 붙인 변화를 관찰할 수 있다.

압록강 하류 '후와하층문화' 유적은 5410±150 bp~5600±110 bp의 유적으로, 나무 나이테 교정치는 6000 bp(BC 4000년) 이상의 것이다.[191] 후와하층문화 토기의 특징은 '납작밑(평저) 빗살무늬' 토기로서, 古한반도

---

191 許玉林, 「遼寧東溝縣后洼遺址發掘概要」, 『文物』, 1989年 12期, 1989.
許玉林, 「后洼遺址考古新發現與研究」, 『中國考古學會 第6次年會論文集』, 文物出版社, 1990.
趙賓福, 『中國東北新石器文化』, 集文堂, 1996, p.178 참조.

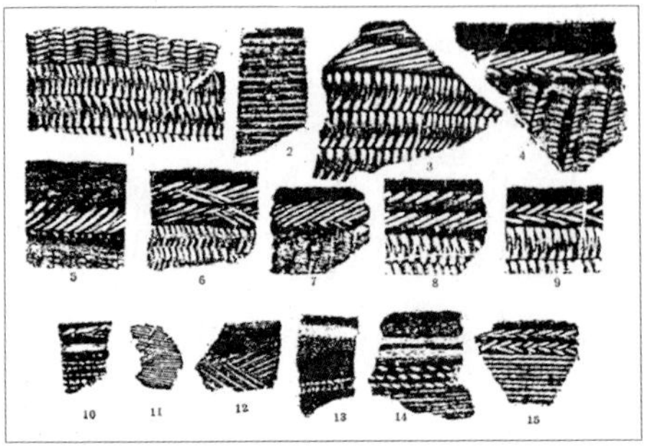

그림 1-40. 신락하층문화 토기의 빗살무늬 탁본
(자료: 신락유지박물관)

한강문화와 빗살무늬 토기와 비교하면 빗살무늬는 거의 동일한 유형인데, 바닥을 '뾰족밑'에서 '납작밑'으로 세우기 편리하게 개조하고, 토기의 양쪽에 대칭적 '손잡이'를 붙인 것이다.

후와하층문화 토기에서는 배부른 단지는 거의 모두 손잡이를 붙였고, 원통형(항아리형) 단지의 다수에도 손잡이를 붙여 제작하였다. '국자'도 출토되어 식기 발전의 편모도 알 수 있다. 후와하층문화 유적에 이웃한 수암 북구(北溝)문화 유적 토기에서도 배부른 단지들에 손잡이가 붙어 있다.

한강문화의 빗살무늬 토기나 단지에는 '손잡이'가 거의 없고, 홍산문화 등 '맥'족의 토기에도 '손잡이'는 예외적으로 매우 드물게 나타난다. 다수 토기에 '손잡이'를 붙인 것은 '예'족 토기의 특징이라고 볼 수 있다. '예'족의 가장 이른 시기 신석기시대 유적인 '소주산(小珠山) 하층문화'의 토기에도 '손잡이'를 붙인 것이 다수 있다.[192] 한반도 동북부 강원도 고성군 문암리 신석기 유적(8000 bp 이전)은 '예'족의 유적으로 판단되는데, 여기서도 다수 항아리형 단지와 배부른 단지에 '손잡이'가 붙어 있다.[193]

여기서 주목할 것은 '예'족의 대표적 신석기문화인 신락하층 토기의 '빗살(햇빗살)무늬'가 古한반도 한강문화의 '빗살무늬'와 완전히 동일한 유

---

192 王嗣州, 「小珠山下層文化類型與后洼下層文化類型的比較」, 『博物館研究』, 1990年 3期, 1990.
孫祖初, 「論小珠山中層文化的分期及與各地比較」, 『遼海文物學刊』, 1991年 1期, 1991 참조.

193 신용하, 『고조선 국가형성의 사회사』, 지식산업사, 2010, pp.106~111 및 pp.130~134.

형이라는 사실이다.

신락하층 토기에서 한강 문화에 없는 특이한 토기는 '사구형'(斜口形) 토기다(〈그림 1-41〉 참조). 사구형 토기는 입구를 비스듬히 사선(斜線)으로 절단하거나 오려내어, 뒷면은 높이가 온전하고 앞면은 높이가 약 절반이 되도록 오려낸 특이한 형태의 토기로, 무늬는 모두 '빗살무늬'다. 사구형 토기의 용도에 대해 중국 고고학계에서는 아직 정론을 합의하지 못했다. 중국에서는 대체로 ① '저장용기'라는 견해,[194] ② '잡물공구(工具)'라는 견해,[195] ③ '불씨보존용기'[保存火種的容器]라는 견해[196] 등 세 가지 견해가 제시되어 있다. 필자의 견해로는 사구형 토기는 초기신석기시대의 '이동식 화로'라고 본다.[197]

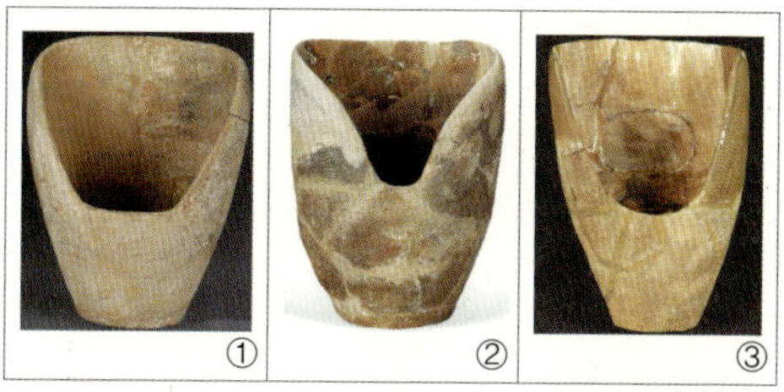

그림 1-41. 신락하층문화 빗살무늬 사구형 토기

사구형 토기는 홍산문화 유적과 부하(富河)문화 유적에서도 각각

194 劉煥民, 「新樂斜口異形器用途硏究」, 『新樂遺址學術討論會文集』, 1983; 『新樂文化論文集』, 2000, pp.196~197.

195 劉煥民, 「新樂斜口異形器用途硏究」, 『新樂遺址學術討論會文集』, 1983; 『新樂文化論文集』, 2000, pp.196~197.

196 周延忠, 「淺談'新樂文化'出土的斜口器」, 『新樂遺址學術討論會文集』, 1983; 『新樂文化論文集』, 2000, pp.198~200.

197 〈그림 1-41〉에서도 볼 수 있는 바와 같이, 모든 사구형 토기 안쪽 절반 하부에 불에 타고 그을린 흔적과 흑색으로의 색깔 변화가 있다. 특히 사구형 토기 ③의 형태를 자세히 보면, 바닥 쪽 벽면에 불에 그을린 자국이 있고, 또 사구(斜口)의 반대편 뒷벽에 통풍을 위해 큰 구멍을 만들었다가 메운 흔적이 있다. 사구의 반대편 벽면이 2배 이상 높은 것은 외풍(外風)을 막기 위한 장치로 보인다. 이것은 이 용기가 '화로'임을 시사하는 것이다. 주거지에는 모두 중앙 또는 입구에 '화덕'이 있고 대형 주거지에는 2개의 화덕도 있는데 이것은 '붙박이' 화덕이다. '불씨'는 모든 화덕에서 보존될 수 있다. 필요한 것은 주거지 밖에 있을 경우나 대형 주거지의 화덕 열이 덜 미치는 공간이 있는 경우, 또는 노인이나 병자가 있어 특히 '화로'가 필요한 경우에는 옮길 수 있는 '화로'가 필요하다. 이 필요에 응하여 '신락인'이 발명한 토기가 '사구형 토기'라고 생각한다. 즉, 사구형 토기는 '이동식 화로'라고 볼 수 있다.

1점씩 출토되었다. 그러나 신락문화 유적에서는 3개나 출토되었고, 시기도 신락문화가 더 오래된 것이다. 길림성 제2송화강 지류 이통하(伊通河) 북안에서 출토된 '예'족의 좌가산(左家山)문화 유적 상층(4870±180 bp)에서도 납작밑 빗살무늬 토기와 함께 2개의 사구형 토기가 출토되었다.[198] 사구형 토기는 현재까지의 출토로서는 신락문화에서 발명되어 전파된 것이며, 신락문화의 특징의 하나라고 볼 수 있다.

7. 골각기의 발전

'예'족의 여러 신석기 유적 · 유물들에서 현저하게 보이는 특징의 하나는 '골각기'가 생산용구 및 생활용구로서 발전했다는 사실이다. 요동반도 남단 '예'족의 신석기문화인 소주산 중층문화의 출토 유물에서 볼 수 있는 바와 같이, '예'족은 짐승(및 물고기) 뼈로 창, 송곳, 화살촉, 칼, 낫, 관(罐), 비녀, 바늘, 장식품 등을 만들어 많이 사용하였다. 이러한 골각기 용구는 종류에서 석제와 토제 용구에 조금도 뒤지지 않은 것이었다.[199]

이주민이 일찍이 북상하여 눈강(嫩江) 중 · 하류에 정착해서 '예'족의 일부를 형성하면서 남긴 신석기 문화 유적인 '앙앙계(昂昂溪)문화' 유적에서는 가혹한 추위 등 자연환경에 대한 생존투쟁을 하면서 물고기잡이와 사냥 용구로 '골각기'를 현저하게 발전시켰다. 뼈제 창, 뼈제 작살, 홈이 패

198 吉林大學考古敎硏室, 「農安左家山新石器時代遺址」, 『考古學報』, 1989年 2期, 1989.
吉林省文物考古硏究所, 「吉林省近十年考古工作的主要收穫(1979~1989)」, 『博物館硏究』, 1990年 1期, 1990.
陳全家 · 趙賓福, 「左家山新石器時代遺址的分期及相關文化遺存的年代序列」, 『考古』, 1990年 3期, 1990.
陳雍, 「左家山新石器時代遺存分析」, 『考古』, 1992年 11期, 1992.
趙賓福, 『中國東北新石器文化』, 集文堂, 1996, pp.191~194.

199 孫祖初, 「論小珠山中層文化的分期及與各地比較」, 『遼海文物學刊』, 1991年 1期, 1991.
趙賓福, 『中國東北新石器文化』(崔茂長 역), 集文堂, 1996, pp.158~165.

인 뼈 칼집, 뼈 송곳, 뼈제 낚시바늘 등이 그 예이다.[200]

이주민들이 북상하여 정착한 지금의 흑룡강성 흥개호(興凱湖) 호반의 신석기시대 '신개류(新開流)문화 유적'에서도 '골각기'가 상당히 발전했음이 확인되었다. 짐승뼈, 짐승뿔, 짐승이빨, 물고기 뼈, 물고기 이빨 등을 재료로 온갖 도구를 제작하여 사용했다. 예컨대, 뼈투창 끝, 이빨 창끝, 뼈칼, 뿔칼, 이빨 칼, 뼈 송곳, 뼈 바늘, 뼈 화살촉, 이빨 화살촉, 뼈제 양끝날 도구, 뼈제 독수리머리(토템용), 베틀 북 형태의 도구 등 다양한 골각기가 출토되었다.[201]

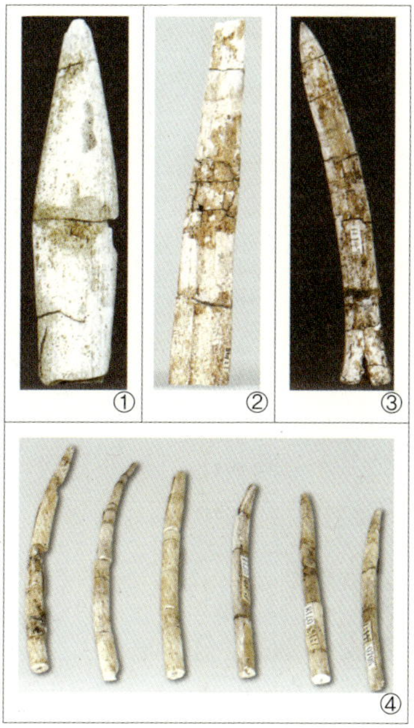

그림 1-42. 신락하층문화의 골각기
① 뼈 화살촉·창촉, ② 뼈 숟가락
③ 뼈 송곳, ④ 뼈 비녀

신락하층문화 유적에서는 〈그림 1-42〉와 같이 골각기가 다수 출토되어 신락인들이 골각기를 생활용구로 널리 사용했음을 알려 준다. 신락인이 제작하여 사용한 골각기는 화살과 창 끝에 붙이는 뼈 화살촉과 뼈 창촉, 뼈 송곳, 뼈 수저, 뼈 비녀 등이 대표적이다.[202]

---

200 黑龍江省博物館, 「昂昂溪新石器時代遺址調査」, 『考古』, 1974年 2期, 1974.
張泰湘, 「嫩江流域原始文化初論」, 『北方文物』, 1985年 2期, 1985.
李龍, 「試談昂昂溪遺存的元始農業」, 『黑河學刊』, 1988年 2期, 1988.
郝思德, 「也談昂昂溪文化的經濟生活」, 『內蒙古東部區考古學文化硏究文集』, 海洋出版社, 1991.
趙賓福, 『中國東北新石器文化』, 集文堂, 1996, pp.195~208.

201 黑龍江省博物館, 「烏蘇里江流域考古調査」, 『文物』, 1972年 3期, 1972.
黑龍江省文物考古工作隊, 「密山縣新開流遺址」, 『考古學報』, 1979年 4期, 1979.
趙賓福, 『中國東北新石器文化』, 集文堂, 1996, pp.223~237.

'예'족의 신석기문화에서 골각기의 발전은 그들이 정착한 삼림지대와 큰 강과 호수 부근의 자연환경에 관련해서 형성된 도구 형태라고 해석된다. 초기 '예'족을 형성한 신락인이 골각기를 널리 사용한 사실은 그들이 농경과 함께 수렵문화와 가축사육을 발전시키면서 '골각기' 용구문화를 발전시킨 것이라고 볼 수 있다.

8. 실용적 옥기와 옥 장식품

'예'족은 옥광산이 부존해 있는 수암(岫岩) 일대와 부근을 그들의 영역과 생활권으로 활용했음에도 불구하고 '옥 장식품'은 매우 소박하고 검소한 것이 특징이었다.

'예'족의 신석기 유적으로 판단되는 한반도 강원도 고성군 '문암리 유적'에서는 '맥'족의 '흥륭와 유적'에서 최초로 출토된 8천 년 전경의 옥 귀걸이와 동일한 연대 및 형태의 옥 귀걸이 한 쌍이 출토되었음은 앞서 쓴 바와 같다(앞의 〈그림 1-33〉 참조).[203] 신락하층문화 유적의 가장 큰 집자리에서도 옥 목걸이가 한 벌 출토되었다.[204]

소주산 중층문화에서 '옥토끼' 조각 장식품이 1점 출토되었고, 좌가산 중층문화(6400 bp~6000 bp경)에서 옥돼지형 장식품이 1점 출토되었으며, 목단강 수분하(綏芬河) 유역의 신석기문화인 아포력북사장(亞布力北沙場) 문화유적(5000 bp~4500 bp경)에서 옥 장식품 2점이 출토되었다. 소주산 중

---

202 瀋陽市文物管理辦公室 · 瀋陽故宮博物館, 「瀋陽新樂遺址第二次發掘報告」, 『考古學報』, 1985年 2期, 1985.
瀋陽新樂遺址博物館 編, 『新樂遺址博物館館藏文物集粹』, 2008.

203 國立文化財硏究所, 『高城文岩里遺蹟』, 2004, pp.237~239 및 p.267.

204 瀋陽市文物管理辦公室 · 瀋陽故宮博物館, 「瀋陽新樂遺址第二次發掘報告」, 『考古學報』, 1985年 2期, 1985.

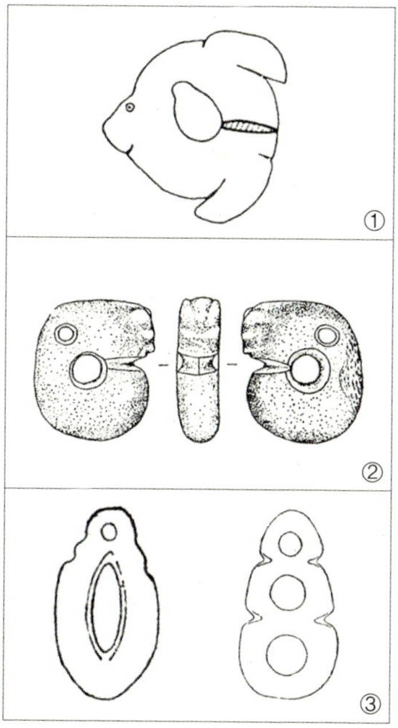

그림 1-43. '예'족 옥 장식품의 형태

① 소주산 중층문화의 옥토끼
② 좌가산 중층문화의 옥돼지 장식
③ 아포력북사장 문화의 옥 장식

그림 1-44. 신락하층문화 출토 옥기

① 쌍날 옥도끼, ② 옥 목걸이
③ 옥송곳 및 끌 겸용, ④ 옥도끼
⑤ 옥기 모음 일습

층문화의 옥토끼 도안은 독특한 것이고, 좌가산 중층문화의 옥돼지와 아포력북사장 문화의 옥 장식은 '맥'족 옥기(玉器) 문화와의 교류의 영향이 보인다(〈그림 1-43〉 참조). 이러한 옥 장식품은 요서 지역 '맥'족의 옥장식품과 동일한 형태여서 '예'족과 '맥'족의 교류를 시사해 준다.

'예'족 옥문화의 특징은 '수암옥'(岫岩玉)으로 화려한 장식품보다는 실용적 용구를 만들어 사용한 데 있었다. '예'족의 신석기시대 다른 유적들에서도 옥 장식품은 소박하고 검소한 것이 큰 특징이다.

'예'족의 대표적 신석기시대 유적인 신락하층문화 유적에서도 흥륭와문화나 홍산문화와 같이 일찍부터 옥기를 제작하여 사용하였다(〈그림 1-44〉 참조). 그 옥은 요동반도의 수암옥을 원재료로 사용한 것이라고 보고되었다.[205] 신락하층문화 옥기의 특징은 옥기를 장식용 패물이나 제의용 귀중품으로만 사용한 것이 아니라 주로 옥도끼, 옥송곳, 옥끌 등 보다 실용적 용구로 사용한 것이다.

'예'족의 신락하층문화 옥기들은 옥 목걸이 한 벌을 제외하면, 모두 나무 또는 진흙 또는 토기에 조각을 할 때 실제로 사용된 용구였다.

9. 석탄정제품과 적철광석 및 석묵

'예'족의 신락하층문화 유적에서 매우 독특한 것은 여러 주거지에서 '석탄'을 갈아서 정제한 해석하기 어려운 특수한 석탄정제품(石炭精製品)이 발굴되었다는 사실이다(〈그림 1-45〉 참조). 발굴자들은 석탄정제품의 형태를 거품형[泡形], 귀고리형[珥璫形], 원구형(圓球形)으로 분류하였다.[206] 그러나 그 용도에 대해서는 다음의 여러 가지 견해가 제시되어 있다.

① 장식품설: 이 견해의 경우에는 구멍이나 걸이 귀가 없는 것이 문제다.
② 장난감[玩具]설: 신석기 초기에는 이러한 장난감을 만들지 않았으리라는 반론이 있다.
③ 신앙·점복(占卜)·제사용구설: 원시종교 신앙용 도구, 길흉화복 또는 '구신제천'(求神祭天) 때 사용하는 일종의 '점복' 용구 또는 제사(祭祀) 용구라는 견해다.[207]

---

205 瀋陽市文物管理辦公室·瀋陽故宮博物館, 「瀋陽新樂遺址第二次發掘報告」, 『考古學報』, 1985年 2期, 1985.

206 瀋陽新樂遺址博物館·瀋陽市文物管理辦公室, 「遼寧瀋陽新樂遺址搶救清理發掘簡報」, 『考古』, 1990年 11期, 1990.
瀋陽新樂遺址博物館 編, 『新樂遺址博物館館藏文物集粹』, 2008, pp.56~59.

207 瀋陽新樂遺址博物館·瀋陽市文物管理辦公室, 「遼寧瀋陽新樂遺址搶救清理發掘簡報」,

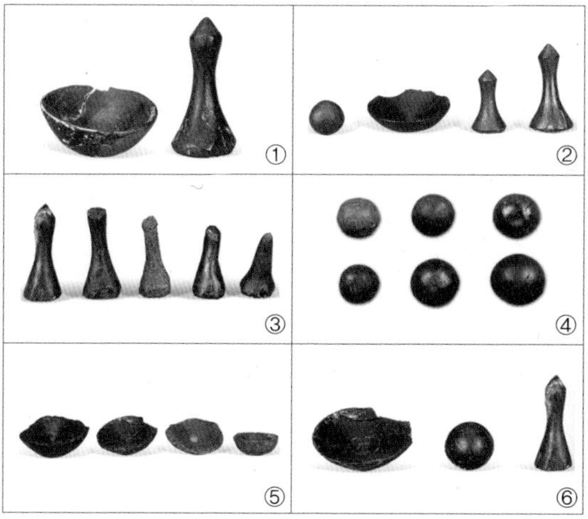

그림 1-45.
신락하층문화 유적의 석탄정제품

① 석탄정제 거품형기(좌)·귀고리형기(우)
② 석탄정제품 일습
③ 석탄정제 귀고리형기
④ 석탄정제 원구형기
⑤ 석탄정제 거품형기
⑥ 석탄정제품 일습

④ 사건의 기사(記事), 숫자를 헤아리는 기수(記數)의 부계(符契)라는 설[208]

석탄정제품의 용도는 앞으로의 연구과제다. 이 석탄원료는 무순(撫順)의 노천 석탄광석의 광질과 동일한 무순석탄으로 밝혀졌다.[209] 이 사실은 신락인이 100리 밖 무순 지역의 초기신석기인과 교역했으며, 그들의 활동범위가 무순 지역에까지 닿았음을 시사하는 것이라고 해석되었다.

또한 신락하층문화 유적에서는 〈그림 1-46〉의 ①과 같이, 적철광석(赤鐵鑛石)이 발굴되었다. 이것은 자연 적철광석을 채굴하여 조각을 내어 간직한 것인데, 어떤 용도로 사용했는지 정확한 것은 아직 밝히지 못하고 있다. 이 적철광석은 그림을 그릴 때의 홍색(紅色) 안료이고, 다음의 석묵(石墨)은 흑색(黑色) 안료였을 것이라는 해석이 있다.[210] 또한 신락하층문

『考古』, 1990年 11期, 1990 참조.

208 趙賓福, 『中國東北新石器文化』, 集文堂, 1996, pp.147~148.

209 于崇源, 「從瀋陽的新樂文化談記」, 『遼海文物學刊』, 1999年 1期, 1999.

210 黎家方, 「新樂文化的科學價値和歷史地位」, 『新樂文化論文集』, 2000, pp.159~160.

그림 1-46. 신락하층문화 출토의 적철광석(①)과 석묵(②)

화 주거지에서는 〈그림 1-46〉의 ②와 같이, 석묵(石墨)의 마제 덩이가 출토되었다. 이 '석묵'은 그림 또는 기호를 표시할 때 마치 연필처럼 사용한 것으로 추정된다. 신락인이 이미 초기신석기 시대에 자연 석탄광과 적철광과 석묵을 채집하여 생활용구로 사용했음은 특히 주목할 만한 사실이다.

남만주 지역(지금의 요녕성·길림성) 일대의 기후가 약 5천 년 전에 다시 급변하여 기온이 섭씨 4~5도 급강하하고 강우량도 급감하여 건조도가 상승했던 시기에 당하여, '예'족 중에서도 농경씨족들의 일부는 씨족이동을 감행하여 농경에 적합한 남방으로 이동하지 않을 수 없게 되었다.

그러나 남방 이동한 '예'족 일부는 '맥'족보다는 소규모였다고 추정된다. 왜냐하면 '예'족의 다른 일부는 삼림지대와 큰 강, 호수지역 환경에 잘 적응하여 수렵과 어로를 농경과 균형적으로 발전시키면서 정착했기 때문에 농경이 어려워져도 다른 생존수단이 여전히 남아 있었기 때문이었다.

'예'족은 요동반도와 압록강·두만강 양안 및 청천강 이북의 古한반도에도 이미 분포하여 거주하고 있었기 때문에, 북상하여 정착했던 '예'족 일부의 남하는 이 지역의 인구밀집에만 작용했지 큰 교란을 일으키지는 않았다고 볼 수 있다. 그러나 같은 시기 '맥'족 주류의 동남방 이동과 정착은 이 지역에 상당히 큰 충격과 영향을 주었다. 약 5천 년 전 이 지역은 '예'족과 '맥'족이 섞여 거주하면서, 청천강 일대까지 올라와 정착한 '한' 부족의 '환웅'족과 접변한 지역이 된 것이다.

제8장 '한'·'맥'·'예' 3부족 연맹과 고조선 건국

1. 고조선 건국의 2단계 과정과 환웅 군장국가의 '한'·'맥' 연맹

고조선 건국은 2단계 과정을 거쳐 달성되었다. 제1단계는 '한'족의 북변 군장 '환웅'에 의한 '한'족과 '맥'족의 연맹 단계였다. 제2단계는 환웅족과 '맥'족 여족장 사이에 태어난 아들 '단군'(檀君)에 의한 '한'·'맥'·'예' 3부족의 연맹결합에 의한 고대국가 고조선(아사달)의 건국이었다.

제1단계에서 '맥'족의 주류가 여족장의 지휘 아래 새 정착지를 찾아 요동반도와 한반도에 이동해 들어왔을 때에는 요동반도와 요동지역에는 이미 '예'족이 흩어져 거주하고 있었고, 古한반도에는 청천강 유역까지 '한'족이 거주하고 있었다. 특히 '한'족 가운데 환웅(桓雄)족은 이미 5000 bp경(BC 3000년경) 훨씬 이전에 군장국가(君長國家, chiefdom)의 정치체를 형성하고 있었다. 환웅족 군장은 3상 5부의 막료체제를 갖추어 압록강 이남 청천강·대동강 유역에서 일부 '한'족을 통치하고 있었으며, 매우 선진한 농경과 태양숭배, 새토템 등의 신앙과 관습을 가지고 신석기 말기 농업사회를 영위하고 있었다.

'맥'족의 이동 이입은 이 지역의 기존 '한'족과 '예'족에게 새로운 자극과 충격이었을 것이다. 그들은 이 새로운 사회적 변동을 '부족 간 전쟁'으로 응전하지 않고 평화적 방법인 '부족연맹'에 의한 새로운 고대국가 형성의 방향으로 대응하여 해결하였다.

『삼국유사』에 인용된 『위서』의 기록과 『고기』의 단군설화에서 신화적 요소를 접어두고 사실적 요소들을 사회학적으로 해석하면, '한'족의 남군장 환웅과 곰토템 부족인 '맥'족의 여군장(웅녀)은 '혼인동맹'으로 결합하여 그 사이에서 후에 '단군'(檀君, 壇君)이라고 호칭한 아들을 낳았는데, 환웅과 웅녀의 아들 단군이 후에 '아사달'에 도읍을 정하고 '조선'(朝鮮, 古朝鮮)이라는 이름의 고대국가를 건국한 것이었다.[211]

이를 다른 객관적 자료를 포함하면서 사회학적으로 해석하면, BC 30세기경 '한' 대부족의 군장들 가운데 북변 일대 부족장[君長]인 '환웅'의 군장국가의 통치지역에 곰토템 부족인 '맥'족의 주류가 새 정착지를 찾아 서북방으로부터 이동해 들어오자, 이미 발전된 선진적 '농업경작' 생산방식과 초기청동기 문화를 갖기 시작한 '환웅'족은 이동해 온 '맥'족과 부근의 '예'족에게 선진적 '농업경작' 방식을 가르쳐 주고 평화적 농경생활을 조건으로 정착을 허용하였다.

'맥'족은 새로운 환경에 잘 적응했을 뿐 아니라 '한'족 군장 환웅에게 두 부족의 '혼인동맹'을 제의하여 환웅의 동의를 얻었다. 이에 '한'·'맥' 2부족 연맹이 이루어져서 환웅의 '군장국가'는 비약적으로 강대해졌다.

2. '단군'의 '한'·'맥'·'예' 3부족 연맹과 고조선 건국

'한'부족의 군장국가들 가운데 하나인 환웅 군장국가의 군장 환웅이 '맥'부족의 여군장(부족장)과 혼인동맹으로 그 사이에서 아들 '단군'이 태어나 성장하자, '단군'은 '아사달'에 도읍을 정하고 '조선'(朝鮮)이라고 호칭한 고대국가(나라)를 개국(開國)하였다. '고조선' 개국을 기록한 고문헌

211 『三國遺事』 卷1, 古朝鮮(王儉朝鮮)條 참조.

은 『삼국유사』에 수록된 중국 고문헌 『위서』(魏書)와 한국 고문헌 『고기』(古記)이다. 우선 『위서』는 다음과 같이 기록하였다.

> 魏書에 이르되 지금으로부터 2천 년 전에 壇君 왕검이 있어, 도읍을 阿斯達에 정하고 나라를 開創하여 이름을 朝鮮이라 하니 高(堯)와 같은 시기이다.[212]

『위서』[213]의 이 기사의 특징은 ① 『위서』가 씌어진 당시로부터 약 2천 년 전에, ② 단군(壇君, 檀君)이라는 왕검(王儉)이 있어서, ③ '아사달'(阿斯達)에 수도를 정하고 개국(開國: 건국)하여 나라 이름을 조선(朝鮮)이라 했는데, 자기 나라인 중국과 시기를 비교하면 요(堯)임금과 동일 시기라는 것이다. 『위서』의 기록은 조선의 건국 사실, 건국 시의 왕검 명칭, 건국 시기, 건국 시의 수도 명칭, 건국한 나라 이름 '조선'(朝鮮, 古朝鮮), 중국의 전설시대의 임금 '요'와 동시대의 사실이라는 연대 비교를 고대 중국 측 입장에서 짧지만 명료하게 신화나 설화 없이 역사적 사실만 간추려 기록한 것이었다.

한편 한국 고문헌 『고기』 기사의 특징은, 다음 절에서 더 분석하겠지만, '단군설화'를 수록하면서 ① 환인의 아들 환웅의 계보, ② 환웅의 통치조직, ③ 환웅과 웅녀(熊女: 곰토템 부족 여족장·여성)의 혼인에 의한

---

212 『三國遺事』 卷1, 古朝鮮(王儉朝鮮)條. "魏書云 乃往二千載有壇君王儉 立都阿斯達(經云無葉山 亦云白岳 在白州地 或云在開城東 今白岳宮是) 開國號朝鮮 與高同時."

213 『위서』에는 서명(書名)이 기록되어 있는 것만으로도 약 30종이 있었는데, 현재 전해지는 것은 진수(陳壽)의 『삼국지』(三國志)의 『위서』뿐이다. 진수의 『위서』에는 고조선(古朝鮮) 기록이 없고, 일연(一然)이 인용한 것은 다른 『위서』이다. 일연이 인용한 위의 고조선 기사는 문체도 중국식이고 내용도 중국식으로 서술되어 있어서 중국 고문헌 『위서』의 인용이 틀림없다고 본다. 일연이 인용한 『위서』의 내용을 큰 줄기에서 의심할 필요는 없다. 중국에서 지금 전해지지 않는 『위서』의 하나인 『위략』(魏略)의 인용 부분을 귀중한 사료로 사용하고 있는 것과 마찬가지로, 일연이 인용한 『위서』도 사실을 기록한 귀중한 사료이다.
鄭寅普, 『朝鮮史硏究』, 서울신문사, 1946, p.34에서는 『삼국유사』에서 인용한 『위서』는 조위(曹魏)시대 王沈(심)의 『위서』인 것이라고 논증하였다.

'한'·'맥'의 혼인동맹, ④'범'[虎]토템족의 혼인동맹이 아닌 다른 방법의 선택, ⑤환웅과 웅녀 사이에 출생한 아들인 '단군', ⑥'단군왕검'의 '조선'(朝鮮, 古朝鮮) 개국, ⑦ 고조선 개국 시기의 중국 '요'임금 경인(庚寅)년 추정, ⑧수도는 평양에 두었다가 두 번 천도했음을 설화식으로 기록하였다.[214]

'한'[桓雄]족과 '맥'족의 혼인동맹과 같이 혼인동맹에 의한 부족연맹으로 고대국가를 건국한 사례는 대체로 직계 후대 왕조에서 관행을 계승하는 일이 많은데, 고조선의 직계 후대 왕조인 고구려의 국가 형성도 '혼인동맹'을 주축으로 하였다.[215]

고조선 건국에서 '한'족과 '맥'족은 '혼인동맹'으로 공고하게 결합되었다. 중국 고문헌에 나오는 '한맥'(馯貊)이 '한'족과 '맥'족의 결합에 의한 한국원민족 형성을 인지한 표현 기록의 한 사례다.

---

214 『三國遺事』 卷1, 古朝鮮(王儉朝鮮)條. "古記云" 참조. "古記云 昔有桓因(謂帝釋也)庶子桓雄 數意天下 貪求人世 父知子意 下視三危太伯 可以弘益人間 乃授天符印三箇 遣往理之 雄率徒三千 降於太白山頂(卽太伯. 妙香山)神壇樹下 謂之神市 是謂桓雄天王也 將風伯雨師雲師 而主穀主命主病主刑主善惡 凡主人間三百六十餘事 在世理化時有一熊一虎 同穴而居 常祈于神雄 願化爲人 時神遣靈艾一炷·蒜二十枚曰 爾輩食之 不見日光百日 便得人形 熊虎得而食之 忌三七日 熊得女身 虎不能忌而不得人身 熊女者無與爲婚 故每於壇樹下 呪願有孕 雄乃假化而婚之 孕生子 號曰壇君王儉 以唐高卽位五十年庚寅(唐堯卽位元年戊辰 則五十年丁巳 非庚寅也 疑其未實) 都平壤城(今西京)始稱朝鮮 又移都於白岳山阿斯達 又名弓(一作方)忽山 又今彌達 御國一千五百年 周武王卽位己卯 封箕王於朝鮮 壇君乃移於藏唐京 後還隱於阿斯達爲山神 壽一千九百八歲." 참조.

215 고구려는 처음 5부의 결합으로 '고구려' 국가를 건국했는데, 『삼국지』 위서 동이전 고구려조에 의하면, 연노부(涓奴部)·절노부(絶奴部)·순노부(順奴部)·관노부(灌奴部)·계루부(桂婁部)의 5부 중에서 처음에는 연노부에서 왕을 내기로 했다가 세력이 약해지자 계루부에서 계속 왕을 내게 되었다(『三國志』 卷30, 魏書 30, 東夷傳 高句麗條 참조). 한편 왕비는 절노부에서 계속 내었다. 이에 따라 계루부 다음으로 절노부가 높은 권위를 가졌으며, 절노부의 대인(大人)은 '고추'[古雛(加)]의 칭호를 더하였다. 계루부가 왕을 내고 절노부가 왕비를 내는 '혼인동맹'은 매우 공고한 결합방식이어서 함부로 그 밖의 부족 여자를 취하기 어려웠다(李基白, 「高句麗王妃族考」, 『震檀學報』 제20집, 1959 및 「高句麗國家形成문제」, 『韓國古代의 國家와 社會』, 일조각, 1985 참조).

'예'(濊)족은 다른 방식에 의해 '한·맥'족과 결합했다고 볼 수 있다. '예'족의 고조선 국가에의 결합 양식은 일정의 자치권을 가진 '후국'(侯國)제도에 의거한 것이었다. 중국 고문헌 『일주서』의 주에서 "穢는 韓穢이니 東夷의 별종이다"[216]라고 하여 '한예'(韓穢)를 기록한 것은 '한'족과 '예'족의 결합에 의한 한국원민족 형성을 인지한 표현 기록의 한 사례라고 볼 수 있다. 즉, '한'족과 '맥'족은 '혼인동맹'으로 공고하게 결합하고, '예'족은 족장을 제후의 하나로 인정받는 후국 방식으로 결합하여 도읍을 '아사달'에 정하고, '한'·'맥'·'예' 3부족이 조선(고조선)이라는 고대국가를 최초로 형성한 것이었다. 3부족 결합에 의한 고조선 고대국가 건국을 주도한 것은 제왕을 낸 '한'족이었다.[217]

3. 고조선의 국호 '아사달'[朝鮮]

『위서』와 『고기』에 기록된 고조선의 국호 '朝鮮'은 한자 이름인데, 고조선의 건국시기에는 한자가 아직 없었으므로, 순수한 고조선말 나라 이름이 있었을 것임은 틀림없는 일이다. 이병도 박사는 『삼국유사』가 인용한 『위서』와 『고기』에서 고조선의 도읍이라고 기록한 '아사달'(阿斯達)이

---

216 『逸周書』 卷7, 王會解, 「穢人前兒」의 注 "穢韓穢 東夷別種."

217 고조선에서는 '한'족에서 제왕을 내어 중심적 역할을 수행한 사실과 연관되어서, 왕을 '한'(Han)으로, 지방의 제후나 장관을 '가'(Ga)로 호칭했었다. 고조선 중앙정권의 세력이 약화되고 지방 제후의 세력이 막강하여 '왕'을 칭하게 되는 경우에는, '가'가 '한'이 되었다는 의미로 '가+한'(Ga+Han)이 되어 '간'(Ghan)으로 호칭되기도 하고, 된소리 발음으로 '칸'(Khan)으로 호칭되기도 했다. 또한 '칸'은 '한'과 부족 언어에 따라 처음부터 발음상 혼용되기도 했다. 그러므로 고조선어로 '한'(Han)·'간'(Ghan)·'칸'(Khan)은 모두 '왕'·'제왕'을 호칭한 용어였다. 세계사에서 보면, 고조선 고대연방국가 존립기간은 물론이고 고조선 국가 멸망 후에도 그 후예 왕족들이 자기 백성을 이끌고 새 정착지를 찾아 민족이동을 하면서 '한'·'간'·'칸'으로 칭했는데, 모두 '왕'(King)·'제왕'(Emperor)을 호칭한 것이었다. '칸'(khan)으로 처음 발음한 경우에도 지역에 따라서는 k음이 죽어 변음되어 '한'(han)으로 발음되기도 했다.

바로 고조선의 나라 이름일 것으로 보았다. 고대 역사에서는 도읍 이름과 나라 이름이 동일한 경우가 종종 있는데, '아사'는 현대 일본어에서도 '朝'를 '아사'(아침)로 읽으며, '달'은 '땅 · 나라'의 뜻이니, '아사달'을 뒤에 한자로 의역한 것이 '朝鮮'이라고 본 것이다.[218] 필자는 이병도 박사의 해석에 찬동한다.[219]

---

218 李丙燾, 「檀君神話의 해석과 阿斯達 문제」, 『서울大論文集』 제2집, 1955 참조.

219 여기서 단지 세 가지 점만 보충하려고 한다. 첫째는 '아사달'의 '아사'가 고조선어에서도 '아침'임을 증명할 필요가 있다. 현대 한국어의 '아침'은 중세 한국어에서는 '앗춤'이었다. 이것은 '아사(시)참'의 준말이라고 할 수 있다. '춤' · '참'은 '무렵'과 유사어로 일정한 시간대를 지칭한 것이다. 현대 한국어에도 '시작' · '처음'을 뜻하는 '아시'라는 말이 남아 있다. 조선 후기에 오면, '아사(시)춤' → '앗춤'의 '사이시옷'이 탈락하여 '아춤'으로 되어 버렸지만, 어원을 거슬러 올라가보면 고조선 시기에는 고조선말의 '아침'도 '아사(시)'였다고 볼 수 있다. '阿斯'(아사)는 현대 중국 발음으로는 '아시'이다. 현대 한국어 '아침'은 고조선어에서도 '아사(시)'였다고 필자는 생각한다.

둘째, 일연이 기록한 '阿斯達'의 '阿斯'는 중국 발음으로는 '아시'이고, 고대 한국어로 '아시(사)'는 '맨 처음'의 뜻이 있다. 즉, '아시달'은 '맨 처음 해 뜨는 나라'의 뜻도 가지고 있는 것이다. 중세 한국어에 '아시져녁'(초저녁에, 月印釋譜 10:24)의 기록이 남아 있으며, 현대에도 경상도 · 전라도 · 제주도 방언에는 '아시'(初回)의 어휘가 사용되고 있다. 예컨대 '아시갈이'(초벌갈이, 애벌갈이), '아시빨래'(초벌빨래, 애벌빨래) 등과 같은 어휘이다. 이 측면에서 '아시달'은 '맨 처음 밝음이 오는 땅', '맨 처음 태양이 뜨는(솟는) 땅'의 뜻을 담고 있다고 볼 수 있다.

셋째, '아사달'의 '달'은 '산 · 땅 · 나라'의 뜻인데, 고조선어에서 '나라'는 '나' · '라'의 다른 말도 있었다. 그러므로 고조선의 원래 나라 이름은 '아사달'과 함께 '아사나'로 호칭되었다고 볼 수 있다. '아침의 나라', '맨 처음 해솟는 나라'라는 뜻이다. 중국의 고문헌 자료들에는 고조선 계통 인명 · 지명 등에 ① 阿斯達, ② 阿史德, ③ 阿史那, ④ 阿史壤, ⑤ 阿詞塔納(아사다나, 아사답납) 등이 나온다. 이 가운데서 ① 阿斯達(아사다)과 ② 阿史德(아사더)은 '아사달'의 차음(借音) 한자 표기라고 볼 수 있고, ③ 阿史那(아사나)와 ④ 阿史壤(아사나)는 '아사나'의 차음(借音) 한자 표기라고 할 수 있다. 신채호 선생은 '壤'은 현대 한국어는 '양'으로 읽지만 고대에는 '나'로 읽었다고 하였다. ⑤ 阿詞塔納는 중국어로 '아사(시)다나'로 읽는데, '아사달 나라'의 의미로서 '아사달'과 '아사나'가 동시에 사용되었음을 알려주는 것이기도 하다.

고조선의 원래의 나라 이름은 '아사달', '아사나'였다. '아침의 나라', '맨 처음 해솟는 나라'라는 뜻이다. '아사달', '아사나'를 후에 '朝鮮'이라고 한자 의역한 것은 고중국에 들어간 고조선 이주민들(동이족)의 번역이라고 본다. '朝鮮'은 '아침이 고운 나라', '아침의 아름다운 나라', '아침의 빛나는 나라', '아침이 좋은 나라'의 뜻이기 때문이다. 고중국인들은 다른 나라 이름의 어미에 거의 반드시 나쁜 의미 글자를 붙이는 관습이 있는데 '朝'자 다음 끝에 '아름다운', '고운', '빛나는', '좋은'의 뜻을 붙인 것으로 보아 이를 추론할 수

나라 이름을 '아사(시)달'(아침의 나라)로 정한 것은 고조선의 태양(해) 숭배사상과 직결되어, "태양(해)이 맨 먼저 떠오르는 나라"(land of the sunrise)의 뜻이다. 이 점은 『동국여지승람』에서 "조선(朝鮮)은 동쪽에 해 뜨는 땅에 있으므로 조선이라 이름하였다"[220]라고 해설한 곳에서도 알 수 있다. 또한 고조선 건국 후 고조선 이주민 일부가 산동반도에 정착한 자치공동체 이름을 중국 고문헌이 '暘谷'·'陽谷'(양곡)이라 기록해 놓은 것[221]도 '아사(시)달'을 번역하면서 '태양'이 맨 처음 떠올라 보이는 곳의 의미를 포함시킨 것으로 해석된다.[222]

4. 고조선의 건국 시기

고조선의 건국 시기는 문헌자료와 고고유물 자료에 의한 추정에 약간의 차이가 있다.

(1) 『삼국유사』에 인용된 중국 고문헌 『위서』는 고조선의 건국 시기를 고중국 '요'(堯)임금과 동시기라고 하였다. 중국에서는 전통적으로 '요'임금의 즉위년에 대해 무진(戊辰)년설과 갑진(甲辰)년설이 병존하였다. 『동국통감』(東國通鑑, 徐居正 편찬)은 무진년설을 택했는데, 구한말 서력기원

있다. 『신증동국여지승람』에서 "朝鮮은 동쪽에 해 뜨는 땅에 있으므로 조선이라 이름하였다"라고 기록했는데 대체로 정확한 설명이라고 생각한다.

220 『新增東國輿地勝覽』 卷51, 平安道 平壤府 郡名條 참조.

221 『尙書正義』 堯傳2, "馬云 暘谷海嵎夷之地名 日出於谷本 或作日出於陽谷 陽衍字." 참조.

222 필자가 여기서 지적해 두고자 하는 것은 '아사(시)달'의 뜻인 '태양(해)이 처음 뜨는 나라'가 아시아(Asia)의 뜻인 동방, '태양이 처음 뜨는 땅'(land of the sunrise)과 동일한 의미를 갖는 동일한 용어라는 사실이다. '아시(사)달'이 곧 '아시아'인 것이다. 즉, 아시아는 아시(사)달이 있는 지역으로도 되는 것이다. 어찌하여 이러한 일치가 나타났을까? 앞으로 연구해 봐야 할 과제의 하나일 것이다. 신용하, 「한국민족 최초 '나라이름·겨레이름'에 대한 사회사적 고찰」, 『한국사 속의 나라이름과 겨레이름』, 한국학중앙연구원 학술대회 기조논문, 2015, pp.12~21 참조.

이 들어온 후에는 이를 서기로 BC 2333년으로 환산하였다. 고조선 건국 시기를 BC 2333년, 즉 BC 24세기로 보는 견해가 정립된 것이다.

(2) 고고유물에서 이를 추정해 보면, 산동반도 '대문구(大汶口)문화' 상층유적 유물에서 '아사달 문양'이 새겨져 있는 고조선 '뾰족밑 팽이형(변형) 민무늬 토기' 11점(파손분 포함)이 출토되었다.[223] 이 문양은 고조선 건국 직후 고조선 이주민들이 자기의 족속을 밝힌 '아사달 문양'이었다.[224] 이 11개 토기 술잔은 형태가 고조선 특유의 '뾰족밑 팽이형 민무늬 토기'일 뿐 아니라, 고조선 특유 형태의 토기 위의 잘 보이는 위치에 '아사달 문양'까지 새겨 넣었으니, 이것은 고조선 건국 후 산동반도에 이주해 간 고조선 이주민이 제조한 토기임이 명백한 것이다.

'아사달 문양'의 토기 편년에 대해서는 다음의 3개 측정치가 제시되었다.

① 중국 사회과학원 고고연구소: BC 2800년~BC 2600년[225]

② 고광인(高廣仁)·난풍실(欒豊實)의 수정연대: BC 3000년~BC 2600년[226]

③ 허진웅(許進雄) 등 토론토대학팀: BC 2600년~BC 2400년[227]

그러므로 '아사달 문양'의 고조선식 토기의 편년을 취하면, 고조선 건국 시기는 BC 3000년~BC 2400년 이전으로 볼 수 있다.

(3) 북한 고고학자들이 1993년 강동읍의 단군묘를 발굴해 보니 남녀 한 쌍의 인골 조각이 출토되었는데, 두 기관에서 24~30차 측정한 평균

---

223 山東省文物管理處濟南市博物館 編, 『大汶口新石器時代墓葬發掘報告』, 文物出版社, 1974 참조.

224 愼鏞廈, 「古朝鮮 '아사달문양'이 새겨진 山東 大汶口문화 유물」, 『韓國學報』 제102집, 2001 참조.

225 高廣仁, 「試論大汶口文化的分期」, 『考古學報』, 1978年 4期, 1978.

226 高廣仁·欒豊實, 『大汶口文化』, 文物出版社, 2004, pp.73~78 참조.

227 許進雄, 『中國古代社會』(洪熹 역), 東文選, 1991, p.19 참조.

치가 5011±267 bp로 나왔다.[228] 이 뼈를 단군의 유골로 보면, 고조선은 5011±267 bp경, 즉 BC 30세기경에 건국된 것으로 볼 수 있다.

이상의 고찰을 종합해 보면, 단군의 '고조선' 건국 시기는 이르면 BC 30세기, 가장 늦게 잡아도 BC 24세기경이라고 볼 수 있다. 안전하게 BC 30세기~BC 24세기에 고조선이 건국되었다고 보면 틀림없을 것이다. 중국 사회과학원은 1996년 '하상주단대공정'(夏商周斷代工程)을 5개년계획으로 추진·연구한 결과, 중국 최초의 고대국가 하(夏)나라의 건국 연대를 BC 2070년이라고 발표하였다.[229] 이것은 고조선 건국 연대의 가장 낮은 연대인 BC 2333년보다 263년 뒤늦은 연대다. 고조선은 BC 30세기~BC 24세기에 건국된 동아시아 최초의 고대국가임이 명백한 것이다.

5. 고조선의 '고대국가' 특징

필자는 조선(朝鮮, 아사달)이라는 국호의 고조선이 BC 30세기~BC 24세기에 '한'·'맥'·'예' 3부족의 결합에 의해 '아사달'에 수도를 정하고 동아시아 최초의 '고대국가'로 건국되었음을 한 책을 써서 밝혔으니, 여기서는 중복을 피하여 그것이 '고대국가'임의 명백함을 사회학적 관점에서 약간 설명하는 데 그치기로 한다.[230]

(1) 고조선의 실재 사실이 중국에서 한문 글자로 그들 중국 역사를 기록하기 시작한 시기(BC 8세기경)와 같은 시기의 중국 고문헌 『관자』(管子)에서 '발조선'(發朝鮮: 밝달조선, 檀君朝鮮)의 실재를 기록하고 있으니, 고조

---

228 허종호, 「단군 및 고조선 역사연구에서의 몇 가지 기본문제들과 그 해명」, 『단군과 고조선』, 살림터, 1999, p.231 참조.

229 岳南, 『天古學案』(2001), 심규호·유소영 옮김, 『夏商周斷代工程(2)』, 일빛, 2005, pp.349~351 참조.

230 신용하, 『고조선 국가형성의 사회사』, 지식산업사, 2010 참조.

선의 건국과 실재는 의심할 여지없이 명백한 것이다.[231]

(2) 고조선이 '고대국가'라는 사실은 고조선의 중앙정부 '관료제도'인 8가(八加)제도가 증명하고 있다. 고조선의 중앙정부는 '단군팔가'(檀君八加)제도로 알려진 다음과 같은 8개 부처로 조직된 고대 관료제도를 갖추고 있었다.[232]

호가(虎加) - 모든 가(加)들을 총괄 [큰아들 부루(夫婁)를 임명]
마가(馬加) - 주명(主命) 담당 [옛 신지(神誌)씨를 임명]
우가(牛加) - 주곡(主穀) 담당 [고시(高矢)씨를 임명]
웅가(熊加) - 주병(主兵) 담당 [치우(蚩尤)씨를 임명]
응가(鷹加) - 주형(主刑) 담당 [둘째 아들 부소(夫蘇)를 임명]
로가(鷺加) - 주병(主病) 담당 [셋째 아들 부위(夫虞)를 임명]
학가(鶴加) - 주선악(主善惡) 담당 [주인(朱因)씨를 임명]
구가(狗加) - 분만제주(分管諸州) [여수기(余守己)를 임명]

'8가제도'는 고조선의 전근대 '관료제도'였다. 8가제도는 모든 '국가'에서 특징적으로 볼 수 있는 것처럼 중앙정부를 '부'(部, ministry)로 나누어 구성하는데, 8개 부처로 나누어 조직해서 국가행정사무를 분담하는 일종의 전근대적 관료제였다. 단군의 '8가제도'가 환웅의 '5부제'(3상5부제)와 다른 점은 ① 환웅의 막료체제의 특징인 풍백(風伯)·우사(雨師)·운사(雲師)의 막료가 완전히 청산되어 8개 부처의 행정 총책임자인 호가(虎加: 총리대신)로 통일 집중시켜서 '단군'의 직접적 통치를 보좌하게 된 점, ② 지방행정을 전문화하여 분담관리하는 구가(狗加)의 부서가 신설되었다는

231 『管子』 卷23, 揆道篇 參照.
232 『揆園史話』, 檀君記 參照.

점, ③ 국방·군사를 전문적으로 담당하는 웅가(熊加)의 부서가 신설되었다는 점 등을 들 수 있다.

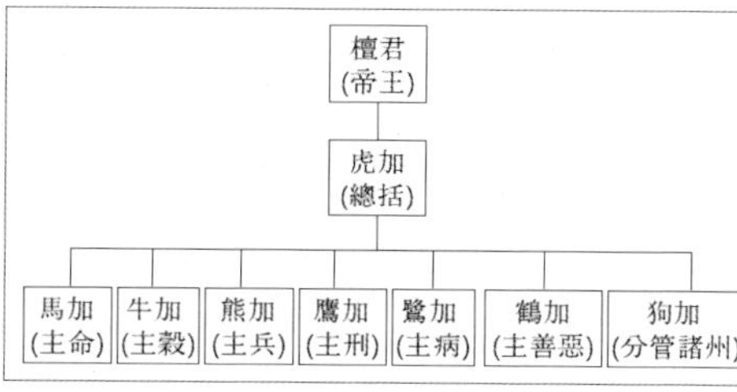

그림 1-47. 단군의 8가제도

고조선의 '국방'을 담당하는 부서[熊加]가 독립되어 신설되었고, '지방 제주(諸州) 총괄'의 행정 담당 부서가 신설되었다는 사실은 '고대국가' 건국에 수반하는 광범위한 영토의 국경방비와 지방행정의 대두에 수반한 지방행정 전담 부서의 설치 필요를 알려주는 것으로서, '고대국가' 형성 증거자료의 하나가 되는 것이다. 고조선 '8가제도'는 고조선 후국과 지방제도에도 널리 적용되었던 제도로 보인다.[233]

(3) 고조선의 개국 시조 '단군'(檀君)은 '왕검'(王儉 또는 중국 고문헌에도 때때로 王險)으로 한국과 중국의 고문헌에 분명하게 기록되어 있다. 중국에서는 중국의 '王'의 호칭과 기록이 있었으나 '王儉'이라는 호칭은 없었다. 그러므로 '王儉'(險)은 고조선말 '님검'(임금)의 한자 표기라고 해석된다.

고조선의 왕은 '한'족과 '맥'족만 통치한 것이 아니라 일정한 자치권을 인정받은 '예'족도 연맹하여 통치했으며, 처음부터 '후국(侯國)제도'를 채택해서 분권적 후국들의 제후(諸侯)들도 통치했으므로, 일종의 '제왕'(帝王)의 성격도 가졌었다고 볼 수 있다.

233 『고사기』(古事記)에는 일본 최초의 왕 신무(神武)가 동정(東征)할 때 천손이므로 천제(天帝)가 '야다가라스'(八咫烏)를 보내어 길안내를 시켰다는 전설이 기록되어 있다. 여기서 '야다'가 '八'(야닯·여닯), '가라쓰'가 '가'(加)에 대응한다. 부여·고구려에서는 '烏'(일본어의 '가라쓰')가 고위관리의 성명·명칭임도 참고할 필요가 있다. 또한 고조선의 후국족으로서 박은식(朴殷植)이 단군조선(檀君朝鮮)의 일부라고 강조한 읍루(挹婁)·여진(女眞)·만주족 계열의 왕조에서는 항상 '팔기제'(八旗制)를 운영해 왔는데, 이 '八'도 고조선의 '8가제도'의 유제와 연관시켜 고찰해 볼 필요가 있을 것이다.

고조선 건국 임금 '단군왕검'(檀君王儉)의 국왕 또는 제왕의 명료한 성격은 고조선의 '고대국가'임의 증명이 된다고 볼 수 있다. 또한 고조선의 첫 수도 '아사달'의 실재도 고대국가 고조선의 역사적 실재 사실을 증명하는 것이 된다.

(4) 『신증동국여지승람』의 강동현조에 '단군묘'(檀君墓)와 '고황제묘'(古皇帝墓)의 2개 왕릉이 실재했다는 기록도 고조선의 '고대국가'임의 증명이 된다. 『삼국유사』의 『고기』는 단군이 '태백산 아사달'에 도읍했다고 기록했는데, 조선왕조시대의 『강동군읍지』에는 '강동'군에 '대박산'(大朴山)이 있고 그 기슭 일대의 강동군아와 추흥관(秋興館) 뒤에 '아달산'(阿達山)이 그려진 강동읍지도가 있다.[234] 『신증동국여지승람』 강동현조에는 '대총'(大塚)이라는 항목을 설정하고, 그 설명에 "하나는 서쪽으로 3리에 있으며 둘레가 410척으로 속담에 단군묘(檀君墓)라고 전한다. 하나는 현의 북쪽으로 30리에 있으며 도마산(刀ケ山)에 있는데 속담에 고황제묘(古皇帝墓)라고 전한다"[235]라고 기록하였다. 『신증동국여지승람』의 편찬 시(서기 1531년)까지 '단군묘'와 '고황제묘'의 2왕릉이 실재했던 것이다.

'단군묘'의 둘레가 410척(환산하면 약 123m)이라고 했으니 거대 왕릉이었음을 알 수 있다.[236] '고황제묘'의 크기는 기록되어 있지 않지만 '대총'(大塚)이라고 했으니, '단군묘'와 비슷한 크기라고 추정할 수 있다. 고조선의 개국 시조 '단군'의 무덤인 '단군묘'가 고조선을 등한시하던 조선왕조시대의 관찬 기록에 기록되어 있고, 강동현에 1531년까지도 둘레 123m의 '거대 왕릉'으로 실재하고 있었으니, 이것은 '고대국가' 고조선의 실재와 고조선 첫 수도가 '강동 아사달'이었음을 명백하게 증명하는 것이

234 『江東郡邑誌』(江東郡邑誌謄書成冊, 奎10912) 앞면 「江東郡邑地圖」 참조.
235 『新增東國輿地勝覽』, 平安道 江東縣 古跡條 참조.
236 『新增東國輿地勝覽』, 平安道 江東縣 古跡條 참조.

라고 볼 수 있다.

'고황제묘'는 누구의 묘인지 현재는 알 수 없다. 고조선의 어느 다른 제왕의 무덤이었으리라고 추측된다. 그러나 '고황제묘'도 '단군묘' 다음으로 고대국가 고조선의 실재의 증명을 보완해 준다고 볼 수 있다.

(5) 강동 아사달에 국왕의 제천(祭天) 행사용 거대한 '제단'(祭壇)인 '황제단'(皇帝壇)의 실재도 고조선의 '고대국가'임을 증명한다. 조선왕조시대의 『강동군읍지』에는 현의 북쪽 35리의 전포리(錢浦里)에 '황제단'(皇帝壇)이라 하는 고적이 있는데 둘레가 607척 4촌, 높이가 126척의 단(壇)이라 기록하였다.[237] '황제단'의 둘레가 무려 182.2m(607척 4촌), 높이가 무려 37.8m(126척)에 달했다는 것은 피라미드형의 거대한 계단식 제단임을 의미한다. 이러한 거대한 제단이 조선왕조시대까지는 남아 있었던 것이다. 고조선 '황제단'의 거대한 제단도 고조선의 '고대국가'임을 보완하여 증명해 준다고 할 것이다.

(6) 강동 아사달의 성곽(城郭) 유적도 고조선의 '고대국가'임의 증명의 하나가 된다. 고조선의 첫 수도 '강동 아사달'은 2중으로 성(城)을 쌓은 고대도시였다. 『신증동국여지승람』 강동현조는 강동현에 고읍성(古邑城)이 당시에도 남아 있다고 하면서, "서강(西江) 동쪽에 있다. 토축(土築)으로 둘레는 5,759척이며 안에 2개의 우물이 있다"[238]라고 기록하였다. 한편 조선왕조시대의 『강동군읍지』는 고성(姑城)이 현의 서쪽 40리에 있는데 당시에는 유지(遺址)만 남아 있다고 기록하였다.[239] 즉, 둘레 5,759척의 고읍성(古邑城)이 조선왕조시대에는 남아 있었고, 이보다 외곽인 현의 서쪽 40리에 고성(姑城)이 있었는데 조선왕조시대에는 그 성터[遺址]만 남

237 『江東郡邑誌』, 古蹟條 참조.

238 『新增東國輿地勝覽』, 平安道 江東縣 古跡條 참조.

239 『江東郡邑誌』, 姑城條 참조.

아 있다고 기록된 것이다. 이로써 고조선의 첫 수도 강동 '아사달'은 2중의 성곽을 쌓아 방어했던 '성곽도시'였음을 알 수 있다. 첫 수도 '아사달'이 성곽도시였다는 사실도 고조선이 '고대국가'였음을 보완하여 증명해 준다고 볼 수 있다.

(7) 강동 아사달의 '고황제굴'의 기록도 '고대국가' 고조선의 실재를 증명하는 자료가 된다. 조선왕조시대의 『강동군읍지』에는 황제단의 남쪽 오애(烏崖)에 '고황제굴'(古皇帝堀)이라고 통칭하는 큰 굴이 고적으로 남아 있다고 기록되어 있다.[240] '고황제굴'의 '황제' 명칭과 존재도 고조선의 첫 수도가 '강동 아사달'임을 증명함과 동시에 '고대국가' 고조선의 실재를 보완하여 증명해 주는 것의 하나로 볼 수 있다.

(8) 고조선 아사달 '왕궁터'[仍乙舍鄕]의 실재 기록도 '강동 아사달'과 고대국가 고조선의 실재를 보완하여 증명해 준다고 해석할 수 있다.[241]

---

240 『江東郡邑誌』, 姑城條 참조.

241 『신증동국여지승람』은 강동현 '고적'조에 넣은 큰 마을로 ① 잉을사향(仍乙舍鄕, 현의 남쪽 12리에 위치), ② 기천향(岐淺鄕, 현의 북쪽 3리에 위치), ③ 반석촌(班石村, 현의 서쪽 20리에 위치), ④ 박달관촌(朴達串村, 현의 북쪽 15리에 위치), ⑤ 마탄촌(馬灘村, 현의 서남쪽 30리에 위치), ⑥ 태자원(太子院, 현의 남쪽 25리에 위치) 등을 기록하였다. 이 마을들을 구태여 모두 '고적'(古跡)에 넣어 특별히 기록한 것은 이 마을들의 큰 묶음이 바로 고조선 첫도읍 옛 '아사달'임을 말하는 것이라고 필자는 생각한다. '아사달'은 이 큰 마을들을 모두 아사달의 시가지 마을로 포함한 큰 성시(城市)였다. 그러므로 조선왕조시대 『신증동국여지승람』이 편찬된 16세기경을 기준으로 하면 강동현의 현청[東軒] 마을(아달동)을 중심으로 적어도 현의 서쪽으로 20리, 현의 남쪽으로 12리, 현의 서남쪽으로 30리, 현의 북쪽으로 15리의 범위가 고조선의 도읍지 '아사달'의 시가지였다고 볼 수 있는 것이다. 이 '아사달' 옛 시가지 마을 이름 중에서 역대 왕조 지방관들이 한문자로 바꾸지 않고 고조선말을 그대로 이두식 표기로 기록한 유일한 마을로 '仍乙舍鄕'(잉을사향)이 있다. 왜 역대 지방관은 '仍乙舍鄕'은 고조선말을 살려서 표기했으며, 이 명칭은 어떤 뜻을 가진 것인가? 아사달 고읍(古邑) 가운데서 '仍乙舍鄕'은 '우르집마을', '임금집마을'[王宮里]의 이두 표기로서 왕궁이 있던 지역으로 판단된다(『新增東國輿地勝覽』, 平安道 江東縣 古跡條 참조. 『江東郡邑誌』 部坊條에서는 岐淺鄕이 지금의 縣內村에 합쳐졌으며, 班石村이 高泉村으로 개칭되었고, 朴達串村은 勿仇知村으로 개칭되었다고 기록하였다). '仍乙舍鄕'의 '仍'(잉)은 옛말 '그대로' 표기한다는 이두식 도입 표현이면서 다음의 발음과 연결되고, '乙'(을)은 '우르=임금'의 고대어의 이두식 표기다. '舍'(사

고조선의 첫 수도 '강동 아사달'의 '왕궁터'의 실재 지명이 16세기의 강동군 '용흥리'(龍興里)로 확인됨은 '고대국가' 고조선의 실재에도 보완적 증거의 하나가 된다고 볼 수 있다.

(9) '강동 아사달'에 거대형 '탁자식 고인돌'[支石]이 실재한 사실도 고대국가 고조선의 실재의 보완적 증거가 될 수 있다. 거대한 크기의 '탁자식' 고인돌은 왕릉급 무덤으로 간주되기 때문이다. 『강동군읍지』에는 머리에 부착된 지도에 고인돌[支石]이 그려져 있고, 현의 서쪽 10리 문흥리(文興里)의 대로변 산정(山頂)에 있다고 설명하였다.[242] 그 지도에는 사직단과 봉화산 사이의 세 봉우리의 서쪽 봉우리 산꼭대기에 'ㅠ'형 큰 탁자식 고인돌이 집채 모양으로 그려져 있는데, 매우 큰 고인돌이었음을 알려주고 있다. 문흥리에는 이 거대 고인돌을 포함해 모두 6기의 고인돌이 있다고 한다.[243] 물론 이 밖에도 '강동 아사달'에는 크고 작은 탁자식 고인돌과 개석식 고인돌이 다수 있었음을 최근 지표조사 보고를 통해서 알 수 있다.

(10) 고조선이 '고대국가'라는 증명은 고조선에서 발전한 선진적 청

=마)는 家(가)·宮(궁)을 표기하면서 다음 발음에 연결시킨 것이다. '乙舍'(을사, 우르집)가 '왕궁'(王宮)의 이두 표기다. '鄕'(향·시골·마을)은 앞 글자 '舍'(사)를 '마'로도 발음하기 때문에 '마을'로 읽도록 한정되어 있다. 그러므로 '잉을사향'(仍乙舍鄕)은 옛 명칭으로서 '우르집마을'·'임금집마을'·'왕궁리'(王宮里)이며, 고조선 수도 '아사달'의 왕궁(王宮) 터임을 알려주는 것이다. 『신증동국여지승람』 강동현조에는, 고려 인종 14년에 서경기(西京畿)에서 나누어 현을 설치했는데, 잉을사향(仍乙舍鄕)이 곧 지금(조선왕조)의 현내방(縣內坊) 용흥리(龍興里)이고, 반석(班石)이 곧 지금의 고천방(高泉坊) 반석리(盤石里)이며, 바달관촌(朴達串村)은 곧 지금의 구지방(區池坊) 용암리(龍巖里)이고, 마탄촌(馬灘村)은 지금의 마탄방(馬灘坊)이라고 설명하였다(『新增東國輿地勝覽』, 平安道 江東縣 古跡條). 고조선 첫 수도 '아사달'의 왕궁은 조선왕조시대 16세기 강동현 용흥리가 그 왕궁 터였다고 볼 수 있다.

242 『江東郡邑誌』, 古蹟條, 支石 참조.

243 석광준의 「문흥리 고인돌에 대하여」(『조선고고연구』 제81호, 1991)를 읽었더니, 문흥리 고인돌은 모두 6기다. 대조해 보니 제2호 고인돌이 『강동군읍지』(江東郡邑誌)의 지도에 그려진 고인돌과 일치하였다.

동기에서도 충분히 보완된다. 예컨대 고조선 전기의 다뉴조문경(多鈕粗紋鏡), 비파형동검, 고조선 후기의 다뉴세문경(多鈕細紋鏡), 세형동검(細形銅劍), 고조선 소도에서 주로 사용된 팔주령(八珠鈴)을 비롯한 각종 제의기(祭儀器) 등은 같은 시기 어느 지역 고대국가의 청동기보다 선진적이었다. 이러한 발전된 청동기와 청동무기는 인류문명사에서 보편적으로 '고대국가'에서 사용되는 금속용기임이 명백한 것이다.

6. 고조선 국가의 '고대연방제국' 성격

한국민족 형성과 고조선 국가와의 관계에서 반드시 논급해야 할 것은 고조선의 후국(侯國)제도 채택에 의한 후국들과 민족 형성의 관계다. 고조선은 건국 초부터 '후국제도'를 채택하여 '예'족을 후국족으로 결합시켰었다. 고조선은 요동·요서지역으로 진출하면서 '후국제도'를 더욱 활용하여 주위의 국가 형성 이전 단계의 부족과 원민족들을 후국 또는 후국부족으로 포용하면서 '고대연방국가'(고대연방제국)로 발전해 나갔다. 그 대표적 후국을 들면 다음과 같다.

① 고조선의 중앙 본국: 조선(밝달조선, 發朝鮮, 고조선)
② 고조선의 남부 후국: 진(辰·震)국
③ 고조선의 동부 후국: 옥저(沃沮), 읍루(挹婁)
④ 고조선의 북부 후국: 부여(夫餘)
⑤ 요동지역 후국: 양맥(良貊), 구려(句麗), 비류(沸流), 개마(蓋馬), 구다(句茶), 행인(荇人), 임둔(臨屯)
⑥ 요서지역 후국: 고죽(孤竹), 불영지(弗令支), 불도하(不屠何), 청구(青丘), 진반(眞潘), 동호(東胡), 원오환(原烏桓), 선비(鮮卑), 고마해(庫莫奚), 원정령(原丁零), 오손(烏孫)

⑦ 동내몽고지역 후국: 산융(山戎), 원유연(原柔然), 실위(室韋)

고조선의 크고 작은 수십 개의 후국들은 이를 '제1형 후국'과 '제2형 후국'으로 나누어 볼 수 있다. 유형 분류의 기준은 ① 고조선 통치권에 편입된 시기의 선후관계, ② 고조선 중앙정부와의 정치적 거리의 상대적 멀고 가까움, ③ 사회경제생활 방식의 농경과 유목의 유형, ④ 고조선어에의 통합 정도 등이다.

제1형 후국은 고조선에 매우 일찍 후국으로 편입되어 고조선 본국(직령지, 밝달조선, 發朝鮮)의 중앙정부와 정치적 거리가 상대적으로 가깝고, 사회경제생활을 주로 농업경작에 의거하며, 고조선어를 많이 사용하는 후국들이다. 제1형 후국으로서는 우선 부여(夫餘), 진국(辰國), 고죽(孤竹), 옥저(沃沮), 청구(青丘), 불령지(弗令支), 불도하(不屠何), 개국 때 참가하지 않았던 나머지 맥(貊)과 예(濊), 동호(東胡), 오환(烏桓), 선비(鮮卑), 고마해(庫莫奚), 양맥(良貊), 구려(句麗), 비류(沸流), 개마(蓋馬), 구다(句茶), 행인(荇人), 진반(眞潘), 임둔(臨屯) 등을 들 수 있다.

제2형 후국은 고조선 후국으로 편입된 시기가 상대적으로 늦고, 고조선 본국 중앙정부와의 정치적 거리도 상대적으로 멀며, 사회경제생활을 주로 유목에 의거하고 농경을 보조로 하며, 고조선어와 구조 및 체계는 동일하면서 어휘는 부족 어휘를 많이 사용하는 후국들이다. 제2형 후국으로서는 읍루(挹婁), 산융(山戎), 유연(柔然), 정령(丁零·鐵勒·원突厥), 오손(烏孫), 실위(室韋) 등을 들 수 있다.[244]

고조선 국가 조직이 '후국제도'를 채택했다 할지라도, 고조선의 중앙정부와 후국의 관계는 그것이 '간접통치'일 뿐이지 본질적으로 '지배-종속'

244 신용하, 『고조선 국가형성의 사회사』, 지식산업사, 2010, pp.282~304 참조.

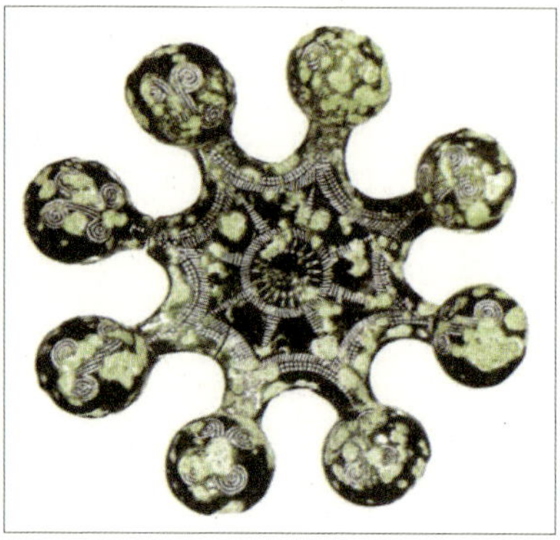

그림 1-48. 고조선문명의 천군(天君)의 의기 팔주령에 도안된 고조선과 8방 후국들의 관계 상징

의 관계였으며, '중앙-주변'의 관계였다. 오직 그 통치 유형이 '직접지배'가 아니라 '간접지배'라는 것뿐이었다.

고조선 후국들의 고조선 중앙 본국에 대한 의무는 ① 전쟁시 군사동원, ② 군사장비의 공납, ③ 군량제공, ④ 특산물의 공납, ⑤ 전국 대회에의 참가, ⑥ 신앙·종교의식에의 참가 등이었다. 한편 고조선 후국들이 고조선 중앙 본국으로부터 받는 혜택은 ① 군사적 보호, ② 후국 제후의 지배질서와 권위 보장, ③ 선진적 경제와 기술의 전수, ④ 선진적 문화의 전수와 지원, ⑤ 각종 명분의 제공 등이었다.

고조선 중앙 본국과 후국의 관계를 그림으로 그리면, 입체적으로는 피라미드형 삼각형으로서 고조선 제왕(단군)이 항상 정상에 있고, 그 아래 각급 후국들이 수직적으로 종속되어 있는 형태였다. 이것을 평면으로 그리면, 고조선 본국이 정중앙에 있고, 다수의 후국들이 그의 지배와 영향을 받으면서 주변에 연결되어 있는 것이었다.

고조선의 후국인 '한'족이 세운 '진국' 지역의 '천군'(天君)이 사용했던 의기에 고조선과 후국들의 이러한 관계를 평면으로 도안한 청동제 팔주령(八珠鈴)이 있다(〈그림 1-48〉 참조). 이 '천군'의 팔주령에서 '중앙'의 '태양'(해)은 고조선 본국과 '단군'을 상징하고, 중앙의 '햇빛'을 받은 주변의 연결된 8방의 작은 '태양'들은 고조선의 지배를 받는 8방 후국들을 상징한 것으로 해석된다. 한국에는 고조선이 하나의 중앙 본국과 8방의 주변 소국들의 9개국 체제로 되어 있었다는 전통적 의식이 존재해 왔으며, 고중국에서는 동이(東夷)가 9개 족으로 구성되어 있어서 '구이'(九夷)라는 별명이 있는 것으로 의식해 왔다.

그러므로 고조선의 국가 조직은 일종의 '고대연방제국'이라고 할 수 있으며, 일종의 '지방분권적 고대제국'이라고 할 수 있다. 이러한 '고대연방제국'의 강점은 고대제국의 중앙 본국이 비교적 안전하고 안정적으로 된다는 것이다. 한편 약점은 고조선 중앙 본국이 강력하고 후국들을 통제할 수 있는 시기에는 문제가 없지만, 중앙 본국이 쇠약해지고 지방 후국이 강성할 때에는 후국의 분리독립이 비교적 용이해진다는 것이다.

고조선 국가가 BC 108년 해체될 때 제1형 후국은 계속 고조선의 복국을 위해 분투했으나, 제2형 후국은 분리독립하여 별개 민족을 형성하는 방향으로 발전하였다.

제9장 '한'·'맥'·'예' 3부족 결합에 의한 古한반도에서의 한국민족 형성

1. 고조선 국가의 사회력에 의한 '한'·'맥'·'예' 3부족 결합의 '민족' 형성

우리가 단군설화에서 주목할 것은 앞 장에서 본 바와 같이 '한'족과 '맥'족의 혼인동맹에 의한 결합은 '단군'에 의해 처음 성취된 것이 아니라 그의 선조 '환웅'에 의해 성취되었다는 사실이다. '단군'이 고조선 국가를 건국하면서 성취한 것은 '한'족과 '맥'족의 한 민족으로의 통합을 더욱 공고하게 강화한 것이었다. 왜냐하면 '단군왕검'은 '한'족을 친가부족으로 하고 '맥'족을 외가부족으로 한 왕검이었으므로, '단군'은 친가 '한'족에서 보아도 그들의 자손이고, 외가 '맥'족에서 보아도 그들의 자손이었기 때문에 '한'족과 '맥'족을 더욱 공고하게 융합시킬 수 있었기 때문이다.

'단군'이 고조선 고대국가를 건국하면서 그만이 성취한 부족연맹의 업적은 환웅시대에 성취하지 못한 '예'(범토템)족을 결합시켜 '한'·'맥'·'예' 3부족 결합을 성취한 성과다. 단군이 '예'족을 고조선 건국에 결합시킨 방법은 '후국(侯國)제도'를 채택하여 '예'족의 자치권을 승인하는 한편, 단군왕검의 중앙관료조직에서도 '예'족 출신을 중요한 지위에 중용하는 방식에 의거한 것으로 추정된다. 고조선 국가 중앙정부조직인 '단군팔가'(檀君八加)제도를 보면 총리대신 격인 '호가'(虎加)의 '虎'는 관직 호칭을 동물에서 취한 것으로도 볼 수 있지만, 좀 더 깊이 생각해 보면 '범'토템족 직위의 우대 표시도 내포되어 있는 것으로 추론해 볼 수도 있다. '예'족 족장은 고조선 건국 후에도 '예군'(濊君)으로 존대되었다.

일단 고대국가 '고조선'이 건국되자, 고조선 고대국가의 합법적 강제력은 국민이 된 '한'·'맥'·'예' 3부족을 하나의 '민족으로 통합시키는 강력한 사회력으로 작용하였다. 고조선 고대국가는 BC 30세기~BC 24세기에 건국되어 BC 2세기(BC 108년)까지 약 2천여 년의 장기간 동안 존속하였다. 물론 이 2천 년 '장기지속' 기간에 왕조는 몇 차례 바뀌었지만, '한'·'맥'·'예' 3부족의 결합은 바뀐 일이 전혀 없었고, 오히려 다른 소수 부족들의 통합이 추가되기만 하였다.

고조선 고대국가의 이러한 '장기지속'의 지배 속에서 활발한 교류와 언어 통합, 족외혼과 사회경제생활과 문화의 공동을 통하여 '한'·'맥'·'예' 3부족과 기타 소수 부족은 통합되어 하나의 '고조선민족'(한국민족)으로 형성되었다. '고조선민족'이 바로 최초의 '한국민족 형성', '한국 원민족'이 된 것이었다.

그러므로 요약하여 한마디로 말하면, 한국민족은 약 5천 년 전 고조선 고대국가의 건국과 그 '장기지속' 기간에 '한'·'맥'·'예' 3부족이 하나의 '민족공동체'로 결합하고 통합하여 진화해서 형성된 것이었다.

고조선 시대에도 한국민족 형성의 3부족 결합 사실을 인지한 유물과 기록이 남아 간혹 발견된다. 고조선 강역이었던 만주 요녕성 평강지구(平崗地區) 유적에서는 고조선 말기(중국학자는 중국 연대로 서한 초기의 것으로 추정) 금도금 장식품이 출토되었는데, 커나란 새(독수리 또는 삼족오)의 지휘와 돌봄 아래 곰과 범이 모여 순종하고 있는 도안의 장식품이었다.[245]

---

245 朴仙姬, 『고조선 복식문화의 발견』, 지식산업사, 2011, p.362; 徐秉琨·孫守道, 『中國地域文化大系: 東北文化, 白山黑水中的農牧文明』, 上海遠東出版社, 1998, p.129, 그림 149 참조. 이 자료에서는 이 금도금 장식패(높이 7cm, 가로 13cm)를 흉노문화(匈奴文

그림 1-49. 요녕성 평강지구에서 출토된 '새'토템족이 '곰'토템족, '범'토템족, '이리'토템족을 휘하에 거느린 도안의 청동장식

중국학자들은 이 동물들을 토템으로 해석하였다(〈그림 1-49〉 참조).

이 '커다란 새'를 '삼족오'로 해석하면, 삼족오는 '환인'·'환웅'·'단군'의 3태양신이므로, '한'족에서 나온 제왕의 지배 아래서 곰토템족(맥족)과 범토템족(예족)이 연맹하여 고조선이 형성된 사실을 표상한 것으로 해석된다.[246] 만일 이 새를 단순히 '커다란 새'로만 인지하는 경우에도 이 장식품은 '태양'(해)숭배의 '새'토템족인 '한'족이 곰토템족인 '맥'족과 범토템족인 '예'족을 다스렸음을 상징적으로 나타낸다고 해석할 수 있다. 또한 이 장식품 도안에서 곰의 뒤쪽 아래편에 순화된 '이리'로 보이는 동물이 역시 큰 새의 품 안에 들어가 있는데, '이리'토템족(실위와 산융)도 후에 '한'족에서 제왕을 낸 고조선의 통치 아래 후국족으로 들어온 것을 상징적으로 나타낸 것이라고 볼 수 있다.

2. 중국 고문헌에 보이는 '한'·'맥'·'예' 3부족 결합의 편린

중국의 고문헌 기록에도 고조선이 '한'·'맥'·'예' 3부족의 결합으로 형성되어 '한'에서 왕을 내어 지배했음을 시사한 흔적이 남아 있다. 『상서』

化)로 분류하고 '곰' 뒤의 동물조각도 '멧돼지'[野猪]로 판독하면서 잠정적인 것으로 깊은 토론이 필요하다고 해설하고 있다. 그러나 이 장식패물이 출토된 요녕성 평강지구는 옛 고조선의 서변 영역이었고, '곰' 뒤의 동물도 '이리'[狼]임이 뾰족 솟은 귀와 주둥이에서 분명하다. 이리는 당시 '실위'와 '산융' 등의 토템이었다.

246 愼鏞廈, 「古朝鮮文明圈의 三足烏太陽 상징과 朝陽 袁台子壁畵墓의 三足烏太陽」, 『한국학보』 제105집, 2001(『한국 原民族 형성과 역사적 전통』, 나남출판, 2005 재수록) 참조.

(尙書)의 「주서」(周書)에 있는 "무왕이 이미 동이를 정벌하자 숙신이 축하하러 찾아왔다"[247]라는 기사에 대해, 당의 공안국(孔安國)이 주를 붙이면서 『상서주소』(尙書注疏) 공안국전(孔安國傳)에서는 이를 "해동(海東)의 오랑캐들인 구려(句麗)·부여(夫餘)·한맥(馯貌) 등의 족속들이 무왕(武王)이 상(商)을 이기자 모두 길을 통하게 되었는데, 성왕(成王)이 왕위에 오르자 회수(淮水) 지방의 동이(東夷)들이 반란을 일으켰으므로 성왕이 이를 정벌했고 숙신이 와서 축하한 것이다"[248]라고 해설하였다. 이어서 공안국은 한맥(馯貊)에 대해 '한'(馯)은 '戶旦反'('한')으로 발음하여 읽으며, 『한서』(漢書) 지리지(地理志)에서는 '한맥'(寒貊)으로 기록했다고 쓰고,[249] 공자(孔子)는 '貉'은 '貊'이라 말했다고 설명하였다. 즉, '馯貊'(한맥; 馯貌, 馯貉)은 '寒貊'이라고도 쓰며, 한(馯)족과 맥(貊)족이 결합한 동이(東夷)가 주무왕(周武王)이 상(商)나라를 쳐서 이긴 BC 11세기경에 새 왕국 주(周)나라와 통하게 되었음을 기록한 것인데, '동이'의 '한·맥'(馯貊)이 고조선의 민족 구성 표현임을 바로 알 수 있다.

이때 공안국은 고조선을 '한맥'(馯貊)으로 표현하여, 그것이 '한(馯)과 맥(貊)'의 결합 민족임을 시사했을 뿐 아니라 '馯'(한; 馬와 干의 결합 문자) 자를 써서 '한'족은 동이족이면서 기마하는 민족의 특징이 있음을 표시하였다.

고조선 건국 전후부터 한반도에서 '한'족의 일부가 산동반도 등에 건너가서 소분국을 이루며 살았는데, '한'은 순수한 고조선어 명칭이므로 고대 중국인들은 '한'을 '寒'·'韓'·'汗'·'馯' 등 여러 문자로 음차 표기하였다. 원래 중국에는 '韓'자 표기 성씨는 없었고, 古한반도에서 이주해 온

---

247 『尙書』 卷22, 周官, "武王旣伐東夷 肅愼來賀."

248 『尙書注疏』 卷18, 周書 孔安國傳, "海東諸夷 句麗·扶餘·馯貌之屬 武王克商 皆通道焉. 成王卽政而叛 王伐而服之 故肅愼氏來賀."

249 『尙書注疏』 卷18, 周書, 孔安國傳, "馯戶旦反 地理志音 寒貊."

'한'족 가운데 일부 중국에 동화한 '한'을 '韓'으로 표기하기도 했다.

정현(鄭玄)은 위의 기록에 대해 "고구려(高句麗)·부여(扶餘)·한(韓)은 있으되 이 한(馯)은 없으니 한(馯)은 곧 피한(彼韓, 저들의 韓)이며 음은 같고 글자는 다르다"[250]라고 하여 '한맥'(馯貊)은 '彼(東夷)韓'이라고 하였다.

여기서 공안국이 고조선을 '馯貊'이라고 부르고, 정현이 '馯'은 곧 '彼韓'(저들 동이족의 韓)이라고 해설한 것은 그들이 고조선은 '한'(馯·寒·韓)족과 '맥'(貉·貊)족이 결합하여 세운 국가와 민족임을 인식하고 해설한 것이었다고 볼 수 있다.

또한 『시경』(詩經) 한혁(韓奕) 편에는 '한'(韓)의 후(侯)가 '추'(追)와 '맥'(貊)과 북국(北國)들을 모두 통치했다는 요지의 시가가 수록되어 있다.[251] 김상기 교수는 여기서 '추'(追)는 '예'(濊)를 가리키는 것으로 해석하였다.[252] 이것은 중국에 일부 귀화된 '한'씨의 옛 조상 고조선의 '한'이 '예'·'맥'과 '북국'의 모든 종족을 다스렸음을 빌려다 노래한 것으로 해석된다.

한편 '한'족과 '예'족의 결합에 대해서는 『일주서』(逸周書)의 진(晉)의 공조(孔晁)의 주에 "예(穢)는 한예(寒穢)이니 동이(東夷)의 별종(別種)이다"[253]라고 기록하였다. 통칭 '예'라고 칭하는 족속은 '한예'('한'족과 결합한 '예', 또는 '한'족의 '예')이니 동이(이 시기의 '동이'는 '고조선'을 지칭)의 별종이라는 설명이다. '한예'(韓穢)는 곧 '한'족과 '예'족의 결합 사실을 나타내는 호칭인 것이다.

---

250 『尙書注疏』 卷18, 周書疏, "鄭玄云 北方曰貉 又云東北夷也. 漢書有高句麗·扶餘·韓無此馯 馯卽彼韓也 音同而字異."

251 『詩經』 韓奕篇, "溥彼韓城 燕師所完 以先祖受命 因時百蠻 王錫韓侯 其追其貊 奄受北國 因以其伯." 참조.

252 金庠基, 「韓·濊·貊 移動考」, 『東方史論叢』, 서울대출판부, 1974, p.357 참조.

253 『逸周書』 卷7, 王會解 第59, 穢人前兒의 注 "穢寒穢 東夷別種."

'예'족은 '한예'(韓穢) 외에도 '북예'(北濊) 또는 '동예'(東濊)의 호칭 기록이 고문헌에 나온다. 그러나 이때의 '북'(北)과 '동'(東)은 방향을 나타내는 접두어로, 지리적 위치를 지시할 뿐이다. 반면에 '한예'(韓穢)는 방향이 아니라 '한'(寒·韓·馯·桓·汗)족과 결합(통합)된 '예'족을 지칭한 호칭이었음을 주목할 필요가 있다.

한편 '예'족과 '맥'족의 결합에 대해서는 고문헌에 '예맥'(濊貊)의 기록이 많이 나온다. 예컨대 BC 664년 제(齊)의 환공이 북으로 연(燕)을 구원하러 출정했을 때 "고죽(孤竹)·산융(山戎)·예맥(濊貊)에 닿았다"[254]라고 한 것은 '예'와 '맥'으로 분리해 읽는 것보다 '예맥'을 통합하여 호칭한 것으로 해석된다.

『사기』 흉노전에는 흉노의 위치가 상곡(上谷)군 동쪽에서 '예맥조선'(濊貊朝鮮)[255]과 접했다고 기록하였다. 또한 『사기』 식화전(殖貨傳)에서도 연나라는 동쪽으로 '예맥조선'(濊貊朝鮮) 및 진번(眞番)과 접하여 교역했다고 기록하였다.[256]

이때 '예맥조선'을 ① '예맥'과 '조선'으로 띄어 읽을 것인가, ② '예'·'맥'·'조선'으로 띄어 읽을 것인가, ③ '예맥조선'으로 합쳐서 읽을 것인가에 따라 해석에 큰 차이를 보일 수 있다. '예맥'을 붙여 읽을 때는 '예'족과 '맥'족의 결합을 의미할 수 있다. 또한 '예맥조선'으로 합쳐서 읽을 경우에는 『관자』(管子)에서 보이는 '발조선'(發朝鮮: 밝달조선, 檀君朝鮮)에 대비해서 '예맥'족의 '조선'에의 결합을 표현한 것으로 해석할 수 있다.

고조선 건국 후 서쪽 변방 방비에 용맹한 '예'족 장수를 다수 채용하여 요서시방에 '예'족의 이주가 많았다. 또한 '맥'족도 요동지역으로 이주한

---

254 『管子』 卷8, 小匡 第20, "桓公北至於孤竹·山戎·濊貊."
255 『史記』, 匈奴列傳, "同接濊貊朝鮮." 참조.
256 『史記』, 殖貨傳, "燕東綰濊貊朝鮮眞番之利." 참조.

경우가 많았고, '한'족의 요동 · 요서지방 이주도 많았다. 그러므로 고조선 전체 영역에서 '한'·'맥'·'예'족은 시간이 경과할수록 섞여 살게 되었다.

'한'·맥'·'예' 3부족이 연맹하여 BC 30세기~BC 24세기에 고대국가를 건국한 후, 고조선이 무려 2천여 년 동안 장기지속하면서 발휘한 국가의 통합력과 고조선 국가 내의 국민이 된 '한'·맥'·'예' 3부족의 활발한 교류는 3부족의 통합을 자연스럽게 결과하여 당연히 '고조선민족'을 형성하게 되었고, 이 '고조선민족'이 '한국민족'의 '원민족' 형성이 된 것이다.

3. 한국민족 형성의 요소별 특징

한국민족의 '원민족' 형성 과정을 고조선문명권과 관련시켜 사회학적 설명을 약간 추가하면 다음과 같은 특징을 지적할 수 있다.

(1) 한국민족 형성의 '정치의 공동' 요소는 동아시아 최초의 고대국가(고대연방제국)로서의 '고조선 국가' 형성이 바로 그것이므로 여기서는 더 자세한 설명은 약하기로 한다.[257]

고조선 국가의 '정치의 공동'은 그 안에 결합된 '한'·'맥'·'예'부족을 비롯하여 모든 고조선 주민들로 하여금 하나의 '민족공동체'로 결합하도록 강력한 구속력을 발휘하였다. 고조선 국가 주민들에게 주어지는 통치제도와 행정제도와 군사활동의 공동성은 사회생활의 모든 부문에서 공동 유형을 갖도록 강제적 구속력으로 작용하였다. 고조선 국가의 형성과 2천여 년의 '장기지속'은 전체 사회구조적 차원에서 그 안의 모든 주민으로 하여금 하나의 '민족공동체'로서의 '고조선민족'을 형성하는 데 매우 강력한 '사회력'으로 작용한 것이었다.

---

257 신용하, 『고조선 국가형성의 사회사』, 지식산업사, 2010 참조.

(2) 한국민족 형성의 '언어의 공동' 요소는 뿌리를 '古한반도 초기신석기인 유형'에 공통으로 두어 분화·발전된 '한'부족어, '맥'부족어, '예'부족어가 고조선 국가 형성을 계기로 통합되어 형성된 언어가 '고조선어'(古朝鮮語, 고조선말)이므로 언어의 공동성은 매우 오래고 뿌리 깊은 것이었다. 고조선이 2천여 년 동안 장기지속되면서 고조선문명권을 형성했기 때문에 '고조선어'는 고조선문명권에 포함된 고조선 본국(밝달조선)을 비롯하여 모든 후국들도 사용한 공통언어가 되었다.

그러므로 한국민족은 '고조선'시대에 '언어의 공동'이 성취되어 '고조선어'가 한국어의 원형이 된 것이었다. 주시경 선생은 일찍이 이를 인지하여 단군시대(고조선시기)에 자연스럽게 '조선어'가 형성되었다는 견해를 피력한 바 있다.[258]

한 무제의 침공으로 BC 108년 고조선 본국(밝달조선) 해체 후 고조선 본국 직령지에 소위 '한사군'이 일시 설치되었으나, 주민은 여전히 이미 확립된 '고조선어'를 사용했을 뿐 아니라, 한 무제의 통치권 밖에 있던 고조선 후국인 '부여', '구려', 진(辰, 韓), 옥저(沃沮) 등이 독립하여 자연히 자유롭게 '고조선어'를 사용하였다.

이 중에서 부여의 '전기부여'는 '예'족이 세운 나라였고, '후기부여'는 '맥'족이 정변을 일으켜 예족 왕권을 빼앗은 나라였다.[259] 따라서 부여의

---

258 周時經, 「必尙自國文言」, 『周時經全集』(아세아문화사판 상권), p.29; 『국어문법서』(『周時經全集』 하권), p.221; 「국문연구」(『周時經全集』 하권), pp.254~255 참조.
신용하, 「주시경의 애국계몽사상」, 『한국사회학연구』 제1집, 1977; 『한국근대사회사상사』, 일지사, 1987, pp.401~403 참조.

259 『후한서』 부여전은 "(부여국은) 본래 濊의 땅이다"라고 하였다(『後漢書』 卷85, 東夷列傳, 夫餘傳, "夫餘國 … 本濊地也."). 또한 『삼국지』 위서 부여전은 지금 부여의 창고에 옥으로 만든 보물들이 여러 대를 거쳐 전해져 내려오고 있는데 선대(先代) 왕이 내려준 것이라고 하면서, "그 도장에 '濊王之印'이란 글귀가 있다. 나라 가운데 '濊城' 이름의 城이 있으니, 아마도 본래 濊貊의 땅이었는데, 부여가 그 가운데서 왕이 되었으므로 자기들 스스로 '망명해 온 사람'[亡人]이라고 말하는 이유가 여기에 있는 듯하다"(『三國志』

국민은 '예'족과 '맥'족이 섞여 '예맥'족 나라가 되었다. 구려는 '맥'족의 고조선 후국이었으며, '옥저'는 예족이 세운 고조선 후국이었다. '진'국은 '한'족의 고조선 후국이었다. 이들은 모두 이미 형성된 '고조선어'를 공동의 언어로 사용했으나, 고조선 본국(밝달조선)이 멸망한 상태에서 통합력이 중지되어 방언으로서의 '예맥' 언어와 '한'어의 방언적 측면이 상대적으로 부상되었을 것은 충분히 생각할 수 있는 일이다. 이미 형성된 '고조선어'의 공유 계승을 전제로 한다면, 한국 국어학계가 고조선 해체 후의 현대 한국어의 기원을 '부여계'(예·맥족) 언어와 '한계'(한족) 언어의 구성으로 본 것은 사회사에서도 정확한 통찰과 분석이라고 생각한다.[260]

卷30, 烏丸鮮卑東夷傳, 夫餘傳, "其印文言 '濊王之印'. 國有故城名濊城 蓋本濊貊之地 而夫餘王其中 自謂亡人 抑有似也.")라고 기록하였다. 또한 『진서』(晉書) 부여국조에서는 "그 나라는 매우 부강하여 先代로부터 다른 나라와의 전쟁에서 패한 일이 없다. 그 王의 인장에는 '濊王之印'이라는 글이 새겨져 있다. 나라 가운데에 '古濊城'이 있으니, 그것은 본래 濊貊의 城이다"(『晉書』 卷79, 列傳 第67 四夷, 夫餘國, "其王印文稱'濊王之印'. 國中有古濊城 本濊貊之城也.")라고 기록하였다. 후대의 간단한 기록이지만 들은 대로 적은 위의 기록은 부여국의 기원에 대해서 중요한 사실을 시사하고 있다. 즉, '부여'국은 원래 '예'족이 처음 건국한 나라였다는 사실이다. 『삼국지』와 『후한서』를 집필한 당시까지 부여국 안에 옛 '예족왕의 부여' 시기의 수도인 고예성(古濊城)이 남아 있었고, '예왕지인'(濊王之印)이라는 예족왕의 인장도 남아 있었다. 창고에는 예족왕이 만들어 사용했던 각종 옥 보물들이 남아 있었다. 그 훨씬 후 어느 때인가 외부(서북방)로부터 망명해 들어온 맥(貊)족 장수의 정변에 의해 예족왕은 왕위를 찬탈당한 것으로 추정된다. 즉, '맥족왕의 부여'가 시작된 것이다. 그러나 '맥족왕'은 '예족왕에서의 계승의 정당성'을 예족들에게 보이기 위해 여전히 '예왕지인'(濊王之印)의 인장을 사용했던 것으로 해석된다. 이때부터 부여의 주민은 '예'족과 '맥'족이 섞여 사는 나라가 되고 점차 '맥'족 주도의 후국이 된 것으로 추정된다. 그러므로 우리는 '예족왕계 시대의 부여'를 전부여(前夫餘)라 볼 수 있고, '맥족왕계 시대의 부여'를 후부여(後夫餘)라고 볼 수 있다. 또한 부여의 민족구성은 '예맥'족이라고 볼 수 있다.

260 이기문, 「韓國語形成史」, 『韓國文化史大系』 제5권, 고려대 민족문화연구소, 1967.
이기문, 『국어음운사연구』, 탑출판사, 1977.
김완진, 『原始國語의 자음체계에 대한 연구』, 국어연구회, 1978.
이기문, 『국어어휘사연구』, 동아출판사, 1991.
김완진, 『향가와 고려가요』, 서울대출판부, 2001.
송기중, 『역사비교언어학과 국어계통론』, 집문당, 2003 참조.

주목할 것은 고조선 해체 이전 시기에 이미 '부여계' 언어와 '한계' 언어가 '고조선어'에 의해 통합된 상태에 있었다는 점이다. 이 때문에 고조선 해체 후 삼국시대에 고구려·백제·신라(및 가라·탐라)는 방언 정도의 차이만 있었지 이미 언어가 동일하여 통역 없이 충분히 의사소통이 가능한 하나의 '언어공동체'를 이루고 있었다고 볼 수 있다.

『삼국지』 위서 동이전 고구려전에서는 "동이의 옛말에 의하면 (고구려는) 부여의 별종이라 하는데, 언어와 풍속 등은 부여와 같은 점이 많다"[261]라고 하였다. 『후한서』 동이열전 고구려조에서도 "(고구려는) 부여의 별종이라고 하는데 그러한 까닭으로 언어와 법칙이 많이 동일하다"[262]라고 기록하였고, 이어서 구려조에서는 "구려는 일명 맥(貊)이라 부른다"[263]라고 하였다. 즉, 맥족인 부여·구려·고구려는 언어가 동일했음을 확인할 수 있다.

또한 『양서』(梁書) 백제조에서는 "백제는 […] 지금 그 언어와 복장이 대개 고구려와 동일하다"[264]라고 하였다. 백제의 지배층이 부여계임은 여러 곳에 기록되어 있다. 백제와 고구려는 언어가 동일한 것이었다.

신라는 어떠한가? 『양서』 신라조에서는 "(신라) 언어는 백제를 기다린 이후에 통하였다"[265]라고 기록하였다. 중국인들은 언어가 다른 신라인과는 언어소통을 하지 못하고, 신라인과 언어가 동일한 백제인을 기다려서 통역을 시켜서야 소통할 수 있었다고 기록한 것이다. 즉, 신라와 백제는 언어가 동일하여 소통된 것이었다.[266]

---

261 『三國志』 卷30, 烏丸鮮卑東夷傳 高句麗傳, "東夷舊語以爲夫餘別種言語諸事 多與夫餘同."

262 『後漢書』 卷85, 東夷列傳 高句麗條, "東夷相傳 以爲夫餘別種 故言語法則多同."

263 『後漢書』 卷85, 東夷列傳 高句麗條 참조.

264 『梁書』 卷54, 諸夷列傳, 東夷百濟條, "今言語服章略高驪同."

265 『梁書』 卷54, 諸夷列傳, 新羅條, "言語待百濟而後通言."

266 실제로 고구려·백제·신라의 국경은 끊임없이 크게 변동하여 접경지대에 거주했던 백

그러면 '예'족 계열의 '옥저'의 언어는 어떠한가? 『삼국지』 예전(濊傳)에서는 "언어와 법속은 대체로 구려(句麗)와 동일하고 의복은 다르다"[267] 라고 하였다.[268]

즉, '한'족·'맥'족·'예'족의 언어는 이미 고조선 시기에 '고조선어'로 통합되어 하나의 민족언어로서 '고조선어'가 형성되었으며, 잔존한 부족언어들은 지방 방언(사투리) 정도로 남은 것이었다. 그러므로 고조선 해체 후 삼한·삼국 등의 열국시대에 들어가서도 이미 동일한 '고조선어'를 공유했기 때문에 삼한·삼국 등은 하나의 민족어를 사용하면서 의사소통에 불편이 없었던 것이다. 고조선 시기에 형성된 '고조선어'가 한국민족 형성의 '언어의 공동'이었다.[269]

성들의 경우에는 통치국가가 끊임없이 변동하였다. 고구려가 충주 지방까지 내려가기도 했고, 백제가 황해도까지 올라가기도 했으며, 신라가 백제의 수도 지역인 경기도를 점유하기도 했고, 백제가 신라의 수도 지역에 접근하기도 했다. 이때마다 백성들은 통치집단의 변동으로 말미암은 부담 변동의 고통을 겪었지만, 언어소통의 불편을 겪었다는 기록이나 전설은 단 한 건도 없다. 고구려·백제·신라의 언어가 기본적으로 동일하여 의사소통에 불편이 없었기 때문이었다.

267 『三國志』 卷30, 烏丸鮮卑東夷傳, 濊傳, "言語法俗大抵與句麗同 衣服有異."

268 『後漢書』 동옥저조에서는 "(동옥저는) 언어·음식·거처·의복은 구려(句麗)와 비슷하다"라고 하고, 『삼국지』 동옥저전은 "그들의 언어는 구려(句麗)와 크게는 같지만[大同] 때때로 작게는 다른 부분도 있었다[小異]"라고 하였다. 즉, '예'족 언어는 구려·고구려와 대동소이한 것이었다. 예족의 언어가 구려와 완전히 동일하다고 하지 않고 '대체로 동일하다'·'대동소이하다'라고 하면서 '의복은 다르다'고 한 것은 고조선의 2천여 년의 장기 지속의 통치 기간에 '예'족 언어와 '맥'족 언어가 '고조선어'에 통합되어 언어가 대동소이하게 되고, '맥'족 언어와 '예'족 언어의 차이는 때때로 지방 사투리[方言]로서 남은 것이었다고 해석된다.

269 고조선 국가 멸망 후 서방 이동을 감행한 일부 부족이 말을 타고 끌고 스텝 루트를 개척하며 알타이 산맥을 넘고 다시 우랄 산맥을 넘어서 멀리 중부 유럽과 북부 유럽 일부에까지 유라시아 대륙의 북방초원을 벨트를 만들면서 이동·이주하여 정착했기 때문에, '고조선어'는 서방 이동의 부족·민족들에 의해 장기간에 걸쳐 중앙아시아 전역과 터키·불가리아·헝가리·에스토니아·핀란드 정착주민의 언어로 되었다. 그들은 정착지에서 독립국가를 건국하고 그들이 갖고 간 고조선어를 정착지 언어와 환경에 적응 발전시키면서 독자적 '민족어'를 형성해 갔는바, 언어학자들은 19세기에 이를 '우랄-알타이 어족'(Ural-Altaic language family)이라고 이름 붙이게 된 것이다. 필자는 '우랄-알타이 어족'의 공통 조어(祖語)는 적어도 역사적으로는 '고조선어'임을 특히 지적하여 강조하는

(3) 한국민족 형성의 '지역의 공동' 요소는 제1단계에서 '古한반도'를 '지역의 공동'으로 하여 '한'·'맥'·'예' 3부족이 결합해서 한국민족이 형성되었다. 이것은 한국민족이 '古한반도에서 자생적(自生的)으로' 형성되었음을 가리키는 것이다.

고조선이 '고대연방제국'으로 영역을 확대한 제2단계에는 남으로는 古한반도 전역, 북으로는 흑룡강 계선, 동으로는 동해안과 연해주까지, 서로는 난하를 건너 조백하(潮白河)까지의 지역이었다. 이 지역은 한국민족 형성의 구성요소인 '지역의 공동'의 터전으로서 고조선시대에는 정치력·군사력의 부침으로 영역 변동이 있으면서도 한국민족 형성에 제2의 지역의 공동성을 제공하였다.

(4) 한국민족 형성의 '혈연의 공동'은 원래 북위 40도 이남의 古한반도 동굴지대에서 생존을 유지한 '古한반도 초기신석기인 유형'에서 기원한 동일 계통 신석기인이 '한'·'맥'·'예'족으로 분화되었다가 '고조선 국가' 형성을 계기로 다시 통합되었으므로 당연히 동일 '인종'이고 '혈연의 공동'을 가졌음은 더 설명할 필요가 없을 것이다. 고조선 국가가 만주 요동·요서, 연해주 지방으로 뻗어나가 '고대연방제국'으로 발전한 시기에도 대흥안령산맥 동쪽과 연산산맥 동북의 동북아시아 전 지역의 신석기인과 고대인은 모두 '한'·'맥'·'예'족과 관련된 고대부족들이었기 때문에 '고조선 국가' 내의 주민의 혈연 공동성은 심층에서 매우 뿌리 깊고 강력했다고 볼 수 있다.

비단 '한국민족'뿐만 아니라, 고조선 연방제국 인에 포함되었던 읍루족(원 만주민족), 실위족(원 몽골민족), 정령족(원 투르크족), 고중국 북부지방 여러 부족들도 인종으로는 모두 동일 '인종'이고, 넓은 의미의 '혈연의 공

바이다.

동'을 갖고 있었다.[270]

(5) 한국민족 형성의 '사회경제생활과 생산기술의 공동'은 농경과 목축의 공유와 금속문화에서의 청동기·철기 기술 유형의 공유에 특징이 있었다.

고조선 주민의 농업생산과 기술에서는 벼농사를 비롯한 5곡의 경작재배의 생산방식과 목축의 성립 발전이 고조선 전국에 보편화되었다. 고조선이 후국제도를 활용하여 '고대연방제국'으로 만주 요동·요서지방으로 확장되었던 시기에는 ① 농경재배를 주로 하고 가축사육을 부업하는 유형뿐만 아니라 ② 유목을 전업으로 하는 유형도 고조선 후국으로 들어오게 되었다.[271]

고조선 주민의 금속문화와 기술에서는 특히 청동기술·금동기술·철가공기술 등 선진적 금속 수공업 기술과 금속문화에서 동일 유형의 기술과 도안을 공유하면서 발전시켰다. 예컨대 고조선식 다뉴조문경과 다뉴세문경, 비파형 청동단검, 비파형 청동창끝, 부채꼴 청동도끼, 고조선식 청동꺾창, 고조선식 세형 청동단검, 고조선식 청동투구, 고조선 동탁(銅鐸), 청동제 간두령(竿頭鈴)·쌍주령(雙珠鈴)·팔주령(八珠鈴) 등은 고조선의 금속문화와 다른 문명의 금속문화를 명확히 구분하는 독자적 금속문화 유형이었다.[272]

---

270 고조선 고대연방제국 멸망 후 서방 이동을 감행하여 형성된 투르크·불가리아·헝가리·에스토니아·핀란드 민족은 이동과정과 정착지에서 현지 주민과 혼혈이 심하여 지금은 '동양인'보다는 '서양인'의 모습을 하고 있지만, 그들의 조상은 고대로 거슬러 올라가면 갈수록 '한국민족'과 동일 유형의 모습을 갖게 됨은 물론이다. 지금도 이른바 '우랄-알타이 어족'에 속한 언어를 모국어로 사용하는 유럽주민의 아기는 출생 직후 엉덩이에 '검은 반점'(속칭 몽골 반점)을 갖고 태어난다고 하는데, 이것은 고조선민족과의 혈연 공동성의 뿌리깊은 유전학적 흔적이라고 볼 수 있을 것이다.

271 그러나 고조선 국가 해체기에 농경재배 부족과 민족들은 모두 한국민족 형성에 들어왔으나, 유목민족은 분리되어 독자적 민족을 형성 발전시켰다.

272 신용하, 「고조선 국가의 영역 확대와 고조선 청동기의 분포」, 『사회와 역사』 제101집, 한국사회사학회, 2014 참조.

또한 고조선은 '기마문화'를 공유하여 주민의 교통·교류·통합에 기여하였다. 부여와 실위에서 '말'을 가축화한 후, 기마문화가 일찍 보급되고 공유되어, 고대 교통과 통신과 군사에 활용되었다.[273] 고조선의 기마문화와 기사술은 이웃 고중국과 일본에도 전수 전달된 것이었다.

(6) 한국민족 형성의 '문화의 공동'은 광범위하면서도 명확한 것이어서 '고조선문명'의 개념으로 정립·발전시켜야 할 부분이므로, 여기서는 간단히 몇 가지만 언급하기로 한다.

고조선 건국과 함께 3부족의 '새'·'곰'·'범'의 토템은 민속으로 전화되고 '태양숭배'와 '하느님[天神] 숭배'가 통합되었다. 고조선에서는 건국 제왕 '단군'이 서거하자 그의 영혼이 산신이 되었다가 승천하여 '하느님'[天神, 檀君天神]이 되었다고 생각하는 '단군 하느님'·'단군' 숭배의 신앙과 종교가 형성되었다. 즉, '단군'이 '하느님'이 되고, 단군신(檀君神)이 '하늘신'[天神]이 된 것이었다. 단군숭배신앙은 고조선 본국(밝달조선)뿐만 아니라 전 고조선 고대연방제국에 보급되어 '단군숭배' 종교가 '신앙의 공동'으로 되었다.

박은식 선생은 고조선의 종교가 삼신교(三神敎: 환인·환웅·단군 신앙)였다고 설명하였다.[274] 고조선 주민들은 고조선 시기에 '단군'(Dangun, Tangun), '단굴'(Danur, Tangur), '단그리'(Dangri, Tangri), '단그라'(Dangra, Tangra) 등 각종 방언 발음으로 '단군숭배'의 신앙과 종교를 공유하였다. 고조선 고대연방국가 주민들은 '태양=하느님=단군신'을 하나로 신앙하여 조상신(祖上神)이면서 하느님[天神]인 '단군'이 하늘에서 후손들을 굽어보면서 후손들의 호소를 듣고 후손들을 가호한다고 신앙하였다. 고조선 주

---

273 신용하, 「고조선의 기마문화와 농경·유목의 복합구성」, 『고조선단군학』 제26호, 2012 참조.

274 朴殷植, 『韓國痛史』, p.179; 『朴殷植全書』 상권, p.359 참조.

민들은 자신들이 '단군=하느님의 자손'이라는 천손(天孫)의식을 공유하였다.

이러한 고조선의 '신앙의 공동'은 후국을 포함한 공통의 것이어서, 고조선 국가 멸망 후에도 한국의 고대민족은 AD 4세기경 고구려에 불교가 들어와 대체하기 시작할 때까지는 모두 '단군신앙'을 종교로 하였다. 고조선 멸망 후 서방 민족이동을 감행한 흉노(훈)·아발·마잘(헝가리)·몽골족과 6개 고대 투르크계 민족들도 중앙아시아에서 AD 9~14세기 회교 등으로 개종하기 전까지는 모두 '단군'(Tangra, Tengri)을 종교로 신앙하였다. 불가리아 민족도 AD 9세기 기독교 동방정교로 개종하기 전까지는 단군(Tangra)을 종교로 신앙하였다.[275]

또한 고조선 주민들은 건국 후 의복, 음식, 주거 등 생활양식과 관습을 더욱 활발히 교류하고 융합하여 생활문화의 공동성도 갖게 되었다. 물론 의식주 생활양식은 신분별 차별과 부족 전통의 차이가 있게 마련이지만 이러한 차이를 초월하는 공동성이 병존 강화되어 고조선 주민들의 '생활문화의 공동'이 형성되었다고 볼 수 있다.

고조선의 주민들은 축제문화와 경기문화도 공유하였다. 고조선 주민들은 해마다 봄(5월)과 가을(10월)에 전국적 축제를 개최해서 나랏일을 토론 결정하여 공지한 다음, 성대한 축제 행사를 벌였다. 축제 내용은 씨름, 활쏘기, 말달리기, 격투기, 격구, 수박(手搏), 검술, 금환(金丸) 등 각종 경기를 시행해서, 우승자는 입석한 국왕이 크게 상을 내리고 채용하였다.[276] 후국 대표들도 본국 축제에 참가 후 돌아가서 각각 후국에서 동일 유형의 축제를 개최하였다. 그 결과 고조선에서는 음악·무용과 각종 무술경

275 Ibrahim Kafesoglu, *Origins of Bulgars*, Ankara: Institute for the Study of Turkish Culture, 1986, pp.26~31 참조.

276 申采浩, 『朝鮮上古文化史』, 『改訂版 丹齋申采浩全集』 상권, pp.392~396 참조.

기가 크게 발전하고 전 주민이 공유하게 되었다.[277]

고조선에서의 이상과 같은 '정치의 공동', '언어의 공동', '지역의 공동', '혈연의 공동', '사회경제생활의 공동', '문화의 공동'에 기초하여 고조선 주민은 하나의 '민족공동체'로서 '고조선민족'을 형성하게 되었다. 고조선 고대연방국가의 본국(박달조선)뿐만 아니라, '한'·'맥'·'예' 3부족 계열의 모든 고조선 후국들의 주민들도 함께 '고조선민족'을 형성하였다. 바로 이 '고조선민족'이 최초의 한국민족 형성이며, 한국민족의 '원민족'인 동시에 제1단계의 한국 고대민족인 것이다.

그러므로 한국민족은 古한반도에서 BC 30세기~BC 24세기경에 '한'·'맥'·'예' 3부족이 결합하여 동아시아 최초의 고대국가인 고조선을 건국함과 동시에 자생적으로 한국민족이 형성되기 시작하여 고조선 고대국가의 '장기지속'(약 2천여 년) 기간에 완전히 형성·확립된 것이었다.

4. 고조선 국가 해체가 한국민족 형성에 끼친 영향의 특징

고조선 국가의 장기지속 기간에 형성되고 완전히 확립된 '고조선민족'은 BC 108년 한(漢) 무제(武帝)의 침공으로 고조선 연방제국 해체 후 민족 형성에 일정한 변화를 겪게 되었다. 고조선 연방제국 해체 후에도 고조선 본국(밝달조선)과 '한'·'맥'·'예' 계열 후국들은 계속 '고조선민족'으로 남아서 현대 한국민족의 선대 조상이 되었다. 예컨대 한반도 중부 이남의 진(辰)국은 '한'족만으로 형성된 고조선 후국인데, 모두 한국민족에 그대로 남아서 제2단계 전근대민족에 통합되었다. '부여'(夫餘)는 '예'·'맥'족으로 구성된 후국이었는데 한국민족에 그대로 남아서 제2단계 전근대민족

277 신용하, 「고조선문명권 형성의 기본구조」, 『단군학연구』 제23호, 2010 참조.

의 하나인 고구려에 통합되었다. '옥저'(沃沮)는 '예'족이 형성한 후국이었는데, 모두 한국민족 형성에 그대로 남아서 제2단계 전근대민족인 고구려에 통합되었다.

그러나 고조선 연방제국의 제2형 후국들 중에서 생활과 생산방식이 주로 유목사회경제였고 고조선 연방제국의 변방에 위치해 있던 후국족들 중의 일부는 고조선 해체를 계기로 '고조선 원민족'에서 분리되어 독자적 전근대민족 형성의 길을 가게 되었다.

고조선의 동부 주변 후국부족으로는 '읍루'(挹婁)족이 분리되어 독자적으로 후에 '여진'(女眞)족으로 발전하여 '만주'(滿洲) 민족으로 발전하였다. 고조선의 북부 주변 후국으로서는 '실위'(室韋)족이 분리되어 서부 고원·유목지대로 이동하면서 독자적으로 후에 '몽골' 민족으로 발전하였다.

고조선의 서변 후국들의 사정은 서방 한(漢) 무제의 침략군이 고조선 서변 후국들과의 접전을 피한 채 바로 수륙 양군에 의한 고조선 수도를 집중 공격해서 1년여의 격전 끝에 고조선 국가가 멸망함으로써 고조선 서변 후국들의 동방 이동이 차단되었기 때문에 복잡한 양상을 갖게 되었다. '고죽'과 '동호'의 지배층을 구성한 맥족 일부는 '부여'에 합류하여 한국민족에 그대로 남아서 제2단계 한국 전근대민족에 통합되었다. 그러나 퇴로가 막힌 일부 후국족들은 불가피하게 서방 이동을 감행하여 긴 여정을 통해 독자적 민족 형성의 길을 가게 되었다.

불령지(弗令支·弗離支)·불도하(弗屠何) 등 후국은 서방 이동을 감행하여 카프카스 지역에서 '불갈' 왕국을 세우고 '불가르' 민족으로 분리 발전하였다. 산융(山戎)족은 온갖 우여곡절을 겪으면서 서방 이동을 감행하여 그 후 '훈'족이라는 이름으로 일부는 유럽지역 판노니아 평원까지 진출해서 세계역사를 흔들어 놓았다. 아발(大檀, 柔然)족은 산융에 뒤이어 서방 이동을 감행해서 유럽의 라인강 유역까지 진출하였다. 정령(丁零)족은 철륵(鐵勒)·돌궐(突厥) 등의 이름으로 온갖 우여곡절을 거치면서 서방이동을 감행하여, 중앙아시아 지역에서 일부가 현지 민족들과 결합하여 독립국가들을 세우고, 일부는 비잔틴 동로마군을 격파하고 아나톨리아 반도까지 진출해서 강대한 '투르크' 민족으로 발전하였다.

한국민족은 古한반도에서 약 5천 년 전에 자생적(自生的)으로 형성되어, 古한반도와 만주(요동·요서)·연해주 일대에 걸친 '고대연방제국'을 세우고 독자적 '고조선문명'을 창조하며 활동하다가 BC 108년 고조선국가 해체 후 대부분은 한국민족의 제2단계 전근대민족에 통합되었으며, 고조선 연방제국의 제2형 후국들 일부는 분리 독립하여 유라시아 대륙의 동북방과 서북방에 진출해서 다른 길을 가게 된 것이다.

제10장 맺음말: 한국민족 형성에서의 '한'부족의 지위와 역할

지금까지의 고찰에서 요약하여 우리는 다음과 같은 결론을 말할 수 있을 것이다.

(1) 한국민족이 바이칼 지방, 카프카스 지방, 알타이 지방, 몽골 지방, 시베리아 지방 또는 고중국 북부지방에서 형성되어 비어 있는 古한반도에 이동·이입해 들어왔다는 종래의 여러 견해는 전혀 사실이 아니었다. 또한 비어 있는 古한반도에 북방으로부터의 이동·이입설을 전제로 한국민족 형성의 선행부족에 대한 '예' 1부족설과 '예맥' 1부족설, '예'·'맥' 2부족 결합설도 사실과 일치하지 않는 견해였다. 오히려 古한반도는 초기 신석기시대부터 고대까지 유라시아 대륙에서도 인구가 가장 많이 밀집되어 있던 상대적 과잉인구지역의 하나였다. 古한반도의 구석기시대·신석기시대 유적·유물이 이를 충분히 증명해 준다. 따라서 한국민족의 기원과 형성에 대해서는 새로운 방법론으로 새로운 패러다임의 정립이 반드시 필요하게 되었다.

(2) 동아프리카에서 발생한 인류가 구석기인으로 진화한 단계에서 유라시아 대륙에 들어왔을 때에 유라시아 대륙 모든 지역은 아열대성 기후여서 시베리아 지방에서도 아열대성 식물이 울창하게 자라며 공룡·매머드 같은 각종 대형 초식동물들이 번식했으므로 구석기인들이 생활하기에 적합한 지역이었다. 유라시아에 들어온 구석기인 인류 가운데 가장 용감하고 활동적인 구석기인들은 약 100만 년 전~70만 년 전에 바다에 막

힐 때까지 이미 유라시아 대륙의 극동지역인 古한반도와 만주·연해주 일대까지 이동하여 '구석기인'으로 생활하였다. 古한반도에도 오래된 구석기유적으로 평안남도 상원군 검은모루 유적(약 100만 년 전~70만 년 전) 및 절골 유적(약 93만 년 전), 충청북도 단양군 도담리 금굴 유적(약 70만 년 전), 이 밖에 한반도에서 이미 발굴된 50여 곳의 주요 구석기 유적들이 이를 명백하게 증명하고 있다.

그러나 약 5만 년 전에 지구 기후 변화의 대재앙이 닥쳐왔다. '최후의 빙기'(The Last Glacial Maximum, LGM; Würm Glacial)가 약 5만 년 전에 닥쳐와서 북위 약 40도(古한반도의 신의주, 고중국의 북경 통과선) 이북 지역은 혹한의 동토(凍土)가 되어 인류의 상주(常住)가 불가능하게 되어 버렸다. 동북아시아의 대흥안령산맥 이동, 연산산맥 동북쪽 북위 약 40도선 이북에 거주하던 구석기인들은 '최후의 빙기'(약 5만 년 전~약 1만 5천 년)에 북위 40도선 이남의 인간생존이 가능한 동굴지대로 피한(避寒) 이동하여 그곳 구석기인들과 합류한 사람들을 제외하고는 대부분 사멸하게 되었다.

동아시아 북위 약 40도선 이남에서 구석기인들이 피한해 들어갈 수 있는 '동굴'이 가장 많은 지역은 석회암동굴의 상대적 밀집지역인 '古한반도'였다. '최후의 빙기'에 古한반도는 북위 40도선 이북에서 들어온 일부 구석기인들과, 최후의 빙기 이전에 이미 이곳으로 들어와 살고 있던 구석기인들과, 남방에서 이동해 들어오는 구석기 '신인'들이 합해져서, 구석기인들의 인구밀집지역 가운데 하나가 되었다. 현재 남아 있는 구석기 유적의 상대적 밀집상태가 이를 증명해 준다.

약 1만 2천 년 전 지구 기후가 오늘날과 유사하게 온난해지자 古한반도의 구석기인들은 동굴에서 쏟아져 나오게 되었다. 그들은 우선 동굴 주변의 강가와 해안에 '움막'을 짓고, '마제석기'와 토기를 만들어 용구로 사용하면서 신석기인으로 진화하여 새로운 신석기시대를 열었다. 예컨대

古한반도 중부지방 제1동굴지대에 근접한 남한강 유역에는 강변에 신석기 주거지 유적들이 흩어져 있을 뿐 아니라 단양 수양개Ⅱ지구에는 약 3만 평의 면적에 500채 이상의 대단위 신석기시대 취락지 유적이 확인되고 있다. 이것은 세계 최대 규모의 신석기시대 취락지 중의 하나로서, 비유하면 신석기시대 세계 최대도시와 같은 것이다. 古한반도는 초기 신석기시대에 '빈 공간'이기는커녕 도리어 유라시아 대륙에서도 신석기인의 최대 인구밀집지역의 하나가 되었다.

(3) 古한반도 초기신석기 인구밀집지역의 가장 심각한 문제는 상대적 과잉인구로 인한 '식료부족' 문제였음은 당연한 일이다. 그들의 일부는 이 문제를 해결하기 위해 식량생산을 위한 '농업경작'을 시작하였다. 古한반도 중부 제1동굴지역 밖의 남한강 유역과 금강 상류 유역은 북위 36°~37° 30분 지대로서 온난화된 신석기시대에는 농업경작에 적합한 지역이었다. 이 지역 청주 소로리에서 1만 2천 년 전의 세계 최초의 단립벼(短粒稻) 볍씨가 발굴되었고, 충주 조동리에서도 약 6,250년 전의 볍씨와 그 이후 탄화미가 벼껍질·밀·보리·기장·수수와 함께 출토되었다. 한강 본류 유역 경기도 일산(Ⅰ지역-가)에서 약 6,210년 전의 볍씨와 고양 가와지Ⅱ지역 Ⅰ지구에서 약 5,020년 전의 볍씨가 출토되었다. 금강 상류 유역인 옥천 대천리에서도 약 5,500년 전의 탄화미·밀·보리·조·콩 등이 출토되었다. 약 1만 2천 년 전~약 5,020년 전의 신석기시대에 古한반도에서 유라시아 대륙의 신석기 농업혁명의 하나가 진전되었음을 알 수 있다. 신석기시대 '한강문화'에서 일어난 신석기 농업혁명은 초기신석기인들이 古한반도 내에서 이동·이주함에 따라 전체 古한반도에 보급 전파되었다.

古한반도 초기신석기인들은 농업경작을 수천 년간 협동하여 추진하면서 하나의 공동 문화유형을 형성하게 되었다. 농업경작은 '햇빛'과 햇빛의 '따뜻한 온도'의 은혜에 직결되어 있었으므로, 古한반도 초기신석기인들은 매우 일찍 '태양(해)숭배사상'을 형성하고, '태양'이 제공하는 '밝음'[光明]을 애호했으며, '태양'이 떠 있고 비를 내려주는 '하늘'[天]을 숭배하고, 하늘을 나는 '새'[鳥]를 토템으로 하였다. 또한 자신들을 '태양'의 후손, 하늘[天]의 후손으로 생각하여 천손(天孫)의식을 형성하였다. 그들은 자기들을 태양(해)의 '밝음'을 의미하는 '밝'족으로 생각했고, 후대의 고대 중국인들은 古한반도 초기신석기인의 '밝'족 호칭을 음차하여 '發人'으로 표기하기도 하였다. 古한반도 동굴에서 나와 신석기인이 된 1만 2천 년 전부터 타 지역으로의 인구이동이 시작된 9천 년 전까지의 古한반도 초기신석기인들과 古한반도 초기신석기인들의 농업경작을 중심으로 형성된 문화 유형을 우리는 '古한반도 초기신석기인 유형', '古한반도 초기신석기인 문화 유형'이라고 이름할 수 있다.

(4) 古한반도 초기신석기인들의 농업경작 추진에도 불구하고 식료부족 문제가 충분히 해결되지 않자, 약 9천 년 전부터 古한반도 초기신석기인 가운데 일부가 북위 40도 이북의 과거 동토(凍土)였다가 이제는 인간 거주와 농업경작이 가능하게 된 북방으로 인구이동을 감행하기 시작하였다. 그 결과 古한반도 초기신석기인은 크게 세 갈래로 분화해 나가게 되었다.

첫째는 古한반도의 청천강 이남 각지에 그대로 남아서 자신들이 개척한 당시 선진적 농업경작을 발전시키고 태양숭배와 '새'[鳥]토템을 간직하면서 독자적 '한강문화'와 '대동강문화' 등 신석기문화를 남긴 신석기인들이었다. 그들은 그들 자신과 이수해 간 신석기인들 및 고대 중국인들에 의해 '한'족이라는 이름으로 불리게 되었다.

둘째는 약 9천 년 전~약 6천 년 전에 古한반도 초기신석기인들 일부가 서북방으로 이동하여 지금의 요서지역 대릉하·소릉하·노합하·시라무렌강 유역에 정착해서 미간지를 개척하여 농업경작을 추진하면서, 새로운 환경에 적응하여 곰[熊]을 토템으로 하고, 홍산(紅山)문화 유적을 비롯한 독자적 신석기 문화를 남긴 신석기인들이었다. 그들 자신과 고대 중국학자들은 그들을 '북방의 밝족'이라는 의미로 '北發' 또는 '貊'족이라고 쓰고 '박'·'백'족으로 발음하다가 후에 변음되어 '맥'(貊)족으로 호칭하게 되었다.

셋째는 역시 약 9천 년 전~약 6천 년 전에 古한반도 초기신석기인 가운데 일부가 동북방으로 이동하여 요하 이동의 소주산, 요동반도, 태자하, 운하, 제2송화강, 눈강, 목단강, 수분하, 혼강, 흥개호, 두만강 중·하류, 연해주 남부 등 넓은 지역에 분산 정착해서 농업경작을 개척하면서, 새 환경에 적응하여 '범'[虎]을 토템으로 하고, 요동지역에서 신락(新樂) 문화유적을 비롯한 독자적 신석기문화를 남긴 신석기인들이었다. 그들은 원래 요하의 동쪽으로 이동한 밝족이라는 의미로 '식'(東)족이라고 호칭했는데, 고대 중국인들이 '濊'(원 발음 sei) 등으로 음차표기하고, '새'·'세' 등으로 읽다가, 변음되어 '예'로 발음하게 되었다.

(5) '한'·'맥'·'예' 3부족 가운데 '한'족은 청천강 이남부터 남해안과 제주도까지 古한반도 거의 전체에 분포되었던 부족으로서 '古한반도 초기신석기인 유형', '古한반도 초기신석기인 문화 유형'의 모체를 그 자리에서 그대로 계승하여 번성한 부족이었으므로 그중 인구가 가장 다수인 대부족이었다. 종래의 학설은 古한반도의 최다수 인구의 '한'족과 그들의 '한강문화'·'대동강문화' 등을 주목하지 않고, '한'족을 제외한 채 古한반도를 '빈 공간'으로 전제한 것이었다.

'한'족은 약 1만 2천 년 전 古한반도 신석기인이 신석기시대를 시작하자마자 단립벼 재배를 비롯한 농업경작을 시도하여 신석기 농업혁명을 추진한 사람들이 그대로 古한반도에 계속 남아 정착한 사람들이므로,

'한'족의 신석기 '한강문화'와 '대동강문화' 등 신석기문화는 '농업경작'을 구심점으로 독자적 체계의 선진적 신석기 농경문화를 발전시켰다. 그들은 '古한반도 초기신석기인 문화 유형' 그대로 농업에 결정적 영향을 주는 '태양(해)숭배사상'과, '해'가 있고 '비'를 내려주는 '하느님'[天神] 숭배사상을 형성했으며, 하늘을 나는 '새'[鳥]를 토템으로 삼았다. '한'족은 자신이 '하느님 자손'이라는 천손(天孫)의식을 형성하고, 조상신인 '하느님'이 자신들을 가호해 준다는 사상을 형성하였다.

'한'족은 소가족의 농업경작에서 선호된 강한 남성 노동력의 우위와 관련하여 매우 이른 시기에 모계 부족공동체에서 부계 부족공동체로 이행했으며, 남성 가장·씨족장·부족장이 출현하게 되었다. '한'족의 부계 공동체 사회는 농경의 경험 지식이 많은 '노인'[長老] 공경의 문화를 형성하였다. 또한 공동체 사회질서와 예절을 언어를 통해서도 자연스럽게 형성하기 위해 존대어(높임말)를 창안해 독특한 언어를 형성·발전시켰다.

'한'족은, 한국어에서 '열'(10)을 한 단위로 하여, '열하나'부터는 다시 '하나'(1)를 붙여 사용하는 수사(數詞)에서 볼 수 있는 바와 같이, 초기신석기시대에 '십진법'(十進法)을 사용하였다. 최근(2014년) 단양 하진리 남한강변에서 출토된 구석기말~초기신석기시대 20개 칸 '눈금돌'[尺度] 유물도 이를 증명해 준다. 이 '눈금돌'은 '한'족의 '척도' 및 '십진법' 사용의 증거 유물이다. '한'족은 매우 이른 시기에 표준 '척도'와 십진법을 사용하여 여러 가지 용구의 무늬와 도안에서 경탄스러운 기하학적 도형을 창안 적용한 유물을 다수 남기고 있다.

'한'족은 태양 및 하느님 숭배사상과 관련하여 또한 '해'와 '달'과 '별'에 큰 지적 관심을 갖고 천문(天文)에 관한 지식을 형성하기 시작하였다. '한'족의 신석기시대 독특한 무덤 양식인 고인돌 무덤의 덮개돌[蓋石]에 하늘의 '별자리'[星座]와 때로는 '해'와 '달'을 새긴 것은 그들의 천문 지식과 사상의 일단을 나타내 주는 것이다.

'한'족의 신석기 '한강문화'의 주목해야 할 큰 특징은 古한반도에서 동아시아 가장 이른 시기에 농업혁명을 시작하고 당시 최선진적 농경기술과 농경문화를 古한반도는 물론이고 이주민과 함께 이웃 동아시아 여러 지역에 전파 보급시켰다는 사실이다. 고대중국에서 산동반도와 회수 유역에 농경을 가져왔다는 이른바 '태호'(太皞)족과 그 신농씨족은 출신지가 동방의 '진'(震) 지역이라고 중국 고대문헌 『태평어람』 등에서 기록했는데, 이것은 바로 古한반도 '한'족의 한강문화에서 선진 농경문화가 이주 전파된 것임을 가리켜 표현한 것이었다. 고중국에 '벼'[稻]를 보급한 '백익'(伯益)족, 밀[小麥]을 보급한 '래'(萊)족, 보리[大麥]를 보급한 '근모'(根牟)족을 고대 중국학자들은 묶어서 '동이'(東夷)족이라고 호칭했지만, 그 출신지는 古한반도 중·남부(뒤의 중국고문헌은 東方의 辰·震으로 표현) '한'족 출신의 이주민들이었다고 추적된다.

'한'족은 신석기 말기에는 선진 농경에 기초하여 古한반도 여러 곳에서 몇 개 고을을 합친 정치체로서 다수의 '군장국가'(君長國家, chiefdom)를 형성하여 고대국가 형성의 길을 가고 있었다. 대형 개석식 고인돌 하나에서 다수의 돌검[石劍]과 부장품이 출토되는 사실이 이를 방증해 준다. 현재 대형 고인돌과 그 부장품들에서 검출되는 약 50여 개의 크고 작은 군장국가들 가운데서 약 10여 개의 대군장국가들은 여러 고을들을 통합하면서 점차 고대국가 형성의 방향으로 발전하고 있었다. 환웅(桓雄)의 군장국가도 그중 하나였다고 해석된다.

신석기시대 동아시아에서 인구가 상대적으로 가장 다수이고 가장 선진적인 농경문화를 갖고 있던 古한반도의 '한'족을 제외한 채 古한반도를 '비어 있는 공간'으로 전제한 기존 학설이 얼마나 사실과 판이했는가를 확인할 수 있다.

(6) 둘째 갈래인 약 9천 년 전~6천 년 전에 古한반도로부터 서북방 이동하여 대릉하·소릉하·노합하·시라무렌 강 유역에 정착한 이주민들은 여족장의 지휘하에 '맥'족을 형성하고 홍산문화 유적을 비롯한 독자적 신석기문화를 남겼다. 그들은 기장·조 등의 '농경'과 함께 '돼지'를 가축화하여 식료 문제를 해결하였다. 그들은 태양숭배와 함께 '여신숭배'와 '제례(祭禮)문화'를 창조하면서, 정교한 '옥'(玉)문화를 형성 발전시켰다. 새로운 환경과 관련하여 새로이 '곰'[熊]을 토템으로 하고, 古한반도 기원지의 '새'[鳥]를 부토템으로 삼았다. 토기 용구도 '뾰족밑 빗살무늬토기'의 바닥을 실용적으로 '납작밑[平底] 빗살무늬 토기'로 바꾸었다.

그러나 약 5천 년 전에 '홍산문화' 지역 등 '맥'족 지역에 대재앙이 닥쳐왔다. 강우량이 급감하고 기온이 떨어지는 기후 변화로 농업경작이 불가능하게 되어 버린 것이다. '맥'족은 수천 년간 정착했던 홍산문화 지역을 떠나 농업경작이 가능한 새 정착지를 찾아 부족이동을 감행할 수밖에 없었다. '맥'족은 주로 세 갈래의 부족 이동을 감행하였다. 첫째는 '여족장'의 지휘 아래 '맥'족의 주류가 요동반도를 거쳐 압록강을 건너서 원래의 기원지인 古한반도로 찾아온 갈래이다. 둘째는 '맥'족의 일부가 이동하다가 지금의 요서 발해만 연안에 정착한 갈래이다. 셋째는 '맥'족 가운데 극히 일부 씨족이 산동반도와 중국 동해안 간척지를 찾아간 갈래이다.

'맥'족 주류가 여족장 지휘 아래 새 정착지를 찾아 古한반도에 들어갔을 때에는, '한'족 중의 '환웅'(桓雄)족이 이미 청천강 유역까지 지배하고 있었다. 『삼국유사』, 『고기』의 기록에서 신화적 요소를 빼고 사실적 요소만을 간추려 참조하면, '환웅'족과 '맥'족 여족장은 부족 간 전쟁을 피했으며, 환웅은 '맥'족에게 당시의 선진적 '농업경작' 방식을 가르쳐주고 평화적 농경생활을 조건으로 정착을 허용하였다. '맥'족은 새 환경에 잘 적응했을 뿐만 아니라, '맥'족 여군장은 '한'족 한 갈래의 군장 '환웅'에게 '혼인동맹'을 제안하여 동의를 받아서 '한'족과 '맥'족의 결합이 이루어지게 되었다. 주목해야 할 것은 '한'·'맥'의 결합은 고조선 때 시작된 것이 아니라 '환웅' 시기에 성취되었다는 사실이다. 환웅의 '한'족과 '맥'족의 결합은 환웅의 '군장국가'(chiefdom)를 급속히 확대 강화시켰음은 더 말할 것도 없다.

(7) 또 한편 약 9천 년 전~6천 년 전에 古한반도에서 동북방 이동하여 요하 이동 지역에 정착한 이주민들은 넓은 지역에서 '예'(濊)족을 형성하고 독자적 신석기문화를 남겼다. 그들은 장백산맥과 천산산맥 등 울창한 산림지대의 환경에 적응하여 남성 족장의 지휘 아래 태양숭배와 함께 '범'[虎]을 토템으로 정하고 古한반도에 갖고 간 원래의 토템 '새'[鳥]를 부토템으로 삼았다. 그들은 '농업경작'과 가축 사육을 추진함과 동시에 맹수 사냥에도 능한 수렵문화도 발전시켰다. '예'족은 용구도 한강문화의 '뾰족밑 빗살무늬 토기'를 실용적으로 '납작밑 빗살무늬 토기'로 개혁하고 특히 '골각기'를 다양하게 발전시켰다. 동아시아 최초로 '개'[犬]를 가축화하여 사육하고 수렵에 사용하였다. 무순(撫順) 지역의 노천 광산지대의 환경과 관련하여 매우 일찍 '석탄'과 '철광석'을 발견하였다. 심양부근의 '신락(新樂)문화' 유적이 '예'족의 초기신석기문화의 대표적 유적이다.

약 5천 년 전 강우량 급감으로 인한 건조화로 '예'족 지역의 농업경작이 곤란에 부딪혔을 때, 농경에의 의존도가 높은 일부 '예'족은 큰 타격을 입고 남방으로 이동했으나, 가축사육과 수렵에의 의존도가 높은 일부 '예'족은 이동하지 않고 그대로 남았다. 그 결과 '예'족은 요하 이동과 연해주 일대의 광활한 지역에 여전히 분산 거주하면서 활동하게 되었다. '예'족은 맹수 출몰의 산림지대에서 맹수 사냥의 수렵문화를 발전시켰기 때문에 매우 용감하고 활동적인 부족이었다. 약 5천 년 전 남방으로 이동한 일부 '예'족은 압록강을 건너 역시 '환웅'족을 만났으나 그와 바로 결합하지 않고, 독립적 공동체를 형성하여 생활하였다. '예'족이 '한'족과 결합된 것은 '환웅시대'가 아니라 그 후 '단군'에 의한 고조선 건국 시기였다.

(8) '한'족 대군장의 하나인 '환웅'과 '맥'족의 여족장 사이의 혼인동맹에서 '단군'(檀君)이 출생하여 성장하자, '단군'은 BC 약 30세기~BC 24세기에 古한반도에서 '한'·'맥'·'예' 3부족을 결합하여 수도를 '아사달'에 정하고 동아시아 최초의 고대국가인 '조선'(朝鮮, 古朝鮮)을 건국하였다. 이것은 중국 최초의 고대국가 하(夏, BC 2070년 건국)보다 최소한 약 300년 앞선 '동아시아 최초의 고대국가'의 건국이었다.

'단군'의 '한·맥' 결합은 '환웅'으로부터 이어받은 것으로서, 친가 쪽인 '한'족과 외가 쪽인 '맥'족을 더욱 공고하게 결합·통합한 것이었다. 한편 단군의 '한·예'의 결합은 '후국제도'를 도입하여 '예족군장'에게 자치권을 허여해서 결합하고 통합한 것이었다. 그 결과 '단군'의 '고조선' 개국은 '한·맥·예' 3부족을 결합한 고조선 '고대국가'를 개국한 것이었다. 따라서 '단군'은 단순한 왕이 아니라 후국 '예' 군주도 간접적으로 다스리는 제왕적 성격을 가진 '왕검'으로 고조선을 통치하게 되었다.

古한반도에서 건국된 고조선은 동아시아 최초의 '고대국가'로 새로운 정치체였을 뿐 아니라 복속하는 부족들에게 일정의 자치권을 허여하는 '후국제도'를 채택했으므로, 요동과 요서지역 신석기시대 부족 족장들이 비교적 용이하게 복속하여 후국으로 들어왔다. 또한 만주의 요동과 요서는 '예'족과 '맥'족의 거주지역이었으므로 고대국가 고조선은 비교적 난기간에 古한반도와 만주의 요동·요서지역, 동내몽고 지역, 연해주 지역에 제1형 후국들과 제2형 후국들을 거느린 거대한 '고대연방제국'으로 발전하게 되었다.

고대국가를 포함하여 정치체로서의 모든 '국가'는 '합법적 강제력'을 정책 실행방법의 골간으로 하는바, 고조선 고대 '국가'도 처음부터 그 통치권 안에 포함된 '한'·'맥'·'예' 3부족 등 모든 주민을 하나의 '민족공동체'로 통합시키는 강력한 사회력을 발휘하여 '고조선민족'을 형성하게 되었다. '고조선민족' 형성이 최초의 '한국민족 형성'인 것이다.

고조선 국가와 한국민족 형성에서 '한'족이 차지했던 지위와 수행한 '역할'을 검토해 보면 '한'족의 결정적 중요성은 더욱 명료해진다. '한'·'맥'·'예' 3부족이 연맹·결합하여 고조선을 건국할 때, '한'족은 '제왕'을 내는 지위를 가졌었고, '맥'족은 '왕비'를 내는 지위를 가졌었다. '예'족은 앞서 쓴 바와 같이 '후국족'으로 일정한 자치권을 허여받고 결합하였다. '한'족이 주도하여 '한'·'맥'·'예' 3부족을 결합시키고 '제왕'을 낸 것이었다. 고조선의 통치족이 '한'족에서 나온 '단군왕조'였고, 제왕을 낸 '한'족이 중심적 지위를 차지하였다. 고대에는 제왕의 지배력이 더욱 막강하였으므로, '고조선민족' 형성에서도 '한'족의 역할은 민족 형성을 주도한 '중심적 역할'을 수행했다고 볼 수 있다.

(9) 사회학적으로 민족은 "언어의 공동, 지역의 공동, 혈연의 공동, 문화의 공동, 정치의 공동, 사회경제생활의 공동, 역사의 공동으로 공고하게 결합된 인간공동체"이므로, 이를 적용해 보면 최초의 한국민족 형성과정이 더욱 명료하게 설명된다.

① 동아시아 최초의 '고조선 국가' 건국이라는 '정치의 공동' 실현이 한국민족 형성에 강력한 원동력이 되었다. 고조선 국가의 합법적 강제력에 의거한 통치제도·행정제도·군사활동의 공동성 실행은 고조선 국민이 된 '한'·'맥'·'예' 3부족 등 모든 주민을 하나의 '민족공동체'로 결합하고 융합하도록 사회생활의 모든 부문에서 구속력으로 작용하였다.

② 고조선 국민이 공동으로 사용하는 '고조선어'(古朝鮮語)가 형성되어

'언어의 공동'이 실현되었다. 고조선어는 고조선 국가가 '한'·'맥'·'예' 3부족의 결합에 의해 건국됨에 따라 '한'·'맥'·'예'족의 언어가 자연히 통합·발전되어 형성된 것이었다. 고조선이 '고대연방제국'으로 발전하면서 2천여 년 동안 '장기지속'했기 때문에 '고조선어'는 확고한 하나의 언어공동체로서 어족(語族, language family)을 형성하게 되어 고조선 국가의 통치권 안의 모든 주민은 고조선어에 의한 '언어의 공동'이 실현되었다.

그러므로 한국민족은 고조선시대에 '고조선어'로서 언어공동체를 실현하여, 고조선어가 한국어의 원형이 된 것이다. 고조선 국가 해체 후에도 부여, 진, 옥저, 고구려, 백제, 신라, 가라, 탐라 등의 언어가 모두 기본적으로 동일하여 통역 없이 의사소통이 가능했던 것은 그에 앞서 고조선에서 '고조선어'에 의한 '언어의 공동'이 이미 실현되어 있었기 때문이다.

③ 한국민족은 古한반도를 '지역의 공동'으로 하여 고조선 국가 형성에 동반하여 古한반도에서 형성되었다. 고조선이 고대연방제국으로 만주의 요동·요서·연해주 등으로 진출하여 영역이 확대되자, 다음 단계에서 古한반도 지역의 공동은 그에 동반하여 요동·요서·연해주 등의 지역으로 확대되었다.

④ 한국민족의 '혈연의 공동'은 원래 '古한반도 초기신석기인 유형' 시대부터 시작되어, '한'·'맥'·'예' 부족 등으로 분화되었다가 다시 통합되었기 때문에 매우 뿌리 깊은 것이었다. 고조선을 '한'·'맥'·'예' 3부족이 연맹하여 건국한 후, 국가의 통합적 사회력과 족외혼(exogamy)의 관행으로 3부족은 '혈연의 공동'을 더욱 짙게 하였다. 3부족뿐만 아니라 대흥안령 이동과 고중국 북부 지방의 모든 주민은 최후의 빙기에 古한반도 동굴에 피한하여 '古한반도 초기신석

기인 유형'과 깊이 연관되어 있었기 때문에 '인종'상으로는 동일 계통이 되었으므로, 고조선이 '고대연방제국'으로 요동·요서·연해주 지역에 진출한 시기에도 '인종'으로는 동일 계통이었고, 고조선민족의 '혈연의 공동'도 이미 확고하게 형성되어 있었다.

⑤ 한국민족의 '사회경제생활의 공동'은 의식주의 공동성에서도 확고하게 형성되었다. 농업생산에서 단립벼와 콩 재배를 세계 최초로 시작하면서 5곡 재배 중심의 농경사회를 형성하고 동시에 '쌀(및 잡곡)+콩'의 식문화 유형을 공유하였다. 수공업과 기술에서도 동일 계통의 청동기문화와 기술을 창조하여 다뉴조문경·비파형동검·팔주령 등에서 볼 수 있는 바와 같은 독특한 도안의 청동기문화를 공유하였다. 매우 일찍부터 '말'을 가축화하고 '기마문화'를 공유하여 교통·통신·무역 등에 사용함으로써 '사회경제생활의 공동'에 크게 기여하였다.

⑥ 한국민족 형성의 '문화의 공동'은 종교·신앙에서 태양숭배와 함께 '단군'을 '하느님'[天神]으로 모시는 '단군신앙'이 형성되어 공유되었다. 고조선 고대연방제국의 주민은 '하느님=태양=단군신(檀君神)'을 하나로 신앙하여, 하느님인 '단군'이 하늘에서 후손들을 굽어 살피시며 그 호소를 듣고 후손들을 가호한다는 신앙을 공유하였다. 또한 식생활도 '밥'문화를 기본으로 하고, 복식은 방한(防寒)과 기마(騎馬)에 편리한 유형이며, 가옥은 '온돌'로 방한을 하는 문화의 공동유형을 형성 발전시켰다. 또한 축제도 매년 봄(5월)과 가을(10월)에 전국적 규모로 개최하여 국정을 토론 공지한 다음, 춤과 노래와 씨름·활쏘기·말달리기·격투기·수박(手搏)·검술·금환(金丸) 등 각종 경기를 하는 성대한 축제문화를 공유하였다.

(10) 고조선의 주민은 고조선 국가의 2천여 년 '장기지속'되는 기간

동안 '정치의 공동', '언어의 공동', '지역의 공동', '혈연의 공동', '사회경제생활의 공동', '문화의 공동'이 확고하게 성립되어 '고조선민족'이 형성되었다. 거듭 지적하면 고조선민족이 최초의 한국민족의 형성이며, 한국민족의 '원민족'임과 동시에 제1단계의 고대민족인 것이다.

고조선은 BC 108년 한(漢) 무제의 침략을 받고 해체되어, 고조선 본국(밝달조선)에는 한사군이 설치되었다. 그러나 해체된 것은 고조선 '국가'였고, 2천 년간 형성된 고조선 '민족'은 그대로 남아 존속하였다. 또한 고조선 후국들은 분리 독립하여 존속해서 후국들의 '고조선민족'도 그대로 존속하였다. 고조선 고대연방제국 해체 후 후국들의 동태에 약간의 변화가 발생하였다. '한'·'맥'·'예' 계열의 진(辰)·부여·옥저·고죽·구려·양맥 등을 비롯한 대다수의 제1형 후국들은 독립고대국가로 되어서도 계속 고조선민족으로 남아서 '한'(漢) 세력 구축 투쟁을 전개하면서 한국민족의 제2단계 전근대민족 조상이 되었다. 그러나 제2형 후국 가운데 일부 생활방식이 '유목사회경제'이고, 위치가 고조선 연방제국의 변방에 있던 일부 후국들은 고조선 국가 해체를 계기로 '고조선민족' 계승에서 분리되어 독자적 제2단계 전근대민족 형성의 길을 가게 되었다. 읍루·실위·산융·정령·불령지·불도하 등이 그 예였다.

고조선 제1형 후국 '구려'가 '고구려'로 크게 발전하면서 고조선의 구영토를 회복(다물)하기 위한 투쟁에 성공하여 한사군은 곧 쫓겨나가 폐지되고, BC 1세기에는 고구려·백제·신라·가라·탐라 등을 중심으로 한 신채호 선생이 이름 붙인 '다국시대'가 열렸다. 다국시대에 제2단계 한국민족의 전근대국가는 여러 나라로 분립되었으나, 다국의 '민족'은 모두 이미 형성된 하나의 '한국민족'의 제2단계 전근대민족이었고, 다국들은 동일한 한국민족의 분립된 전근대국가들의 경쟁적 형태들이었다.

한국민족은 약 BC 5000년 전에 古한반도에서 '고조선 국가' 형성에 동반하여 '한'·'맥'·'예' 3부족이 결합하여 자생적으로 형성된 민족이었다. 古한반도에서 '한'·'맥'·'예' 3부족 결합에 의한 최초의 한국민족 형성에서는 '한'족이 민족 형성을 주도하였다. 그러므로 '한'족을 제외한 '맥'·'예' 2부족만의 고찰로는 한국민족 형성이 다 설명되지 않는다. 반드시 주도적 역할을 한 '한'족을 포함하여 '한'·'맥'·'예' 3부족 결합을 고찰해야 한국민족 형성이 사실과 일치하게 설명되는 것이다.

한국민족은 얼어붙은 바이칼·몽골·알타이·카프카스·시베리아·고중국 북부 지방에서 형성되어 들어온 민족이 아니었다. 한국민족은 古한반도에서 자생적으로 형성된 민족이었다. 古한반도에서의 한국민족의 자생적 형성에는 '최후의 빙기' 해빙 후 민족 형성 이전의 '古한반도 초기신석기인 유형', '古한반도 초기신석기인 문화 유형' 형성의 뿌리 깊은 배경이 있었다.

동아시아 최초의 고대국가 '고조선'의 약 2천여 년 '장기지속' 기간에 한국민족의 원민족이 확고하게 형성되었고, 한국민족문화의 원형과 '고조선문명'이 형성되었음을 주의할 필요가 있을 것이다. 우리가 종래 상대적으로 등한시해 온 '고조선'에 대해 모든 분과학문의 학제적 연구의 중요성을 강조하는 소이가 여기에 있다.

제2편

한국 '원민족' 형성과 '전근대민족' 형성

제1장 문제의 한정

사회학과 문화인류학에서는 그동안 전 세계 인류사회의 경험적 연구 결과 정립된 보편적 이론으로서, 허버트 스펜서(Herbert Spencer)의 연구 이래, 단순사회인 '가족'이 다수 결합하여 복합사회인 '씨족'을 형성하고, 다수의 씨족들이 결합하여 2중복합사회인 '부족'을 형성하며, 다음에는 다수의 부족들이 결합하여 3중복합사회인 '민족'을 형성한다는 진화론적 사회학 이론이 정립되어 널리 수용되고 있다. 이때 '가족'과 '씨족'은 완전한 혈연공동체이고, '부족'은 '혈연'과 '지연'이 결합된 일종의 자연공동체라고 할 수 있다. '부족' 단계에서는 안정된 '군장'(君長, chief)이 출현하여 '군장사회'(chiefdom)를 형성하며, 군장사회 말기에는 군장사회의 '준국가'(準國家)를 형성하기도 한다.

다수의 부족이 결합하여 (또는 예외적으로 하나의 부족이 비약적으로 발전하여) 형성된 안정된 왕(King)을 가진 3중복합사회의 국가(kingdom, 왕국)가 고대국가다.[1] 사회학적으로 '국가'는 결사체(Gesellschaft)이고, '민족'은 공

1 스펜서(Herbert Spencer), 다윈(Charles Dawin), 마르크스(Karl Marx), 엥겔스(F. Engels), 모건(W. H. Morgan), 애덤스(Brooks Adams), 스몰(Albion W. Small), 섬너(William G. Sumner), 워드(Lester F. Ward), 기딩스(Franklin H. Giddings), 키드(Benjamin Kidd), 말리노프스키(B. Malinowski), 베버(Max Weber), 뒤르켐(Emile Dunkheim), 베블런(Thorstein Veblen), 엘우드(Charles A. Elwood), 맥키버(Robert M. MacIver), 고든 차일드(V. Gordon Childe), 화이트(Lestli A. White), 스튜어트(J. H. Steward), 살린즈(M. Sahlins), 서비스(E. R. Service), 필(D. Y. Peel), 존슨(A. W. Johnson), 얼(T. Earle) 등이 진화론적 고대사회론의 대표적 연구자들이다.

동체(Gemeinschaft)의 특징이 있다. 인류는 고대국가와 고대사회가 시작되어 '문명'(civilization) 단계에 들어서며, '민족'도 이 단계에 들어서서 형성되기 시작한다고 사회학과 문화인류학은 설명하고 있다. 한국역사에서는 '고조선'이 바로 최초의 고대국가다. 고조선 고대국가에서 형성된 '민족'이 한국민족의 '원민족'이다.

여기서 사회학적으로 '민족'을 정의하면, "민족은 언어의 공동, 지역의 공동, 혈연의 공동, 문화의 공동, 정치(국가)의 공동, 사회경제생활의 공동, 역사의 공동을 객관적 요소로 하여 공고히 결합되고, 그 기초 위에서 주관적 요소인 민족의식이 형성됨으로써 더욱 공고하게 결합된 역사적 범주의 인간공동체"라고 말할 수 있다.

고대국가와 민족 형성이 매우 이른 시기에 이루어지고 국가와 민족의 역사가 매우 오래인 경우에는 '민족'을 다시 세분하여 '원민족'(protonation, 고대민족), '전근대민족'(pre-modern nation), '근대민족'(modern nation), '신민족'(new nation)으로 나누어 고찰할 필요가 절실함은 이미 밝힌 바 있다. 한국민족은 매우 이른 시기에 고대국가를 형성하고 '민족'을 형성했기 때문에 '원민족', '전근대민족', '근대민족'으로 세분하여 고찰할 필요가 절실한 경우다.[2]

이 글에서는 문제를 한정하여 한국민족이 '원민족'으로 형성되어 '전근대민족'으로, 다시 '근대민족'으로 진화 발전한 과정 가운데 '원민족'과 '전근대민족' 형성의 특징을 사회학적으로 밝히려고 한다.

---

2 신용하, 「민족형성의 이론」, 『한국사회학연구』 제7집, 서울대 사회학연구회, 1984.
박명규, 『국민·인민·시민: 개념사로 본 한국의 정치주체』, 소화, 2009.
박찬승, 『민족·민족주의』, 소화, 2010.
김영범, 『민중사 심화와 기억사회학: 민중의 귀환, 기억의 호출』, 한국학술정보, 2010 참조.

제2장 인종 및 구석기인·신석기인과 한국 '원민족'의 구분

한국민족의 기원과 형성에 관한 종래 학설들은 각각 바이칼, 카프카스, 알타이, 몽골, 시베리아, 고중국 북부지방 등에서 형성된 한국민족이 古한반도에 이동·이입해 들어왔다는 견해가 지배적이었다. '한국민족' 형성의 선행 '부족'에 대해서도 북방으로부터의 이동·이입을 전제로 ① '예' 1부족설, ② '예맥' 1부족설, ③ '예'·'맥' 2부족 결합설이 제시된 바 있다.

기존 학설들은 모두 유라시아 대륙 북방에서 형성된 한국 원민족이 한반도에 이동·이입해 들어올 때까지 古한반도는 '빈 공간'으로 전제되어 있었다. 그러나 엄정한 사회학적 검증에서는, 한국민족이 유라시아 대륙의 서방 또는 북방으로부터 한반도로 이동해 들어왔다는 각종 기존 학설들은 처음부터 사실과 부합하지 않는 학설이었다. 만일 그러한 이동이 있었다면 그것은 '한국인'이나 '한국민족'이 아니라, 인류로서의 '슬기사람'·'슬기슬기사람' 단계의 '구석기인'이었다. 그 시기도 100만 년 전에서 5만 년 전의 일이었다. 이때에는 아직 '한국인'이나 '한국민족'은 형성되어 있지도 않았다.

한반도에는 '구석기인'이 약 100만 년 전부터 이미 거주하기 시작했다는 사실이 평안남도 상원 검은모루 유적(약 100만 년 전)[3]과 충청북도 단양

---

3 김신규·김교경, 「상원 검은모루 구석기유적 발굴보고」, 『고고학자료집』 4, 사회과학출판사, 1974 참조.

금굴 유적(약 70만 년 전)에 의해 명확히 증명된다.[4] 또한 만주 지역에도 이 무렵에 '구석기인'이 거주했다는 사실이 이 지역의 구석기 유적들에서 거듭 확인된다.

이러한 '구석기인'들은 아프리카 동부, 또는 인종으로서의 인류발상지들에서 출발하여 세계 각지로 수백만 년, 수십만 년에 걸쳐 천천히 진화해 가면서 이동했을 것이다. 그러나 이것은 '민족'의 이동이 아니라 '인종' 무리의 이동이었다. 지금 자연과학자들이 DNA와 기타 유전인자들을 검출하여 이동경로를 조사하는 것은 '민족이동'이 아니라 '인종이동'임을 명료하게 구분하여 인식할 필요가 있다. 이 시기에는 인류에게 아직 '원민족'이나 '민족'이 형성되어 있지 않았으며, '한국인'도 '한국민족'도 아직 없었다.

인류의 이러한 '인종이동' 추세의 하나에 유라시아 대륙에서는 어둠을 가장 먼저 밝혀서 '밝음'을 주는 '해' 뜨는 동쪽을 향해서 이동하는 인류의 무리들이 있었다. 이미 약 100만 년 전에 가장 진취적으로 이동하고 활동한 인종으로서의 '구석기인'들의 일부가 유라시아 대륙의 가장 동쪽인 한반도와 연해주에 도착했음을 이 지역 구석기 유적들이 알려준다. 이 시기 유라시아 대륙은 모두 아열대성 기후였으며, 지금의 시베리아에서도 아열대 식물이 무성하고 매머드와 공룡이 살았다. 그러나 이 구석기인들은 비록 한반도와 만주·연해주에 먼저 도착해 거주했다고 할지라도 아직 '한국인'도 '한국민족'도 아니었고, 인류 무리로서의 '구석기인'들이었을 뿐이다.

이 구석기인들에게 약 5만 년 전 지구 기후가 급변하여 대빙하기의

---

4 손보기, 「단양 도담리 금굴유적 발굴조사보고」, 『충주댐 수몰지구 문화유적 연장발굴조사 보고서』, 충북대박물관, 1985.
이융조, 『충북의 선사문화』, 충청북도 충북학연구소, 2006, pp.78~80 참조.

재앙이 닥쳐왔다. 약 5만 년 전~1만 5천 년 전 '최후의 빙기'에 북위 약 40도(한반도의 신의주 통과선, 중국의 북경 통과선) 이북의 유라시아 대륙은 동토(凍土)가 되어, 그 이남의 '동굴' 지대로 피한(避寒)해 들어간 극소수 구석기인 외에는 동토의 구석기인은 거의 모두 사멸했다. 북위 40도 이하의 동아시아에서 석회암동굴이 가장 많은 古한반도의 동굴 지대에는 기존 구석기인들과 피한해 온 구석기인들이 합류했다.

북위 약 40도 이남의 古한반도 '구석기인'도 동굴 속에서 겨울에는 혹한에 떨면서 굶주림과 질병과 싸우고, 봄·여름·가을에는 동굴 근처 강변과 들에서 어로·사냥·채집을 하면서 살아남기 위한 자연과의 생존투쟁을 계속했다. 한반도와 만주·연해주·북중국 지역에서 발견되는 구석기 유적이 구석기인들의 이러한 상태를 알려준다. 이러한 구석기인들은 인류·인종이었지만 홀로세(Holocene)의 현생인류(現生人類)에는 포함시키지 않고 있다.

약 1만 2천 년 전 지구의 기후·기온이 온난해져서 지금과 비슷한 기후·기온이 조성된 후에, 동굴 주거에서 살아남은 극소수의 구석기인들이 동굴 밖으로 나와 따뜻하게 변화한 지구의 기후·기온 환경에 적응하면서 새 시대를 열기 시작하였다. 그들, 즉 주로 동굴 주변의 강변과 해안에서 마제석기와 토기를 용구로 제작하여 사용하면서 가족과 씨족과 부족을 만들기 시작한 사람들이 '신석기인'이다.[5]

古한반도 동굴에서 나와 형성된 초기신석기인들은 후에 '밝'족이라 불렸는데, 그들이 당면한 가장 큰 문제는 식료부족 문제였다. 이에 그들은 바로 농업경작을 시도하여 성공하기 시작했다. 그럼에도 식료가 부족하자, '밝'족 가운데 한반도에 그대로 남은 '한'부족 이외에, 기존에는 동토

5 임효재 편저, 『한국신석기문화의 전개』, 학연문화사, 2005 참조.

였다가 이제는 농경이 가능하게 된 북위 40도선 이북의 지역으로 씨족·부족 이동이 시작되었다.

古한반도 신석기인의 이동은 한반도에 그대로 정착한 '한'족 이외에 세 갈래로 진행되었다. 압록강을 넘어 요동반도와 대요하의 동쪽으로 이동하여 형성된 부족이 '예'(濊)족이었고, 요하 서쪽으로 이동하여 형성된 부족이 '맥'(貊)족이었다. 섬이었던 산동(山東)이 지형 변화로 대륙과 연륙되고 중국 동해안이 새 간척지로 되자, 산동반도와 새 간척지로 이동한 사람들은 후에 중국에서 말하는 동이(東夷)족이 되었다. 古한반도에 그대로 남은 '한'족이나, 북위 40도선을 넘어 동북으로 이동하여 형성된 '예'족이나, 서북으로 이동하여 형성된 '맥'족이나, 산동반도와 중국 동해안 새 간척지로 이동한 '동이'족이나, 그 원류는 모두 '古한반도 초기신석기인'(후에 '밝'·'밝달'·'발'인으로 호칭)이었다.

신석기시대부터는 인종을 절멸시키는 결정적 자연재해가 없었기 때문에 한반도와 남만주 지역의 신석기인들은 인종으로서의 '한국인'의 직계 조상으로 거론할 수 있을 것이다. 그러나 이때에도 '한국민족'은 아직 형성되어 있지 않았다.

'한국민족'이 처음으로 형성되기 시작한 것은 古한반도 신석기인들이 '신석기시대 농업혁명'에 성공하고 청동기 제작을 시작할 수 있게 된 BC 30세기~BC 24세기에 古한반도에서 동아시아 최초의 고대국가인 고조선 국가가 형성된 시기부터다. 신석기시대에 한강 유역을 중심으로 형성되어 확산 발전된 '한'족과, 신석기시대에 대릉하 유역으로 이동하여 형성 발전한 '맥'족과, 신석기시대에 요동반도와 송화강 유역에 이동해서 형성되어 발전한 '예'족 등 3부족이 古한반도에서 '한'족의 주도로 연맹·결합하여 동아시아 최초의 고대국가인 '고조선'을 개국하고 '한국 원민족'(고조선민족)이 형성된 것이다.[6]

그러므로 '한국민족'은 한반도에서, 그리고 한반도와 만주에서 자생(自生)하여 형성된 것이지, 카프카스 지방, 바이칼 지방, 알타이 지방, 몽골 지방, 시베리아 지방, 고중국 북부 지방에서 이입·이동해 들어온 민족이 아니었다.

한국 원민족은 한반도에서 형성된 후 BC 21세기경부터는 만주·요동·연해주와 서북방인 요서, 동부 내몽고 지방으로 더욱 급속히 진출하기 시작하였다.

한국 원민족은 서방과 북방에서 古한반도로 이동·이입해 들어온 것이 아니라, 도리어 古한반도(및 만주)에서 형성되어 북방과 서방으로 이동·이입해 들어간 것이었다.[7]

고조선은 동아시아 최초의 고대국가로서 BC 30세기~BC 24세기에 건국되었으며, 고고 유물을 접어두고 고문헌 기록만 보아도 BC 24세기(BC 2333년경)에 건국된 동아시아 최초의 고대국가였다.

---

6 신용하, 『고조선 국가형성의 사회사』, 지식산업사, 2010 참조.

7 중국 사회과학원이 최근(2002~2006년) 실시한 소위 '동북공정'에서 정립한 '고조선'·'부여'·'고구려'·'발해'가 고중국의 지방정권이었다는 주장은 전혀 '진실'이 아니고 '거짓'이며 '허구'이다. 고조선이 건국된 BC 30세기~24세기에 고중국에서는 아직 고대국가가 형성되어 있지 않았다. 중국 최초의 고대국가 '하'(夏)나라는 동북공정 추진자들이 최대로 끌어올려도 BC 21세기(BC 2070년)에 개국되었다고 '동북공정'이 스스로 결론짓고 있다. 그뿐만 아니라 BC 20세기에 고조선은 강대한 고대국가로서 만주 및 중국 난하 유역과 산동반도까지 진출했었는데, 하(夏)나라는 산동반도에 진출한 고조선 이주민들과 교류하기 시작한, 아직도 소국(小國) 단계에 있었다. 어떻게 수백 년 먼저 건국하고 강대한 고대국가 고조선이 수백 년 늦게 건국하고 약소한 고중국 하나라의 지방정권이 될 수 있겠는가. 동북공정의 고조선관은 어불성설의 억지에 불과한 것이다.

제3장 한국 '원민족'으로서의 '고조선민족' 형성

한국 '원민족'은 한국 최초의 고대국가인 '고조선' 국가 형성과 궤를 같이하여 형성되었다. 고조선은 동아시아 최초의 고대국가로서 BC 30세기~BC 24세기에 건국되었으며, 고고 유물을 접어두고 고문헌 기록만 보아도 BC 24세기(BC 2333년경)에 건국된 동아시아 최초의 고대국가였다. 그러므로 한국민족의 '원민족'은 한국민족의 '고대민족'과 일치한다고 볼 수 있다. 고조선 시기 한국 원민족 형성에 작용한 주요 요인을 간단히 요점만 들기로 한다.

1. 정치(고대국가, 고조선 국가)의 공동

고조선 '국가(정치)의 공동'이 고조선 주민들로 하여금 하나의 원민족 공동체로 결합하도록 강력한 사회적 구속력을 발휘하였다. '한'·'맥'·'예' 3부족 주민들 모두에게 공동으로 주어지는 고조선 국가 통치제도와 행정제도와 군사활동의 공동성은 문화 부문을 포함하여 주민의 사회생활의 모든 부문에서 공동성을 갖게 하고 하나의 '민족공동체'로 결합하도록 강력한 구속력으로 작용하였다.

고조선 국가의 형성과 그 '장기지속'은 고조선 주민들을 하나의 민족 공동체로 결합시켜 고조선 원민족을 형성하도록 강력한 전체적 구속력이 된 것이었다. 즉, 고조선 국가가 '정치의 공동'과 함께 모든 민족 형성

구성요소의 공동성을 형성·강화·결합시키는 강력한 '사회력'과 전체적 사회구조가 되었다.

2. 언어(고조선어 형성)의 공동

고조선 국가의 주민들은 언어의 구조와 어휘에 통합과 공동성을 갖게 되었다. 통치는 언어소통을 필수조건으로 하기 때문에, 고조선의 국가 형성에 의해 '한'·'맥'·'예' 3부족의 언어가 하나로 통합되고 융합되어 보다 풍부한 통합 민족언어로서 고조선어(古朝鮮語)가 형성·발전하게 된 것이었다. 그 결과 고조선 사람들은 '고조선어'라는 언어의 공동을 성취하여 의사소통을 하며 생활하게 되었다. 민족 형성에서 가장 중요한 구성요소인 '언어의 공동'으로서의 '고조선어' 형성에 대해서는, 고조선 전기의 고문헌자료는 없으므로, 고조선 후기·말기와 그 직후의 고문헌자료를 통해 간접적으로 증명할 수 있다.

이미 한국 언어학계는 현대 한국어의 기원은 '부여'계 언어와 '한'계 언어로 구성되었음을 정확히 밝혀 놓았다.[8] 여기서의 과제는 이 성과를 계승하여 '부여'계 언어와 '한'계 언어의 통합이 삼국시대 이후에 이루어진 것이 아니라 열국시대 이전 시기(즉, 고조선 시기)에 이루어진 것임을 증명하면 되는 것이다.

고조선은 '한'·'맥'·'예' 3부족의 연맹에 의해 건국되었으므로 '고조선어'

---

8 이기문, 「韓國語形成史」, 『韓國文化史大系』 제5권, 고려대 민족문화연구소, 1967.
이기문, 『국어음운사연구』, 탑출판사, 1977.
김완진, 『원시국어의 자음체계에 대한 연구』, 국어연구회, 1978.
이기문, 『국어어휘사연구』, 동아출판사, 1991.
김완진, 『향가와 고려가요』, 서울대출판부, 2001.
송기중, 『역사비교언어학과 국어계통론』, 집문당, 2003 참조.

는 주로 한·맥·예 3부족 언어의 통합에 의해 하나의 '언어공동체'가 형성된 것이었다. 이 고조선어가 한·맥·예 계열이 수립한 모든 나라들과 지역들에 공동으로 통용되었음은 고조선시대 언어 통합의 결과를 알려주는 고조선 직계 후예국가의 언어에 대한 후대의 고문헌으로도 논증할 수 있다.

『삼국지』 위서 동이전 고구려전에서는 동이의 옛말에 의하면 "(고구려는) 부여의 별종이라 하는데 언어와 풍속 등은 부여와 같은 점이 많다"[9] 라고 하였다. 『후한서』 동이열전 고구려조에서도 "(고구려는) 부여의 별종이라고 하는데 그러한 까닭으로 언어와 법칙이 많이 동일하다"[10]라고 기록하였고, 이어서 구려조에서는 "구려는 일명 맥(貊)이라 부른다"[11]라고 하였다. 즉, 맥족인 부여·구려·고구려는 언어가 동일했음을 확인할 수 있다. 또한 『양서』 백제조에서는 "백제는 […] 지금 그 언어와 복장이 대개 고구려와 동일하다"[12]라고 하였다. 백제의 지배층이 부여계임은 여러 곳에 기록되어 있다. 백제와 고구려는 언어가 동일한 것이었다.

그러면 신라는 어떠한가? 신라는 '한'계이므로 이 점이 특히 주목된다. 『양서』 신라전에서는 "(신라) 언어는 백제를 기다린 이후에 통하였다"[13]라고 기록하였다. 중국인들은 언어가 다른 신라인과는 언어로 소통하지 못하고, 신라인과 언어가 동일한 백제인을 기다려서 백제인에게 통역을 시켜서야 소통할 수 있었다. 즉, 신라와 백제는 언어가 동일하여 통역되고 소통된 것이었다.

실제로 고구려·백제·신라의 국경은 끊임없이 크게 변동하여 접경지

---

9 『三國志』卷30, 烏丸鮮卑東夷傳 高句麗傳, "東夷相傳 以爲夫餘別種 故言語法則多同."

10 『後漢書』卷85, 東夷列傳, 高句麗條, "東夷相傳 以爲夫餘別種 故言語法則多同."

11 『後漢書』卷85, 東夷列傳, 高句麗條.

12 『梁書』卷54, 諸夷列傳, 東夷百濟條, "今言語服章略高麗同."

13 『梁書』卷54, 諸夷列傳, 新羅傳, "言語待百濟以後通言."

대에 거주했던 백성들은 통치국가가 끊임없이 변동하였다. 고구려가 충주 지방까지 내려가기도 했고, 백제가 황해도까지 올라가기도 했으며, 신라가 백제의 수도 지역인 경기도를 점유하기도 했고, 백제가 신라의 수도 지역에 접근하기도 했다. 이때마다 백성들은 통치집단의 변동으로 말미암은 부담 변동의 고통을 겪었지만, 언어소통에 불편을 겪었다는 기록이나 전설은 단 한 건도 없다. 고구려·백제·신라의 언어가 기본적으로 동일하여 의사소통에 불편이 없었기 때문이었다.

고구려·백제·신라가 이미 하나의 '언어공동체'를 형성하고 있었다면, 그 이전에 부여계 언어와 한족계 언어를 하나의 '언어공동체'로 실현시킨 역사적으로 선행한 통합적 정치공동체와 문화공동체가 실재했어야 하는데, 한반도와 만주 지역에서는 '고조선'밖에 없는 것이다. 고조선이 2천여 년간 '한족과 맥족'[馯貊][14]을 통합한 통일국가로서 주민을 고조선 국민으로 포함하여 통치하는 동안에 이미 '고조선어'라는 하나의 민족어로서의 '언어공동체'가 선행하여 형성되었기 때문에, 고조선이 해체되어 열국시대에 들어가서도 열국 주민 사이에 언어소통이 가능해진 것이었다.

그러면 '예'족 계열의 언어는 어떠한가? 『삼국지』 예전(濊傳)에서는 "언어와 법속은 대체로 구려(句麗)와 동일하고 의복은 다르다"[15]라고 하였다. 즉, '예'족과 '맥'족인 '구려'의 언어가 대체로 동일하다고 기록한 것이었다.

『삼국지』 예전(濊傳)에, 고조선 해체 후 "단단대산령(單單大山領)부터 서쪽은 낙랑에 속했고, 단단대산령 이동 7현은 도위(都尉)가 다스렸는데 모두 예(濊)의 백성이었다"[16]라고 했는데, 이 지역의 하나에 전조선의 후

14 『尙書注疏』 卷18, 周書, 孔安國傳 참조.

15 『三國志』 卷30, 烏丸鮮卑東夷傳, 濊傳, "言語法俗大抵與句麗同 衣服有異."

16 『三國志』 卷30, 烏丸鮮卑東夷傳, 濊傳, "單單大山嶺以西 屬樂浪 白領以東七縣 都尉主之 皆以濊爲"

국이었다가 후조선 시기에 독립했던 옥저(沃沮)가 '예'족의 국가였다.[17] 『후한서』 동옥저조에서는 "(동옥저는) 언어·음식·거처·의복은 구려(句麗)와 비슷하다"[18]라고 하였다. 『삼국지』 동옥저전은 "그들의 언어는 구려와 크게는 같지만[大同] 때때로 작게는 다른 부분도 있었다[小異]"[19]라고 하였다. 즉, '예'족의 언어는 '맥'족인 구려·고구려와 대동소이한 것이었다. 예족의 언어가 구려와 완전히 동일하다고 하지 않고 '대체로 동일하다', '대동소이하다'라고 하면서 '의복은 다르다'라고 한 것은 '예'족과 '맥'족의 언어가 고조선의 2천여 년 '장기지속'의 통치 기간에 '고조선어'로 언어가 통일되었지만, 지방 사투리의 차이로서 '맥'족 언어와 '예'족 언어의 작은 차이가 남은 것이었다고 해석된다.

'한'족·'맥'족·'예'족의 언어는 이미 고조선 시기에 '고조선어'로 통합되어 하나의 민족언어로서 '고조선어'가 형성되었으며, 잔존한 부족언어들은 지방 방언(사투리) 정도로 남은 것이었다. 그러므로 고조선 해체 후 열국시대에 들어가서도 이미 동일한 '고조선어'를 분유했기 때문에 삼한·삼국 등은 하나의 민족어를 공통으로 사용하면서 의사소통에 불편이 없었던 것이다.

고조선 시기에 형성된 '고조선어'가 부여계 언어와 한계 언어의 공동의 조어(祖語)이며, 현대 한국어의 조어(祖語)라는 것이 필자의 견해다. 주시경 선생은 고조선(단군조선) 시기에 자연스럽게 조선어가 형성되었다는 견해를 일찍이 갖고 있었다고 해석된다.[20]

---

17 이지린, 『고조선연구』, 백산자료원, 1963, pp.217~315 참조.

18 『後漢書』 卷85, 東夷列傳, 東沃沮條, "言語·食飮·居處·衣服有似句麗."

19 『三國志』 卷30, 烏丸鮮卑東夷傳, 東沃沮傳, "其言語句麗大同 時時小異."

20 주시경, 「必尙自國文言」, 『주시경전집』 상권(아세아문화사판), p.29; 『국어문법서』(『주시경전집』 하권), p.221; 「국문연구」, 『주시경전집』 하권, pp.254~255 참조.
신용하, 「주시경의 애국계몽사상」, 『한국사회학연구』 제1집, 1977; 『한국근대사회사상사』, 일지사, 1987, pp.402~403 참조.

여기서 그치지 않고 또한 주목할 것이 있다. 『산해경』「대황북경」의 "호(胡)와 불여(不與)의 나라가 있는데, 열(烈)성이고 기장을 먹는다"[21]라는 문장에 대해 진(晉)의 곽박(郭璞)은 "한 나라의 이름을 중복하여 쓴 것이다, 이제는 호(胡)와 이(夷)의 언어가 모두 통한다"[22]라는 주를 달았다. 여기서 '호'(胡)는 북방의 산융(山戎, 원흉노)을 가리키고 '이'(夷, 不與)는 부여(夫餘)족을 가리키는 다른 소리표기라고 해석되고 있다.[23]

'산융'(원흉노)은 고조선에 늦게 편입된 후국이었고 '부여'족은 매우 일찍 고조선의 후국족이 되었는데, "이제는 胡(호, 산융)와 夷(이, 동이; 부여)의 언어가 모두 통한다"라고 한 것은 '고조선어'가 후국인 호(胡, 산융)까지도 통하게 되어 산융과 부여가 언어는 하나의 나라처럼 통하게 된 사실을 곽박이 지적한 것이라고 해석된다. 즉, '고조선어'는 이미 모든 고조선 후국들과 고조선문명권에 통용되는 언어가 되었다고 보는 것이다.

고조선 시대에 형성된 '고조선어'가 한국 원민족의 민족언어이며, 당시 모든 고조선문명권에 속했던 후국민족들의 언어와 현대 한국어의 조어(祖語)가 된 것이었다. 고조선어가 한국 원민족의 민족언어로 용이하게 확립된 배경은 이미 신석기시대에 '한'·'맥'·'예' 3부족의 원류가 '古한반도의 초기신석기인'(밝족)에서 분화되어 나간 동일한 뿌리를 기원으로 했기 때문이었다고 본다.

3. 지역(고조선 영역)의 공동

고조선 국가의 주민들은 제1단계에서는 古한반도를 '지역의 공동'으로 해서 '한'·'맥'·'예' 3부족이 결합하여 '고조선민족'을 형성하였다. 이것은

---

21 『山海經』 卷17, 「大荒北經」, "有胡不與之國 烈姓黍食."

22 袁珂 校注, 『山海經校注』, 巴蜀書社, 1996, p.480, "郭璞云 一國復名耳 今胡夷語皆通然."

23 申采浩, 『朝鮮上古文化史』, 『改訂版 丹齋申采浩全集』 상권, pp.363~419 참조.

'고조선민족'이 古한반도에서 자생적으로 형성되었음을 가리키는 것이다.

고조선이 만주·연해주 지방으로 진출하면서 후국들이 다수 설치되자 고조선 주민들은 제2단계에서 古한반도와 함께 만주·연해주 지역도 '지역의 공동'으로 하여 고조선의 직령지나 후국 영역에 모여 살면서 하나의 원민족 공동체를 형성하게 되었다. 이러한 지역의 공동은 문화교류를 활발하고 편리하게 하여 하나의 공고한 문화공동체를 형성하는 필수조건의 하나를 충족시켜 주었다.

고조선민족 형성의 구성요소인 '지역의 공동'은 제1차로 '古한반도'와 제2차로 '古한반도와 만주·연해주 일대'의 지역의 공동에 기초한 것이었다.

4. 생활문화의 공동

고조선 국가의 주민들은 의복·음식·주거 등의 생활양식과 생활관습의 공동성을 결과하여 생활문화를 공유하게 되었다.[24] 물론 의식주의 생활양식은 신분별로 차이와 차별이 있었고 부족 전통과 지역별로 차이가 있었음은 물론이다. 또한 고조선 주민 안에서도 농경민족과 후국 유목민족의 생활문화에는 큰 차이가 있었다. 그러나 농경민족끼리와 유목민족끼리는 동일 신분 내에서의 공동성과 신분·부족·지방을 초월하는 공동성이 병존했으며, 그 상위 차원에는 고조선문명을 공유한 주민들의 생활문화의 공동이 형성되었다고 볼 수 있다.[25]

---

24 朴殷植, 『檀祖事攷』 內篇, 『白巖朴殷植全集』 제4권, 백암박은식전집편찬위원회, 2002, pp.507~508 및 p.575 참조. 또한 『논어』(論語) 헌문(憲問)편에서 공자(孔子)는 예컨대 고조선(九夷, 東夷) 의복의 특징을 좌임(左袵: 옷깃을 왼쪽으로 가게 하는 것)으로 지적하였다. 이 밖에 고중국 여러 학자들이 앉는 방식, 인사예절, 상투머리 기타 동이족의 생활문화의 고중국과 다른 특징을 지적하였다. 그들의 지적이 정확한 것인지는 검증이 필요하지만, 고조선 주민과 고중국 주민의 생활문화의 문화적 특징의 실재는 명백한 것이다.

25 박선희, 「평양 낙랑유적 복식유물의 문화성격과 고조선」, 『단군학연구』 제20호, 2009

5. 혈연의 공동

고조선 국가의 주민들 사이에는 초기에 혈연의 공동이 형성되었고, 혈연공동 의식이 형성 발전하였다. '한'·'맥'·'예' 3부족은 원래 '古한반도 초기신석기인'에서 분화되어 형성된 부족으로서 객관적으로도 '혈연공동'의 기초가 있었다. 또한 3부족으로 분화되어 통합된 이후에도 '한'·'맥'·'예' 3부족의 족외혼(exogamy) 제도는 3부족 통합에 의한 '혈연공동' 의식 형성의 촉진 요소로 작용했다고 볼 수 있다.[26]

물론 3부족 통합 이후에 현실적으로 이입해 들어오는 다른 부족과의 '혼혈'이 끊임없이 전개되었고, 다른 한편으로 '부족'의 혈연공동 의식도 잔존하였을 것이다. 그럼에도 불구하고 고조선 국가 건국 이후에는 주민들이 모두 하나의 혈연공동체로 연관되어 있다는 의식이 고조선 민족 형성 전 기간에 상당히 강했을 것임은 충분히 미루어 알 수 있는 일이다.

6. 신앙과 종교의 공동

고조선 국가의 주민들은 신앙과 종교를 공유하였다. 고조선 국가 형성을 주도한 '한'족은 태양을 숭배하고 새[鳥]를 토템으로, '맥'족은 곰[熊]을, '예'족은 범[虎]을 토템으로 경애하였다. 그러나 고조선 건국 후 발전 과정에서 전체 고조선 주민이 '단군신앙'과 '태양숭배신앙'을 공유하게 되었고, 토템이었던 새와 곰과 범은 민속으로 경애하게 되었다. 고조선 국가의 주민들 사이에 한·맥·예족의 모든 시역에서 '태양숭배'의 사상과 의식이 보편화되었다는 사실은 그들이 제작한 청동기 유물의 각종 태양 무늬에서도 잘 나타나 있다.

참조.

26 『三國志』 卷30, 魏書, 烏丸鮮卑東夷傳, 濊條 및 『後漢書』 卷85, 東夷列傳, 濊條 참조.

또한 고조선 주민들은 고조선의 초대 건국제왕 '단군'(檀君)이 서거한 후 승천하여 하늘에서 '신'(神)이 되고 '하느님'이 되었다고 생각하고, '단군'을 곧 '하느님'으로 숭배하는 '단군숭배'의 신앙과 종교를 갖게 되었다. 고조선과 모든 후국들에서 해마다 10월에는 단군숭배의 제천(祭天) 의식을 행하였다.[27]

박은식은 고조선의 종교가 삼신교(三神教, 환인·환웅·단군 신앙)·신교(神教, 단군 신앙)였다고 설명하였다.[28]

고조선 본국(밝달조선)뿐만 아니라 고조선문명권의 모든 주민들은 고조선 시기에 '단군'(Dangun, Tangun)·'단굴'(Tangur)·'텐그리'(Tengri)·'단그리'(Tangri)·'단그라'(Tangra) 등 각종 방언 발음으로 단군 숭배의 신앙과 종교를 공유하였다.[29]

7. 천손의식의 공동

단군신앙의 결과로 단군은 '동방민족의 조(祖)'[30]로 의식화되었고, 고조

---

27 朴殷植, 『大東古代史論』, 『白巖朴殷植全集』 제4권, p.369 및 p.387 참조.

28 朴殷植, 『韓國痛史』, p.179; 『朴殷植全書』 상권, p.359 참조.

29 Stanley Lane Poole, *The People of Turkey,* 2vols, London: John Murray, 1878.
D. Rizoff, *The Bulgarians in Their Historical, Ethnographical and Political Frontiers,* Berlin: Wilhelm Greve, 1917.
D. Mishew, *The Bulgarians in the Past,* Lausanne: Librairie centrale des nationalités, 1919.
Steven Runciman, *A History of the First Bulgarian Empire,* London: G. Bell & Sons Ltd., 1930.
Ibrahim Kafesoglu, *Origins of Bulgars,* Ankara: Institute for the Study of Turkish Culture, 1986.
John V. A. Fine, *The Early Medieval Balkans,* Ann Arbor: University of Michigan Press, 1991.
Mirfatyh Zakiev, *Origin of Turk and Tatars,* Moscow: INSAN, 2002.
Tsvetelin Stepanov, *The Bulgars and the Steppe Empire in the Early Middle Ages,* Leiden: Brill, 2010.

30 朴殷植, 『大東古代史論』, 『白巖朴殷植全集』 제4권, p.366 및 p.385 참조.

선 국가의 주민들은 자신들이 '단군의 자손'·'하느님의 자손'이라는 '천손(天孫)의식'을 공유하게 되었다. 하늘은 고조선 주민들의 조상신인 '단군'이 계신 곳이며, '하늘'은 '단군의 집'(한의 울, 한울), '단군의 궁정'이고, 고조선 사람들은 조상신(祖上神)인 하느님(단군)의 가호를 받는 천손(天孫)이라는 '천손의식'을 공유했으며, 고조선 주민들은 그들 스스로 선택받은 뛰어난 겨레라는 의식을 공유하게 되었다.

8. 생산기술과 사회경제생활의 공동

고조선 국가의 주민들은 고조선의 선진적 생산기술과 사회경제생활을 공유하게 되었다. 농업생산과 기술에서는 벼농사와 콩재배를 비롯한 오곡의 경작재배의 생산방식, 목축의 성립과 발전이 고조선 전국에 보편화되어 동일 유형의 선진적 농경문화를 공유하게 되었다. 금속문화에서는 특히 청동기술, 금동기술, 철가공기술 등 선진적 금속 수공업 기술과 금속문화를 발전시키면서, 선진적 생산기술과 사회경제생활 방식을 직령지뿐만 아니라 고조선 후국 지역에도 보급시켰다.[31] 특히 청동기문화에서는 고조선문화의 독특한 기술과 도안을 공유하였다. 예컨대, 고조선식 다뉴조문경과 다뉴세문경, 비파형동검, 세형동검 그리고 청동제 간두령, 쌍주령, 팔주령 등 의기들은 다른 문명의 금속문화와는 뚜렷이 구별되는 고조선문화와 문명의 공동 유형을 형성하였다.

9. 군사문화와 무기의 공동

고조선 국가의 주민들은 고조선 특유의 무기·무장과 군사문화를 공유

31 신용하, 「고조선 국가의 형성과 고조선 금속문화」, 『단군학연구』 제21호, 2009 참조.

하였다. 고조선 주민들은 크고 성능이 뛰어난 '단궁'(檀弓)과 '맥궁'(貊弓)을 개발해 사용하고 보급하였다.[32] 또한 고조선 군대와 주민들은 선진적 금속문화에 기초하여 고조선 독특한 비파형 청동단검, 비파형 청동창끝, 부채꼴 청동도끼, 고조선식 청동꺾창, 세형 청동단검, 고조선식 청동투구, 고조선식 갑옷 등 동일한 유형의 무기·무장과 무기문화·군사문화를 공유하였다.

10. 기마문화의 공동

고조선 국가의 주민들은 부여에서 '말'의 가축화에 성공하여 일상생활·농사·교통·운수·군사 등에 '말'을 도입해서 사역함에 따라 고조선의 독특한 기마문화(騎馬文化)를 공유하게 되었다. 고조선의 영역이 북방으로 확대되자 유목부족이 후국으로 들어오면서 기마문화는 더욱 발전하여 유목민족은 '기마민족'이 되었다. 그 결과 고조선 고대연방제국 안의 부여와 유목민족들은 매우 이른 시기에 '기마민족'이 되었으며, 고조선 주민들은 농경민족들까지도 모두 '기마문화'를 공유하게 되어, 고조선은 동일한 유형의 기마문화를 공유한 고대국가가 되었다.

11. 궁사문화의 공동

고조선 국가의 주민들은 독특한 궁사(弓射)문화와 기사(騎射)문화를 공유하였다. 고조선은 '활쏘기'를 매우 중시하여 마을마다 부근에 '사장'(射

32 '東夷'의 '夷'는 원래 '큰 활을 사용하는 사람'을 가리킨 것으로서 고조선 사람들과 고조선 이주민들이 '큰 활'을 사용했으므로 고중국 계열 사람들이 처음에는 훌륭한 무기를 가진 인자한 사람에 대한 존경의 뜻으로 사용하기 시작했다가, 진시황(秦始皇)의 동이족 이주 탄압정책 이후에 중국에서 점차 비칭으로 전화해 간 용어다.

場)을 설치하고 성원들에게 소년기부터 활쏘기 훈련을 맹렬하게 시키는 것을 관행으로 하였다.[33] 또한 활쏘기를 말타기와 결합시켜, 말을 타고 달리면서 전후좌우로 자유로이 활을 쏘는 독특한 기사술(騎射術)을 개발하고 훈련시켜서 전투의 기동력과 공격력에 혁명적 향상을 가져와 고조선의 강력한 무력의 기초가 되었다. 이에 고조선 주민들은 독특한 활문화와 기사(騎射)문화를 공유하게 되었다.

12. 축제문화와 경기문화의 공동

고조선 국가의 주민들은 축제문화와 경기문화를 공유하게 되었다. 고조선은 해마다 봄(5월)과 가을(10월)에 전국적으로 성대한 축제를 개최하여 나랏일을 토론하고 결정하여 공지한 다음 성대한 축제 행사를 하였다.[34] 축제의 내용은 음악과 무용을 비롯하여 활쏘기 · 말달리기 · 씨름 · 격투기 등 각종 무술경기의 경연을 시행하여 우승자에게는 임석한 제왕이 큰 상을 내리고 채용하였다. 그 결과 고조선에서는 음악 · 무용과 각종 무술경기가 크게 발전하고, 축제문화와 무술경기문화를 전 주민이 공유하게 되었다. 이것은 하나의 문화적 전통을 이루어 고조선 주민과 그 후예들은 음악과 무용을 매우 좋아하고 즐기는 민족문화를 형성하게 되었다.

13. 민속문화와 예술문화의 공동

고조선 국가의 주민들은 민속 · 민요 · 무용 · 민속놀이 · 연행예술 · 민

---

33 朴殷植, 『大東古代史論』, 『白巖朴殷植全集』 제4권, pp.366~367, pp.370~371, pp.387~388 및 p.467 참조.

34 申采浩, 『朝鮮上古文化史』, 『改訂版丹齋申采浩全集』 상권, pp.392~396 참조.

담·설화 등 예술문화를 공유하였다. 고조선 고대연방제국의 2천여 년 '장기지속' 기간 동안 하나의 국가 통치 아래서 문화교류를 하면서 생활하는 사이에, 고조선 주민들은 음악·무용·민담·설화 등을 공유하여 고조선 특유의 민속과 연행예술문화를 형성하게 되었고, 이것을 전 주민이 공유하여 즐기면서 전승하게 되었다.[35]

고조선 주민들은 이상과 같이 국가정치의 공동, 언어의 공동, 지역의 공동, 생활양식과 관습의 공동, 혈연의 공동, 신앙과 종교의 공동, 천손의식의 공동, 생산기술과 사회경제생활의 공동, 무기·무장과 군사문화의 공동, 기미문화의 공동, 궁사(弓射)문화의 공동, 축제문화와 경기문화의 공동, 예술문화와 민속문화의 공동 등을 형성하여 2천여 년 '장기지속'의 시간 동안 긴밀하게 교류하며 생활해 오면서 공고한 하나의 민족공동체의 결합을 이루고 '고조선민족'을 형성하게 되었다. 고조선 국가 안에서 위에서 든 문화 공동의 요소들의 공고한 결합에 의해 형성된 민족공동체가 '고조선민족'인 것이다.

35 『삼국지』 권1, 고조선(王儉朝鮮)조의 『고기』(古記)를 인용한 단군설화는 고조선문명권이 공유했고, 그 후예들도 공유했던 대표적 민담이라고 해석된다.

제4장 고조선민족이 곧 한국 '원민족'

고조선 국가 형성을 기점으로 고조선 시기에 위와 같은 요소로 형성된 '고조선민족'이 한국민족의 '원민족'(proto-nation)이다.[36] 이를 '고대 · 중세 · 근대'의 시대구분 개념에 비교하면 한국역사에서는 한국 '원민족'은 한국의 '고대민족'에 해당한다고 볼 수 있다. 한국 원민족이 형성된 고조선이 한국민족 최초의 '고대국가'이기 때문이다.

한국 '원민족'은 최초에 주로 '한'·'맥'·'예' 3부족의 결합과 융합으로 형성되었다. 그러나 그 후에는 이들만으로 한국 '원민족'이 형성된 것은 아니었다.

고조선은 고대연방제국으로서 후국제도를 채택해 통치에 사용했는데, 제1형 후국에는 맥(貊)·예(濊)·부여(夫餘)·고죽(孤竹)·청구(青丘)·발(發, 밝)·불리지(弗離支)·양맥(良貊)·구려(句麗)·비류(沸流)·구다(句茶)·행인(行人)·개마(蓋馬)·옥저(沃沮)·진반(眞番)·임둔(臨屯)·진(辰)·숙신(肅愼)·읍루(挹婁) 등이 포함되어 있었고, 제2형 후국에는 도하(屠何)·동호(東胡)·오환(烏桓)·선비(鮮卑)·해(奚, 庫莫奚)·오손(烏孫)·유연(柔然, 大檀)·산융(山戎, 원흉노)·정령(丁零, 철륵, 원돌궐)·실위(室韋, 원몽골) 등이 포함되이 있었다.

제1형 후국들 가운데 고조선 연방제국이 해체에 처했을 때, 분리되어 멀리 떠나 버린 부족들을 제외하고, 고조선과의 결합을 끝까지 견지한

---

36 신용하, 「민족 형성의 이론」, 『한국사회학연구』 제7집, 1984 참조.

부족들은 '한'·'맥'·'예' 3부족과 더불어 '고조선민족'에 공고하게 결합하여 한국 '원민족'에 융합되었다. 고조선의 제1형 후국 부족들은 대부분 한국 '원민족'에 융합되었다.

한편 고조선의 제2형 후국들 가운데 고조선 연방제국이 해체에 처했을 때 분리 독립하여 멀리 떠나 버린 후국 부족들은, 일부 끝까지 남아서 고조선 민족에 융합된 그 후국의 일부 주민을 제외하고는, 한국 원민족 계승에서 분리되었다. 즉, 고조선 제2형 후국들의 다수는 한국 '원민족' 형성에서 결국 분리되어 버리고, 오직 끝까지 남아서 고조선민족에 융합된 제2형 후국들의 소수 주민들만이 한국 '원민족' 형성에 융합하게 되었다.

그러나 고조선의 제2형 후국 부족들이 그 후 독자적 민족으로 발전한 경우에도 그들의 '원민족'은 '고조선민족'(한국 '원민족')에의 기원을 공유하여 한국민족과 깊은 친연성을 갖게 된 것은 더 말할 필요도 없다. 제2형 후국들도 이미 '고조선문명권'에 포함되어 언어를 비롯하여 고조선문명의 문화 항목을 고조선 시대에 매우 많이 공유했기 때문이었다.

한국민족은 고조선 시기에 '원민족'을 형성한 다음, 고조선 해체 후 열국시대에 '전근대민족'을 형성하였고, 개화기에는 '근대민족'으로 발전하였다. 한국민족은 원민족·전근대민족·근대민족을 모두 거치면서 오늘에 이르렀으나, 한국민족 최초의 민족 형성과 최초의 민족적 특성은 한국 '원민족'인 '고조선민족'에서 이미 확고하게 정립된 것이었다.

동아시아 최초의 고대국가 고조선이 형성된 BC 30세기~BC 24세기에, 한국민족은 고조선 국가와 함께 '원민족'이 형성된 약 5천 년의 역사를 가진, 세계에서 가장 유구한 역사를 가진 민족들 가운데 하나다.

한국민족의 '원민족'은 바로 '고조선민족'이며, 한국민족의 '원민족'은 고조선 국가 형성을 기점으로 하여, 고조선 시기에 한국민족 최초의 민족 형태로서 형성되고 확립되어, '전근대민족'과 '근대민족'으로 발전되면서 현대까지 계승되어 온 것이다.

제5장 한국 '전근대민족'의 형성

1. 고조선 국가의 해체와 열국의 대두

고조선 고대연방제국과 고조선문명권은 BC 3세기부터 BC 108년경까지 황하 유역 문명권의 중국 고대국가인 연(燕)·진(秦)·한(漢)의 연이은 무력침공을 받고 200여 년 동안 일진일퇴를 거듭하다가 중과부적으로 패전하여 고조선 고대연방제국이 해체당하게 되었다. 이에 따라 고조선 고대연방제국을 이루었던 고조선 원민족과 다수의 후국들은 영토를 빼앗기고 새 정착지를 찾아 이동하여 BC 2세기부터 AD 1세기 사이 동아시아에 '민족대이동'이 일어나게 되었다.

이 '민족대이동' 과정에서 고조선 원민족은 여러 형태로 분리와 통합이 전개되었다. 이 중에서 고조선 원민족을 계승한 한국 '전근대민족'이 형성되었다. 이 과정을 상세히 서술하는 것은 방대한 분량이 필요한 작업이므로 다른 기회로 미루고, 여기서는 민족 형성의 주제와 관련된 부분만 단재 신채호 선생의 해석의 큰 줄기를 따라 극히 간략하게 서술하기로 한다.

고조선 고대연방제국의 해체 과정은 다음과 같이 3단계를 거쳤다.

제1단계는 BC 284년경에 연(燕)의 장수 진개(秦開)의 군대가 고조선 후국 동호(東胡·신朝鮮)를 침공하여 패전시키고 고조선 영역 1천 리를 빼앗아간 사건이 일어난 시기였다.[37]

그 이전에 고조선은 BC 30세기~24세기에 한반도에서 동아시아 최초의 고대국가로서 건국한 후 강성해지자 BC 21세기경 만주의 요동지방과 요서지방, 난하 유역 너머까지 진출하였다. 또한 고조선 이주민들은 바다를 건너 중국의 황하 유역과 회수(淮水) 유역에 들어가서 자치공동체 소국을 세우고 살았다. 고중국에서 선진(先秦)시대의 소위 '동이'(東夷)·'회이'(淮夷)라 기록한 것이 이것이다. 그중에서 고조선인 서언왕(徐偃王)이 세운 서국(徐國)에는 고중국의 36개 소국들이 조공했었다.[38] 또한 고조선 장수 불리지(弗離支)가 군대를 인솔하고 오늘의 직예(直隸)·산동(山東)·산서(山西) 지방에 들어가 대현(代縣) 지방에 불리지국(弗離支國)을 세웠는데 『주서』(周書)에 '불령지'라 한 것과 『사기』(史記)에 '리지'라 한 것이 모두 '불리지국'을 가리킨 것이었다. 또한 불리지는 정복한 지방에 자신의 성인 '불'의 음으로써 지명을 지었는데, 요서의 '비여'(肥如)나 산동의 '부역'(鳧繹)이나 산서의 '비이'(卑耳)가 그러한 지명이었다.[39]

원래 연의 장수 진개(秦開)는 고조선 후국 동호(東胡)에 투항했는데, 동호가 그를 신임하고 중용하자 군사 기밀과 실태를 정확히 파악한 후, 연 소왕(昭王)이 융성하자 연으로 도망가서 연의 대군을 이끌고 동호를 기습하여 조선군도 패한 것이었다.[40]

고조선은 패전하여 산서성, 하북성, 영정하, 조백하 등지의 경계선을 포기하고 난하 경계선으로 후퇴하였다. 그뿐만 아니라 고조선은 후국인 산융(흉노)과의 통로도 차단당하여 흉노를 잃게 되었으며, 흉노는 고조선에서 분립하여 별개의 국가활동을 전개하게 되었다. 그 후 연이 혜왕(惠王) 때(BC 278~272년) 약화되자 고조선은 다시 연을 공격하여 실지를 회

37 『史記』 卷110, 匈奴列傳 참조.
38 『後漢書』 卷85, 東夷列傳 참조.
39 申采浩, 『朝鮮上古史』, 『改訂版丹齋申采浩全集』 상권, pp.87~88 참조.
40 『史記』 卷110, 匈奴列傳 참조.

복했으나 오래 지키지는 못했다.[41]

제2단계는 진시황(秦始皇)의 고중국통일 군사활동으로 진(秦)의 공격을 받고 항쟁한 시기였다. 진시황은 BC 221년에 중국 내부를 통일한 후 산동반도 일대에 들어가 거주하고 있던 고조선 이주민(동이족)과 그 분국들을 북쪽으로 내쫓고, BC 214년경에는 이전에 연 등이 고조선과 그 후국들의 공격을 막기 위해 쌓았던 성들을 연결하여 갈석산(碣石山) 부근의 만리장성을 쌓는 대역사를 감행하였다. 갈석산·산해관의 만리장성은 진에 통합된 고중국 세력과 고조선 세력의 경계선이 되었다. 진은 이때 연에게 빼앗겼다가 일부 회복한 고조선의 땅을 다시 빼앗아갔다.[42]

제3단계는 한(漢) 무제(武帝)의 천하통일 군사활동으로 강대한 무력침략을 받은 시기이다. 진(秦)은 BC 206년에 망하고, 한(漢)이 BC 202년에 일어났다. 고조선은 진의 멸망 후 중국 내부가 군웅할거하여 다투는 틈을 타서 실지를 회복하고 만리장성을 넘어 산동지방에 들어가서 옛 불리지국의 영토를 회복했으나 항우에게 패하여 오래 지키지 못했다. 결국 한이 진을 대신하게 되었지만, 한은 BC 180년대까지는 북으로 강성한 흉노의 침입에 시달리고, 내부에서는 한이 연왕에 봉하여 옛 연의 땅에 보낸 노관(盧綰)이 한에 반란을 일으켜 흉노에 망명해 버렸으며, 뒤이어 제후들의 반란이 끊이지 않아서, 고조선에 대한 침략의 뜻은 있었으나 침략의 힘이 없었다.

이 무렵 연이 빼앗아간 고조선 영역에 살다가 미처 망명하지 못했던 고조선 유민 위만(衛滿)이 피난민들과 함께 BC 195년경 고조선에 망명하였다. 후조선 준왕은 위만을 신임하여 고조선의 서변 경계선을 방비하는 장수에 임명해서 한의 침입에 대비하도록 하였다. 위만은 군사권을 갖

---

41 申采浩, 『朝鮮上古文化史』, 『改訂版丹齋申采浩全集』 상권, pp.436~443 참조.
42 申采浩, 『朝鮮上古文化史』, 『改訂版丹齋申采浩全集』 상권, pp.439~449 참조.

고 실력을 기르더니, BC 194년경 한이 쳐들어오므로 왕궁을 지키겠다고 대군을 이끌고 후조선의 왕검성에 들어와서 정변을 일으켜 준왕을 내쫓고 스스로 왕이 되어 새 왕조를 열었다. 그러나 위만은 원래 조선 유민이므로 국호를 '조선'으로 계속 사용하여 이른바 '위만조선' 시대를 열었다.[43]

한 문제(文帝, 재위 BC 180~BC 157년) 때에 조선이 계속 한에 복속하지 않으므로 조선을 침략할 계획을 세웠으나, 조선이 막강하고, 북쪽으로부터 흉노의 위협이 크므로 실행하지 못하였다.

한 무제(武帝, 재위 BC 141~BC 87년)는 천하통일의 꿈을 품고 흉노와 돌궐로부터 기마와 철제무기 제조술까지 도입하면서 대군을 양성하더니, BC 128년에 고조선의 후왕 예군(濊君) 남여(南閭)를 포섭하여 복속시키고 창해군을 설치하였다.[44] 그러나 고조선은 이를 무력으로 공격하여 승리해서 2년 만인 BC 126년에 창해군을 폐지시켜 버렸다.[45] 한 무제는 흉노와의 오랜 전쟁 끝에 BC 119년 좌흉노를 만리장성 북쪽으로 쫓아내는 데 성공하고, BC 111년에는 남방 원정을 결행하여 양자강 이남 남월과 동월을 평정해서 중국 안의 통일을 달성하였다.

이에 한 무제는 오랫동안 기도하던 고조선(위만조선) 병탄을 실행하려고 BC 110년에 18만 대군을 동원해 발해만을 돌고 건너서 요하 입구에 집합시켜 놓고 고조선(위만조선) 우거왕(위만의 손자)에게 항복을 권했으나 거절당하였다. 한 무제는 BC 109년에 수륙 양면으로 고조선을 공격하였다.[46] 고조선은 우거왕의 지휘하에 처음에는 여러 차례 승리를 거두면서

43 申采浩, 『朝鮮上古史』, 『改訂版丹齋申采浩全集』 상권, pp.103~105 참조.

44 『漢書』 卷6, 武帝紀, 元朔元年條, "秋 … 東夷濊君南閭等口二十八萬人來降 爲蒼海郡." 참조.

45 『後漢書』 卷85, 東夷列傳, 濊傳 및 申采浩, 『朝鮮上古文化史』, 『改訂版丹齋申采浩全集』 상권, pp.453~456 참조.

46 申采浩, 『朝鮮上古史』, 『改訂版丹齋申采浩全集』 상권, pp.130~141 참조.

1년간을 매우 용감하게 잘 싸웠다. 그러나 1년간 전쟁이 계속되자 고조선 조정 내에 투항을 생각하는 배신자가 나타나게 되었고, 그들에 의해 BC 108년에 우거왕이 암살당하였다. 고조선에서는 대신 성기(成己)의 지휘 아래 백성들이 단결하여 완강하게 싸우면서 왕검성을 지켰으나 중과부적으로 BC 108년 여름에 왕검성이 함락되어 고조선의 마지막 왕조인 위만조선은 멸망하였다.

한 무제는 고조선의 직령지에 한사군을 설치하였다.[47] 그러나 한 무제는 힘이 부족하여 고조선 고대연방제국의 후국들을 점령하지 못하였다. 고조선 고대연방제국의 후국들은 분립하여 소독립고대국가로 전환하면서 열국시대를 열게 되었다.

고조선 고대연방제국의 멸망에 의해 뿌리가 뽑힌 고조선 본국과 그 후국 원민족들은 새로운 정착지를 찾아 이동하기 시작해서 BC 2세기부터 AD 1세기에 걸쳐 동아시아에 '민족대이동'이 일어나게 되었다.

후조선의 준왕은 위만에게 나라를 빼앗기자 왕족과 신하들을 이끌고 후국이었던 '진'(辰)나라로 내려와 월지국(月支國)이 있던 자리에 이 지역 본래의 부족 호칭인 '한'(韓)을 내세워서, '한왕'이라고 자처하였다.[48] 즉, '마한'이 이것이다.

본래의 '진'(辰)의 지배세력은 동쪽으로 밀려가서 '진한'이 되었다. 그리고 낙동강 유역에는 소진한으로서 '변한'이 수립되었다. 한강 이남에 삼한이 세워진 것이다. 그러나 삼한의 지배권은 처음에는 '한왕'을 자처한 후조선의 준왕과 그 후손, 즉 마한왕에 있었으며, 진한·변한의 왕은 초기에는 마한왕이 자기의 왕족 중에서 임명 파견했던 것으로 보인다. 그러나 후조선 준왕의 지배력은 곧 쇠퇴하고 마한·진한·변한의 지배세력

---

47 申采浩, 『朝鮮上古文化史』, 『改訂版丹齋申采浩全集』 상권, pp.459~462 참조.

48 『三國志』 卷30, 魏書, 烏丸鮮卑東夷傳, 韓傳 참조.

은 원래의 진왕족 지배세력으로 교체된 것으로 보인다.

고조선 고대연방제국이 해체되자 고조선의 후국이었던 부여에서 고주몽 세력이 역시 고조선의 후국이었던 '구려'로 들어가 BC 37년에 '고구려'를 세웠다. 고구려는 급속히 강대한 실력을 기르면서 고조선의 영역을 회복하려고 한사군을 맹렬히 공격하여, AD 37년에 마침내 낙랑군까지 멸망시키고 구토를 회복하였다.[49]

고구려는 고조선의 옛 영토를 거의 모두 회복하고 부여까지도 통합하여 대제국으로 발전하였다. 고구려는 맥족이 중심이 되어 수립되었으나 고조선과 부여를 계승하여 고조선 영역에 있던 모든 민족과 부족을 지배하였다.

진한에서는 BC 57년경에 박혁거세(朴赫居世)가 시조가 되어 '신라'(新羅, 사로)가 건국되었다. 박혁거세는 후조선 왕족계의 왕이었다고 해석된다.

마한에서는 부여가 고구려에 병합될 때 남하하여 백제소국을 세웠던 부여족의 온조 세력이 BC 18년경에 주변 소국들을 통합해서 '백제'를 건국하였다.

변한에서는 부여에서 내려온 왕족과 가(加)귀족세력이 12개의 변한국을 재분할 통합하여 6개 '가라' 연맹국을 수립하였다. 변한의 초기 왕족은 후조선족이었으나, '6가라'의 지배자들은 부여족들이었다.

부여·양맥·고구려 세력의 일부는 민족대이동의 물결을 타고 남하하다가 제주도에 상륙하여 정착해서 BC 1세기경에 '탐라'국을 수립하였다.[50]

고조선 직계 후예들 사이에 부여, 마한, 신한, 변한, 고구려, 백제, 신라, 가라, 탐라 등 열국이 대두하여 열국시대가 열린 것이었다. '열국시대'·'열국쟁웅시대'는 신채호 선생이 맨 처음 정립해 사용한 용어였다.[51]

49 『三國史記』 卷14, 高句麗本紀, 大武神王 20년조 참조.
50 신용하, 「탐라국의 형성과 초기 민족이동」, 『한국학보』 제90집, 1998 참조.

2. 전근대민족의 통일국가운동

열국 사람들은 원래 고조선의 후예들이었으므로 고조선 고대연방국가 해체 후 바로 열국의 통일을 추구하였다. 고조선 국가 해체 후 열국시대부터의 민족을 한국민족의 '전근대민족'으로 볼 수 있다. 즉, 한국 '전근대민족' 형성의 시작은 열국시대의 새 국가 건국 및 혁신과 통일운동에 주목하여 열국시대부터 시작되었다고 범주화할 수 있다.[52]

한국민족의 '전근대민족'에 고대·중세·근대의 3시기 구분틀을 적용하면, '전근대민족'은 기본적으로 한국민족의 '중세민족'이라고 볼 수 있을 것이다.[53]

열국 가운데서 고구려·백제·신라의 3국은 강성한 큰 나라들이었으므로 각각 자기의 주도하에 통일을 달성하려고 하였다. 이 가운데 가장 강성한 것은 고구려였다. 고구려는 먼저 요동까지의 고조선 구강토를 회복하고, 뒤이어 요서에도 세력을 뻗기 시작하여 대능하 유역의 조양(朝陽)도 회복하였다. 또한 고구려는 AD 6세기 중엽에는 알타이 산기슭에 거대한 제국을 건설한 돌궐과도 긴밀한 우호관계를 수립하여 한의 멸망 이

---

51 申采浩, 『朝鮮上古史』, 『改訂版丹齋申采浩全集』 상권, pp.111~149 참조.

52 '원민족'으로부터 '전근대민족'으로의 이행은 사회구조적으로 연속성이 강한 것이 큰 특징이다. 그러나 정치구조에서는 큰 차이가 있다. '전근대민족'의 기간은 장기간이므로, 전근대민족을 '전기 전근대민족'과 '후기 전근대민족'으로 나누어, 열국시대 민족을 '전기(형성기) 전근대민족'으로 범주화할 수도 있을 것이다. 여기서는 열국시대 새국가 건설 및 혁신과 통일운동에 주목하여 열국시대의 시작기간을 '형성기의 전근대민족'으로 범주화하기로 한다. 열국시대부터 시작된 한국 '전근대민족 형성'의 완성에는 오랜 기간이 소요되었다.

53 연구자에 따라서는 그러나 '열국시대'부터 조선왕조까지의 거의 2천 년의 긴 기간을 '중세'로 보기보다는 열국시대(통칭 3국시대)를 '고대'로, 통일신라·고려·조선왕조 시기를 '중세'로 구분하는 경우도 있다. 또는 '통일신라'시대를 '고대'로 범주화하기도 한다. 이 경우에는 '원민족'은 '전기 고대민족'에 일치하고, '전근대민족'은 '후기 고대민족(열국시대)과 중세민족(통일신라·고려·조선왕조시대)'에 양분되어 대체로 일치한다고 볼 수 있을 것이다.

후 중국을 재통일한 수(隋)의 발흥에 대비하였다.

고구려는 수의 문제(文帝)로부터 조공하라는 요청을 거부했을 뿐 아니라, AD 598년 수 문제의 30만 명 수륙군의 침략을 패퇴시켰다. 이어서 고구려는 수 양제(煬帝)가 AD 612년 국력을 모두 기울여 113만 명의 전투병력을 동원해서 고구려를 멸망시키려고 침략해 온 것을 을지문덕(乙支文德)의 지휘하에 참패시켜 쫓아보냈다. 수 양제는 AD 613년(제2차)과 AD 614년(제3차)에도 고구려를 대병력으로 침략했으나 역시 참패하였다. 수양제는 615년에 제4차 고구려 침략을 계획했으나 국력이 피폐되어 중단하고, AD 618년에는 고구려 침략전쟁의 연속 패전이 주요인이 되어 멸망하였다.[54]

고구려는 수의 뒤를 이은 당 태종의 소위 '천하통일' 대상이 되어 또 침략을 받게 되었다. 고구려는 당 태종이 AD 644년 수륙군 약 20만 명을 동원하여 고구려를 침략하자 안시성에서 약 60여 일 동안 격전을 전개하여 패퇴시켰으며, AD 647년 당 태종이 감행한 제2차 침략도 패퇴시켰다. 당 태종은 AD 649년 병력 30만 명을 동원하여 제3차 침략을 준비하다가 사망하였다.[55]

강성한 고구려의 이러한 대승리는 만주와 한반도를 침략 점령하여 중국에 의한 '천하통일'을 달성하려는 중국 수·당 황제들의 야망을 저지하고, 상대적으로 작은 나라인 신라와 백제의 독립을 구조적으로 보호해주는 역할을 수행하였다.

신라는 AD 512년(지증왕 13년)에 우산국을 병합하고, AD 532년(법흥왕 19년)에는 본가라[金海]를 병합했으며, AD 562년(진흥왕 23년)에는 대가라[高靈]와 그 밖의 가라국들을 병합하는 데 성공하였다.

---

54 申采浩, 『朝鮮上古史』, 『改訂版丹齋申采浩全集』 상권, pp.258~274 참조.

55 申采浩, 『朝鮮上古史』, 『改訂版丹齋申采浩全集』 상권, pp.275~314 참조.

신라는 이어서 백제의 병합을 적극 추구하였다. 고구려는 강성하여 아직 병합의 엄두를 내지 못하고 백제도 단독으로는 병합할 수 없음을 알고 있었기 때문에, 신라의 김춘추 등은 당과 연합해서 먼저 나·당 연합군이 백제를 점령하여 대동강 이남의 한반도를 신라 영토로 한 다음, 이어서 나·당 연합군이 고구려를 점령하여, 백제의 영토는 신라 영토에 병합하고, 대동강 이북과 만주의 고구려 영토는 당의 영토로 한다는 약속과 전략하에 당과의 군사동맹을 추진하였다. 그러나 당은 강성한 고구려만 멸망시켜 병탄하면 신라와 백제는 뒤이어 병탄되어 만주와 한반도가 당에 '천하통일'된다고 보았기 때문에 처음에는 이에 응하지 않고 고구려 침략에 열중하였다.

그러나 당의 고구려 침략이 연전연패로 끝나자, 당은 신라의 제의를 받아들여 먼저 백제를 멸망시킨 후에, 고구려를 서북과 남에서 협공하여 멸망시키고 그 다음에 신라마저도 병합하여 소위 '천하통일'을 달성하려는 국가전략을 채택하였다.

당은 AD 660년(백제 의자왕 20년, 신라 태종무열왕 7년) 3월 소정방(蘇定方)이 지휘하는 13만 명의 침략대군을 출병시켰다.[56] 신라는 김유신이 지휘하는 5만 명의 대군을 출병하여 백제의 수도 사비성을 공격하였다. 백제는 장군 계백의 지휘 아래 5천 명의 결사대를 편성하여 혈투를 전개했으나 중과부적으로 계백과 결사대 대다수가 전사하고, 백제는 AC 660년 7월 18일 멸망하였다.

백제에서는 자발적 독립군이 출현하여 도침(道琛)과 복신(福信)을 지도자로 하고 일본에 가 있던 왕자 풍(豊)을 맞아들여 한때 신라군을 대파하고 세력이 크게 떨쳤다. 그러나 그 후 내분이 일어나 복신은 도침을 죽

56 『三國遺事』卷1, 紀異, 太宗春秋公條 참조.

이고, 왕자 풍은 복신을 죽였다. 풍이 불러온 왜의 야마토 후원군도 AD 667년 백촌강 전투에서 패전하였다.[57]

당은 백제를 멸망시키자 바로 이듬해 AD 661년(고구려 보장왕 20년)에 소정방이 지휘하는 대군을 출병시키고, 신라는 김유신이 지휘하는 대군과 식량을 보내어 고구려를 침공하였다.[58] 나·당 연합군은 평양성을 포위하고 6개월 이상 공격했으나 연개소문(淵蓋蘇文)이 지휘하는 고구려군은 이를 잘 막아내었다. 오히려 고구려는 당나라의 전위군 사령관 방효태(龐孝泰)와 그의 군대를 전멸시켜 승전하기도 했다.

그러나 막리지 연개소문이 AD 665년에 병사하자, 그의 아들들과 지배층 내에 권력투쟁이 일어나 사태가 급변하였다. 연개소문의 맏아들 남생(南生)은 권력투쟁에서 동생 남건(南建)·남산(南産)에게 패하자 국내성으로 피난했다가 당에 투항해 버렸다. 연개소문의 아우 연정토(淵淨土)는 12성을 갖고 신라에 투항하였다.

이에 당은 AD 667년 이세적(李世勣)에게 대군을 주어 남생을 향도로 해서 고구려를 더욱 치열하게 공격하였다. 신라군이 합세했음은 물론이다. 고구려의 보장왕은 나·당 연합군의 평양성 포위에 대항하여 1년간을 싸우다가 항복하기로 결심하여 남산을 보내 당군에게 항복케 하였다. 그러나 남건이 불복하여 저항이 계속되다가 군사책임자 승려 신성(信誠)이 당군과 내통하여 비밀리에 성문을 열어 주어 8년간의 저항 끝에 AD 668년 고구려도 멸망하고 말았다.[59]

고구려의 멸망은 고구려 군사조직의 열세로 발미암은 것이 아니라 고구려 전제군주의 취약성 때문이었다. 군주 보장왕은 왕실의 안녕만 보장

---

57 申采浩, 『朝鮮上古史』, 『改訂版丹齋申采浩全集』 상권, pp.323~354 참조.

58 『三國史記』 卷44, 列傳 金仁問條 참조.

59 申采浩, 『朝鮮上古文化史』, 『改訂版丹齋申采浩全集』 상권, pp.502~505 참조.

되면 항복할 뜻을 비쳤고 국가 수호의 강력한 의지가 없었다. 연개소문 생전에 막강했던 수도 방위가 그가 사망하자마자 아들들의 권력계승 갈등은 물론이요 보장왕의 내심을 읽은 군사책임자 승려가 자기 나라를 배신하여 적군에게 수도성문을 열어주는 반역행위를 자행한 것이었다. 고구려 주요 성들에 있던 명장과 막강한 고구려 군사들을 수도 방위에 총동원해 진군해 오라는 명령과 전달도 제대로 실행된 것 같지 않았다. 주요 각 성에 막강한 군대를 남겨둔 채 고구려는 너무나 허망하게 패망하였다.

3. 한국 '전근대민족' 형성의 증거 한 사례

나·당 연합군이 백제를 멸망시킨 후, 당은 5도독부를 두었다가 하나로 개편하여 웅진도독부(熊津都督府)를 두고 처음 왕문도(王文度)를, 다음에 유인궤(劉仁軌)를, 그 다음에는 의자왕의 아들 부여융(扶餘隆)을 도독으로 임명 파견해서 구 백제지역을 직접 통치하게 하였다. 그뿐만 아니라 당은 AD 663년 일방적으로 신라에 계림대도독부(鷄林大都督府)라는 관제를 들씌우면서 신라 문무왕을 계림대도독에 임명하였다.

더욱 주목할 것은 당은 AD 664년 신라 문무왕(계림대도독)과 부여융(웅진도독)에게 백마를 집아 피를 나누어 마시며 "각기 오랜 원한을 없애고 우호를 맺어 화친하여 (唐皇帝의) 조명(詔命)을 공경하여 받들어 영구히 번복(藩僕)이 된다"라는 맹약문을 읽고 맹세하게 했다는 점이다. 이것은 백제는 당의 식민지로, 신라는 반식민지 종속국으로서 영구히 중국의 번복(변방 식민지 종속국)이 됨을 화친이란 명목으로 맹세하게 한 것이었다.

또한 당은 고구려를 멸망시키자 AD 668년 평양에 안동도호부(安東都護府, 도독부보다 상위조직)를 설치하였다. 이것은 당의 안동도호가 구고구려 지역을 통치함과 동시에 신라 계림대도독부와 구백제의 웅진도독부를 지휘하는 체계를 만들어 고구려·백제·신라를 사실상 당의 영토와 통치지역으로 개편한 것이었다.

민족 형성의 관점에서 이것은 한국 '전근대민족'에게는 고조선의 멸망과 해체 다음에 온 가장 위험한 절체절명의 위기의 순간이었다. 만일 이 체제가 정착되면 당은 한반도와 만주 전부를 당에 통합하여 '천하통일'을 이루지만, 고조선 후예인 신라와 고구려·백제 유민들은 결국 영구히 몰락하여 한국의 '전근대민족'은 중국의 변방으로 통합되어 점차 중국민족으로 동화되는 길을 가게 될 것이었기 때문이었다. 당이라는 막강한 외세를 끌어들여 통일을 추구한 신라의 어리석은 모험주의 정책으로 말미암아 신라와 구 고구려·백제 유민이 모두 '민족'을 상실하여 중국의 일부가 되기 시작할 위험한 처지에 떨어진 것이었다.

신라는 뒤늦게 이를 깨닫고 저항을 시작하였다. 신라는 투항해 온 고구려 보장왕의 서자 안승(安勝)을 AD 670년에 '고구려왕'에 봉한 후 고구려 독립군과 연계하여 당군을 공격케 하는 한편, 신라군이 직접 웅진도독부의 당군을 공격하여 당을 몰아내기 위한 무장투쟁을 시작하였다.[60]

여기서 열쇠를 쥐게 된 것이 강대한 나·당 연합군에 대항하여 처절한 무장독립투쟁을 전개하고 있던 고구려 독립군과 고구려 유민, 백제 독립군과 백제 유민의 향배였다. 만일 백제 독립군과 백제 유민이 당군을 끌이들여 자기를 망하게 한 신라군에 복수하려고 당군과 연합하면 처음부터 당군과의 비교에서 상대적 열세였던 신라군은 패배할 것이고, 반면에 백제 독립군과 백제 유민이 신라군과 연합하여 당군을 몰아내려 항쟁하

---

60 『三國史記』 卷6, 新羅本紀, 文武王 10년 7월조 참조.

면 당군을 패배시킬 수 있기 때문이었다.

백제 독립군과 백제 유민은 신라군을 선택하여 신라군과 연합하였다. 이에 신라군은 당군이 지배하는 구 백제 지역의 여러 성들을 공격하여 연전연승하였다. 언어와 문화가 다른 외국 민족(당)의 군정 아래 있던 백제 유민들이 신라군에 저항하지 않고 오히려 당군에 저항했으며, 백제 독립군의 잔여세력들이 신라군을 도와 당군에 대항했기 때문이었다.

신라군은 AD 671년 석성의 결전에서도 당군 5천여 명을 전사시키고 대승을 거두었다. 신라군은 마침내 AD 671년 7월 웅진도독부가 설치되어 있는 사비성을 함락시켜 점령하고, 신라의 관제로서 소부리주(所夫里州)를 설치하는 데 성공하였다.[61]

여기서 중대한 의문이 제기된다. 왜 백제 독립군과 백제 유민은 원수인 신라군과 연합하고, 당군에게는 한사코 저항했을까? 사회학적 설명을 적용하면, 한국민족의 '전근대민족'이 이미 형성되어 있었기 때문이었다고 볼 수 있다.

당군의 군정은 짧은 기간이었지만, 백제 유민들은 당 정복자들의 언어와 풍습과 문화가 백제와 완전히 다르고, 오히려 백제는 자기 나라를 멸망시킨 신라군과 언어·풍습·문화가 동일함을 잘 인지하게 된 것이었다고 해석된다. 백제와 신라의 언어의 공동, 문화의 공동, 풍습의 공동 등은 '전근대민족의 형성'을 의미하는 것이며, 여기에 만일 경계가 없어지는 백제와 신라의 영토는 '영역의 공동'을 결과할 것이고, 당의 식민지가 되지 않는다면 '정치의 공동'도 이루어져서 '전근대민족 형성'은 더욱 확실하게 될 것이었다.

즉, 한국민족은 이미 '원민족'을 거쳐 '전근대민족' 형성이 객관적으로

---

61 『三國史記』卷6, 新羅本紀, 文武王 11년 7월 26일조 참조.

이루어져 있었기 때문에, 백제 유민들이 이민족인 당의 군정 아래서 경험적으로 오히려 신라가 동일 민족임을 인지하게 되어, 이 객관적 '전근대민족' 형성에 대한 인지의 결과적 힘이 백제와 신라의 친화력 결합을 가져오고 백제와 신라의 위기(한국 전근대민족의 위기)를 극복하는 데 크게 작용했다고 해석되는 것이다.

한편 고구려의 독립군 무장투쟁은 더욱 격렬하였다. 당군이 포위했던 수도 평양성은 함락되어 보장왕이 생포됨으로써 고구려는 멸망했지만, 건재한 다른 성들에서는 승복하지 않고 격렬한 독립투쟁을 전개했기 때문이었다. 이 중에서도 대형 검모잠(劍牟岑)이 지휘하는 고구려 독립군은 평양성 부근까지 진출하여 당군을 끊임없이 공격하고 패전시켰다. 이에 당은 AD 668년 안동도호부를 평양으로부터 압록강 건너 요동의 요동성[瀋陽]으로 옮겼다.

검모잠의 고구려 독립군은 AD 669년에 평양성을 탈환했다가, 당의 대군이 들어오자 남쪽 재령으로 내려가서 신라에 투항해 가 있던 보장왕의 서자 고안승(高安勝)을 고구려 왕으로 추대하여 '고구려' 재건을 선포하였다. 그러나 수년 후 안승이 검모잠을 의심하여 죽이고 다시 신라에 투항함으로써 검모잠의 '고구려' 재건운동은 실패하게 되었다.

그러나 고구려 유민들의 독립운동은 압록강 넘어 만주벌의 성들에서 격렬하게 계속되었다. 당은 AD 677년 안동도호부를 요동성으로부터 후퇴하여 신성[撫順]으로 옮기지 않을 수 없었다.

'고구려의 별종'[62]인 대조영(大祚榮)은 고구려 유민들과 함께 말갈족까지 거느리고 당군에 항쟁하다가, AD 698년에 발해를 건국하고 동모산에 도읍을 정하였다. 대조영이 세운 발해는 고구려를 계승하여 동북쪽으로

62 『舊唐書』 卷199下, 渤海靺鞨傳 참조.

는 고구려의 옛 땅을 모두 회복하였다. 신채호 선생은 "고구려는 비록 망하였으나 대조영이 일어나서 옛 강토를 모두 회복하였으니 망한 것은 왕통(王統)뿐이요, 인민과 토지는 무양(無恙, 탈이 없음)하였다"라고 기술하였다.[63]

고조선 원민족의 후예 국가들은 신라가 이민족인 당을 끌어들여 백제와 고구려를 멸해서 통일을 실현하려고 한 모험주의 정책을 채택함으로써 AD 7세기 말에 모두 당에 흡수되어 버릴 절체절명의 위기에 처하였으나, 신라의 뒤늦은 대분발과 고구려·백제 유민들의 신라군과의 연합, 고구려·백제 유민들의 완강한 독립투쟁으로 이 위기를 극복하게 되었다. 즉, 사회학적으로는 고조선 시기에 이미 한국 '원민족'이 형성되어 언어의 공동과 문화의 공동이 형성되어 있었고, 고조선 해체 이후에는 열국이 '원민족'을 '전근대민족'으로 이행 발전시켰기 때문에 그 '전근대민족'의 결합력이 당 침략군으로부터 한국 '전근대민족'을 지키고 당군을 몰아내는 원동력으로 작용했다고 해석되는 것이다.

63 申采浩, 『讀史新論』, 『改訂版丹齋申采浩全集』 상권, p.505.

제6장 한국 '전근대민족' 형성의 완성 문제

그러면 신라의 '삼국통일'에 의해 한국 '전근대민족' 형성은 완성되었는가? 아니면 '발해'가 남아 있었기 때문에 고려의 후삼국 통일에 의해 한국 '전근대민족' 형성이 완성되었다고 해석해야 할까? 신라의 '통일'에 의해 고조선 원민족의 중심 갈래인 고구려·백제·신라·가라는 '영역의 공동' 문제와 고구려 유민 문제를 제외하면 하나로 통일되어 한국민족의 '전근대민족' 형성이 결과적으로 일단 완성되었다고 볼 수 있다. 신라는 AD 679년에 탐라국에도 관리를 보내어 통일을 알리고 통일신라에 복속시켰다. 그러나 신라통일은 한국 전근대민족 형성에 다음과 같은 영향을 남기게 되었다.[64]

첫째, 한국 전근대민족의 영토(지역의 공동)가 대동강(후에 압록강) 이남과 원산 영흥만 이남으로 축소되고 만주와 요동·요서의 방대한 지역이 한국 전근대민족의 '지역의 공동'에서 제외되는 결과를 가져왔다. 그리하여 그 후 역대 인물들이 모두 고조선과 부여·고구려의 옛 강토를 회복하려는 꿈을 갖게 된 것이다.

둘째, 고구려 유민을 다 포함하지 못하였다. 고구려 유민은 고구려가 멸망하자 일부는 당의 지배를 거부하여 언어가 동일한 통일신라 영토로 피란해서 대동강 이남, 예성강 유역, 한강 이북까지 내려와 정착했으며,

---

64 申采浩, 『讀史新論』, 『改訂版丹齋申采浩全集』 상권, pp.505~513 참조.

송악(松岳: 지금의 개성)이 고구려 피란민의 중심지가 되었다. 그러나 고구려 유민의 일부는 압록강 이북에 그대로 남아 있다가, 대조영 세력이 중심이 되어 고구려 유민과 말갈족을 이끌고 당군을 격파하여 AD 698년에 발해를 건국하였다. 그러나 결과적으로 발해 멸망 때 고구려 계통인 발해의 왕족·귀족들은 고려에 들어왔지만 발해의 백성들은 다수가 만주, 연해주 지역에 남게 되어 한국민족 형성에 결국 모두 들어오지는 못하였다.

셋째, 고구려 영토에 남아 있던 말갈·거란·여진 등 후에 만주족이 된 부족들을 한국민족 형성에 포함시키지 못하고 만주족으로 분립하도록 작용하였다. 말갈족이 고구려 유민의 지배를 받으면서까지 당으로부터 독립하여 발해의 신민이 된 것은 만일 만주를 영토로 잃지 않았다면 이들이 결국 한국 전근대민족에 동화 융합되었을 것임을 시사해 준다. 만주족은 그 후 요·금·청 등의 대제국을 수립하였다. 그러나 이 만주족들은 수천 년을 고조선의 후국 민족으로 내려오면서 고조선어를 공통조어로 한 언어까지 갖게 되었으므로 모두가 스스로 '단군의 자손'이라고 생각하고 주창했으며, 한국민족(조선민족, 고려민족)과는 원류가 동일한 형제관계의 민족이라고 스스로 주장하고 기록하였다.

통일신라가 쇠약해졌을 때 AD 895년 궁예가 '후고구려'를 개창하자 고구려 유민들의 중심지인 송악 거주민들은 대부호 작제건을 비롯하여 모두가 이를 지지 성원하였다. 그러나 궁예가 국호를 '마진'(摩震)이라고 고치고 수도를 철원으로 옮기며, 다시 국호를 '태봉'(泰封)이라고 고치는 등 후고구려가 아님을 명백히 하자, 고구려 유민 후예 세력들은 왕건을 추대하여 '고려'(高麗: 高句麗와 동일한 명칭)를 건국하고 송악을 수도로 정하였다. 사회학적 관점에서는 후삼국의 분립은 고조선 '원민족' 후예들인 한국 '전근대민족'의 통일을 지향한 대세 속에서 주도권 장악을 위한 일종의 권력투쟁의 역사적 반작용이었기 때문에 처음부터 오래 갈 수는 없는 것이었다. 그것은 조만간 강자에 의해 한국 '전근대민족'의 통일이 성취되도록 되어 있었다.

고려는 신라와 후백제를 통일하여 한국민족의 '전근대민족' 형성을 최종적으로 완결하였다.

여기서 주의할 것은 한국민족이 고려의 통일에 의해 전근대민족이 처음 형성된 것은 아니었다는 사실이다. 신라 통일과 고려 통일의 국민·영토·언어·문화의 공동성은 그 내용에서는 거의 달라진 것이 없었다.

한국민족의 전근대민족 형성은 BC 2세기~BC 1세기 마한·진한·변한·부여·고구려·백제·신라·가라·탐라 등 열국시대 고조선 '원민족'을 계승하여 '전근대민족'이 형성 전화되어, AD 669년경 통일신라에 의해 일단 완성되고, AD 918년경에 고려에 의해 최종 완결된 것이라고 볼 수 있다.

한국민족의 언어의 공동성은 이미 고조선 '원민족' 시대인 BC 30세기~BC 24세기경부터 형성되기 시작되어 고조선 해체 이전에 확립된 것이었다. 그러므로 부여어·한어·고구려어·백제어·신라어·가라어·탐라어는 고조선어를 조어와 근간으로 한 방언에 불과했으며, 서로 통역 없이 소통할 수 있는 것이었다.

통일신라의 250년간의 통치로 신라 방언이 초기 한국어 어휘 등에 큰 영향을 끼쳤다고 고찰되지만, 고구려의 후예 계통인 고려의 500년간 통치로 고구려 방언의 영향도 장기간에 걸쳐 매우 많이 들어갔다. 또한 백제의 첫 수도였다가 고구려·백제·신라의 교차지역이 되었던 '한양'(서울)이 조선왕조 500년의 수도가 됨으로써, 고구려·신라·백제 방언들이 모두 한국 전근대민족의 '언어의 공동'에 고르게 들어가게 되었다.[65]

---

65 이기문, 「韓國語形成史」, 『韓國文化史大系』 제5권, 고려대 민족문화연구소, 1967 참조. 현재 한국어의 표준말은 '서울의 중류층' 한국어로 정하여 전국에 보급했는데, 이것을 역

그리하여 한국 '전근대민족'은 고조선조어(古朝鮮祖語)에서 분화 발전한 고구려어·백제어·신라어가 융합하여 형성된 중세 한국어를 '언어의 공동'으로 하고, 압록강 이남의 한반도를 '지역의 공동'으로, 고조선 원민족을 직접 계승한 부여, 진국, 마한·진한·변한, 옥저·동예, 고구려·백제·신라·가라·발해·탐라 등을 융합한 혈통을 '혈연의 공동'으로, 자신들은 모두 단군(고조선)의 자손으로서 하나의 같은 겨레라고 하는 생각을 '의식의 공동'으로, 고조선시대부터 열국시대·통일신라·고려시대까지 전승 발전되어 온 독특한 의식주·규범 등의 생활양식을 '문화의 공동'으로 하여 한국민족의 '전근대민족'을 완성하게 된 것이었다.

사적으로 보면 '개성·한양어권'의 한국어여서 고구려·백제·신라의 한국어가 비교적 고르게 포함 융합되었다고 볼 수 있다.

제7장 한국 '전근대민족'과 '원민족'의 차이

그러면 한국 '전근대민족'은 고조선 시기의 '원민족'과 어떠한 차이가 있을까? '전근대민족'은 '원민족'에서 발전한 민족공동체이고, '원민족'이나 '전근대민족'이나 모두 시기적으로는 '근대 이전' 시기의 민족 형태이기 때문에, 그 차이는 본질적으로 '이행'·'변동'과 '발전'의 차이라고 볼 수 있다.

시간적으로 '고대·중세·근대'의 3분법을 적용하면, 한국 '원민족'은 한국 '고대민족'에 해당하고, '전근대민족'은 '중세민족'에 해당한다. 물론 다른 견해도 있을 수 있다. 여기서는 한국 '원민족'과 '전근대민족'의 차이를 간략하게만 살펴보기로 한다.

1. '정치의 공동'의 변화

한국 원민족 국가인 고조선은 고대연방제국을 이루어 후국제도의 비중이 크고, 밝달조선(직령지)은 고조선 연방제국의 중심이었지만 고조선 고대연방국가의 일부였다. 이에 비해 '전근대민족'의 국가는 다수가 분립된 열국시대를 열었다가 통일이 추진되었다. 열국의 각국은 외부 침략에 대한 대응력이 약한 후국제도를 폐지하고, 비록 토호세력은 잔존했지만, 각 열국 단위의 중앙집권적 국가를 지향한 '정치의 공동'이 추구되었다.

2. '언어의 공동'의 지속과 강화

고조선에서 형성된 고조선어는 한국 '원민족'으로부터 '전근대민족'으로 이행한 모든 후국민족들과 직계민족들의 조어(祖語)가 되고, 고구려·백제·신라·가라·탐라의 언어는 서로 통역 없이 소통되면서, 약간의 지역 사투리를 동반한 채 '언어의 공동'의 지속과 발전이 진전되었다. 한편 고조선 고대연방제국 해체 후 분리독립되어 나간 다른 후국 민족들은 각각 독립된 각 민족언어를 발전시키면서도 고조선 '원민족' 시대의 '고조선어'가 '조어'가 되어 언어학에서의 '우랄·알타이 어족'을 형성하게 되었다.

3. '지역의 공동'의 변동

한국 '원민족'의 '지역의 공동'은 제1차로 한반도에서 형성되어, 제2차로 한반도, 만주의 요동·요서·연해주 등 매우 광활한 지역을 포괄하였다. 이에 비해 '전근대민족'의 '지역의 공동'은 고구려와 발해가 존속할 때까지는 만주와 연해주 지역을 포함했으나, 그 이후에는 한반도 안으로 축소되었다.

4. '생활문화의 공동'의 계승과 발전

한국 '원민족' 국가인 고조선에서 형성된 의식주·규범 등 생활문화의 특징은 '전근대민족'에서도 그대로 계승되고 더욱 발전되어 한국 민족문화의 독특한 전통을 구성하게 되었다. 예컨대 '원민족'에서의 '쌀(잡곡)+콩장'의 '식'문화와 '온돌'의 주(住)문화, 한복의 '의'문화는 '전근대민족'에서 그대로 계승 발전되면서 그 '공동성'은 더욱 강화되었다.

5. '혈연의 공동'의 단순화

한국 '원민족'은 한·맥·예 3부족과 그 밖의 각 후국족들을 통합하여 형성된 것이었다. '전근대민족'에서도 이 특징은 그대로 계승되었으나, 후국족의 다수가 분리되어 나감으로써 한·맥·예 3부족 결합의 혈연적 공동성의 특징이 비율적으로 강화되고 단순화된 경향이 대두하였다.

6. '신앙과 종교의 공동'의 다원화

한국 '원민족'에서는 '단군(단굴) 숭배신앙'과 '삼신교'가 일원적으로 지배하였다. 이에 비하여 '전근대민족'에서는 지배층에 불교와 유교가 도입되어 보급되었고, 단군신앙과 삼신교는 주로 민중 속에 남아서, 불교·단군신앙·유교의 3신앙과 종교의 다원화가 진행되었다. 전근대의 통일신라와 고려왕조 말까지는 불교가 국교처럼 지배층에 의해 장려되었으나, 조선왕조부터는 유교가 국교처럼 지배적 신앙으로 채택되고 불교는 탄압당하였다. 그러나 백성들 사이에서는 유교·불교·단군신앙의 3신앙이 여전히 공존하였다.

7. '생산기술과 사회경제생활의 공동'의 발전

한국 '원민족'에서는 동아시아에서 가장 일찍 시작된 난립벼와 콩·밀·보리·조·기장 등 잡곡재배의 농경문화를 성립시켜 한반도와 만주·연해주 등 고조선 고대연방제국의 후국들에 보급 전파하고, 청동기·철기 등 금속문화가 크게 발전한 특징이 뚜렷하였다. 한국 '전근대민족'에서는 이를 계승하여 더욱 발전시키면서 사회경제생활의 공동성과 민족적 특성이 더욱 강화되었다.

8. '군사문화의 공동'의 발전

한국 '원민족'에서 시작된 기마문화, 금속무기, 궁사문화와 기사술 등 '군사문화의 공동'이 전근대민족에서도 계승되면서 한 단계 더 크게 발전하였다. 고구려·백제·신라의 3국은 통일을 위한 치열한 경쟁과 때때로 전쟁도 했으나, 3국의 군사문화는 동일하였다.

9. '축제문화와 경기문화의 공동'의 계승과 발전

한국 '원민족'에서 형성된 축제문화와 경기문화는 한국 '전근대민족'에게는 물론 직접 계승되고 발전되어 전통적 민족문화의 일부를 구성하였다. 그뿐 아니라 고조선 축제문화와 경기문화는 고대연방제국 해체 후 분리독립된 다른 후국민족들에게도 전파되고 계승되어 발전하였다. 씨름과 각종 격투기 경기는 그 좋은 예이다.

10. '민속문화와 예술문화의 공동'의 계승과 발전

한국 '원민족'의 민속문화와 예술문화는 한국 '전근대민족'에 계승되고 크게 발전되어 한국의 독특한 전통적 민족문화를 구성하게 되었다. 현재 남아서 공연되고 있는 전통적 민요·민속·무용·민속놀이·전통적 연극예술·민담·설화 등은 대부분 '원민족'에서 '전근대민족'으로 계승 발전된 것이라고 말할 수 있다.

11. 낮은 단계의 민족의식 형성

한국 '원민족' 형성에서는 민족 형성의 요소가 객관적 요소 형성에 집중되어 있었다. 이에 비하여, '전근대민족' 형성에서는 열국의 통합과 대외항쟁 과정에서 주관적 요소인 '민족의식'의 형성이 낮은 단계로나마 나타나게 되었다. 특히 백제와 고구려 멸망 후 신라마저 반식민지 종속국화하려는 당의 정책에 대한 항쟁 과정에서는 한국 '전근대민족'의 민족의식 형성이 현저하게 작용하여 당나라 침략군 격퇴에 큰 힘을 발휘하였다. 그러나 고조선 고대연방제국 해체 후 분리독립된 다른 후국민족들은 민족이동을 통해 '지역의 공동'을 완전히 달리하면서 다른 '전근대민족'을 형성하고, 이에 따라 공동의 '원민족' 뿌리를 가졌다는 '민족의식'도 점차 소멸해 가게 되었다.

제8장 맺음말: 한국 '전근대민족' 형성의 특징

지금까지의 고찰에서 결론적으로 다음과 같이 말할 수 있다.

(1) 한국민족은 '원민족'이 BC 30세기~BC 24세기에 '한'·'맥'·'예' 3부족이 결합하여 처음 古한반도에서 고조선 국가의 형성에 동반하여 형성되었다. 고조선이 동아시아 최초의 고대국가로서 BC 30세기~BC 24세기에 개국되어 BC 2세기에 해체될 때까지 무려 2천여 년의 '장기지속' 기간 동안 그 안에 통치된 주민들은 '민족공동체'로 공고하게 결합하여 '고조선민족'을 형성하게 된 것이었다. 이 '고조선민족'이 바로 한국민족의 '원민족'이다. 한국민족은 고조선 시기에 '원민족'이 확고하게 형성되어 5천 년의 긴 역사를 가진 세계에서 가장 오래된 민족의 하나다.

(2) 한국민족은 원민족 시대에 '고조선어'의 형성에 의해 '언어의 공동'이 실현되었다. 통치는 언어의 소통을 필수조건으로 하기 때문에, 고조선 국가 안의 모든 주민은 지배부족인 '한'·'맥'·'예' 3부족의 통합언어인 풍부한 통합민족언어로서 '고조선어'를 형성 발전시키면서 사용한 것을 역사적으로 관찰할 수 있다.

'고조선어'는 고조선의 직계 후예들의 언어(예: 현대한국어)의 조어(祖語)가 되었다. 또한 고조선어는 고조선 후국민족들의 공동 언어이기도 했으므로, 후국민족들이 고조선 해체 후에 분리되어 지역적으로 멀리 이동한 경우에도 '고조선어'를 '조어'로 한 언어를 발달시켰다. 그러므로 '고조선어'는 언어학의 분류 개념인 '우랄·알타이 어족'의 '조어'가 된 것이라고 해석된다.

(3) 한국민족의 '원민족'은 제1차로 한반도에서 형성되었다. 그 후 고조선의 영역이 만주의 요동·요서 지방으로 확대됨에 따라 그곳에서도 형성 과정을 계속해서 한반도와 만주·연해주 지역을 '지역의 공동'으로 하여 형성되었다. 한국민족의 '원민족'은 한반도와 만주·연해주에서 자생(自生)하여 형성된 민족이었지, 카프카스·알타이·바이칼·몽골·시베리아·고중국 북부지방 등에서 이동해 들어온 민족이 아니었다.

(4) 한국민족의 원민족에서는 의식주 등을 비롯한 생활문화의 공동, 생산기술과 사회경제생활의 공동, 군사문화의 공동, 기마문화의 공동, 궁사문화의 공동, 축제문화와 경기문화의 공동, 민속문화와 예술문화의 공동 등 문화의 공동이 성취되었다. 한국 전통문화의 원형은 고조선시대 '원민족'의 문화의 공동에서 처음 형성되어 '전근대민족'의 문화로 계승 발전되었다.

(5) 한국민족의 원민족에서는 태양숭배·단군(단굴)신앙 및 삼신교에 의한 신앙과 종교의 공동이 형성되었다. 원민족 성원들은 '단군'이 서거 후 승천하여 하늘에서 '태양신'이 되고 '하느님'이 되었다고 생각하고 '단군숭배'의 신앙을 갖게 되었다. 한국 원민족 성원들은 자신들이 단군의 자손으로서 조상신인 동시에 하느님인 단군의 가호를 받는다는 천손의식과 사상을 공유하였다. 삼신은 환인·환웅·단군으로서, 삼신교는 단군신앙의 종교형태였다고 볼 수 있다.

(6) 고조선 고대연방제국이 BC 2세기에 한 무제의 침략으로 해체된 이후 고조선 직령지에 한사군이 설치되자, 다수의 원민족은 직령지 주변으로 물러나서 마한·진한·변한·부여·옥저·고구려·백제·신라·가라·탐라 등 열국시대를 열고, 고토 수복과 통일운동을 전개하였다. 열국의 새 나라 건국과 제도혁신 및 통일운동 과정에서 '원민족'은 '전근대민족'

으로 이행 변동 발전하게 되었다.

열국 가운데는 고구려가 가장 강성하여 한사군을 모두 몰아내고 고조선의 구강토를 거의 대부분 회복하였다. 고구려·백제·신라의 3국은 강성하여 자기의 주도 아래 열국을 통일하려고 경쟁하였다.

(7) 한국민족의 '원민족'이 '전근대민족'으로 이행한 후에도 고조선어는 모든 직계 열국 전근대민족과 모든 후국민족들의 조어(祖語)가 되었다. 고구려·백제·신라·가라·탐라의 언어는 고조선어를 공동의 언어로 사용했으므로 서로 통역 없이 소통되면서 '언어의 공동'의 지속과 발전이 진전되었다. 열국의 언어가 동일했음은 열국이 모두 한국민족의 '전근대민족'이었음을 증명하는 뚜렷한 증거가 되는 것이다.

(8) 한국 '전근대민족'의 '지역의 공동'은 고구려가 한사군을 모두 몰아내고 고조선의 강토를 거의 모두 회복했을 시기에는 한반도와 만주·연해주 지역을 모두 포함하였다. 그러나 고구려·백제·신라가 각각 자기의 주도 아래 '전근대민족'을 통일하려고 치열하게 경쟁하는 과정에서 결국 AD 7세기에 신라가 당과 연합하여 이른바 '3국통일'을 이룩하면서 만주 지역을 상실하였다. '발해'가 건국되어 만주 지역이 다시 '지역의 공동'에 들어왔다가, 발해 멸망 후에는 만주·연해주 지역을 다시 상실하고 '전근대민족'의 '지역의 공동'은 한반도 안으로 변동 축소되었다.

(9) 한국 '전근대민족'의 형성 도중 지배층에 불교와 유교가 들어왔으므로, 고조선의 단군신앙과 삼신교는 주로 민중들 사이의 신앙으로 남게 되었다. 그 결과 한국 '원민족'에서는 단군신앙 및 삼신교의 신앙과 종교의 공동이 일원적으로 지배했으나, '전근대민족'에서는 불교·유교·단군숭배(삼신교)의 신앙과 종교의 다원화가 진행되었다.

(10) 한국 '전근대민족' 형성의 시작은 고조선 국가 해체 후 열국의 건국과 함께 시작되었으나, 전근대민족 형성의 '완성' 시기에 대해서는 논

쟁적 견해 차이가 있다. AD 669년경 신라의 '삼국통일'을 '전근대민족' 형성의 완성으로 보면, 고구려의 구토에 고구려의 계승 국가로 건국된 '발해'가 빠지게 된다. 통일신라와 발해의 2국시대를 강조하면, AD 918년경의 고려 통일에 이르러서 전근대민족 형성이 완결된 것이라고 보게 된다. 그러므로 한국민족의 '전근대민족'은 BC 2세기에 형성되기 시작하여, AD 668년경 '신라통일'에 의하여 그 형성이 일단 완성되고, 이어서 AD 936년경 고려의 재통일에 의하여 그 형성이 최종적으로 완결되었다고 말할 수 있다.

(11) 한국민족이 3국시대에 '민족'의 한 범주인 '전근대민족'을 이미 형성하고 있었다는 증거의 한 사례가 AD 660년 나·당 연합군의 침공에 의한 백제 멸망 직후 당이 신라를 계림도독부로 개편하여 당에 예속시키려고 했을 때의 백제 독립군과 백제 유민의 대응 양식이었다. 신라군은 당군에 비해 상대적으로 열세였지만, 신라 왕을 계림도독으로 하여 신라를 당에 예속시키려는 당군에 대항하여 신라의 독립을 지키기 위해 신라군은 용감한 저항과 공격을 시작하였다.

이때 백제 유민과 백제 독립군이 당군을 끌어들여 자기 나라를 멸망시킨 신라에 복수하려고 당군과 연합했으면 신라는 패배하고, 고구려·백제·신라가 모두 멸망하여 한국 '전근대민족'은 결국 소멸되었을 것이다. 그러나 언어와 문화가 다른 외국 민족의 군정을 단기간 경험한 백제 유민과 백제 독립군은 신라가 동일 민족임을 인지하고 신라군과 연합해서 이민족인 당군을 공격하여 신라군이 연전연승하는 데 한몫을 다하였다. 백제 유민과 백제 독립군은 당군의 군정 아래서 백제와 신라가 공동의 언어와 풍습(문화)을 가진 같은 겨레이고 당은 언어와 풍습(문화)이 전혀 다른 나라, 다른 겨레임을 확인한 것이었다. 이것은 사회학적으로 '전근대민족'이 이미 형성되어 있었음을 나타낸 증거의 하나라고 볼 수 있다.

(12) 한국민족은 고조선 '원민족' 시대에 '민족'을 형성하고 초기 민족문화를 형성 발전시켰다. 특히 농경문화와 금속문화는 동아시아에서 가장 일찍 선진문화를 창조하여 해외에도 전파하였다.

한국민족은 이어서 '전근대민족' 시대에는 열국이 각각 특색 있는 문화를 발전시키면서도 큰 틀에서는 한국 '전근대민족'의 '문화의 공동'을 객관적으로 형성하고 발전시켰으며, 한국 전통시대의 민족문화를 더욱 크게 발전시켰다. 예컨대, 한국의 세계문화유산으로 등재된 한국의 찬란한 전통문화는 고인돌 등 일부는 '원민족' 시대의 창조물이고, 그 밖의 대부분은 '전근대민족' 시대의 창조물의 일부다.

한국민족은 BC 30세기~BC 24세기에 동아시아 최초의 고대국가 고조선 건국에 동반하여 '민족'을 형성하여 오늘에 이른, 5천 년의 장구한 역사를 가진 민족이다. 한국민족은 BC 30세기~BC 24세기에 '원민족'을 형성하고, 이어 BC 2세기경 '전근대민족'으로 이행하면서 발전하다가, 19세기에 '근대민족'으로 이행하는 동안에, 찬란한 민족문화를 창조·발전시키면서 인류문명에 공헌하고 세계 다른 민족들과 평화롭게 교류하며 협력하는 독특한 문화유산을 많이 남겼다.

제3편

한국 '근대민족' 형성과 민족의식

제1장 문제의 한정

'민족'은 사회학과 사회과학이 과학적으로 정밀하게 분석해야 할 매우 중요한 고유 연구주제다. 그러나 사회학과 사회과학은 17세기 이후에 서구에서 성립된 비교적 역사가 짧은 학문분야이기 때문에 축적된 연구가 부족하여 그 과학적 접근 방법에도 불구하고 주제 분석에서 서구사회의 인식 범위를 벗어나지 못한 한계가 있었다. 그 예의 하나가 서구 사회학과 사회과학에서 설명하는 "민족은 자본주의의 발흥과 동반하여 '근대'에 형성된 인간공동체"라는 견해다.[1] 이것은 서구사회가 고대에 '도시국가'를 경험한 후 중세에 '지방분권적 봉건사회'를 경험했다가 근대 초기

1 Charles Letourneau, *Sociology Based upon Ethnography,* London: Capman and Hall, 1881.
Ernest Renan, *Qu'est-ce qu'une Nation,* Paris: R. Helleu, 1934.
Max Weber, *Wirtschaft und Gesellschaft,* Tübingen: Mohr, 1956; *Economy and Society,* New York: Bedminster Press, 1968.
Frederick Hertz, *Nationality in History and Politics,* London: Routledge and Kegan Paul, 1957.
Hans Kohn, *The Idea of Nationalism: A Study in It's Origin and Background,* London: Macmillan, 1961.
Pierre L. Van den Berghe, *The Ethnic Phenomenon,* London: Fraeger, 1981.
Anthony D. Smith, *The Ethnic Origin of Nations,* Oxford: Blackwell, 1986.
Eric J. Hobsbawm, *Nation and Nationalism Since 1780,* Cambridge: Cambridge University Press, 1992.
David McCrone, *The Sociology of Nationalism,* London: Routledge, 1998.
Anthony D. Smith, *Myths and Memories of the Nation,* Oxford: Oxford University Press, 2000.
Anthony D. Smith, *The Antiquity of Nations,* London: Polity Press, 2004.
Anthony D. Smith, *Cutural Foundations of Nations,* Oxford: Blackwell, 2008 참조.

절대국가 형성 및 상업자본주의 발흥에 동반하여 '민족'을 형성했으므로, 이런 역사적 사실을 경험적 자료로 하여 해석과 이론을 정립했기 때문에 나온 결과라고 볼 수 있다. 사회과학은 경험과학이기 때문에 그 해석과 이론을 모두 틀렸다고 말할 수는 없으며, 그 이론은 서구사회의 '민족'에만 적용될 수 있는 민족이론이라는 한계가 있음을 지적해야 할 것이다.

최근 서구학계에서는 미국과 남아메리카의 이주민사회를 배경으로 하여, 일부 사회학자와 사회과학자들이 '민족'은 실재하는 인간공동체가 아니라 '상상의 공동체'라는 견해까지 대두하였다.[2] 그러나 이것은 아시아는 물론 서구사회에도 적용할 수 없는 이론이다. 그것은 오직 근대 이후 유럽인을 비롯하여 각 대륙의 각국 출신 이민자들과 그 후예들이 국가를 세운 남북 아메리카 극히 일부 지역에만 부분적으로 적용해 검토해 볼 수 있는 극히 제한된 견해와 이론이라고 볼 수 있다.

한국민족을 비롯하여 고대에 중앙집권적 고대국가를 성립하고 고대에 민족을 형성한 지역에서는 서구사회에서 정립된 "민족은 '근대'에 성립된 인간공동체"라는 견해와 이론은 사실과 전혀 일치하지 않는다. 이에 필자는 1984년에 동아시아의 역사적 사실을 자료로 하여 새로운 민족이론으로서 민족을 '원민족'(proto-nation), '전근대민족'(premodern nation), '근대민족'(modern nation), '신민족'(new nation)으로 구분하여 그 사회학적 특징을 설명하고, 민족은 '고대'나 '중세'에도 형성되며, 한국·중국·인도·아랍 지역과 같이 고대에 중앙집권적 고대국가를 형성했던 지역에서 '민족'은 '고대'에 '원민족' 형태로 정립되어 '원민족' → '전근대민족' → '근대민족'의 진화 발전 과정을 거쳤음을 설명하였다. 이와 동시에 보편적으로

---

2 E. Gellner, *Nation and Nationalism,* Oxford: Blackwell, 1983.
B. Anderson, *Imagined Communities: Reflections on the Origin and Spread of Nationalism,* Revised edition, London: Verso, 1991 참조.

인류사회 전체를 볼 때에는 '민족' 형성 과정을 다음의 다섯 가지로 유형화할 수 있음을 설명한 바 있다.[3]

제1유형: 부족 → 원민족 → 전근대민족 → 근대민족

제2유형: 부족 → 원민족 → 근대민족

제3유형: 부족 → 이주민 → 근대민족

제4유형: 이주민 → 근대민족

제5유형: 부족 → 원민족 → 신민족

한국, 중국, 일본 등 동아시아 민족들은 제1유형에 속한다고 볼 수 있다. 이 글에서는 문제를 한정하여 설정해서, 이미 고대에 고대국가를 형성해 '원민족'의 형태로 민족을 형성한 한국민족이 '원민족'과 '전근대민족'의 단계를 거쳐 어떻게 '근대민족'을 형성했으며, 그러한 한국 '근대민족' 형성의 특징이 무엇인가를 구체적인 역사적 사실과의 관련하에서 밝히고자 한다.

3 신용하, 「민족형성의 이론」, 『한국사회학연구』 제7집, 서울대학교 사회학연구회, 1984 (『한국민족의 형성과 민족사회학』, 지식산업사, 2001 재수록).

제2장 근대민족의 특징과 근대민족 형성의 사회적 조건

민족은 사회학적으로 "언어의 공동, 지역의 공동, 문화의 공동, 혈연의 공동, 정치의 공동, 사회경제생활의 공동, 역사의 공동에 의해 공고하게 결합되고, 그 기초 위에서 민족의식이 형성됨으로써 더욱 공고하게 결합된 역사적으로 형성된 인간공동체"라고 정의할 수 있다. 민족 형성의 요소들 가운데 ① 언어의 공동, ② 지역의 공동, ③ 문화의 공동, ④ 혈연의 공동, ⑤ 정치의 공동, ⑥ 사회경제생활의 공동, ⑦ 역사의 공동 등은 민족 형성의 객관적 요소이며, ⑧ 민족의식은 주관적 요소로 볼 수 있다. ①~⑦의 객관적 요소들만으로 구성된 민족을 '즉자적 민족'(卽自的 民族, nation in itself, Nation an Sich)이라 할 수 있고, ⑧ '민족의식'을 더하여 더욱 공고하게 결합된 민족을 '대자적 민족'(對自的 民族, nation for itself, Nation für Sich)이라고 할 수 있다.

'원민족'과 '전근대민족'은 주로 객관적 민족 형성 요소들로 형성되어 있는 민족이고, '민족의식'은 존재하기는 하지만 그 강도가 약하기 때문에 본질적으로 '즉자적 민족'의 특징이 있다. 한편, '근대민족'은 강렬한 '민족의식'이 객관적 민족 형성 요소들 위에 결합되어 있기 때문에 본질적으로 '대자적 민족'의 특징이 있다. 즉, '근대민족'의 가장 큰 특징은 강렬한 '민족의식'에 결합되어 '대자적 민족'으로 되어 있다는 사실이라고 할 수 있다. '대자적 민족'은 '민족'에 적극성과 능동성을 배양하여 자기 민족이 다른 민족과의 경쟁관계에 있을 때는 지지 않고 이기려고 노력하며, 다른 민족의 침략을 받을 때는 이를 물리치고 생존과 독립을 보존하려고 투쟁하는 강력한 동원력을 갖는 것이 특징이다.

'근대민족'을 한마디로 정의하면, "시기적으로 근대에 언어의 공동, 지역의 공동, 문화의 공동, 정치의 공동, 사회경제생활의 공동, 역사의 공동, 혈연의 공동 위에 강렬한 민족의식이 결합되어 형성된 대자적 민족"이라 할 수 있다.

'근대민족'의 형성 과정은 한국민족처럼 이미 고대에 '원민족' 형태로 민족을 형성한 유형에서는 근대에 처음으로 '민족'을 형성한 유형과는 다르게 된다. 한국민족처럼 이미 고대에 '원민족'으로서 민족을 형성한 유형에서는 민족 형성의 객관적 요소들을 이미 '원민족'과 '전근대민족' 시기에 모두 성취했으므로, 근대에는 그 위에 '민족의식'의 형성 강화를 민족공동체 내부에서 저해하는 요소(예: 사회신분제)를 소멸시키고 민족 형성을 고양 강화 결합시켜서 '전근대민족'을 '근대민족'으로 전화 형성 발전시키는 연속적 변혁 과정이 된다. 따라서 이 유형의 '전근대민족'의 '근대민족'으로의 전화 형성은 비교적 단기간에 이루어질 수 있다.

한편 절대국가 성립과 자본주의 발흥기에 '민족'을 형성한 서구 유형에서는 '근대민족' 형성이 최초의 '민족' 형성이기 때문에 민족 형성의 모든 객관적 요소들을 집약하여 결합시키면서 강렬한 '민족의식'을 형성하여 첨가 결합시키는 새로운 과정이 동시에 진행되는 특징이 있다. 이 유형에서는 민족 형성의 객관적 요소 중에서 '혈연의 공동'의 요소는 실제로 많이 소멸되고 '사회경제생활의 공동'의 중요성이 부각되는 것이 관찰된다.[4]

4 '근대민족'의 구성요소 가운데 '혈연의 공동' 요소의 소멸 정도는 지역 유형에 따라 크게 차이가 있다. 서구 유형에서는 국제결혼과 혼혈의 급증으로 '혈연의 공동' 요소는 거의 소멸되고 있다. 한편 동아시아 유형에서는 '혈연의 공동' 요소의 소멸 정도는 상대적으로 훨씬 적은 것으로 관찰된다.

어느 유형에서나 '근대민족'의 형성에서 중요한 역할을 하는 것은 강렬한 '민족의식'의 결합 문제다. 따라서 '근대민족'의 가장 큰 특징은 '민족의식'의 형성 강화에 있다고 볼 수 있다. 한 민족이 강렬한 '민족의식'을 형성하려면 민족공동체 내부에서 '공동체'(Gemeinshaft) 형성을 저해하는 요소를 소멸시켜 성원들이 '민족'을 자기가 '공속한' 자기와 같은 것으로 애정을 갖고 생각하며 활동하도록 구조화되어 있어야 한다. 그래야 성원이 이해관계를 초월하여 민족에 공속의식을 갖고 민족을 위해 개인적 손실도 감수하며 때로는 민족을 위해 생명을 바칠 수도 있게 되는 것이다.

일반적으로 '민족' 내부에서 '공동체' 형성을 저해하는 사회구조적 주요 요소들에는 ① 사회신분제(귀족·평민·천민의 세습적 차별제도), ② 경제 유통의 장벽·장애(지역관세·통행세·차별적 경제제도), ③ 국민들의 정치 참여 배제(전제군주제 등), ④ 평민·천민을 우민화하여 문자해득·지식·교육에서의 배제 등을 들 수 있다. 이 가운데서 공동체 형성을 가장 크게 저해하는 제도적 요소는 '사회신분제'라고 할 수 있다.

반면에 여기서 바로 유추할 수 있는 바와 같이, '전근대민족'에서 '근대민족'으로의 변혁·형성·발전에 가장 큰 역할을 수행하는 사회적 조건의 변동으로는 다음을 들 수 있다.

첫째, 사회신분제의 폐지다. 사회신분제는 '전근대민족'과 '전근대사회'에서 출생부터 사망 후에까지 귀족·평민·천민의 생득적 신분차별을 세습화시켜서, 귀족은 온갖 특권을 누리고 지배하며, 피지배 평민과 천민은 권리 없이 차별과 박대·박해만 받으면서 사역당하는 세습적 장벽 제도이기 때문이다. 이러한 사회신분제도 아래서는 지배신분인 귀족과 피지배신분인 평민·천민은 각각 자신들이 동일 공동체에 속해 있다는 공동체 의식의 하나인 민족의식을 갖기 어렵다. 사회신분제의 세습적 장벽을 철거하여 법률 앞에 모든 성원이 평등한 권리를 갖도록 변혁해야 민족공동체 내부의 자유로운 상하 사회이동이 가능해지고, 능력에 따라 성원의 직업과 직책이 배분되며, 성원이 자기가 속한 집단을 '공동체'로 인지할 수 있게 된다. 즉, 사회신분제의 장벽이 폐지되어야 집단 내의 사회적 소통이 활성화되고 성원의 공동체적 연대가 공고해져 '근대민족'이 형성될 수 있는 것이다.

둘째, 자본주의의 발흥과 국민경제의 성립이다. 서구에서는 산업자본주의 성립 이전에 상업자본주의의 발흥이 경제 유통의 지방분권적 봉건적 지역성과 봉쇄성을 타파하고, 전국을 하나의 사회경제생활 단위로 한 국민경제 성립의 기초조건을 만들어서 성원들의 사회경제생활의 권역을 전국으로 확대시켰다. 이것은 근대민족 형성 조건의 하나를 만든 것이다. 한국과 같이 이미 '전근대민족'이 형성되어 있는 유형에서도 상업자본주의의 발흥은 전국을 하나의 사회경제생활권으로 통합시키고 더욱 활발하게 유통시켜서 '전근대민족'이 '근대민족'으로 전화 형성되도록 촉진하는 것이다.

셋째, 민주주의의 발흥과 국민국가의 성립이다. 서구와 같이 중세 지방분권적 봉건제도를 해체시키고 절대군주국가를 거친 유형에서는 민주주의의 발흥에 의해 다시 절대군주국가를 해체시키고 주민의 정치참여에 의한 '국민국가'가 입헌군주제 또는 민주공화제의 형태로 실현되었다. 한국민족과 같이 이미 고대에 '원민족'과 '전근대민족'이 형성된 유형에서는 전제군주제를 '입헌군주제' 또는 '민주공화제' 체제로 변혁시키려는 민주주의 운동이 발흥하여 국민의 정치참여를 실현시키는 운동이 전개되거나 국민의 정치참여를 실현시킴으로써 성원의 민족공동체로의 융합을 강화하여 '근대민족'으로의 전화 형성을 촉진하는 것이다.

넷째, 국민교육의 일반적 보급이다. 민족 형성의 모든 유형에서 지배신분층은 교육을 독점하고, 피지배층은 교육에서 배제하여 우민화시킴으로써 통치와 지배를 용이하게 하고 영구화하려는 강한 추세가 지배적이었다. 특히 '문자' 교육이 교육 독점의 방편으로 사용되었다. 서구 유형에서는 '라틴어'를 보편적 공식 언어와 문자로 채택하여 지배층이 독점하고 피지배층을 우민화하여 교육과 지식에서 배제하였다. 이 유형에서는 지방어를 국어로 승격시켜서 일반적 교육제도를 수립함으로써 피지배층에게 교육과 지식을 보급하여 민족 형성을 촉진시켰다.

한국민족을 포함한 동아시아 유형에서는 한자(漢字)와 한문(漢文)을 보편적 공식 문자로 채택하여 교육에서도 이를 전용해서 지배신분층이 교육과 지식을 독점하고 피지배 평민층은 문자와 교육과 지식에서 배제하여 우민화해서 통치에 편의한 제도로 사용하였다. 한국민족은 15세기 중엽 세종대왕이 '훈민정음'(訓民正音)이라는 매우 과학적인 표음문자를 창제했음에도 불구하고 지배신분층은 이를 공식 문자로 채택하지 않고 억압해 둔 채 중국문자인 한문자를 공식 문자로 사용하였다. 한국민족은 19세기에 '훈민정음'을 '국문'으로 승격시켜서 공식 문자로 채택하였다. 이로써 새로운 교육제도에서 '국문'(훈민정음)을 공식 문자로 사용하면서 민족역사와 민족문화를 가르치는 새 교육이 시작되어 '전근대민족'을 '근대민족'으로 전화 형성시키는 데 큰 역할을 하게 되었다.

다섯째, 국민의 문화적 성장이다. 종래 문자를 읽지 못했던 피지배신분층이 문자를 읽을 수 있고 언어와 일치한 문자생활을 하며 교육을 받게 되면 모든 사회 성원과 일반 국민이 각종 서적과 신문을 읽을 수 있게 되어 국민의 비약적인 문화적 성장을 결과하게 된다. 피지배신분층과 일반 국민이 민족역사와 민족문화 등을 비롯하여 모든 문화 부문에서 신지식을 획득하게 되면 피지배층과 일반 민중의 민족공동체로의 공고한 결합을 강화하여 '전근대민족'을 '근대민족'으로 전화 형성시키는 데 큰 역할을 하게 되는 것이다.

여섯째, 민족의식의 형성과 고양이다. 민족 형성의 모든 유형에서 근대에 이르러 피지배신분층과 일반 국민에 대한 민족언어와 민족문자에 의한 보편적 민족교육의 실시는 민족의식을 형성하여 고양시켰다. 서구 유형에서는 이에 더하여 국민국가 성립과 자본주의 발흥에 수반한 민족 간의 치열한 경쟁이 민족의식을 더욱 고양시키고 '민족주의'까지 발흥하게 되었다. 서구에서 시작된 제국주의의 대두는 서구 각 민족의 민족의식의 고양과 민족주의의 발흥을 한층 더 자극하였다. 한편 한국민족과 같이 제국주의의 침입과 침략을 받은 민족에서는 이에 대항하여 민족의 생존과 독립을 지키기 위한 동기에서 민족의식이 크게 발흥 고양되고 강화되어, 강렬한 '민족의식'이 '전근대민족'의 '근대민족'으로의 전화 형성 발전에 매우 중요한 역할을 수행하였다. 일반국민의 민족의식의 비약적 고양은 제국주의의 침략에 대항한 민족해방적 '민족주의'로의 결정(結晶)과 출현을 결과하게 되었다.[5]

서구 유형에서는 '근대민족' 형성이 곧 '민족' 형성을 의미한 데 비하여, 동아시아 유형에서는 일찍이 고대에 형성된 '원민족'·'전근대민족'이 '근대민족'으로 전화·변혁되었다. 그러나 모든 유형의 '근대민족'에서 '민족의식'의 현저한 고양과 근대민족주의의 출현이 일반적으로 관찰된다. 이 사실은 '민족의식'의 형성과 고양이 근대민족 형성의 가장 중요한 공통 요소임을 나타내는 것이다.

한편 '민족의식'의 비약적 고양은 모든 유형에서 근대 '민족주의'로 결정(結晶)됨이 관찰되지만, 각기 '내재적 동기'(underlying motivation)와 목적이 다르기 때문에 그에 따라 민족주의의 유형도 달라지며, 서구 유형과

5 신용하, 「'민족'의 사회학적 설명과 '상상의 공동체론' 비판」, 『한국사회학』 제40집 제1호, 2006 참조.

한국 유형은 서로 다른 방향의 것으로 유형화된다.[6]

'전근대민족'으로부터 '근대민족'으로의 전화에 의한 한국 근대민족의 형성 발전은 19세기 개화기에 이루어졌음을 역사 실제에서 관찰할 수 있다. 이 사실을 다음에서 좀 더 상세히 고찰하고 확인하기로 한다.

6 19세기 '민족주의'의 가장 상위의 유형 분류는 내재적 동기와 내용의 매우 큰 차이에 의거하여 우선 '제국주의적 민족주의'와 '민족해방적 민족주의'로 양분한 다음, 그 하위에 세부유형 분류를 진전시킬 필요가 있다고 본다. 왜냐하면 두 유형이 '민족주의'의 용어를 공유하고 있지만, 그 동기와 내용과 전개방향은 반대방향(anti-thetical) 운동을 하고 있기 때문이다.

제3장 근대민족 형성과 사회신분제 폐지

1. 사회신분제 폐지운동의 두 흐름의 대두

조선왕조 19세기 사회신분제도는 기본적으로 ① 양반(兩班),[7] ② 중인(中人),[8] ③ 양인(良人: 평민, 상민),[9] ④ 천인(賤人: 천민과 노비)[10]의 네 신분으로

---

7 양반신분은 제1지배신분으로서 정치를 담당하고 관직을 독점하는 특권을 가진 신분이었다. 양반신분은 본래 문반(文班)과 무반(武班)을 가리키는 것이었으나, 조선 후기에는 문반을 위에 두고 무반을 차별하였다. 19세기 중엽에는 양반신분 내부가 더욱 세분화되어 ① 대대로 고위관료직을 독점하는 벌열(閥閱), ② 서울과 그 부근에 거주하면서 관직에 수시로 나아가는 경반(京班), ③ 관직과 관련 없이 시골에서 양반신분만 갖고 있는 향반(鄕班), ④ 몰락하여 평민과 다름없이 되어 가는 잔반(殘班) 등으로 구분되었다. 양반은 과거에 합격하는 특권, 관직에 임명되어 관료가 되는 특권, 농업·공업·상업의 실업과 육체노동에 종사하지 않는 특권, 군포세를 내지 않는 특권, 병역의 의무가 없는 특권, 존대받고 명예를 갖는 특권, 의관·기마·기와집 등 생활양식상 우위의 특권 등을 갖고 있었다. 양반 중에서도 벌열은 과거시험을 치르지 않거나 불합격한 자제들을 관직에 임명하는 음관(陰官)제도까지 만들어 운영하였다. 양반신분이 이러한 특권을 갖고서도 심지어 외적 침입에 대비한 병역의 의무와 군포세 납부의 의무마저 갖지 않는 것은 왕실과 국민에 의하여 처음부터 문제로 되어 왔었다.

8 중인신분은 제2지배신분으로서, 정치는 담당하지 못하고 양반관료 아래에서 기술직과 말단 행정을 담당하는 신분이었다. 중인은 원래 의학(醫學), 관상학(觀象學: 천문기상학), 역학(譯學), 산학(算學), 도화(圖畵), 사자(寫字) 등에 종사하는 기술관(技術官)을 의미하였다. 그러나 19세기에 이르면 이 개념의 범위가 넓어져서 관청의 서리(胥吏: 아전)와 향리(鄕吏), 군교(軍校), 그리고 양반의 첩의 자식들인 서얼(庶孼)도 중인신분에 포함시키게 되었다. 중인신분 중에서도 기술관은 비록 관직은 최고 정3품까지만 진급할 수 있는 상한이 설정되어 있었으나, 실력 있는 기술자층이 대부분이었기 때문에 시대의 변화에 상대적으로 민감하게 반응하는 특성을 갖고 있었다.

9 양인신분은 국민의 대다수를 차지하는 평민신분으로서, 양반신분에 대해서는 별칭으로 상인(常人)이라 부르고 천인신분에 대해서는 양인(良人)이라 부르는 제1피지배신분이었다. 양인신분은 농업을 비롯하여 생산에 종사하고 국방을 담당하여 병역 의무를 가진 조

구성되어 있었으며 그 사회적 지위와 역할이 각각 구분되어 엄격하게 규정되어 있었다. 이 양반·중인·양인·천인의 사회신분제도는 세습제도로서, 태어날 때부터 부모의 혈통·신분에 따라 자손의 사회신분이 결정되었다. 또한 사회신분에 따라 직책과 직업, 사회적 역할이 매우 차별적으로 결정되었다. 각각의 사회신분 사이에는 세습적으로 폐쇄적 장벽이 설치되어 상향이동과 상승이 거의 막혀 있었다. 또한 동일한 범죄에 대해서도 신분에 따라 형벌에 차등을 두었다.

그러므로 이러한 사회신분제도 아래서는 양반벌열의 자식은 아무리 못나고 무능해도 고위관직을 차지해 백성들 위에 군림하여 정치와 행정을 문란하게 하면서 가렴주구를 자행하였다.[11] 노비의 자식은 아무리 탁월하고 유능해도 아버지의 천직을 세습받아 노비로 천대받으며 사역당

선왕조 사회의 기본신분이었다. 양인신분은 19세기에는 내부에 분화가 일어나서 ① 양인의 부유한 상층으로서 육체노동에 종사하지 않고 여유를 즐기는 한량층(閑良層), ② 전형적인 일반 양인, ③ 신분은 양인이지만 사회적으로 천시되는 직업에 종사하는 역정(驛丁)·공장(工匠)·상인(商人) 등의 신량역천층(身良役賤層)으로 구성되었다. 양인신분은 경영에 책임을 갖고 직접 육체노동을 하면서 농업·공업·상업의 생산을 담당하고, 각종 조세와 공과금을 부담·납부하며, 병역의무를 갖고 군포세를 납부하면서 국방을 담당하기 때문에, 실질적으로는 사회의 가장 중요한 신분이었다. 또한 19세기 중엽에 일반관료들의 가렴주구의 직접적 대상이 된 신분도 바로 이 양인신분이었다.

10 천인신분은 양인 아래에 있는 제2피지배신분으로서, 일반 천인(賤人)과 노비(奴婢)로 구성되어 있었다. 일반 천인은 7종이 있어서 칠반천인(七班賤人)이라고 불렸는데, 보통 승려·광대[倡優]·무당·점복·기생·피장(皮匠)·백정(白丁) 등이 이에 포함되었다(그러나 학자에 따라서는 한둘 다른 직업층을 넣기도 한다). 일반 천인은 신분만 천민이지, 매매되지 아니하였다. 노비는 남녀 '종'으로서 신분적 주인이 존재해서 우마처럼 매매되었다. 노비에는 관청에 속한 공노비(公奴婢)와 사주인에게 소유된 사노비(私奴婢)가 있었다. 노비가 사회신분제도 중에서 최하층에 있는 신분이었다. 천인은 사역층이었기 때문에 어떠한 권리도 없었고 조세납부나 병역의 의무도 없었다. 사회생활에는 양인신분과도 엄격히 차별되어, 머리에는 갓을 쓰지 못하고 패랭이를 썼으며, 도포나 두루마기를 입지 못하도록 하고, 그 밖에 생활양식에서 낱낱이 차별을 두었다.

11 김필동, 「갑오경장 이전 조선의 근대적 관제개혁의 추이와 새로운 관료기구의 성격」, 『한국사회사학회 논문집』 제33집, 1992.
김필동, 「한국 근대관료의 초기 형성과정과 그 역사적 성격: 1880-1894」, 『한국사회사학회 논문집』 제50집, 1996 참조.

그림 3-1. 양반신분제도의 풍속도(김득신, 〈노상알현〉, 18세기 후반)

하지 않으면 안 되었다.

한국 '전근대민족' 내부의 이러한 사회신분제도는 민족공동체 내부에 4개의 세습적인 사회적 장벽을 설치하여 소통, 상하 사회이동, 교류를 차단함으로써 민족성원으로 하여금 동일한 민족공동체에 속했다는 공속의식이 형성될 수 없도록 차별하고 차단하였다. 이러한 사회신분제도는 전근대사회 유지의 골간이 되면서 동시에 '전근대민족'의 '근대민족'으로의 전환 형성을 저지하는 가장 중대한 제도적 저해 요소가 되어 있었다.

전근대민족의 근대민족으로의 전화 발전을 저지하던 가장 큰 제도적 장벽인 사회신분제는 한국민족에서는 두 방향의 폐지 운동의 흐름이 '1894년'에 합류하여 마침내 그 폐지가 성취되었다.[12]

12 신용하, 「1894년의 社會身分制의 폐지」, 『奎章閣』 제9집, 1985(『한국근대사회사 연구』, 일지사, 1987 재수록).
신용하, 「1894년 甲午改革의 社會史」, 『韓國社會史學會論文集』 제50집, 1996 참조.

2. 동학농민층의 사회신분제 폐지운동

첫째의 사회신분제 폐지의 흐름은 아래로부터의 농민운동의 흐름이다. 농민들은 사회신분제도의 제1피지배신분인 '양인'(良人, 평민) 신분과 제2피지배신분인 '천인'(賤人) 신분으로 구성되어 있었다. 하위신분인 농민에 대한 상위 신분의 제1지배신분인 '양반'(兩班)의 차별과 압박과 수취가 전근대시대 전반에 걸쳐 누적되면서 가혹하였다.

이에 따라 사회신분제 폐지를 위한 아래로부터의 농민운동이 여러 세기에 걸쳐 완강하게 전개되었다. 양인·천인 신분의 농민들은 '납속'(納粟, 금전으로 상위 신분을 사는 것), '도망'(원격지로 도망하여 자기 신분을 감추고 상위 신분으로 사는 것), '족보변조'(족보를 양반 후손으로 변조해 기록·간행해서 양반이 되려는 것), '모칭유학'(冒稱幼學, 양반신분의 하나인 幼學을 거짓 칭하여 양반 행세를 하는 것) 등 각종 변칙적 방법으로 개인적 '신분해방'을 추구하기도 하고, 때로는 아예 신분제 폐지 또는 개혁을 위한 '민란'(民亂)을 일으키기도 하였다.

주목할 것은 이러한 각종 변칙적 방법들은 신분해방을 개별적으로 성취하려고 시도한 것인데 비하여, '민란'은 사회신분제도 자체를 폐지하여 신분해방을 전체적으로 성취하려는 측면을 갖고 있었다는 사실이다. 특히 19세기에 들어서면 조선왕조 사회에는 거의 해마다 크고 작은 민란들이 끊임없이 일어나, 19세기는 바로 '민란의 세기'라고 말할 수 있게 되었다. 이러한 민란의 연속선상에서 1894년 종래 지배층이 '동학란'이라 호칭하던 '동학농민혁명운동'이 일어났다.

1894년 음력 3월 20일 제1차 봉기한 '동학농민혁명운동'은 '민란'의 연속선상에 있으면서도 종래의 '민란'과는 차원이 다른 것이었다. 최제우(崔濟愚)에 의해 1860년 동학(東學)이라는 민족종교와 사상이 창도되어 농민층 사이에 교도들을 획득한 결과 동학이 공급해 준 '평등사상'과 고을을 넘어선 전국적 '조직'의 효과로 농민들이 직접 사회신분제 폐지를 비롯한 구체제의 타파와 신체제 수립 요구의 혁명운동을 일으켰기 때문이다. 동학농민군의 제1차 봉기 때인 1894년 3월 27일경 백산(白山)에서 전봉준(全琫準)이 작성하여 공포한 '격문'에는 구국과 함께 "양반과 부호 앞에 고통받는 민중들"의 사회신분제 폐지의 목표와 결연한 의지가 표현되어 있었다.[13]

또한 동학농민군은 집강소 통치 때에는 스스로의 힘으로 신분해방을 단행하기 시작하였다. 집강소의 12개조 폐정개혁안을 보면, 12개조 중에서 불량한 유림과 양반배(兩班輩)는 징습(懲習)할 사(제4조), 노비문서(奴婢文書)를 소거(燒祛)할 사(제5조), 칠반천인(七班賤人)의 대우는 개선하고 백정(白丁) 두상(頭上)에 평양립(패랭이-필자)은 탈거할 사(제6조), 청춘과부는 개가(改嫁)를 허할 사(제7조), 관리 채용은 지벌(地閥)을 타파하고 인재를 등용할 사(제9조)의 5개 조항이 신분투쟁에 의한 사회신분제 폐지를

13 전봉준(全琫準)의 백산 격문은 다음과 같았다(오지영, 『東學史』, 永昌書館, 1940, p.112).

"우리가 義를 들어 此에 至함은 그 본의가 단단 他에 있지 아니하고 창생을 도탄의 중에서 건지고 국가를 반석의 위에다 두자 함이라. 안으로는 탐학한 관리의 머리를 버히고 밖으로는 횡포한 강적의 무리를 구축하자 함이라. ① 양반과 부호의 앞에 고통을 받는 민중들과 ② 방백과 수령의 밑에 굴욕을 받는 소리들은 우리와 같이 원한이 깊은 자라. 조금도 주저치 말고 이 시각으로 일어서라. 만일 기회를 잃으면 후회하여도 미치지 못하리라.(번호 - 인용자)

갑오 월 일

湖南倡義大將所 在白山"

이 격문은 동학농민혁명운동의 여러 가지 목표 가운데 "양반과 부호의 앞에 고통을 받는 민중들"의 사회신분제 폐지에 대한 결의가 포함되어 있음을 알려주고 있다. 이 격문은 봉기의 적대관계를, ① 양반·부호 대 민중(사회신분상으로는 양인신분층 및 천민신분층)과 ② 방백(方伯)·수령(守令) 대 소리(小吏)로 이원화하고 있다. 여기서 동학농민혁명운동의 주체세력은 '민중'이고, 그 적대자는 사회신분상으로는 '양반'이며 경제적으로는 '부호'임이 명백히 선언되고 있다. (일본의 침략과 '부호'를 일단 접어두면) 동학농민혁명운동의 적대관계는 '양인신분층'과 '천민신분층'을 골간으로 한 민중들의 '양반신분층'에 대한 신분투쟁으로 되어 있으며 그 목표는 사회신분제도 폐지임이 명백히 표현되고 있나.

실행하는 요강이었다.[14] 이에 비해 탐관오리의 징계와 무명잡세의 혁파 등 지방행정의 부정척결이 제2·8조의 2개 조항이고, 대(對)부민 투쟁이 제3·11·12조의 3개 조항이며, 일본 측과 간통한 자를 처벌하는 반침략 조항이 제10조의 1개 조항이었다. 여기서도 집강소의 농민통치가 신분투쟁에 의한 사회신분제 폐지를 얼마나 중요시하고 우선시했는가를 잘 알 수 있다.

실제로 동학농민군은 집강소 시기에 그들 스스로의 힘으로 신분투쟁에 의한 사회신분제도 폐지를 실천하였다.[15] 위정척사파 양반유생 황현은 직접 관찰하며 기록한 그의 『오하기문』(梧下記聞)에서, 집강소 시기 호남 일대에서 ① 동학농민군들은 양반을 만나면 힐책하고 조롱하며 양반의 표상인 관을 빼앗아 찢어 버리거나 자기가 쓰고 돌아다니면서 양반신분제도를 부인하고, ② 동학농민군에 가담한 노비는 물론이요 가담하지 않은 노비들도 주인을 위협하여 강제로 노비문서를 불사르게 하고 노비해방과 양인 됨을 승인케 하며, ③ 노비의 주인이 멈칫거릴 때

---

14 『東學史』, pp.126-127. 이 자료 간행본의 폐정개혁 12개 조항은 다음과 같다.
① 도인과 정부 사이에는 숙혐(宿嫌)을 탕척(蕩滌)하고 서정(庶政)을 협력할 사.
② 탐관오리는 그 죄목을 사득(査得)하여 일일이 엄징할 사.
③ 횡포한 부호배는 엄징할 사.
④ 불량한 유림과 양반배(兩班輩)는 징습(懲習)할 사.
⑤ 노비문서(奴婢文書)를 소거(燒袪)할 사.
⑥ 칠반천인(七班賤人)의 대우는 개선하고 백정(白丁) 두상(頭上)에 평양립(패랭이-필자)은 탈거할 사.
⑦ 청춘과부는 개가(改嫁)를 허할 사.
⑧ 무명잡세(無名雜稅)는 일병(一幷) 물시(勿施)할 사.
⑨ 관리 채용은 지벌(地閥)을 타파하고 인재를 등용할 사.
⑩ 왜(倭)와 간통(奸通)하는 자는 엄징할 사.
⑪ 공사채(公私債)를 물론하고 이왕의 것은 일병(一幷) 물시(勿施)할 사.
⑫ 토지는 평균(平均)으로 분작(分作)케 할 사.

15 정진상, 「농민집강소를 통해서 본 갑오농민전쟁의 사회적 지향」, 『한국사회사연구회 논문집』 제27집, 1991.
정진상, 「갑오농민전쟁시기 집강소의 조직자원」, 『사회와 역사』 제62집, 2002 참조.

에는 그 노비가 주인을 결박하여 주리를 틀고 곤장과 매를 치며, ④ 신분해방운동의 대세에 압도된 노비주인들이 그 화를 덜려고 스스로 알아서 노비문서를 불살라 노비해방을 승인하고, ⑤ 때때로 어떤 노비가 노비문서를 불사르지 말기를 원하는 경우에도 거세게 불타오르는 노비해방운동의 기염에 겁을 먹은 노비주인들이 더욱 두려워하여 노비문서를 불사르고 노비해방을 시키며, ⑥ 노비와 그 사족(士族)의 (노비)주인이 모두 함께 동학농민군을 따르는 경우에는 서로 평등하게 '접장'(接長)이라 칭하고 평등하게 예(禮)를 하면서 상대하고, ⑦ 노비뿐만 아니라 백정(白丁, 屠漢)·재인(才人, 倡優) 등 칠반천인(七班賤人)들도 양인(良人, 평민) 및 양반들과 서로 평등하게 예(禮)를 했으므로 사람들이 더욱 치를 떨었다고 기록하였다.[16] 이 기록은 집강소 시기 동학농민군의 신분투쟁과 사회신분제 폐지운동이 매우 격렬하게 전개되어 성공을 거두면서 실천된 사실을 잘 증명하는 기록이라고 볼 수 있다.[17] 그러나 동학농민군은 그들의 '불

16 『梧下記聞』第2筆, p.97. "賊黨皆賤人奴隷 故最惡兩班士族 遇着鬉冠者 輒詬曰汝亦兩班乎 奪而裂之 或自戴之 橫行市里 以辱之. 凡人家奴婢從賊者 勿論 雖不從賊皆勾賊刼主 燒口券 勒使從良. 或縛其主 而周牢棍笞之. 於是有奴婢者 望風燒券 以紓其禍. 其淳謹者 或願勿燒 然氣焰廣張 主益畏之. 或士族而奴主俱從賊者 互稱接長以從其法. 屠漢·才人之屬 亦與平民·士族抗禮 人尤切齒." 참조. "적당(동학농민군-인용자)은 모두 천인(賤人), 노예(奴隷)이므로 양반(兩班)·사족(士族)을 가장 증오하였다. 그래서 양반을 나타내는 뾰쭉 관(冠)을 쓴 자를 만나면 곧바로 꾸짖으며 말하기를 '너도 역시 양반(兩班)인가' 하고 관(冠)을 벗기어 빼앗아 찢어 버리거나 또는 그 관을 자기가 쓰고 거리를 돌아다니면서 양반을 욕주었다. 무릇 집안의 노비(奴婢)로서 도적(동학농민군-인용자)들을 따르는 자는 물론이요, 비록 도적들을 따르지 않는 자라 할지라도 모두 지극히 천(賤)한 자가 주인(主人)을 위협 강제하여 노비문권(奴婢文卷)을 불사르고 강제로 양인(良人)이 됨을 승인케 하거나 또는 그 주인을 결박하여 주리를 틀고 곤장과 매를 치기도 하였다. 이에 노비를 가진 자들은 바람에 따라 노비문권을 불살라서 그 화(禍)를 덜었다. (노비로서) 삼가는 자가 혹시 (노비문권을) 불사르지 말기를 원하는 경우에도 그러나 기염이 널리 맹렬하게 타오르고 있어서 주인이 더욱 이를 두려워하였다. 혹은 사족(士族)으로 노(奴)와 주인이 모두 함께 도적을 따르는 경우에는 서로 (평등하게) 접장(接長)이라 칭하면서 그들의 법을 따랐다. 도한(屠漢; 백정)·재인(才人) 등속의 무리도 역시 평민(平民)·사족과 평등하게 같이 예(禮)를 했으므로, 사람들이 더욱 치를 떨었다."

17 위정척사파 유생 황현이 이를 개탄하여 "이때에 우민(愚民)과 패자(悖子)가 날로 일어나

살인'(不殺人)의 명의(名義)에 따라 양반신분층을 결코 살해하지는 않았으며, 주로 주리를 틀어 징계만 했다고 황현은 기록하였다.[18]

또한 농민군 지도부는 집강소 시기에 천민신분층으로 구성된 농민군 부대를 창설했는데, 이 천민층 출신 농민군이 신분해방의 무력으로도 활동했다는 기록이 있다. 농민군 총관령인 대접주 "손화중(孫化中)은 전라우도에서 도한(屠漢)·재인(才人)·역부(驛夫)·야장(冶匠)·승도(僧徒) 등 평일의 가장 천류(賤流)로서만 한 접(接)을 별도로 설치했는데, 그 사납고 용맹함이 누구도 대항할 수 없어 사람들이 가장 두려워했다"[19]고 황현은 기록하였다.

또한 동학농민군의 총관령인 대접주 김개남도 천민신분 출신의 농민군 부대를 편성하였다. 김개남은 처음에 도내의 창우(倡優)와 재인(才人) 1천여 명을 뽑아 한 접의 농민군부대를 편성해서 그들의 사력을 다한 충성을 얻었다고 황현은 기록하였다.[20]

적당(賊黨, 동학농민군-인용자)을 추종해서 이교(吏校)로서 그 관졸(官倅)을 주리를 튼 자가 있고 노예로서 그 주인을 주리 튼 자가 있다"(『梧下記聞』 第2筆, p.67)라고 통분해 한 것은 이때의 천민신분층 신분투쟁의 격렬함을 역시 잘 나타내 주는 기록이라고 할 수 있다.

18 『梧下記聞』 第1筆, p.107. "故賊尤憎士人 必困辱蕩覆之 其刑無斬絞棍笞之等 但用周牢 雖稱大罪不殺死 惟周牢夾之 自言道人不殺人 而意在嚴刑掠財." 참조.

19 『梧下記聞』 第2筆, p.97. "孫化中在右道 聚屠漢·才人·驛夫·冶匠·僧徒平日最賤之流 別設一接 獰悍無前 人尤畏之." 참조. 『梧下記聞』 第3筆의 p.35에서 또한 황현은 "처음에 손화중은 도내의 재인을 뽑아서 1포(布, 包)를 조직하고 홍낙관(洪絡官)으로 하여금 이것을 지휘하도록 하였다. 홍낙관은 고창(高敞)의 재인으로서, 손화중에 속하여 그 부하 수천인이 민첩하고 정예였으므로 손화중이 비록 전봉준·김개남과 정족지세(鼎足之勢)에 있었다 할지라도 (실제로는 손화중의) 무리가 최강하였다. 전봉준이 북상할 때 손화중에게 연달아 격문을 보내어 연병(連兵)할 것을 요청했으나 손화중은 불응하였다. 공주에 이르러 3패(三敗)하여 사망자가 수만에 이르자 전봉준은 비로소 손화중에게 이서(貽書)를 보내었다. 손화중에게 뭇 목숨들을 아끼어 해산하도록 하고 생민(生民)을 함부로 죽이지 말도록 하였다. 마침내 손화중은 그의 포를 모두 일으키어 도합 10여 만으로써 나주를 포위하였다"라고 증언하였다.

20 『梧下記聞』 第3筆, p.23. "初開男 選道內倡優·才人千餘人 爲一軍 厚禮之 冀得死力."(처음에 김개남은 도내의 창우(倡優)·재인(才人) 천여 명으로 일군을 만들어 그들을 두터이

그림 3-2.
동학농민군의 세 지도자(왼쪽부터 전봉준, 김개남, 손화중)

집강소 시기부터 본격적으로 편성된 천민군(賤民軍) 부대들의 특징은 '용감성'에 있었다. 이 천민농민군의 용감성이 바로 아래로부터의 신분해방을 위한 강력한 원동력이 되어 집강소 설치 시기 농민군의 사회신분제 폐지를 실현하게 하는 데 큰 무력이 되어 주었을 것임은 추정하기 어려운 일이 아니다.

동학농민군은 집강소 설치 지역에서 스스로의 힘으로 신분해방을 실현하고 사회신분제를 실제로 폐지하였다. 양인신분층과 천민신분층의 아래로부터의 신분해방운동과 사회신분제 폐지에 대하여, 적어도 집강소 설치 지역에서는 양반신분층은 이를 저지할 힘이 전혀 없었다.

후에 양반관료 측의 전봉준 심문에서, 집강소 시기 동학농민군의 사회신분제 폐지에 대해 동학농민군이 "양반과 부자를 모조리 짓밟았으며 종문서를 불살라 강상(綱常)을 무너뜨렸다"라고 심문관이 힐문하였다. 이에 대하여 전봉준은 "탐학하는 관리를 없애고 그릇된 정치를 바로잡는 것이 무엇이 잘못이며, 조상의 뼈다구를 우려 행악(行惡)을 하여 백성의 고혈을 빨아먹는 자를 없애는 것이 무엇이 잘못이며, 사람으로서 사람을 매매하는 것과 국토를 농(弄)하여 사복을 채우는 자를 치는 것이 무엇이 잘못이냐"[21]라고 응수했다고 오지영은 기록하였다.

예우해서 그들의 사력을 얻음을 도모했다.)

21 『東學史』, p.157.

위의 자료들은 전봉준을 총대장으로 한 농민군이 가렴주구의 폐지와 함께 스스로의 힘으로 농민군 지배 지역에서 사회신분제 폐지를 단행했음을 다시 한 번 확인시켜 주는 기록이라고 할 수 있다.

집강소 설치 지역에서 아래로부터 신분해방운동이 거세게 불타오르고 동학농민군에 의해 사회신분제 폐지가 실행되어 나가자, 중앙정부에서는 갑오개혁의 개화파 정부가 수립되자마자 즉시 아래로부터의 동학농민의 사회신분제 폐지운동을 흡수하여 개화파의 방식으로 법제적 개혁을 실행하게 된 것이었다고 볼 수 있다.

3. 개화파와 갑오개혁 정부의 사회신분제 폐지 법제화

둘째의 사회신분제 폐지의 흐름은 위로부터의 개화파의 폐지운동 흐름이다.

조선 후기 실학파(實學派)의 사회신분제 비판과 개혁 주장을 계승한 개화파(開化派)는 초기 개화운동 시기부터 사회신분제 폐지를 주장했었다.[22] 1884년의 갑신정변 때 김옥균(金玉均)을 비롯한 초기개화파가 혁신정강 제2조로 "문벌을 폐지하여 인민평등권을 제정하고, 사람으로써 관(官)을 택하게 하지 관으로써 사람을 택하게 하지 않을 것"[23]을 공포한 것은 그들의 사회신분제 폐지 주장을 정권을 장악하자마자 바로 실천하기 시작한 것이었다. 만일 갑신정변이 실패하지 않고 성공했더라면, 조선왕조의 사회신분제 폐지와 문벌 폐지는 1894년의 갑오개혁보다 10년 앞서서 이미 1884년 갑신정변 때 달성되어 인민평등권이 제정되었을 것임을 알 수

---

22 이동인, 「이이와 정약용의 사회개혁사상」, 『동양사회사상』 제10집, 2004 참조.

23 金玉均, 『甲申日錄』, 1884년 12월 5일조, 『金玉均全集』, 아세아문화사, 1979, p.95.

그림 3-3.
김홍집, 유길준, 어윤중

있다.[24]

초기개화파의 지도자인 김옥균은 1886년 국왕에게 올린 상소문에서 양반신분제도에 대하여 이를 '삼제'(芟除)할 것을 주장하고 그 이유를 설명하였다.[25] '삼제'는 '낫으로 단번에 풀을 베어 없애는 것'으로서 '폐지'나 '혁파'보다도 강한 용어였다. 김옥균은 먼저 양반신분제도를 단칼에 즉각 베어 없앨 것을 강력하게 주장한 것이었다.[26]

---

24 신용하, 「갑신정변의 개혁사상」, 『한국학보』 제36집, 1984 참조.

25 金玉均, 「高宗에의 상소문(池運永糾彈疏)」, 『金玉均全集』, 아세아문화사, 1979, pp.146~147. "신이 다년 견문에 거(據)하여 폐하께 주상(奏上)한 바 유(有)하온데 폐하는 차(此)를 기억하시나이까. 그 뜻은 금일 아방(我邦) 소위 양반을 삼제함에 있나이다. 아방 중고 이전 국운이 융성할 시에는 일체의 기계물산이 동양이국(중국과 일본-인용자)에 관(冠)하였는데, 금에 총히 폐(廢)에 속하여 다시 그 흔적도 무함은 타고(他故)가 아니옵고 양반의 발호·전횡에 인하여 그렇게 되었나이다. 인민이 일물을 제(製)하면 양반관리의 배(輩)가 차(此)를 횡탈(橫奪)하고, 백성이 신고(辛苦)하여 수치(銖錙)를 적(積)하면 양반관리 등이 래(來)하여 차(此)를 약취(掠取)하는 고로, 인민이 말하되 자력(自力)으로 자작(自作)하여 의식(衣食)코자 하는 시는 양반관리가 그 이(利)를 흡수(吸收)할 뿐만 아니라 심함에 이르러서는 귀중한 생명을 실(失)할 려(慮)가 유(有)하니 차라리 농상공의 제업(諸業)을 기(棄)하여 위(危)를 면함만 같지 못하다 하여 이에 유식(遊食)의 민(民)이 전국에 충만하여 국력이 날로 소모(消耗)에 귀(歸)함에 지(至)히였나이다."

26 김옥균의 양반신분제도 삼제를 주장한 이 상소문은 갑신정변 직후인 1886년에 쓴 것이지만, 이 상소문 앞에 "신이 다년간 견문에 거하여 폐하께 주상한 바 유하온데"라고 하여 그가 이미 갑신정변 수년 전에 이를 주장했음을 밝히고 있어서, 그의 양반신분제도 삼제론이 갑신정변 이전의 사상임을 증명해 준다. 여기서 주목할 것은 김옥균의 양반신분제도 삼제론의 논거가 매우 근대적이고 시민적이라는 사실이다. 그는 우리나라의 중고(中古)시대의 공업과 물산이 중국과 일본보다 더 발달한 시대가 있었는데 자기 시대에 모두 폐절에 돌아가게 된 원인을 양반신분제도에서 찾아내면서, ① 인민이 재화 하나를 제조해

초기개화파 핵심인물의 하나인 서재필(徐載弼)은 김옥균의 사상이 우리나라의 완전자주독립 정치의 수립과 함께 '귀족타파'[27]에 있었다고 회고했으며, 동시대인의 기록도 김옥균이 "장야(長夜)에 개화를 주창하고 먼저 백성을 자유롭게 하고자 했다"[28]라고 기록하였다. 김옥균은 자기 시대와 같이 상공업시대의 세계에서 바야흐로 각 민족이 산업과 생산을 경쟁하는 시대에 양반신분제도를 삼제하여 그 폐단의 근원을 모조리 없애지 않으면 국가의 멸망을 기다리게 될 뿐이라고 경고하였다.[29]

1894년 음력 3월 20일 동학농민혁명운동의 제1차 농민혁명운동이 폭발한 후, 1894년 음력 6월 25일(양력 7. 27) 우여곡절 끝에 집권한 온건개화파 정부의 제1차 김홍집 내각은 입법기관인 군국기무처를 바로 그날 신설하고, 사흘 후인 6월 28일(양력 7. 30) 다음과 같은 의안을 법령으로 의결하여 법제상으로 사회신분제를 폐지하였다.

1. 문벌(門閥)·반상(班常)의 등급(等級)을 벽파(劈破)하고, 귀천(貴賤)에 구애받지 않고 인재를 선용(選用)할 사.
2. 문무존비(文武尊卑)의 차별을 폐지하고, 단지 품계(品階)에 따라 상견의(相見

내면 양반이 이를 횡탈해 가고, ② 백성이 매우 수고롭게 애써서 소량(銖錙)을 축적하면 양반이 이를 약탈하여 가져가 버리므로, ③ 인민에 의한 공업의 제품생산도 불가능하게 되고, ④ 백성에 의한 자본축적도 불가능하게 되며, ⑤ 인민이 자력으로 자립적 생산을 하여 생활하고자 하면 양반관리가 그 이(利)를 빼앗아 갈 뿐만 아니라 심할 때에는 귀중한 생명까지 잃을 염려가 있기 때문에, ⑥ 백성들은 농업과 상업과 공업의 제 산업을 포기하여 위험을 면하려고 하므로 산업이 발전하지 못하고 놀고먹는 사람만 늘어 국력이 쇠퇴하게 되었다고 분석하고 있는 것이다. 이것은 양반신분제도가 산업발전과 자본축적과 국부에 대한 가장 큰 질곡이므로 이를 삼제해야 한다는, 매우 근대적인 시민적 사상에 의거한 양반신분제도 폐지론인 것이다.

27 金道泰, 『徐載弼博士自敍傳』, 首善社, 1948, p.86 참조.

28 鈴木省吾, 『朝鮮名士金氏言行錄』, 東京: 博文堂, 1886, p.101, "夫我國逆魁玉均者 亦個人中之傑也. 唱開化於長夜, 首要民以自由 云云."

29 金玉均, 「高宗에의 상소문」, 『金玉均全集』, pp.146~147. "방금 세계가 상업을 주로 하여 서로 생업의 다(多)를 경(競)할 시에 당하여 양반을 제(除)하여 그 폐원(弊源)을 삼진(芟盡)할 사(事)를 무(務)치 아니하면 국가의 폐망을 기대할 뿐이오니" 참조.

儀)만 있게 할 사.

3. 죄인 자기 이외의 연좌율(緣坐律)을 일체 시행하지 않을 사.
4. 적처(嫡妻)와 첩에 모두 자식이 없는 연후에야 양자의 입솔(入率)을 허용할 사.
5. 남녀의 조혼(早婚)을 즉시 엄금하되, 남자는 20세, 여자는 16세 이후에 비로소 가취(嫁娶)를 허할 사.
6. 과녀(寡女)의 재가(再嫁)는 귀천을 물론하고 그 자유에 맡길 사.
7. 공사노비(公私奴婢)의 제도를 일체 혁파하며, 인구(人口)의 판매를 금할 사.
8. 비록 평민일지라도 참으로 이국편민(利國便民)할 기견(起見)을 가진 자는 군국기무처에 상서하여 회의에 부치게 할 사.
9. 각아서(各衙署)의 조예(皁隷: 사환, 하인)를 작량가감(酌量加減)하여 설치할 사.[30]

군국기무처가 의결한 이 법령에 따라 ① 양반·상인(평민)신분제도의 폐지, ② 문벌 폐지, ③ 귀천에 구애받지 않는 인재 선용(選用), ④ 문무차별 폐지, ⑤ 서얼차별 폐지,[31] ⑥ 공사노비제도 폐지, ⑦ 인신매매 금지, ⑧ 과부재가 금지제도 폐지, ⑨ 조혼제도 폐지, ⑩ 연좌제도 폐지, ⑪ 평민의 정치적 의견 제출 승인이 법제화되어 전국에 공포되었다.

또한 군국기무처는 1894년 7월 2일(양력 8. 2) 다음과 같은 법령을 의결하여 사회신분제 폐지를 보완하였다.

1. 역인(驛人)·창우(倡優)·피공(皮工)의 면천(免賤)을 모두 허가할 사.
2. 무릇 관인(官人)이 비록 고등관(高等官)을 지낸 자라도 휴관(休官)한 후의 편의에 따라 상업(商業)을 영위할 수 있게 할 사.[32]

---

30 『更張議定存案』 제1책, 개국 503년 음력 6월 28일조 및 『高宗實錄』, 고종 31년 갑오 6월 28일조.

31 군국기무처의 위의 의안(議案) 중에서 제4조의 "적처(嫡妻)와 첩에 모두 자식이 없는 연후에야 양자의 입솔(入率)을 허용할 사"가 서얼차별 폐지의 조항에 해당한다. 종래에는 서자가 있는 경우에도 신분유지를 위해서 입양했으며, 이것이 서얼차별의 단적인 상징으로 인식되어 왔다.

32 『更張議定存案』 제1책, 개국 503년 7월 초2일조 및 『高宗實錄』, 고종 31년 갑오 7월 초2일조.

군국기무처의 이 법령은 앞서의 6월 28일자 사회신분제도 폐지 법령을 보완하여, ⑫ 신량역천(身良役賤)제도를 비롯한 천민(賤民)제도를 폐지하고, 칠반천인(七班賤人)을 해방하며,[33] ⑬ 종래 말업(末業)·천업(賤業)으로 취급해 오던 상업(商業)에 대하여 구관인·양반의 상업경영 자유화(직업의 신분적 차별 폐지)를 법령으로 공포한 것이었다.

군국기무처의 1894년 6월 28일과 7월 2일의 이러한 역사적 법령 제정 공포와 실행에 의하여 수천 년 묵어 온 사회신분제도는 제도상으로 폐지되었다. 이것은 한국역사상 참으로 역사적이며 혁명적인 대변혁이었다.

군국기무처에 의한 사회신분제의 공식적 폐지 이후에도 물론 관습상으로는 신분제도가 잔존하였다. 수천 년 묵어 온 사회신분제도가 정부 법령에 의하여 하루아침에 실제에서도 단번에 소멸되는 것은 아니었다. 그러나 군국기무처에 의한 사회신분제의 공식적 폐지 이후에 잔존한 사회신분제도는 '불법적'인 것으로 되었으며, 이제는 본질적으로 사회관습과 사회의식상의 '유제'(遺制)로서만 남았다가 급속히 소멸하게 되었다.

4. 두 흐름의 합류에 의한 1894년 사회신분제 폐지

갑오개혁 개화파 관료들이 모두 양반신분 출신임에도 불구하고 1894년 6월 집권하자마자 사회신분제 폐지의 혁명적 법령을 서둘러 제정 공포해서 역사적인 사회신분제 폐지를 단행한 것은 그들의 개화사상에만 의거했던 것이 아니라, 이미 호남 일대에서 동학농민혁명운동이 사회신분제 폐지 및 신분해방운동을 과감하게 실행하고 있어서 더 이상 미룰 수가 없게 되었기 때문이었다. 군국기무처의 사회신분제 폐지 법령은 개

33 『梧下記聞』第2筆, p.56에서는 이 조항을 "七班賤人 幷許免賤 如有才有能特異者 隋才隋用事"라고 기록하여, 이 조항이 칠반천인의 면천 해방에 관한 것임을 밝히고 있다.

화파 정부가 아래로부터의 동학농민의 혁명적 사회신분제 폐지 운동의 추동을 흡수하여 개화파의 폐지 주장과 통합해서 법제화한 것이었다. 즉, 19세기 한국의 누천년 묵어 온 사회신분제도 폐지는 아래로부터의 동학농민층의 사회신분제 폐지 혁명운동과 위로부터의 개화파의 사회신분제 폐지 법제화 개혁운동의 두 흐름이 1894년에 합류하여 성취된 것이었다.

조선의 이러한 1894년의 혁명적 '사회신분제 폐지'는 당시 일본이나 청국 어느 나라도 단행하지 못한 것이었다. 그것은 당시 조선이 가장 먼저 자주적으로 단행한 역사적 대변혁이었다.

1894년에 아래로부터의 동학농민혁명운동과 위로부터의 갑오개혁이 합류하여 누천년 묵어 온 사회신분제를 혁명적으로 폐지한 것은 한국 '전근대민족' 내부에서 '전근대성' 지속의 완강한 골간을 농민들이 혁명적으로 파쇄하고, 개화파 정부가 변혁적으로 폐지하여, 한국 '전근대민족'을 '근대민족'으로 전화 형성시키는 데 결정적 역할을 수행하였다.

한국민족의 사회구조 내부에서 세습적 장벽을 쌓아 하위신분층의 상향 사회이동을 금지하면서 상위 지배신분층과 하위 피지배신분층을 동일한 민족공동체 성원으로 의식하기 어렵게 만들던 전근대의 골간 사회신분제가 드디어 1894년 폐지되어 신분해방이 성취되자, 과거 하위신분층의 절대다수를 차지하던 농민들은 민족에 대한 공속의식이 더욱 강화되고, 외세의 침입으로 조성된 민족적 위기를 함께 절감하여 더욱 강렬한 '민족의식'을 형성하게 되었다.

조선왕조 하위신분층 농민들은 '전근대민족' 시기 사회신분제 장벽에 막히고 학대받았던 시기에도 외세의 침략으로 민족과 국가가 위기에 처하면 '민족'과 '국가'를 구하기 위해 궐기하는 전통을 갖고 있었다.[34] 하물

---

34 박명규, 『한국 근대국가 형성과 농민』, 문학과지성사, 1997.
김필동, 『차별과 연대: 조선사회의 신분과 조직』, 문학과지성사, 1999.

며 사회신분제 장벽이 철폐되어 민족 내부의 소통과 사회이동과 단결이 제도상 완전히 자유롭게 되어 '민족공동체'가 '근대민족'으로 전화된 후에는 해방된 이전 하위신분층 농민들이 위기에 직면한 '민족'과 '국가'를 구하기 위해, 예컨대 일제 침략군을 몰아내기 위해 봉기한 1894년 음력 9월 제2차 동학농민혁명운동처럼, 더욱 공고히 단결된 민족운동을 전개할 것은 당연한 것이었다.

요컨대 1894년 사회신분제 폐지는 한국 민족사회 내부체계에서 민족성원들의 상하 사회이동·소통·공속의식을 차단해 오던 세습적 장벽을 철거하여, 한국 '전근대민족'을 '근대민족'으로 전화시킨 가장 중요한 핵심 동인이 되었다고 볼 수 있다.

김경일, 『한국의 근대와 근대성』, 백산서당, 2003.
김영범, 『민중사 심화와 기억의 사회학』, 한국학술정보, 2010 참조.

제4장 근대민족 형성과 자본주의의 발흥

1. 실학파와 박제가의 자본주의 요소 발흥 옹호 사상

19세기 한국사회에서는 개화파를 중심으로 자본주의적 경제개혁이 추구되어 '전근대민족'을 '근대민족'으로 전화시키는 새로운 사회경제생활의 공동성을 촉진하였다. 18세기 서울과 한강 배경의 경강상인(京江商人), 개성의 인삼 생산과 예성강·연안무역 배경의 개성상인(開城商人), 강경·김제 등 대평야 배경의 강경상인(江景商人), 남해안 연안무역과 대(對)일본 무역의 동래상인(東萊商人), 대(對)중국 무역과 광산 배경의 의주상인(義州商人)은 상당한 규모의 상업자본 축적을 달성하여 조선왕국 전국을 연결하면서 상업자본주의를 배태하여 성장시키기 시작하였다.

특히 개성상인은 세계에서도 독특한 선진적 '복식부기'(複式簿記)를 발명하여 사용하면서 상업자본주의 맹아의 주역 역할을 하고 있었다. 개성상인이 발급한 '어음'은 서울은 물론이고 남해안 동래·부산과 북쪽 국경지대 의주에서도 신용만으로 환전이 될 뿐 아니라, 전국 어디서나 통용되었다. 상업경제의 전국적 공동체계가 정립되어 나가고 있었던 것이다.

18세기와 19세기 전반기 상업자본주의 발흥의 시작에 동반하여 상공업 진흥을 적극 주창하는 실학자가 출현하였다. 조선 후기 실학사상가들 가운데 북학파, 특히 박제가(朴齊家)의 실학사상은 자본주의 발흥을 주창·옹호한 대표적 사상이었다. 박제가 실학사상의 특징으로는 '상공업개발론',[35] '기술혁신론',[36] '교통·운수 수단[車·船] 혁신론',[37] '개국통상론'(開國通商論)[38]을 들 수 있다. 박제가는 '개국'과 '해외통상'을 두 단계로 나누

---

35 박제가는 18세기 당시 유학자들과 집권층이 말업(末業)이라고 천시하던 '상업'과 말리(末利)라고 멸시하던 '상업이윤'을 적극적으로 옹호하고, 상업을 발전시켜야 수요가 일어나서 생산을 자극하고 '생산증대'와 '기술혁신'이 일어남으로써 이용후생이 비약적으로 증대되어 백성과 나라의 빈곤이 극복되고 부국유민(富國裕民)이 실현된다고 주장하였다(『北學議』,「市井」). 그는 상업 발전의 동반자로서 모든 수공업의 발전을 주장하면서도 특히 직조(織造)와 농기구와 병기 관련 수공업의 발전을 강조하고(『北學議』,「農器六則」및「兵論」) '철' 수공업과 '석탄' 사용을 주장하였다(『北學議』,「鐵」). 그는 상업이 다른 산업과 기술에 미치는 영향이 매우 크기 때문에, 상업인구의 비중을 총인구의 10분의 3에 달할 정도로 증가시켜야 한다고 강조하였다(『北學議』,「市井」). 또한 그는 놀고먹는 양반신분층을 국내상업과 대외무역에 종사시키자고 제의하면서, 그 지원책으로 ① 양반사족들을 상인의 장부에 입적시키고 ② 자본금을 대여해 주며 ③ 점포를 지어주어 여기에 살게 하고 ④ 상업을 잘한 사람은 벼슬을 주어 권장해서 ⑤ 상업이윤을 더욱 열심히 추구하게 하자고 제안하였다(『北學議』,「丙午 典設署別提 朴齊家所懷」). 박제가의 이러한 적극적 상공업발전론과 '중상론'(重商論), '상업이윤 옹호론'은 객관적으로 국가와 사회를 자본주의적으로 발전시키려 한 자본주의 맹아의 사상적 표현이라고 볼 수 있다.

36 박제가는 상공업 등 산업 발전을 위해 '기술혁신'을 강조하고, 농업에도 농기구와 재배기술의 '기술혁신'을 강조하였다(『北學議』,「財賦論」). 그는 수공업부문과 교통·운수 수단의 기술혁신 추진은 물론, 국방과 군사까지도 '혁신된 기술'에 의거해야만 튼튼하게 될 수 있다고 주장하였다(『北學議』,「兵論」). 그는 '기술혁신' 정책의 하나로 중국의 선진기술 도입을 제안하고, 특히 중국에 와 있는 서양인들을 중국이 제대로 활용하고 있지 못하니 조선에 초빙해서 우리 기술자들에게 '서양의 선진과학기술'을 적극 가르치게 하자고 제의하였다(『北學議』,「丙午 典設署別提 朴齊家所懷」). 이러한 서양 선진과학기술 도입 제안은 획기적인 것이었다. 다산 정약용은 그 후 선진과학기술의 도입·학습·연구기관으로 '이용감'(李用監) 설치를 제의하면서, 이것을 박제가에게서 얻은 생각이라고 밝혔다(丁若鏞, 『經世遺表』 제2권, 冬官工曹 6,「事官之屬」 참조).

37 박제가는 상공업과 나라 발전의 대전제로 도로와 수레[車]·선박[船] 등 교통·운수 수단의 대대적 혁신을 주창하였다(『北學議』,「車九則」). 그는 우리나라가 삼국시대·고려시대에도 수레를 많이 사용했었는데 조선조에 와서 오히려 수레 사용이 떨치지 못하게 되었다고 개탄하였다(『北學議』,「車九則」). 그는 '수레' 개량을 위해 우선 '수레'를 사용하는 나라인 중국의 수레 제작 선진기술 도입을 강조하였다(『北學議』,「車九則」 참조). 또한 그는 해상운송과 연안운송에 사용하는 선박의 대대적 기술혁신을 주창하고, 우선 중국의 선진선박 제조기술을 도입해 배울 것을 제의하였다. 박제가는 외국(서양 포함) 선박이 우리 해안에 표류해 오면, 그 안에는 반드시 조선(造船)기술자가 포함되어 있으니, 우리나라 공장(工匠)으로 하여금 그 조선기술을 다 배우게 한 후 돌려보내도 무방할 것이라고 설명하였다(『北學議』,「船」 및「船四則」).

38 박제가는 조선왕조의 400여 년간 쇄국정책과 해외통상무역 금지정책을 신랄하게 비판하고, 나라의 산업과 경제와 사상을 혁신시키기 위해 '개국'과 '해외통상무역'을 강력하게 주

어 제의하였다.[39]

제1단계는 '개국'하여 우선 중국과 통상하는 것이며, 이것은 긴급한 것이다. 그는 이를 위해 우리나라의 한강 하구·장연(長淵)·선천(宣川)·은진(恩津)·여산(礪山, 강경)을 개항장으로 제의하였다.

그림 3-4. 청국 화원이 그린 박제가의 초상

제2단계는 일본·안남(安南, 베트남)·유구(流球)·대만 등과 통상하는 것이다.[40] 만일 현실적으로 가능하다면 제3단계로 서양 각국과의 해외통상도 거론할 뜻이 있음이 그의 문장에 시사되어 있다. 박제가는 우선 긴급한 중국과의 무역항로로서 ① 한강 하구와 ② (중국의) 등주(登州)와 내주(萊州) ↔ (조선의) 장연, ③ (중국의) 금복(金復)·해개(海蓋) ↔ (조선의) 선천, ④ (중국의) 절강(浙江)·천주(泉州)·장주(漳州) ↔ (조선의) 은진·여산의 무역을 제안하였다.[41] 박제가는 이러한 해외통상이 비단 산업과 경제를 발전시킬 뿐만 아니라 신기술을 국내에 도입하고, 무엇보다도 백성들의 견문을 넓혀서 세계가 큼을 알게 하며, 양반유생들의 고루성을 공격하지 않아도 저절로 타파되게 할 것이라고 지적하였다.[42]

장하였다. 그의 개국통상론은 「통강남절강상박의」(通江南浙江商舶議)에서 집중적으로 주장되었다.

39 『北學議』, 「通江南浙江商舶議」 참조.

40 박제가는 당시 일본은 간사하여 항상 조선의 틈을 엿보고 있고, 안남·유구·대만은 물길이 험하고 머니, 먼저 긴급하게 중국과 통상무역을 시작하여 발전시키다가, 국력이 더 강해지고 백성의 생업이 안정되면 중국 외의 다른 나라들과도 무역 통상을 열자고 주장하였다.

41 『北學議』, 「丙午 典設署別提 朴齊家所懷」 참조.

42 『北學議』, 「通江南浙江商舶議」 및 「丙午 典設署別提 朴齊家所懷」 참조.

박제가의 이러한 실학사상은 자본주의 맹아의 성장과 관련된 근대지향적 사상이었다. 특히 그의 상공업개발론, 기술혁신론, 교통·운수수단 혁신론, 개국통상론은 후배 실학자 최한기(崔漢綺)와 개화사상의 비조 오경석(吳慶錫)에게 학습되고, 그 밖의 초기 개화사상가들에게 전수 계승되어 초기개화사상 형성에 매우 큰 영향을 주었다.[43]

2. 개화사상의 비조들과 오경석의 사상

개화사상을 최초로 정립한 오경석(吳慶錫)·유홍기·박규수의 3비조 가운데, 특히 오경석은 박제가의 실학을 계승하면서, 조선왕조와 한국민족이 대위기에 처했음을 지적하고, 일대혁신·자주적 '대경장개혁'을 주창하면서 자본주의 수용 발전을 제의하였다. 오경석 사상의 특징으로는 세계대세 동참론과 자본주의 수용론,[44] 철·석탄 이용론과 공장제도에 의한 생산론,[45] 서양 선진과학기술 도입론,[46] 자주무력양성론과 자주국방론,[47] 자주적 개

---

43 권오영, 『崔漢綺의 학문과 사상 연구』, 집문당, 1999.
황경숙, 「최한기의 기학적 대외인식」, 『사회와 역사』 제84집, 2009 참조.

44 개화사상 형성의 세 지식인은 조선도 세계대세에 보조를 같이하는 나라가 되어야 한다는 사상을 갖고 있었다. 그들이 자기 나라가 '세계대세에 실각(失脚)되고 있다'고 개탄한 것은 조선도 세계대세에 보조를 같이해서 근대국가와 과학기술문명과 자본주의 시민사회를 수립하는 방향으로 나아가야 함을 시사한 것이었다.

45 개화사상의 3비조는 조선도 서양과 같이 철과 석탄을 이용하고 기계를 사용하여 생산을 하는 공장제도를 도입해서 공업과 산업을 발전시켜야 부강한 나라를 만들 수 있다는 사상을 갖고 있었다. 특히 오경석은 강화도조약 때 문정관으로 일본군함에 승선하여 일본 외교관들에게 "우리나라도 철과 석탄의 채굴법을 알게 되면 반드시 부강하게 된다"라고 말하였다(『日本外交文書』 제9권, 문서번호 6, 1876년 1월 30일조, 「黑田辨理大臣一行, 江華府前往ニ關スル 件」, p.38 참조).

46 개화사상의 3비조는 서양 과학기술의 선진성을 전면적으로 인정하고, 조선도 적극적으로 서양 선진 과학기술을 도입하고 채용해야 나라를 부강하게 만들 수 있다는 사상을 갖고 있었다(『日本外交文書』 제9권, 문서번호 6, 1876년 1월 30일조, 「黑田辨理大臣一行, 江華府前往ニ關スル 件」, p.37 참조). 또한 오경석은 일본 외교관과의 담화 중에 일본의 통신(通信)상태를 물어보고 전신기가 전국을 종횡하는 망을 이루었다는 대답을 듣자, "그렇

국통상론, 균형무역론과 금·은 누출 방지론 등을 들 수 있다.

그림 3-5. 박규수와 오경석

개화사상의 3비조는 조선이 종래의 쇄국정책을 버리고 자주적 개국·개항을 단행하여 세계 각국과 통상도 하고 문물도 교환하면서 필요한 서양의 선진문물을 받아들여야만 나라를 부강하게 발전시킬 수 있다는 사상을 갖고 있었다. 개화사상의 3비조는 그러나 외국의 위협과 침략에 의한 개항과 개국은 단호히 반대하였다. 이 때문에 박규수는 1866년 7월 미국상선 제너럴셔먼호를 대동강에 격침시켰었다. 또한 오경석도 이 때문에 '병인양요' 때에는 프랑스 동양함대의 침입을 막기 위해 헌신적으로 외교활동을 전개하였다. 오경석은 그 후 1871년에 미국군함이 '대통령국서'를 갖고 수교를 요청했을 때 대원군에게 이 기회에 '개항'을 하자고 건의했으며, 그때 '개항가'로 지목받았다. 그러나 미국이 돌아가지 않고 무력행사를 자행하여 '신미양요'를 일으키자, 이에 단호히 대결하여 나라를 지키기 위한

게 해야만 인간이 살 만한 세계라고 말할 수 있다"고 과학기술에 대한 생각을 일찍부터 피력하였다. 박규수가 1866년 제너럴셔먼호를 격침시킨 후 그 증기기관과 기계들을 서울 한강으로 보내어 증기선 제조 실험을 하도록 한 것도 서양 과학기술 채용에 열의를 나타낸 것이라고 볼 수 있다(朴齊絅, 『近世朝鮮政鑑』, pp.26~27 참조).

47 개화사상의 3비조는 조선도 근대적 군함을 구비하여 국방을 튼튼히 해서 나라를 자기의 힘으로 방어해야 한다는 사상을 갖고 있었다. 박규수는 '제너럴셔먼호 사건' 때 증기병선 실험을 추진했으며, 관서해방책(關西海防策)을 건의하였다. 오경석은 '병인양요' 때 중국에서 외교활동을 하면서 프랑스 동양함대의 무력을 정밀하게 조사하여 본국에 보고하였다(吳慶錫, 『洋擾記錄』, pp.4~10 참조). 오경석은 강화도조약 직전에 일본군함에 승선하여 일본 외교관들에게 '우리나라가 화륜선(火輪船)을 구비하게 되려면 약간의 시간이 걸릴 것이다. 언제 이것을 보는 날이 될까' 하고 군함의 구비를 희구하였다(『日本外交文書』 제9권, 문서번호 6, 1876년 1월 30일조, 「黑田辨理大臣一行, 江華府前往ニ關スル 件」), p.37 참조). 여기서의 화륜선은 군함을 가리킨 것으로서 오경석은 군함을 구비한 근대적 국방체제로 나라를 지키고자 한 열망을 나타내었다.

외교활동을 적극적으로 전개하였다. 개화사상의 3비조가 생각한 개항·개국은 조선이 준비와 실력을 갖추고, 조선의 필요에 의해 단행하는 '자주적' 개항·개국이었다. 오경석은 박제가의 사상을 계승·발전시켜 개국론자가 되었으나, 그의 개국은 조선이 자주적 주체성을 가지고 조선의 이익과 부강을 위한 방법으로 실행하는 자주적 개국을 가리킨 것이었다.

개화사상의 3비조는 외국과 통상을 하되 조선이 손실을 입지 않는 통상을 할 것을 주장하였다. 특히 오경석은 중국이 외국과의 통상을 잘못하여 나라 경제가 빈약해지는 것을 견문하고, 조선은 물품과 물품의 균형무역을 해야 하며, 조선의 금은(金銀)과 외국의 물품을 교역하여 조선의 금은을 외국으로 유출하거나, 조선이 수출보다 수입을 많이 하여 무역적자의 손실을 입어서 그 대가로 금은을 외국에 내보내서는 나라 경제가 빈곤해진다고 주장하였다.[48]

오경석·유홍기·박규수 등 개화사상의 3비조는 1869년에 서울에서 완전히 합류하여 박규수 사랑방에서 초기개화파가 되는 북촌의 영민한 청년자제들에게 그들의 개화사상을 교육하기 시작하였다.

3. 초기개화파의 서양자본주의 수용과 근대적 산업시설의 고취(1880~1884)

초기개화파는 개항 후 자주 부강한 근대국가를 건설하기 위해서 근대적 산업을 일으켜야 한다고 주장하고 이를 적극 고취하였다. 개화파가 고취한 산업시설은 근대적 '회사' 형태의 것이고, 공업은 증기기관을 동력으로 사용하는 '공장제' 생산기업이었다. 초기개화파가 주도한 통리기

48 吳慶錫, 『洋擾記錄』, p.45 참조.

무아문은 근대적 회사의 설립을 적극 장려하고 보호하였다.[49] 이에 따라 1880년대에 들어서자 서울과 각 지방에는 각종 근대적 회사들이 설립되기 시작하였다. 1880년부터 1884년 갑신정변 직전까지 설립된 근대적 회사 형태의 상공업 기업체는 〈표 3-1〉과 같이 약 26개에 달하였다.[50]

농업 부문에서도 근대적 기업체로서 1884년에 농상공사(農桑公司)가 설립되고, 근대적 양잠법을 적극적으로 장려하였다. 또한 외국의 농법과 양잠법을 소개하고 보급할 목적으로 안종수(安宗洙)의 『농정신편』(農政新編, 1881), 이우규(李祐珪)의 『잠상촬요』(蠶桑撮要, 1884) 등이 간행되었다.[51] 특히 홍영식(洪英植)과 최경석(崔景錫)이 중심이 된 1884년 농무목축시험장(農務牧畜試驗場)의 설립은 획기적인 사업이었다.[52]

해운 부문에서도 통리기무아문의 전운국이 미국상인과 계약하여 3척의 기선[해룡호(海龍號), 창룡호(蒼龍號), 현익호(顯益號)]을 구입하여 1884년에 기선회사(汽船會社)를 설립했으며, 연해의 화물운송과 조세곡수송, 군대 및 관용의 화물운송도 담당하였다.[53]

1884년 궁중에 발전기를 도입 설치해서 최초로 전등(電燈)을 가설해 사용하였다. 민간에서도 1884년 2월 서울에 최초의 근대식 인쇄소인 광인사(廣印社)가 설립되어 서책 등을 근대식으로 인쇄하기 시작하였다.

초기개화파로서 1884년 갑신정변을 주도한 김옥균 등은 근대적 완전 자주독립국가를 건설하기 위해서는 근대산업을 발전시켜 나라를 근대적 '부국'(富國)으로 만들어야 한다는 사상을 가지고, 근대산업개발을 주

---

49 『統理機務衙門日記』, 1883년 8월 28일조 및 8월 29일조.

50 신용하, 『초기개화사상과 갑신정변연구』, 지식산업사, 2000, pp.107~154 참조.

51 李光麟, 「安宗洙와 農政新編」, 『역사학보』 제37집, 1968 참조.

52 李光麟, 「農務牧畜試驗場의 설치에 대하여」, 『金載元博士回甲紀念論叢』, 1969 참조.

53 韓佑劤, 「開港後 商業構造의 변천」, 『韓國開港期의 商業研究』, 일조각, 1970, pp.226~227 참조.

표 3-1. 1883~1884년 설립된 근대상공업회사

명칭	업종	창립 또는 자료에 처음 보이는 일자(음력)
공업기업체(工業企業體)		
기기창(機器廠)	병기공장	1883년 3월
권연국(捲烟局)	권연제조공장	1883년
순화국(順和局)	권연제조공장	1883년
양춘국(釀春局)	양조공장	1883년
장춘사(長春社)	양조공장	1883년
두병국(豆餠局)	두부공장	
금화연무국(金化烟務局)	권연공장	1883년 8월 18일 창립
주일소(鑄一所)	철공업	1883년 9월 6일
박문국(博文局)	인쇄공장 출판	1883년 9월 10일
삼호파리국(三湖玻璃局)	파리공장	1883년 3월 25일
광인사(廣仁社)	인쇄공장 출판	1884년 2월
상회사(商會社)		
대동상회(大同商會)	각종물산	1883년 8월 15일
장통상회(長通商會)	각종물산	1883년
경상도김천사상회(慶尙道金泉社商會)	각종물산	1884년 2월 20일 창립
거기사(居奇社)	각종물산	1884년 4월 7일 창립
안동내성리상회(安東乃成里商會)	각종물산	1884년 4월 25일 창립
남부의신호초상사(南部義信號招商社)	각종물산	1884년 4월 25일 창립
의신회사(義信會社)	각종물산	1884년 5월 14일
태평상회사(太平商會社)	각종물산	1884년 윤5월 25일 창립
경상도포목상회사(慶尙道布木商會社)	면직물상업	1884년 6월 15일
박림사(博林社)	각종물산	1884년 6월 22일 창립
영신상회(永信商會)	각종물산	1884년 8월 30일 창립
잠상공사(蠶桑公司)	견직물상업	1884년 9월 1일 창립
순신상회(順信商會)	각종물산	1884년 9월 6일
순신창상회사(順信昌商會社)	각종물산	1884년 9월 26일
기선해운회사(汽船海運會社)		
기선회사(汽船會社)	(기선해운업)	1884년 10월 14일 창립

장하고 추진하였다.[54] 김옥균은 ① 재정 정리(整理),[55] 재정 개혁, 예산·결산제도 수립, ② 공업의 개발, 기계로 생산하는 공장제 공업의 건설, ③ 오금각광(五金各鑛, 금·은·철·석탄·동)의 광업 개발,[56] ④ 서양 선진과학기술의 도입·학습·사용,[57] ⑤ 자유로운 상업 발달의 유도,[58] ⑥ 당오전(當五錢)·당십전(當十錢)·당백전(當百錢) 등 악화(惡貨) 주조 금지,[59] ⑦ 관세자주권(關稅自主權) 확립,[60] ⑧ 농업과 잠상(蠶桑)의 발전,[61] ⑨ 목축의 발전,[62] ⑩ 임업의 개발과 목재의 수출,[63] ⑪ 동해 고래잡이(포경)의 장려와 외국 수출,[64] ⑫ '기선'과 '철도'에 의한 교통·운수 개발, ⑬ '전선'에 의한 통신 개발,[65] ⑭ '벽돌' 대량 생산과 건축에의 사용,[66] ⑮ 인구조사 실시[67] 등을 주장하고 추진하였다. 1884년 갑신정변이 '3일천하'로 실패하지 않고 집권했다면 이 정책들은 물론 강력히 실행되었으리라고 볼 수 있다.

그림 3-6. 김옥균과 홍영식

54 신용하, 「金玉均의 開化思想」, 『동방학지』 46·47·48 합집, 1985 참조.
55 金玉均, 「高宗에의 上疏文」, 『金玉均全集』, p.146 참조.
56 金玉均, 「高宗에의 上疏文」, 『金玉均全集』, p.146 참조.
57 「回顧甲申政變」; 閔泰瑗, 『甲申政變과 金玉均』, 국제문화협회, 1947, p.82.
58 金玉均, 「高宗에의 上疏文」, 『金玉均全集』, pp.146~147 참조.
59 『甲申日錄』 序部, 『金玉均全集』, pp.25~26 참조.
60 『尹致昊日記』, 1884년 윤 5월 14일(양력 7. 6)조 및 「徐載弼博士自敍傳」, pp.91~92 참조.
61 『治道略論』, 『金玉均全集』, p.4 참조.
62 『治道略論』, 『金玉均全集』, p.13 참조.
63 『統理機務衙門日記』, 1883년 (癸未) 12월 13일조 참조.
64 『高宗實錄』, 1883년(癸未) 3월 16일조 및 『高宗實錄』, 고종 20년(1883) 4월 20일조 참조.,
65 『治道略論』, 『金玉均全集』, p.4 참조.
66 『治道略論』, 『金玉均全集』, pp.9~10 참조.
67 『治道略論』, 『金玉均全集』, p.15 참조.

4. 갑오개혁의 자본주의적 재정 · 경제제도 개혁

1894년 온건개화파 갑오개혁 정부는 주로 다음과 같은 자본주의 지향 경제정책을 단행하였다.[68]

1) 국가재정의 탁지부에의 통일

종래의 문란한 재정제도의 개혁을 단행하여, 모든 국가재정은 오직 탁지아문에서 통일적으로 총괄하여 관장하도록 개혁하였다.[69] 여기에는 물론 왕실도 예외가 아니었다.

2) 조세의 금납화

갑오개혁 정부는 1894년 7월 10일(양력 8. 10) 조세의 물납제를 폐지하고 금납제(金納制)로 개혁하였다.[70] 이것은 종래 조세를 미곡과 콩과 포목(베)으로 납부하던 것을 화폐로 납부하도록 개혁하여 자본주의 화폐경제 방식으로 근대화한 것이었다.

3) 중앙은행 설립 추진과 미상회사(米商會社) 설립

갑오개혁 정부는 1894년 10월부터 조세금납제를 전면적으로 실시하기 위해 중앙은행을 설립하고, 조세의 납부는 중앙은행에서 발행한 공식 화폐로 하며, 탁지아문에서 모두 통일적으로 관장하도록 하였다.[71] 이 목적을 달성하기 위한 중앙은행 설립에 시간이 소요되자, 7월 24일(양력

---

68 신용하, 「1895년 乙未改革의 社會史」, 『한국학보』 제85집, 1996.

69 군국기무처의 이 개혁에 의해 개화파들이 오랫동안 추구해 오던 국가재정의 탁지아문에의 통일이 이루어지고, 국가재정의 근대적 예산 · 결산제도 시행이 가능하게 되었다.

70 『更張議定存案』, 개국 503년(1894) 7월 초10일조 및 『官報』, 개국 503년 7월 10일자 참조.

71 『更張議定存案』, 개국 503년(1894) 7월 초10일조 참조.

8. 24) 긴급하게 미상회사를 설립해서 세곡을 화폐로 먼저 상납하게 하는 금융기관의 역할을 임시로 수행하도록 조치하였다.[72] 이러한 조세의 금납제와 그에 따른 지원기관 설립은 재정을 근대화했을 뿐 아니라 자본주의적 상품유통을 활성화하는 데 기여하였다.

4) 궁방전 · 역토 · 둔토의 면세지 폐지와 조세개혁

갑오개혁 정부는 8월 26일(양력 9. 25) 종래 국가에 지세를 내지 않고 면세 특권을 누리던 모든 궁방전(궁장토), 역토, 둔토 등의 면세지를 폐지하고, 모두 법정의 지세를 탁지아문에 납부하도록 법령을 공포하였다.[73]

5) 모든 잡세의 혁파

갑오개혁 정부는 탁지부가 통일적으로 관장하는 법정 조세 이외의 각 기관과 지방관청들이 징수하던 모든 잡세를 혁파하였다.[74] 군국기무처의 '잡세혁파'는 관리와 왕실의 국민(특히 농민)에 대한 중간수취를 제도상으로 배제해 버렸다.

6) 환곡제도의 영구폐지

갑오개혁 정부는 1894년 8월 12일(양력 9. 11) "각도 환곡 중에서 이무(移貿) · 가작(加作) 등의 명목은 금후 영구히 혁파한다"[75]라고 하여 환곡제도를 사실상 영구히 폐지하였다.

---

72 『更張議定存案』, 개국 503년 7월 24일조 및 『官報』, 개국 503년 7월 24일자 참조.

73 『更張議定存案』, 개국 503년 8월 26일조; 『高宗實錄』, 고종 31년(1894) 8월 26일조 및 『官報』, 개국 503년 8월 27일자.

74 『更張議定存案』, 개국 503년 9월 초3일조 및 『官報』, 개국 503년 9월 초4일자.

75 『更張議定存案』, 개국 503년(1894) 8월 12일조; 『日省錄』, 고종 31년(1894) 8월 12일조 및 『官報』, 개국 503년 8월 12일자

7) 사창(社倉)의 설립

갑오개혁 정부는 흉년에 대비한 구황책으로 8월 10일(양력 9. 9) 사창(社倉) 설립 법령을 공포하여 시행하였다.[76]

8) 화폐제도의 개혁

갑오개혁 정부는 1894년 7월 11일(양력 8. 11) '신식화폐발행장정'을 공포하여 대대적인 화폐개혁을 단행하였다.[77] '신식화폐발행장정'은 은본위(銀本位)제도를 채택하고, 백동·적동·황동의 동전을 보조화폐로 채택한 근대적 화폐개혁이었다. 당시 개항 직후부터 당오전(當五錢)·당백전(當百錢) 등 악화를 남주하여 통용시키고 청국 화폐까지 수입하여 통용시켰기 때문에 화폐제도가 매우 문란하였다. 그러므로 '엽전' 등 주조화폐가 신용을 잃고 미곡·포목 등 물품화폐에 많이 의존하고 있었다. 새 화폐개혁은 종래의 화폐제도의 혼란과 불편을 극복할 수 있는 자본주의적 근대개혁이었다.

9) 도량형제도의 통일

갑오개혁 정부는 도량형제도의 통일도 단행하였다.[78] 도량형제도를 개혁하여 관제의 새 장척(丈尺, 길이의 표준), 두곡(斗斛, 부피의 표준), 칭형(秤

---

76 『更張議定存案』, 개국 503년 8월 초10일조; 『日省錄』, 고종 31년(1894) 8월 10일조 및 『高宗實錄』, 고종31년 8월 10일조.

77 『日省錄』, 고종 31년(1894) 7월 11일조; 『高宗實錄』, 고종 31년(1894) 7월 11일조 및 『官報』, 개국 503년 7월 11일자 「新式貨幣發行章程」 참조.

78 『更張議定存案』, 개국 503년 7월 11일조, 『高宗實錄』, 고종 31년(1894) 7월 11일조 및 『官報』, 개국 503년 7월 11일자 참조. 종래 도량형제도는 공조에서 관장하여 표준 관제 도량형기를 각 도에 보내어 비치해 놓고, 민간인들이 이를 본떠 사제해서 사용함을 허락하되, 매해 추분날에 관청의 검사를 받도록 하였다. 이 제도가 오랫동안 시행되자 도량형제도가 극도로 문란해졌다. 표준에서 크게 벗어난 도량형기들이 각 지방에서 통용되어도 관청은 제대로 단속하지 못하여 도량형기를 악용한 사기 협잡이 성행하게 되었다.

衡, 무게의 표준)을 만들어서, 전국적으로 도량형기를 통일하여 10월 1일부터 관제 도량형기만 사용하도록 하고, 사제 도량형기 사용을 엄금하였다. 한편, 이를 철저히 단속하기 위해서 도량형기의 관장 부처를 경찰권과 연결된 내무아문으로 이속시켰다. 이러한 도량형제도의 개혁과 통일은 근대사회와 자본주의 상품경제의 발전을 위한 기초적 제도를 정비한 중요한 개혁사업이었다.

5. 독립협회의 산업혁명론

독립협회는 19세기 말 당시 대한이 세계 부강국과 대비해 보면 낙후되어 있으므로 정부가 주도하여 정책적으로 자강을 위한 개화정책, 산업개발정책을 적극적으로 실시해야 한다고 주장하였다. 그들은 정부의 예산과 재정도 세제개혁을 통하여 흑자예산을 편성한 다음,[79] 재정지출도 3분의 1만 인건비(행정비)에 지출하고, 3분의 2는 근대화 사업에 지출할 것을 제의하였다.[80] 독립협회의 사회경제생활의 자주근대화 사상은 다음과 같이 요약할 수 있다.[81]

① 제조장(製造場, 工場) 건설에 투자하여 공업을 일으켜야 한다고 주장. 예컨대 산업별 인구로 볼 때 농업이 50퍼센트, 상공업이 30퍼센트, 그 밖의 관리·자유업이 20퍼센트의 비중으로 되는 산업구조를 만들어야 한다고 설명.[82] 증기기관과 기계를 도입한 공장제도에 의거하여 방직공업, 철공업, 목재공업, 제지공업, 유리공업, 피혁공업 등을 중심으로 근대공업을 일으키도록 역설.[83]

---

79 Philip Jaisohn, "Korean Finance," *The Korean Repository*, 1896년 4월호 참조.

80 『독립신문』, 1897년 10월 9일자, 「논설」 참조.

81 신용하, 『신판 독립협회연구』 상권, 일조각, 2006, pp.283~295 참조.

82 『독립신문』, 1897년 6월 1일자, 「논설」 참조.

83 『독립신문』, 1896년 9월 9일자, 「논설」 및 1897년 6월 12일자, 「논설」 참조.

② 철도·기선·도로가 산업개발과 국부의 기초임을 강조하고, 특히 철도를 한국인 자본을 모아 부설할 것을 주장하면서, 철도부설이 산업개발을 가져와서 한국에 '산업혁명'(Industrial Revolution)을 결과할 것이라고 강조.[84]

③ 한국의 광산자원이 풍부함을 지적하고, 광업개발을 한국인 자본을 모아 적극 실행할 것을 주장.[85]

④ 한국의 농업이 장기간 옛 관습만 답습하여 품종이 퇴화되고, 농기구가 불편하며, 농업기술도 낙후되어 있다고 지적하고, 품종 및 농기구 개량, 신농업기술의 도입과 보급 등을 강력히 주장.[86]

⑤ 한국 해안에서 중국과 일본 어부들이 막대한 액수의 고기를 잡아 가고 있으며, 러시아인들이 동해에서 고래들을 잡아다 외국에 수출하고 있다고 지적하면서, 한국 사람들이 해안에 가득한 재보(財寶)에 주목하여 어업을 개발해서 외국에 수출하여 국부를 쌓아야 한다고 주장.[87]

⑥ 국토의 72퍼센트가 산지임을 지적하면서, 이 산야에 소나무만 심지 말고 참나무, 호두나무, 밤나무, 단풍나무, 피나무(가죽나무), 전나무 등을 계획적으로 식목하여 국제시장에 수출하는 임업을 개발하자고 제의.[88]

⑦ 상업의 공정한 발전을 위해 도량형을 통일하고, 정부가 강철로 표준도량형기를 제작하여 이를 표준으로 지방의 도량형 제작을 허락하되, 엄격한 감독과 관허도장을 새긴 것만을 사용케 하라고 제안.[89]

⑧ 금강산을 외국에 소개하여 관광산업을 개발해서 외화 수입을 도모하자고 한국에서 처음으로 제안.[90]

⑨ 국부 증대에서 수출의 중요성을 강조하고, 당시 조선이 국제무역에서 역조상태에 있는 것을 하루속히 시정해야 한다고 강조.[91]

19세기 말 한국 개화파들과 독립협회의 이러한 주장과 노력은 개화파의 집권 기간이 짧고 장기간 수구파들이 집권했기 때문에 채택된 부분

---

84 *The Independent*, 1896년 12월 29일자, "Editorial" 참조.
85 Philip Jaison, *My Days in Korea and Other Essays*, pp.45~46 참조.
86 『독립신문』, 1896년 7월 25일자, 「논설」 참조.
87 『독립신문』, 1897년 5월 27일자, 「논설」 참조.
88 『독립신문』, 1896년 8월 11일자, 「논설」 및 1897년 6월 1일자, 「논설」 참조.
89 『독립신문』, 1896년 12월 10일자, 「논설」 참조.
90 『독립신문』, 1897년 9월 31일자, 「논설」 참조.
91 『독립신문』, 1897년 8월 7일자, 「논설」 참조.

만 실행되었다. 그 결과 19세기 말 한국의 사회경제는 아직 산업자본주의(industrial capitalism)는 수립하지 못했지만, 전근대적 제도를 잔존시키면서도 상업자본주의(commercial capitalism)는 발흥을 보았다고 관찰된다. 당시의 사회경제는 불충분하지만 거시적으로 상업자본주의를 성립시키고, 산업혁명을 주창하고 있었다. 산업자본주의는 아직 확립하지 못했지만, 이러한 상업자본주의의 발흥만으로도 전국에 유통부문의 시장경제를 성립시키면서 전국을 사회경제적으로 통합하고 통일하여 '전근대민족'의 '근대민족'으로의 전화 형성에 촉진적 조건의 하나를 조성했다고 볼 수 있다.

제5장 근대민족 형성과 민주주의의 발흥

1. 개화파 · 『독립신문』 · 독립협회의 민주주의 사상 계몽

한국민족과 같이 '전근대민족'이 형성되어 있는 곳에서 사회신분제가 폐지되고, 그 후 민주주의 사상과 운동이 전개되어 민주주의가 발흥하면 '전근대민족'의 '근대민족'으로의 전화 형성 발전이 더욱 공고하게 이루어지는 것은 당연한 것이다. 특히 민주주의 발흥으로 모든 민족성원이 평등하게 나라의 '주인'으로서 권리를 갖고 정치에 참여하여 나라가 국민국가로 되면 성원은 민족과 국가를 자기의 것으로 자각하여 민족의식이 고양되고 민족공동체의 융합이 더욱 공고하게 되어 '근대민족'이 완성된다고 볼 수 있다.

한국민족의 근대 민주주의 발흥은 두 가지 흐름이 합류한 것이었다. 하나는 1894년 동학농민혁명운동 때 집강소에서의 농민 민주주의의 실행이었다. 이것은 짧은 기간의 민주주의 대두였다. 다른 하나는 개화파의 민권과 민주주의 운동이었다. 이것은 장기간 줄기차게 지속된 운동이었다. 여기서는 후자를 간단히 논급하기로 한다.

한국민족은 1894년 사회신분제 폐지 후 1896년에 『독립신문』이 창간되고 '독립협회'가 창립되어 민권과 민주주의 사상을 보급하고, 한국민족의 민주주의 발흥에 크게 기여하였다.[92] 『독립신문』과 독립협회는 서구 민주주의 사상을 자주적으로 적극 수용하여 국민은 생명의 자유권, 신체의 자유권, 재산의 자유권, 언론·집회·결사·출판의 자유권, 국민평등권, 국민주권, 국민참정권, 국민저항권을 갖고 있다고 국민을 계몽하였다.

그림 3-7. 서재필과 이상재

『독립신문』은 국민이 나라의 '주인'이고 종래 주인 행세를 하는 관인(官人)은 백성의 '종'이라고, "정부에서 벼슬하는 사람은 임금의 신하며, 백성의 종이라. 종이 상전의 경계와 사정을 자세히 알아야 그 상전을 잘 섬길 터인데, 조선은 거꾸로 되어 백성이 정부 관인의 종이 되었으니, 백성은 죽도록 일을 하여 돈을 벌어 관인들을 주면서 상전 노릇하여 달라 하니 어찌 우습지 안하리요"[93]라고 설명하고 계몽하였다. 독립협회는 『독립신문』을 통해 기회 있을 때마다 나라의 주인은 바로 '국민'이며 관리는 주인인 국민의 공복(公僕, 종)에 불과하다는 '국민주권사상'을 계몽하였다.[94] 그들은 국민이 주인권리를 회복하여 관인들이 주인인 국민을 섬기게 만들어야 한다고 주장하고 강조하였다.[95] 독립협회 지도자들의 이러한 국민주권사상이 당시 관인들에게 예속적 상태로 지배당하

92 신용하, 『신판 독립협회연구』 상권, 일조각, 2006, pp.15~105 참조.

93 『독립신문』, 1896년 11월 21일자, 「논설」.

94 『독립신문』, 1898년 11월 16일자, 「제손씨 편지」. "몇백 년을 두고 대한인민이 소위 관인(官人)이라 하는 사람들을 성인군자로 믿고, 자기들의 목숨과 재산과 부모 형제·처자의 목숨과 재산을 관인들에게 부탁하여 매년 세전을 내어 정부 부비로 쓰게 하여 가면서 인민의 일을 보아 달라 하고, 인민이 나라의 주인(主人)이었마는 주인인 체 아니 하고 이 월급 주어 둔 관인들로 하여금 주인의 일을 보아 달라 하였더니, 이 고입(雇入)한 사환(使喚)들이 차차 변하여 사환으로 상전이 되고 정작 주인은 노예가 되어 자기들의 생명과 재산을 본래 고입하였던 사환들에게 무리하게 잃어버리니, 그 실상을 생각하면 주인들이 못생겨 사환들이 그 모양이 된 것이라."

95 『독립신문』, 1898년 11월 16일자, 「제손씨 편지」.

고 있던 백성들에게 순국문으로 쓰여져 읽혔을 때의 충격적 영향을 충분히 미루어 알 수 있다.

독립협회는 또한 국민주권사상에 기초하여 국민참정권을 주창하고 계몽하였다.[96] 그리고 국민은 정부가 애국애민하는 정부인지 아닌지를 감독하다가 애국애민하는 정부가 아니면 이를 교체하는 권리도 갖고 있다고 계몽하고 주창하였다.[97]

독립협회는 국민참정권사상에 의거하여 당시 조선에서 관찰사, 군수 등 지방관(地方官)을 그 지방 주민의 투표에 의한 선거제도로 선출하자고 제안하였다.[98] 당시 지방행정의 부정부패와 문란이 극에 달해 1894년에는 동학농민혁명운동이 일어났었고, 그 후에도 가렴주구가 여전하여 농민들의 불만이 팽배해 있었다. 그들은 이 문제를 지방 국민의 참정에 의거한 지방관 선거제도로 해결하려 한 것이었다. 『독립신문』이 일찍이 1896년에 백성들을 참정시켜 투표에 의한 선거제도로 관찰사, 군수 등 지방관을 선출하자고 일종의 지방자치제도를 제의한 것은 풀뿌리 민주주의 제도를 주창한 참으로 획기적인 것이었다.

2. 독립협회의 의회설립운동

독립협회는 국민주권사상에 기초하여 국민참정을 위해 1898년 봄부터

96 『독립신문』, 1898년 1월 11일자, 「논설」 참조.

97 『독립신문』, 1898년 3월 3일자, 「대한인민의 직무」 참조.

98 『독립신문』, 1896년 4월 14일자, 「논설」. 『독립신문』은 지방관을 그 지방 국민의 참정에 의한 투표방법으로 선출하는 경우의 장점으로 ① 그 지방관은 백성들의 사랑받는 사람일 터이니 백성들의 원망이 없고, ② 유능한 양심적 인물이 선출될 것이며, ③ 지방 사정에 통달한 인물이 선출될 것이고, ④ 민선에 의한 지방관이므로 자신을 선출해 준 주인(백성들)을 더욱 위할 것이며, ⑤ 백성의 신임을 유지하기 위하여 행정에 더욱 힘쓰게 되어 나라와 백성의 형세가 더욱 펴서 발전하게 되리라는 것이었다.

의회설립운동을 시작하였다. 독립협회는 1898년 3월 제1차 만민공동회의 성공 직후 지도자들 사이에서 바로 의회설립 문제를 논의했으며, 그 준비로 1898년 4월 3일의 제25회 독립협회 토론회의 주제를 '의회원(議會院)을 설립하는 것이 정치상에 제일 긴요함'으로 정하고 회원과 시민의 계몽을 적극적으로 실시하였다.[99] 이 토론회에서 독립협회 회원들과 이에 동조하는 시민들 사이에는 의회설립운동에 합의가 이루어졌음은 물론이다.[100]

독립협회 부회장 윤치호는 의회설립을 위한 준비의 하나로서 1898년 3월 18일부터 로버트(Henry M. Robert, 1837~1923)의 『의회통용규칙』(*Pocket Mannual of Rules of Order for Deliberative Assembilies*)을 번역하여 간행해서 보급하기 시작하였다.

독립협회의 의회설립운동에 큰 장벽은 무엇보다도 황제 고종이 의회설립에 강력히 반대하고 있는 것이었다. 절대권력을 가진 전제군주의 반대를 무릅쓰고 의회설립운동을 전개한다는 것은 언제든지 반역행위로 처단될 수 있는 생명을 건 매우 위태로운 운동이었다. 독립협회는 이러한 악조건을 타개하기 위해 상원과 하원의 양원제 의회제도에서, 먼저 중추원을 개편하여 '상원'을 설립하고, 그 다음 '하원'을 설립하는 전략을 채택

---

99 『독립신문』, 1898년 3월 28일자 및 4월 9일자, 「잡보」 참조.

100 독립협회의 의회설립운동의 시작에 크게 놀란 친러 수구파 정부는 법부고문 리젠드어(Charles W. Legendre, 李善得)를 1898년 4월 14일 독립협회 부회장 윤치호에게 보내어 서재필·윤치호 등 독립협회 지도자들이 주장하는 '완전한 대의정부'(thoroughly representative government)의 수립은 시기상조이며, 정부의 행정을 감시하는 기관으로는 '자문원'(consultation board)의 설치가 합당하다는 의견을 전달하고 설득하였다(『尹致昊日記』, 1898년 4월 14일조 참조). 독립협회는 이에 대해 1898년 4월 30일자 『독립신문』에 의회설립의 필요성을 해설하는 장문의 논설을 게재하고 독립협회의 목표 가운데 하나가 의회설립을 통한 완전한 대의정부 수립임을 명백히 하였다(『독립신문』, 1898년 4월 30일자, 「논설」 참조).

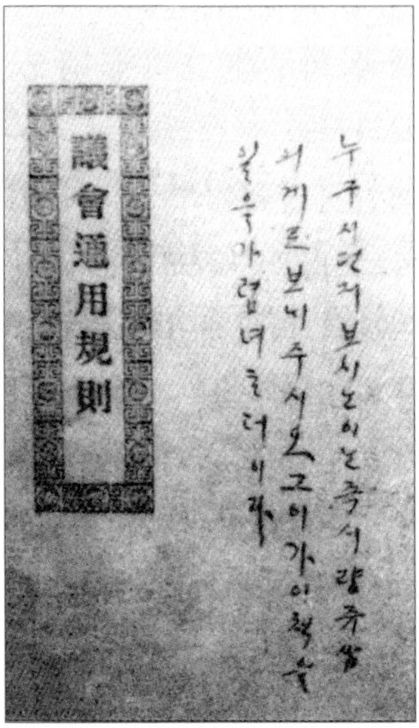

그림 3-8. 의회통용규칙

하였다.[101]

독립협회는 1898년 7월 3일 황제에게 상소 형식으로 의회설립을 간곡한 문투로 건의하였다.[102] 독립협회는 황제가 이 상소에 거부반응을 보이자 굴하지 않고 7월 12일 재차 의회설립을 요구하는 상소를 올렸다.[103] 황제와 수구파 정부의 반응은 역시 부정적이었다.[104] 친러 수구파들은 독립협회가 의회설립운동을 하는 것은 '법국민변'(法國民變, 프랑스혁명) 같은 것을 일어나게 하는 것이라고 공격하였다. 독

---

101 『尹致昊日記』, 1898년 5월 2일조 및 『독립신문』, 1898년 7월 27일자, 「하의원은 급치 않다」 참조. 당시 프랑스·영국·미국·독일 등 전 세계 모든 공화국과 입헌군주국가들이 상원과 하원의 양원제를 채택하고 있었다. 독립협회로서는 각국마다 별도의 방법으로 구성하는 상원부터 설립하는 것이 비교적 단시일에 의회설립의 목표를 성취할 수 있는 것이었다. 또한 기존의 중추원을 상원으로 개편하면 황제와 수구파의 반대를 약화시킬 수 있는 가능성도 있었다. 독립협회는 이에 먼저 중추원을 개편하여 상원을 설립한 다음, 농촌에도 독립협회의 세력이 커지면 하원을 설립하려고 하였다.

102 『上疏存案』 제6책, 광무 2년(1898) 7월 3일조 참조. 독립협회는 이 상소에서 ① 동양사상에서도 사람을 쓸 때는 하나를 쓰든 보내든 간에 나라사람들의 의논을 반드시 존중하며, ② 서양 여러 나라들은 전제정치일지라도 상원과 하원을 설립하여 언로를 널리 여는 바, ③ 이것은 만국통용의 제도에 부합하니 우리나라도 크고 작은 정령을 위로는 백관으로부터 아래로는 서민에 이르기까지 널리 물어서 채용할 대책을 세우자고 우회적 표현으로 의회설립을 간곡하게 건의하였다.

103 『承政院日記』, 광무 2년(1898) 음력 6월 2일조, 「前中樞院議官尹致昊等疏」 참조. 독립협회의 상소는 ① 홍범을 실제로 준수하고(洪範實遵), ② 훌륭한 인재를 다시 뽑으며(賢良更選), ③ 백성들의 의사를 널리 채용하라(民意博採)고 거듭 강조하면서, 이것이 나라와 백성을 구하는 길임을 강력하게 주장하였다.

104 황제와 친러 수구파 정부는 독립협회의 본격적인 의회설립운동의 시작에 두 가지 대책으로 맞서려고 하였다. 그 하나는 유명무실한 정부 자문기관인 중추원을 활성화하여 '자문기관'을 갖고 의회설립을 저지한다는 것이었다. 다른 하나는 수구파와 황제가 그들의 전위단체로 조직한 황국협회(皇國協會)를 시켜서 상원과 함께 하원도 동시에 설립하자고 제안하게 하여, 중추원을 상원으로 개편하는 것을 반대케 하면서 지연 작전을 쓰는 것이었다.

립협회는 이에 대해 "대한은 아직 민권이 발전되지 않았으며, 독립협회가 의회를 설립하려는 것은 나라를 튼튼히 하고 황실까지도 견고케 하려는 것"이라고 반박하였다.[105]

당시 국정은 황제의 전제권에 긴급하게 제한을 가할 필요가 절실하였다. 황제가 아관파천 때부터 외국의 압력과 교섭만 있으면 전제권을 이용하여 광산채굴권, 철도부설권, 삼림벌채권 등 이권들을 열강하게 양여해주고 있었기 때문이었다.

3. 독립협회와 개혁정부 수립

독립협회는 수구파 정부와 황제가 의회설립을 완강히 반대하자 정부를 개혁파 정부로 교체하지 않으면 상원의 설립도 불가능하다고 판단하게 되었다. 정부 내에서는 민영환(閔泳煥) 등 소수의 개혁적 관료들이 독립협회의 의회설립 주장을 지지하고 있었으므로,[106] 독립협회는 수구파 정부를 해체시키고 개혁정부를 수립하여, 새 개혁정부와 의회설립을 협의하는 방법을 택하기로 전략을 바꾸었다.

독립협회는 갑오개혁 때 폐지된 노륙법과 연좌법을 부활시키려는 친러 수구파 정부를 비판하여 1898년 10월 1일부터 만 12일간 철야상소 시위운동을 전개해서 마침내 친러 수구파 정부를 붕괴시키고, 10월 12일 박정양·민영환 중심의 개혁정부 수립에 성공하였다. 이에 독립협회는 바로 이튿날 개혁정부에 요청하여 10월 15일 의회설립 문제 협상이 합의되었다.[107]

105 『독립신문』, 1898년 7월 9일자, 「민권이 무엇인지」 참조.
106 『독립신문』, 1898년 9월 22일자, 잡보 「개명한 민씨」 참조.
107 『皇城新聞』, 1898년 10월 17일자, 잡보 「政府復札」 참조.

그림 3-9. 1898년 개혁정부의 중심 각료 (박정양과 민영환)

독립협회는 개혁정부와의 협의 약속 날인 10월 15일 오전 독립협회 사무소에서 임시회를 개최하고 신정부와의 협상 원칙을 의결하였다. 그 요점은 ① 외국의 의회규칙을 참고하여 중추원을 개편해서 의회(상원)를 설립하되, ② 의원의 절반은 정부에서 추천하고 나머지 절반은 독립협회에서 투표로 선출하도록 하며, ③ 의장은 정부가 추천한 의원 중에서 선출하고, 부의장은 독립협회 선출 의원 중에서 의원들이 선출하는 원칙에 의거하자는 것이었다.[108]

독립협회 측과 개혁정부 측의 1898년 10월 15일 협상은 화기애애하게 진행되었고 독립협회의 의회설립안을 정부가 검토 수용하기로 하였다. 『독립신문』의 영문판인 *The Independent*는 이것을 바로 "국회의 설립"(the formation of Assembly)이라는 용어로 보도했으며, 독립협회가 이를 통해서 한반도에 "정치의 새로운 요소를 도입하는 것"(introducing a new factor of politics in Peninsular)이라고 표현하였다.[109]

황제가 중립을 지키지 않고 다시 친러 수구파에 의존하여 중추원 개편(의회 설립)을 미루려 하자, 독립협회 회원과 서울 시민은 10월 20일 경무

---

108 鄭喬, 『大韓季年史』 상권, p.262 참조.

109 *The Independent*, 1898년 10월 18일자, "A Forward Movement." 그러나 황제는 독립협회와 개혁정부가 의회를 설립하면 그의 전제황권이 없어지거나 감소되지 않을까 매우 우려하고 있었다. 그뿐만 아니라 수구파들이 독립협회의 의회설립운동은 결국 대한제국에 '법국민변'(프랑스 대혁명)을 일으키는 결과를 가져올 것이라고 기회 있을 때마다 모략 상주를 계속했으므로, 황제는 전제황권과 전제군주제를 확고히 지지하는 친러 수구파들을 틈새만 보이면 중용하여 독립협회와 개혁파 대신들의 의회설립운동을 막으려고 노리고 있었다.

청 문 앞에서 다시 철야시위를 시작하여, 10월 22일에도 해산하지 않은 채 중추원을 개편하여 의회설립을 쟁취할 때까지 물러가지 않겠다는 강경대응을 보였다.

황제는 독립협회의 연이은 철야시위에 위축되어 중추원관제를 개정해야 함을 알게 되었다. 황제는 독립협회와 시민의 압력에 승복하여 의정부찬정 박정양을 참정으로 승진 발령함과 동시에 중추원 의장에 한규설(韓圭卨), 부의장에 유치호를 임명하고, 중추원관제에 고칠 것이 많으니 의장과 부의장을 초치하여 협의해서 개정하라는 조칙을 내렸다.[110]

4. 개혁정부의 '의회'(상원) 설립법 공포

독립협회는 '의회(상원)설립안'으로서 '중추원관제개정안'을 독자적으로 작성해서 정부에 제출하기로 결정하였고,[111] 이상재(李商在)·이건호(李建鎬)·정교(鄭喬) 등 3인이 모여 '의회'(상원)로서의 '중추원개편안'을 구체적으로 작성하였다. 이것이 역사적인 독립협회의 '의회설립안'이었다. 독립협회의 의회설립안은 중추원을 상원으로 개편하여 의회의 입법권(立法權)을 갖게 하며, 의원은 총 50명으로 하여 25명은 정부에서 추천하고, 25명은 독립협회가 투표로 선출한 민선의원으로 구성하도록 못 박은 제안이었다. 독립협회는 10월 24일 회장 윤치호가 이 '의회(상원)설립법안(중추원관제개정안)'을 정부에 제출하였다.[112] 개혁정부의 대신들은 독립협회의 의회로의 '중추원개편안'을 돌려 본 다음 대체로 찬성한다고 하였다.[113]

---

110 『承政院日記』, 광무 2년 음력 9월 9일조, 「詔」 참조.

111 『제국신문』, 1898년 10월 26일자, 잡보 참조.

112 『大韓季年史』 상권, pp.272~273 참조.

113 *The Independent*, 1898년 10월 27일자, "The Privy Council" 참조. 그러니 민선의관 선출

사태를 관찰하고 있던 미국공사는, 이제 한국인들이 언론의 자유를 획득하고 일반보통선거(popular election)에 의한 입법부의 설립(the establishment of legislative body)을 가져올 수 있는 일종의 '국민의회'(國民議會, a sort of Popular Assembly) 설립을 보장받는 데 성공했다고 본국에 보고하였다.[114] 또한 주한 영국 총영사는 독립협회가 중추원을 개편하여 '절반의 국민의회'(折半國民議會, semi-Popular Assembly)를 설립하고 그 의원의 반수를 획득하는 데 성공했다고 자국에 보고하였다.[115]

에 있어서는 황국협회도 독립협회와 동등한 민회로 봐야 하므로 민선의관 25석의 반수를 주어야 할 것이라고 이의를 제기하였다. 이것은 황제의 지시에 의한 것이었다. 독립협회는 그들이 주도하는 의회를 설립하여 국정 전반에 걸친 대개혁을 단행할 계획이었으므로, 중추원 의관 50석 가운데 민선의관 25석을 독립협회가 가져야 과반수가 되어 상원을 주도해 나갈 수가 있었다. 만일 민선의관의 반수를 황국협회에 주면 독립협회는 총의석의 4분의 1만 갖게 되고, 수구파인 황국협회의 의석과 황제·정부가 추천한 25석을 합하여 4분의 3의 압도적 다수가 수구파와 황제의 의관들이 되므로 대개혁 추진은 불가능하게 될 것이었다(『제국신문』, 1898년 10월 26일자, 잡보 참조). 여기서 독립협회 측과 정부 측은 황국협회를 참가시키는 문제를 놓고 진지하게 논의했으나 의견일치에 도달하지 못했다(『大韓季年史』 상권, p.273 참조). 독립협회는 토론과 검토 끝에 독립협회에게 국민을 대표하여 25석을 일단 위임해 주거나, 황국협회에 25석을 모두 위임하거나 택일을 원하는데, 황국협회가 이를 담당하겠다면 어차피 중추원은 수구파 의회가 될 것이니 독립협회는 관계하지 않겠다는 의사를 통고하였다(『大韓季年史』 상권, p.276 참조). 황국협회는 독립협회에 대결하기 위하여 수구파가 급조한 보부상들의 폭력단체였기 때문에, 의회가 무엇인지, 회의는 어떻게 진행하는지, 입법절차는 어떠한지조차 모르는 무식꾼들로 구성되어 있었다. 그들이 의관이 되면 전 국민 앞에서 웃음거리만 될 형편에 있었다. 황국협회 회장 이기동(李基東)은 10월 27일 황국협회의 민선의관 전담은 '불능'이라는 회답을 정부에 보내왔다(『大韓季年史』 상권, p.276 참조). 황국협회에게 완전한 기회를 주어도 당황하여 스스로 거절하고 도망해 버렸으니, 독립협회는 그들의 주도하에 오랫동안 숙원하던 의회설립이 가능하게 되었다.

114 『駐韓美國公使館報告』(*Communications to the Secretary of State from U.S. Representatives in Korea*: H. N. Allen), 문서번호 154, 1898년 10월 27일조, "Recent Actions Taken by the Independence Club of Korea."

115 『駐韓英國領事館館報告』(*Reports and Communications from the British Consul in Seoul*), 機密報告書 第108號, 1898년 11월 12일조 참조. 영국 측이 이를 '절반국민의회'라고 한 것은 '국민의회'는 하원으로서 민선의원으로만 구성되고, 상원은 국왕과 정부의 지명 의원으로 구성되는 것이 당시 영국의 의회제도인데, 한국의 개편되는 중추원은 의원의 절반을 민선의원으로 구성하기 때문에 절반이 상원이고 절반이 하원인 국민의회라고 보았기 때문이었다.

독립협회는 의회설립 합의의 계제에 개혁정부와 독립협회와 시민들이 한자리에 모여 관민공동(官民共同)의 대회를 개최해서 국정개혁의 대강령을 결의하고, 전 국민과 세계의 주목 속에서 정부[官]와 황제의 동의서를 얻어 내어 수구파의 반격을 근본적으로 누르며, 의회설립과 대개혁 추진을 대로 위에 올려놓기로 하였다.

독립협회는 10월 27일 정부대신들과 각계각층의 국민과 단체들을 초청해서 10월 28일 1시부터 서울 종로에서 '관민공동회'를 개최하였다.[116] 이 대회에서 '민'(民)의 대표로는 첫날 주로 독립협회 회원들 약 4천 명이 참석하였다.[117] 이 대회에 참가한 관리와 시민들은 국정개혁의 대원칙으로 6개조의 헌의(獻議)를 결의하였다.[118] 그중 제2조는 광산, 철도, 삼림 등 이권 양여와 차관, 차병 및 외국과의 조약은 내각회의와 중추원의 의결을 거쳐 통과되지 않으면 시행하지 못하게 함으로써, 황제의 전제권이나 정부 단독으로 이권을 양여함을 금지하여 실질적으로 이권침탈을 종결시킨 것이었다.

---

116 『尹致昊日記』 5, 1898년 10월 31일조 참조.

117 『駐韓美國公使館報告』(*Reports and Communications from the British Consul in Seoul*), 機密報告書 第108號, 1898년 12월 12일조 참조.

118 『皇城新聞』, 1898년 11월 1일자, 「別報」 및 『奏本存案』(의정부편) 제3책, 광무 2년 10월 30일조, 「奏本 제220호」 참조. 헌의6조의 내용은 다음과 같았다.

① 외국인에게 의부(依附)하지 않고 관민이 동심합력(同心合力)하여 전제황권(專制皇權)을 견고하게 할 것.

② 광산, 철도, 석탄, 삼림, 차관, 차병과 모든 정부와 외국과의 조약(條約)의 일은 각부대신과 중추원 의장(中樞院議長)이 합동으로 서명하여 날인하지 않으면 시행하지 않을 것.

③ 전국 재정은 어떠한 조세를 물론하고 모두 탁지부로 하여금 관장하게 하되, 다른 부(府)·부(部)와 사회사(私會社)는 간섭할 수 없게 하고, 예산과 결산은 인민에게 공표할 것.

④ 이제부터 시작하여 모든 중대범죄는 공개재판을 시행하되, 피고가 끝까지 설명하여 마침내 자복(自服)한 후에 시행할 것.

⑤ 칙임관(勅任官)은 대황제 폐하께서 정부에 자순(諮詢)하여 그 과반수를 따라서 임명할 것.

⑥ 장정(章程)을 실천할 것.

당시 독립협회는 중추원(中樞院)을 의회로 개편할 것을 전제하고 있었으므로, 중추원 의장이 대표하는 의회의 동의를 얻지 않고서는 이권 양여와 대외 조약체결을 불가능하게 함으로써, 이것은 사실상 국민의 힘으로 국권을 지키도록 한 것이었다.

황제도 헌의6조를 모두 승인했으며, 여기에 조칙(詔勅) 5조를 추가해 내려보내서 "중추원 장정을 함정(函定)하여 실시하라"고 승인 화답하였다. 독립협회는 관민공동회를 6일 만인 11월 2일 성공리에 끝내었다.

관민공동회가 독립협회의 의도대로 성공리에 끝나고, 황제 고종도 중추원 장정의 제정을 승인했으므로, 박정양·민영환 개혁정부는 독립협회가 일찍이 10월 24일 정부에 제출한 '의회(상원)설립안'(중추원관제개편안)에 기초하여 약간의 자구 수정을 가해서 개혁정부의 '중추원신관제'(中樞院新官制)를 11월 2일자로 제정하였다. 이것을 11월 3일 황제의 재가를 얻어,[119] 1898년 11월 4일 공포하였다.[120] 이것이 19세기 말에 한국이 최초로 제정한 '의회(상원)설립법'이었다. 독립협회가 제안했던 '상원'으로서의 '중추원개편안'과 정부의 '중추원신관제'를 비교해 보면 〈표 3-2〉와 같다.[121]

개혁정부가 공포한 새 중추원관제에 의거해 개원하는 중추원은 물론 상원(上院)이었고 하원은 아니었다. 상원으로서의 의회의 기능은 심의의 기능과 대표의 기능으로 나누어 검증해 볼 수 있다. 심의의 기능에서, 새

---

119 『尹致昊日記』, 1898년 11월 3일조 참조.

120 『官報』, 광무 2년 11월 4일자 참조.

121 정부가 11월 4일 공포한 새로운 중추원관제(의회설립법)는 독립협회가 10월 24일 정부에 제출한 중추원 관제개편안과 골격이 거의 같았다. 약간 다른 점은 독립협회의 중추원 개편안에는 민선의관 25명 선출의 협회를 독립협회로 고정시킨 데 비하여, 정부의 새 중추원관제에서는 이것을 '인민협회'라 고쳐서 다른 협회들의 참가의 문을 열어 놓고, 제16조에 당분간 독립협회가 이를 담당하도록 한정했으며, 의원의 피선거 자격을 규정해 놓은 정도였다.

표 3-2. 독립협회의 '중추원 개편안'과 정부의 '중추원관제' 비교

항목	독립협회의 중추원 개편안	정부의 11월 4일 중추원관제
중추원의 기능	(제1조) 중추원은 의정부의 자순(諮詢)을 응하며 중추원 건의를 위하여 좌개 사항을 심사 의정하는 처소로 함. 一. 법률칙령안 二. 의정부에서 경의(經議)하는 일체 사항 三. 중추원에서 임시 건의하는 사항 四. 인민헌의를 채용하는 사항	(제1조) 중추원은 좌개 사항을 심사 의정하는 처소로 할 사 一. 법률 칙령 제정 폐지 혹 개정에 관한 사항 二. 의정부에서 경의 상주하는 일체 사항 三. 칙령을 인하여 의정부로서 자순하는 사항 四. 의정부로서 임시 건의에 대하여 자순하는 사항 五. 중추원에서 임시 건의하는 사항 六. 인민의 헌의하는 사항
구성	(제2조) 중추원은 좌개 직원으로서 합성함. 의장 1인, 부의장 1인, 의관 50인, 주임(奏任), 반수는 독립협회에서 회원으로 투표 선거함. 참서관 2인 이하 주임, 주사 4인 이하 판임.	(제2조) 중추원은 좌개 직원으로서 합성할 사. 의장 1인, 부의장 1인, 의관 50인, 참서관 2인, 주사 4인.
선출	(제3조) 의장·부의장은 칙임(勅任)이며 의관은 주임(奏任)으로 하되 등급은 무함. 단, 칙령은 의정이 봉칙(奉勅) 서임하고 주임은 의정이 상주(上奏) 서임함.	(제3조) 의장은 대황제 폐하께옵서 성간으로 칙수하시고 부의장은 중추원 공천을 인하여 칙수(勅授)하시고, 의관 반수는 정부에서 국가에 노예(勞勩)가 증유(曾有)한 자로 회원 주천(奏薦)하고 반수는 인민협회에서 27세 이상인이 정치, 법률, 학식에 통달한 자로 투표선거할 사.
서등(敍等)과 임기	(제4조) 의장·부의장 및 의관의 임기는 12개월로 정함.	(제4조) 의장은 칙임 1등이며, 부의장은 칙임 2등이며, 의관은 주임(奏任)이니 서등은 무하고 임기는 각기 12개월로 정할 사. 단, 의관 기만(期滿)하기 전 1삭(朔)에 후임의관을 예선할 사. (제5조) 참서관(參書官)은 주임이며 주사는 판임(判任)이니 서등(敍等)은 일반 관리와 동(同)할 사.
부의장 이하의 임명 절차		(제6조) 부의장은 중추원 통첩을 대(待)하여 정부로서 상주하여 조칙으로 임명하심을 공준(恭竣)하고 의관은 정부에서 상주 서임하고 참서관은 천첩(薦牒)을 대(待)하여 정부에서 주임하고 주사는 의장이 경의 전행할 사.

표 3-2. (계속)

항목	독립협회의 중추원 개편안	정부의 11월 4일 중추원관제
의장·부의장의 직능	(제5조) 의장은 중추원에 속하는 일체 사무를 총관하고 또 중추원에서 발하는 일체 공문에 명을 서(署)함. 부의장은 의장의 직무를 보좌하여 의장이 사고가 있을 시는 그 직무를 대리함.	(제7조) 의장은 중추원에 대소사무를 총할하고 일체 공문에 서명할 사. (제8조) 부의장은 의장의 직무를 보좌하고 의장이 유고 시에는 그 직을 대판(代辦)할 사.
사무관의 직능	(제6조) 참서관은 의장의 지휘를 승(承)하여 중추원의 서무를 장함. (제7조) 주사는 상관의 지휘를 승(承)하여 서무에 종사함.	(제9조) 참서관은 의장 및 부의장의 지휘를 승하여 서무를 장할 사. (제10조) 주사는 상관의 지휘를 승하여 서무에 종사할 사.
중추원의 권한		(제11조) 중추원에서 각항 안건에 대하여 의결하는 권만 유하고 상주 혹 발령을 직행함을 득치 못할 사.
중추원의 동의권	(제8조) 의정부와 중추원에서 의견이 불합하는 시는 부(府)·원(院)이 합석 협의하여 타당가결한 후에 시행함.	(제12조) 의정부와 중추원에서 의견이 불합하는 시는 부·원이 합석 협의하여 타당가결한 후에 시행하고 의정부에서 직행함을 득치 못할 사.
국무대신의 출석과 의안설명	(제9조) 국무대신이 위원을 명하여 그 주임하는 사항으로 의정부의 위원이라 하여 중추원에 지(至)하여 의안의 이취(理趣)를 판명(判明)케 함.	(제13조) 국무대신이 위원을 명하여 그 주임하는 사항으로 의정부의 위원이라 하여 중추원에 지(至)하여 의안의 이취(理趣)를 판명할 사.
국무대신의 열석	(제10조) 국무대신 및 각부 협판(協辦)은 중추원에 래회(來會)하여 의관되어 열석함을 득하나 단 그 각 주임(各 主任) 사항으로는 결의하는 원수(員數)에 가(加)하지 못함.	(제14조) 국무대신 및 각부 협판은 중추원에 래회(來會)하여 의관되어 열석함을 득하나 단 그 주임사항으로는 결의하는 원수에 가(加)하지 못할 사.
부칙	(제11조) 본령을 반포일로부터 시행함.	(제15조) 개국 505년 칙령 제40호 중추원 관제는 본 관제 반포일로부터 폐지할 사. (제16조) 본 관제 제3조 중 인민선거는 현금간에는 독립협회로서 행할 사. (제17조) 본령은 반포일로부터 시행할 사.
대표	광무 2년 10월 24일 독립협회 대표위원 윤치호·이상재·정교·이건호	광무 2년 11월 2일 봉칙(奉勅) 의정부 참정 박정양

중추원의 기능은 근대 민주국가의 의회 기능을 모두 갖추었다. 즉, 새 중추원은 ① 입법권, ② 칙령의 제정·폐지·개정권, ③ 조약비준권, ④ 행정부의 정책에 대한 심의권, ⑤ 심의권을 통한 사실상의 감사권, ⑥ 건의권, ⑦ 행정부 건의에 대한 자문권 등을 갖고 있었다. 이것은 의회만이 갖는 권리이며, 19세기 말 영국·미국·프랑스·독일 등 모든 나라들의 의회의 권리도 이러한 권리들로 성립되어 있었고, 그 이상의 것이 아니었다. 심지어 국정에 대해 행정부와 중추원(상원, 의회)의 의견이 일치하지 않을 때에는 합석하여 이를 충분히 토의한 후에 반드시 중추원(상원, 의회)에서 가결한 후 실시해야지 중추원(상원, 의회)의 가결 없이 행정부가 단독 의견으로 이를 집행하지 못하도록 만들어 놓았다. 심의의 기능 면에서는 새 중추원은 19세기 말 모든 초기 민주국가들의 의회와 동일한 입법부의 기능을 갖춘 것이었다.

한편 대표의 원리에서, 새 중추원은 '상원'이었으며, 하원은 아니었다.[122] 의회를 오늘날의 하원(국민의회)으로 생각하는 관점에서는 상원을 의회로 볼 수 있을까 의문이 나올 수도 있으나, 19세기 말에는 상원은 당연히 의회로 간주되고 있었다. 독립협회는 처음부터 중추원의 개편방향을 상원설립으로 추진했었다.[123] 19세기 말의 각국 상원의 대표성 문제를 보면, 모든 상원은 하원의 일반보통선거의 방법과는 다른, 별도의 방법으로 양원제 의회의 한 부분을 구성하고 있었다. 19세기 말 영국의 상원은 모두 귀족으로만 구성되었으며, 모두 국왕 및 정부의 임명제였다. 독일도 마찬가지였다. 일본도 이 시기에 의회를 설립했는데, 상원(참의원)은 국왕이 귀족과 국가 공로자 중에서 모두 임명하는 제도였다. 상원의원을 선거하는 경우는 공화국인 프랑스와 미국뿐이었는데, 프랑스는 다수의 상원

---

122 *The Independent*, 1898년 10월 27일자, "The Privy Council" 참조.

123 『尹致昊日記』, 1898년 5월 2일조 참조.

의원을 국민이 간접선거로 선출하고 소수의 상원의원을 정부가 탁월한 인물 중에서 추천하여 임명하였다. 19세기 말에는 미국만 상원도 하원과 마찬가지로 국민의 직접선거에 의거하였다.

이러한 19세기 말의 민주주의 발전 단계를 고찰할 때, 독립협회가 '상원'으로서의 새 중추원에 국민의 일반보통직접선거에 의한 의원 선출을 하지 않고 민회인 독립협회가 국민을 대표하여 중추원(상원) 의원을 대신 투표 선출한 것은 조금도 이상한 일이 아니었다.

새 중추원의 상원체제는 50명의 의원 가운데 25명은 정부가 추천하여 황제가 임명하고, 25명은 국민을 대표하여 독립협회가 투표 선출해서 반분했는데, 이것은 적어도 19세기 말에는 공화국인 프랑스와 미국의 상원보다는 후진적인 것이었지만 입헌군주국가인 영국·독일·일본 등의 상원보다는 훨씬 더 공화주의적 요소를 도입한 선진적인 것이었다. 적어도 상원의 반수는 국민대표이며 민간단체가 투표로 선출하는 것이었기 때문이다.[124]

박정양·민영환 개혁정부는 이러한 상원으로서의 새 중추원관제 공포와 동시에, 11월 4일 독립협회에 공한을 보내어 중추원관제 제3조와 제16조에 의거하여 독립협회에서 다음날까지 25명의 의관을 선출해서 명단을 보내 달라고 요청하였다.[125] 독립협회는 이에 응하여 11월 5일 독립

---

124 이것은 독립협회가 대한제국을 전제군주국가로부터 입헌대의군주국가로 개혁하려 하였고, 그들은 입헌군주제를 군민동치제(君民同治制)로 해석하고 있었으므로, 상원도 군과 민이 균등하게 동치하는 원리로, 군권이 임명하는 의원 반수와 민권이 임명하는 의원 반수로 구성할 것을 집요하게 추구한 것이었다고 해석된다. 물론 아직 하원이 설립되지 않은 조건에서 상원설립을 먼저 추진한 것이었으므로, 국민대표의 참가를 더 주장한 것은 당연한 것이었다. 당시 외국 공사들과 외교관들은 자기시대의 상원체제를 잘 알고 있었으므로, 미국 공사는 새 중추원을 '일종의 국민의회'(a sort of Popular Assembly)라고 본국에 보고했고, 영국 공사는 상원을 넘어 절반은 하원의 성격까지 있다고 보아 '절반국민의회'(semi-Popular Assembly)라고 본국에 보고했던 것이다.

125 『大韓季年史』 상권, p.289 참조.

관에서 투표에 의한 중추원 민선의관(25명) 선거 실시를 11월 4일 공고하였다.[126]

이제 행정부에 박정양·민영환이 주도하는 개혁정부가 수립되고, 독립협회가 주도하는 의회(상원)가 1898년 11월 5일 한국역사상 처음으로 개원하게 되어, 대한제국의 앞날에는 서광이 비추는 듯하였다.

5. 의회설립운동과 국민의 민주주의 사상의 성장

그러나 박정양·민영환의 개혁정부는 의회설립 하루 전날인 11월 4일 밤 황제 고종의 특명에 의해 붕괴되고 독립협회의 의회설립운동도 좌절당하였다.

친러 수구파들은 '의회'가 설립되어 개혁정부와 의회와 독립협회가 단결해서 대대적인 내정개혁을 단행하면 자기들은 정권에서 영원히 배제되는 것이라고 생각하고, 모략전술을 써서 독립협회의 이름으로 된 '익명서'(비밀전단)를 조작하여 시내 요소에 붙여 일부러 발각되게 하였다. 내용은 독립협회가 의회를 설립하여 전제군주제를 입헌대의군주제로 개혁하려는 것이 아니라 '대통령'을 선출한다고 시사한 것이었다. 황제의 질문에 친러 수구파는 독립협회가 박정양을 대통령, 윤치호를 부통령, 이상재를 내부대신, 정교를 외부대신, 기타 독립협회 간부들을 각 부 대신으로 한 '공화정'으로 국체를 바꾸려는 것이라고 모략보고하였다.

황제 고종은 자기가 폐위된다는 모략보고에 놀라 11월 4일 밤부터 11월 5일 새벽 사이에 시위대와 경무청을 동원하여 독립협회 간부들을 체포하고, 독립협회 해산령을 내렸다. 황제는 이와 동시에 개혁파 정부를

126 『독립신문』, 1898년 11월 5일자, 잡보 「투표특별회」 참조.

22일 만에 해산시키고, 다시 조병식(趙秉式)을 중심으로 한 친러 수구파 정부를 조직하였다.[127] 황제 고종과 친러 수구파 정부는 독립협회와 개혁파 정부가 추진·입법·공포한 '의회설립법'(중추원신관제)을 취소하고 의회(신중추원) 개원을 중단시켰다. 한국역사상 최초의 의회설립은 바로 개원 직전에 유산되어 버린 것이다.

서울 시민들은 한국역사상 최초의 의회설립을 보려고 나섰다가 독립협회가 강제해산당하고 간부들이 체포되었다는 소식을 듣고 자발적으로 궐기하여 만민공동회를 개최하였다. 서울시민들의 만민공동회는 42일간에 걸쳐 한국근대사상 최장기의 철야시위를 하면서 ① 독립협회 지도자 석방 요구, ② 독립협회 복설, ③ 수구파 5대신 규탄과 개혁정부 재수립 요구, ④ '헌의6조'의 실행 요구, ⑤ 황국협회 공격의 격퇴와 규탄, ⑥ 의회설립 요구, ⑦ 대신 후보인물 천거 등을 요구하며 맹렬한 시민운동을 전개하였다.

친러 수구파들은 보부상 단체 황국협회를 조직하여 보부상들로 만민공동회를 급습했으나, 만민공동회와 서울 시민들은 단결해서 궐기하여 이를 물리쳤다.[128] 이 시기에 친러 수구파들이 다시 집권했으나, 서울 시민의 만민공동회에 밀려서 독립협회의 지도자들을 석방하고 독립협회의 복설을 허용하는 등 시민세력의 압력에 굴복하지 않을 수 없었다. 각 지방에서도 독립협회의 지회들이 자발적으로 설립되어 개혁세력은 전국에서 급속히 성장해 갔다.

그러나 일본 측의 무력탄압 권고를 받아들인 황제 고종과 친러 수구파 정부가 계엄칙령을 내려 1898년 12월 25일부터 서울 시내를 계엄상태에 두면서 시위대의 무력으로 서울 시민의 만민공동회를 기습 공격하여 해

---

127 『承政院日記』, 광무 2년 음력 9월 22일조, 「詔」 참조.

128 『大韓季年史』 상권, pp.339~343 참조.

산시키고, 한때 복설되었던 독립협회를 영구히 강제해산시켰다. 또한 독립협회·만민공동회 간부들을 400여 명이나 일시에 검거하여 개혁파의 의회설립운동과 개혁운동을 철저히 금지시키고 탄압하였다.[129] 이에 독립협회·만민공동회의 의회설립운동은 실패로 돌아가고 말았다.

독립협회의 의회설립 운동 그 자체는 성공 직전에 좌절되었으나, 이 과정에서 19세기 말 한국민족성원의 민주주의 의식은 상당히 크게 발흥하였다. 황제의 의회설립 중단조치 직후 서울 시민들이 자발적으로 42일간이나 연속 철야시위를 하면서 독립협회 복설과 의회설립을 요구한 것은 19세기 말 대한제국의 민주주의 초기 발흥을 명료하게 증명하는 것이다. 또한 이 사실은 19세기 말 한국 '전근대민족'의 '근대민족'으로의 전화 형성의 한 가지 요소가 확립되었음을 명료하게 증명하는 것이다.[130]

129 『獨立協會沿歷略』, 「獨立協會」 및 『承政院日記』, 광무 2년 음력 11월 11일소, 「詔」 참조.

130 한국민족은 독립협회 이후 1902년 개혁당(이상재 등)과 1905년 '헌정연구회'(憲政硏究會)를 거쳐, 1907년 신민회(新民會)에 이르러서 국권을 회복하면 나라의 정치체제는 반드시 '민주공화국'(民主共和國)으로 할 것을 운동목표로 정립하여 치열한 민족운동을 전개하였다. 한국 근현대 민주공화주의의 기원은 19세기 말 독립협회·만민공동회에 있음을 주목할 필요가 있다. 신용하, 「19세기 한국의 근대국가 형성문제와 입헌공화국 수립운동」, 『한국사회사연구회 논문집』 제1집, 1986 참조.

第6장 근대민족 형성과 국민 '신교육' 보급

1. '신교육'을 위한 신식학교 설립의 시작

한국 근대에 주로 개화자강파들이 선도하여 신식학교를 설립해서 국민의 '신교육'을 실시한 것은 한국 전근대민족의 '근대민족'으로의 전화 형성 발전에 큰 역할을 하였다. 한국근대에 신교육 실시를 위해 맨 처음 세운 근대학교는 개항장 원산에 1883년 세운 원산학사(元山學舍)였다. 개항장 원산에서는 처음에 개량서당을 설립하여 자제들을 교육하다가 1883년 봄에 개화파 관료인 덕원부사 겸 원산감리 정현석(鄭顯奭)과 원산의 민간인들이 합작하여 한국 최초의 근대학교로서 원산학사(元山學舍)를 설립하였다. '원산학사'는 설립 후 운영에 성공하자, 정현석이 무예반의 졸업 후 무관 자격 인준을 얻으려고 1883년 8월 28일자로 정부에 보고를 올렸으며, 정부는 10월 20일 이를 승인하였다.[131]

또한 1883년 8월 서울에서는 군국기무아문 안에 영어학교로서 통역관 양성을 위해 동문학(同文學)이라는 통역학교를 설립하였다.[132] 1886년에는 육영공원(育英公院)을 설립하고,[133] 1888년에는 무관장교 양성을 위한 연무

---

131 愼鏞廈, 「우리나라 最初의 近代學校 設立에 대하여」, 『韓國史硏究』 10, 1974; 『초기개화사상과 갑신정변연구』, 지식산업사, 2000, pp.155~175 참조.

132 金允植, 『陰晴史』 하, 고종 19년(1882) 11월 21일조 참조.

133 李光麟, 「育英公院의 설치와 그 변천」, 『東方學志』 제6집, 1963 참조. 보빙사(報聘使)가 1883년 미국을 방문 시찰할 때 부사 홍영식(洪英植) 등은 미국의 학교 교육제도를 도입

그림 3-10. 한성사범학교(1895)

공원(鍊武公院)을 설립하였다.[134] 서양 선교사들도 1880년대에 신식학교로서 배재학당(培材學堂, 1885), 이화학당(梨花學堂, 1886), 언더우드 학당(처음은 고아원, 1886)을 설립하여 한국 청소년의 개화를 촉진하기 시작하였다.

하려고 육영공원 설립을 추진하였다. 보빙사 일행 귀국 후 1884년 9월 국왕도 육영공원 설립을 허가하고, 조선정부의 요청을 받아 교사로 헐버트(Homer B. Hulbert), 길모어(George W. Gilmore), 벙커(Delzell A. Bunker) 부부 등 4명이 도착하자 1886년 9월 23일 육영공원을 개교하게 되었다.

134 李光麟, 「美國軍事敎官의 초빙과 鍊武公院」, 『震檀學報』 제28호, 1965.
禹澈九, 「한말 고빙 軍事顧問(敎官)이 군부지도층의 정치적 태도에 미친 영향」, 『영남대 사회과학연구』 제1집, 1981.
柳永益, 「미국 軍事敎官 고빙시말기 片考」, 『軍史』 제4집, 1982 참조.
조선 국왕 고종은 1883년 10월 16일 미국 공사 푸트(Lucius H. Foot)와 단독 접견을 갖고 미국정부에 외교고문과 군사교관의 고빙을 특청하였다. 1888년 4월에 퇴역 준장 다이(William M. E. Dye) 등 4명의 미국인 군사교관들이 도착하자 직전에 뽑아 두었던 전현직 장신(將臣)과 아장(亞將)의 아들, 조카, 친척 가운데서 16세 이상 27세 이하의 고위양반 귀족 청년 40명을 학도로 하여 1888년 4월 장교 양성을 위한 연무공원(鍊武公院)을 설립하였다. 그러나 이 사관양성학교 교육은 학도 40명을 한번 선발해 교육 훈련을 실시하고는 점차 유명무실하게 되었다가, 1894년 갑오개혁 때 군부 안에 통합되어 폐지되었다.

그림 3-11. 외국어학교의 교원과 학생들(1895)

2. 갑오개혁 정부의 신식학교 설립

19세기 한국에서 신식교육 실시를 위해 신식학교 설립을 본격적으로 추진한 것은 1894년 갑오개혁 정부가 교육제도를 전면 개혁하여 각종 신식학교를 설립하고, 신식 교과서와 서적을 편집 출판하여 교육제도와 교육문화를 근본적으로 일신시킨 개혁정책 실시 때부터였다. 갑오개혁 정부는 먼저 1895년 4월 16일(양력 5. 10) '한성사범학교관제'(칙령 제79호)를 반포하고, 5월 1일(양력 5. 24)에는 한성사범학교(漢城師範學校)를 설립하였다. 한성사범학교는 소학교 교사 양성을 목적으로, 본과와 속성과를 두고 교육기간은 본과 2년, 속성과 6개월로 하였다. 한성사범학교에는 부속소학교를 설치하도록 했는데, 이를 심상과(尋常科)와 고등과(高等科)의 2과로 하고 각 과의 교육기간을 3년으로 하였다.[135]

135 『議奏』 제7책, 개국 504년(1895) 4월 16일조; 『官報』, 개국 504년 4월 19일자 칙령 제79호, 「漢城師範學校官制」 및 칙령 제80호 「漢城師範學校職員官等俸給令」 참조. 당시 신학문을 공부한 교사 자격자가 극소수였으므로, 신교육을 실시하기 위해서는 신학문을 가진 교사 공급이 가장 긴급한 과제였다. 개화파 정부 학부가 신식학교 설립을 한성사범

갑오개혁 정부는 뒤이어 1895년 5월 10일(양력 6. 2) '외국어학교관제'(外國語學校官制, 칙령 88호)를 반포하고 외국어학교를 설립하였다.[136] 이 학교는 주로 영어·프랑스어·일본어 등을 교육하고, 뒤에는 러시아어·독일어·중국어 등도 교수하여 중요 외국어를 교육하는 종합 외국어학교로 발전하게 되었다. 외국어학교는 갑오개혁 정부 이후에 각국어별로 나뉘어 '법어(法語: 프랑스어)학교'(1896. 1. 1), '아어(俄語: 러시아어)학교'(1896. 4. 17), '한어(漢語: 중국어)학교'(1897. 5. 1), '영어학교', '일어(日語: 일본어)학교'(1895. 3. 13) 등으로 분립되었지만, 모두 갑오개혁 정부 학부의 정책에 의거한 것이었다.

갑오개혁 정부는 이어서 전국에 소학교를 널리 설립하기 위해 1895년 7월 19일(양력 9. 7) '소학교령'(小學校令, 칙령 제145호)을 제정 반포하였다. 소학교의 종류는 관립소학교(경비를 국고에서 지급하는 소학교)·공립소학교(경비를 府 또는 郡에서 지급하는 소학교)·사립소학교(私人이 설립하는 소학교)의 세 종류로 나누었다. 그러나 그 학제는 모두 심상과(3개년 수학)와 고등과(2개년 또는 3개년 수학)의 2과를 두도록 하였다.[137] 모든 소학교 심상과의 교과목은 수신(修身)·독서·작문·습자·산술·체조로 하고, 시의(時宜)에 의해 체조 대신 본국지리·본국역사·도서·외국어를 추가하거나 여학생을 위하여 재봉을 추가할 수 있게 했으며, 또 시의에 의해 외국어 1개 과를 추가할 수 있도록 하였다. 갑오개혁 정부는 이어서 '소학교 교칙대강

학교 설립부터 시작한 것은 앞으로 전국에 널리 설립할 소학교에 신학문을 가진 자격 있는 교사를 양성·공급하기 위한 매우 적절한 정책이었다. 한성사범학교에 부속 소학교를 설립한 것은 학부가 새 교사들의 사범교육 훈련을 정식으로 철저히 실시하려고 한 목적이었다.

136 『議奏』 제9책, 개국 504년 5월 10일조; 『官報』, 개국 504년 5월 12일자, 칙령 제88호 「外國語學校官制」 및 칙령 제89호 「外國語學校職員의 官等俸給에 관한 件」 참조.

137 『日省錄』, 고종 32년(1895) 7월 19일조 및 『官報』, 개국 504년 7월 22일자, 칙령 제145호 「小學校令」 참조.

(敎則大綱)'을 1895년 8월 18일(양력 10. 6) 제정 반포하여 각 교과목의 교육내용과 기준을 상세하게 정의하고 설명하였다.

갑오개혁 정부 학부는 이 정책과 함께 1895년 7월 28일 우선 한성부(서울 시내) 안에 긴급하게 관립 소학교 설치 구역과 개학 일시를 공표하였다. 그 내용은 '사범학교 부속 소학교'(1895. 8. 1 개학) 외에 장동소학교(8. 8), 정동소학교(8. 9), 계동소학교(8. 12), 묘동소학교(8. 13) 등의 설치 구역과 개학 일시를 공표한 것이었다.

이 신속한 조치에 호응이 일어나 개학 일자에 장동소학교 23명, 정동소학교 76명, 계동소학교 40명, 묘동소학교 48명의 아동이 자원입학해서 본격적인 관립 소학교 신교육이 시작되었다. 그 후 동현(銅峴)소학교(1896. 7. 31)와 안동(安洞)소학교(1896. 7. 31) 등 관립 소학교가 계속 설립되었는데, 모두 갑오개혁 정부의 계획에 의거한 것이었다.

갑오개혁 정부는 이어서 내부 소속으로 1895년 11월 7일(양력 12. 22) '종두의양성소규정'(種痘醫養成所規程, 칙령 제180호)을 반포하고 '종두의양성소'를 설립하였다.[138] 이것은 종두의를 교육 양성하는 의학교육기관으로서, 위생과 의학교육의 진전에 상당히 큰 공헌을 하였다.

갑오개혁 정부는 또한 을미년 11월 27일(양력 1896. 1. 11) 군부 소속으로 '무관학교관제'(칙령 제2호)를 반포하여 무관학교(武官學校)를 설립하였다.[139] 갑오개혁 정부는 이어서 4일 후인 을미년 12월 1일(양력 1896. 1. 15)에는 '무관학도모집령'을 공포하여 20세 이상 30세 미만의 무관 지망자를 모집해서 시험을 거쳐 학도 선발을 실행하였다. 오랫동안 꿈꾸어 오던

---

138 『日省錄』, 고종 32년 11월 7일조 및 『官報』, 개국 504년 11월 9일자, 칙령 제180호 「種痘醫養成所規程」 참조.

139 『議奏』 제41책, 건양 원년(1896) 1월 11일조 및 『官報』, 건양 원년 1월 15일자, 칙령 제2호 「武官學校官制」 참조.

무관학교가 갑오개혁 정부에 의해 마침내 성립을 보게 된 것이었다.

갑오개혁 정부는 또한 사법제도 개혁과 관련하여 갑오년 12월 16일(양력 1895. 1. 11) 법부대신 서광범의 건의로 법률학교 설립을 결정하였다.[140] 갑오개혁 정부는 1895년 3월 25일(양력 4. 19) '법관양성소규정'(칙령 제49호)을 공포하여, 4월 1일 법부소속으로 법관양성소(法官養成所)를 설립하였다.[141] 법관양성소는 한국 최초의 법률전문교육기관으로서 초기의 법관들을 다수 양성하였다. 법관양성소는 1895년 11월 10일 제1회 졸업시험을 실시하여 함태영(咸台永) 등 13명이 합격하여 근대적 법관이 배출되기 시작하였다.

갑오개혁 정부는 신식학교 및 신식교육기관 설립과 동시에 1895년 8월 9일(양력 9. 27) 종래의 국립대학급 교육연구기관인 성균관에 '성균관 경학과'(成均館經學科)를 설치하였다.[142]

갑오개혁 정부의 이상과 같은 신교육정책과 신식학교 설립은 획기적인 것으로서, 신식 근대교육의 발전에 새로운 길을 넓게 열어준 것이었다.[143] 갑오개혁 정부는 긴급하게 몇 개 관립학교밖에 설립할 수 없었지만, 전국 각 지방에서 자발적으로 민간인의 신식학교 설립에 호응하는 움직임이 일어나기 시작하였다. 우선 1894년 평양에서 광성(光成)학교,

---

140 『奏本』, 개국 503년(1894) 12월 16일조, 「法律學校를 設置하는 件」 참조.

141 『議奏』 제3책, 개국 504년 3월 25일조 및 『官報』, 개국 504년 3월 25일자, 칙령 제49호 「法官養成所規程」 참조.

142 '성균관 경학과'는 대학급 교육기관으로서 20세 이상 40세 미만의 지망자를 시험으로 선발하여 종래의 사서삼경(四書三經)과 그 언해(諺解), 강목(綱目), 송(宋), 원(元), 명사(明史), 본국사(本國史), 작문을 교수했을 뿐만 아니라, 새로 본국지지(本國地誌), 만국사(萬國史), 만국지지(萬國地誌), 산술 등 신학문을 교육하게 하였다(『高宗實錄』, 고종 32년(1895) 8월 9일조 및 『官報』, 개국 504년 8월 12일자, 「成均館經學科規則」 참조). 즉 성균관을 근대 대학교로 개혁하려 시도한 것이었다.

143 그 뒤 1896년 9월 '지방 공립 소학교 설치령'이 공포되어 도청 소재지와 개항장에 공립 소학교가 설립되었는데, 이것도 역시 갑오개혁 개화파 정부 학부의 계획이 계승된 것이었다.

정의(正義)여학교, 숭의(崇義)여학교가 사립소학교로 설립되었고, 1895년 부산에서는 개성(開成)학교와 일신(一新)여학교가 설립되었으며 인천항에 일어학교 분교가 설립되었다.

3. 독립협회와 그 후 신식학교 설립운동

뒤를 이어 독립협회도 조선의 급무가 국민 '교육'이며, 이를 위해서 첫째로 해야 할 일은 소학교, 여학교, 중학교, 대학교 등을 설립하여 '신교육'을 실시하는 것이라고 주창하였다.[144] 독립협회의 신교육과 학교설립 주장에서 독특한 것은 '여학교'와 '대학교' 설립을 주창한 것이었다.[145]

독립협회는 남녀평등사상에 의거해 여학교를 설립하여 여성 신교육 실시를 적극 주창하고, 우리나라 최초의 근대여성단체인 찬양회(贊襄會, 順成會)의 창립과 여학교인 '순성학교'(順成學校) 설립운동을 적극 고취 후원하였다.

독립협회가 1898년 12월 강제해산당하고 정치활동이 엄금되자, 독립협회 회원들은 전국 각지에서 사립 신식학교를 설립하여 신지식을 교육하는 운동을 전개하였다. 1899년부터 재집권한 친러 수구파 정부는 신식

---

144 『독립신문』, 1897년 8월 29일자, 「논설」 참조.

145 *The Independent*, 1896년 9월 19일자, "Editorial" 및 『독립신문』, 1898년 1월 4일자, 「논설」 참조. 독립협회는 '남녀평등'을 강조하고, 국민의 절반인 여성을 평등하게 교육시켜야 여성은 물론이고 나라와 가정이 개화되고 부강하게 된다고 강조하였다. 독립협회가 남녀평등의 원리로 강조하여 지적한 것은 '총명'(지능)의 평등이었다. 그들에 따르면 인간이 만물의 영장됨은 '총명'이 뛰어난 연고인데, 남자와 여자는 '총명'이 완전히 평등함이 의학적으로 증명되어 있으므로 남녀는 근본적으로 평등하다는 것이었다. 옛날 유생들이 여성을 아둔하다고 한 것은 여성이 본래 아둔한 것이 아니라 남성들이 여성들을 오랫동안 압제하면서 교육을 시켜 주지 않았기 때문에 출생 후 사회적으로 아둔하게 된 것이었다. 그러므로 여성들을 압제에서 해방시켜 '총명'을 꽃피우도록 교육을 시키면 남녀는 완전히 평등하게 능력을 발휘하게 된다고 강조하면서, 남녀평등 실현의 첫째 사업은 여학교를 설립하여 여성교육을 실시하는 것이라고 독립협회는 주장하였다.

표 3–3. 사립 신식학교의 설립(1896~1899)

연도	학교명	설립지	설립자
1896	개성(開成)학교	부산	박기종(朴琪淙)
1897	정선(貞善)여학교	서울	양현당(養賢堂) 김씨
	삼계(三溪) 사립소학교	남원	
1898	한성의숙(漢城義塾)	서울	
	흥화(興化)학교	서울	임병구(林炳龜), 김신영(金信榮)
	광흥(光興)학교	서울	박예병(朴禮秉)
	순성(順城)여학교	서울	찬양회(讚襄會)
	사립소학교	공주	심기섭
	동래부학교	부산	신명록(辛明錄)
1899	의학교(醫學校)	서울	내부(內部)
	시무(時務)학교(中橋義塾)	서울	
	세천(細泉)야학교 [한양(漢陽)학교로 개칭]	서울	최진(崔鎭)
	낙연(洛淵)의숙	서울	김봉기(金鳳基)
	광성(光成)학교	서울	
	우산(牛山)학교	서울	
	부속 우산소학교	서울	
	어의동(於義洞)여학교	서울	양성당(養成堂)
	도동(道東)학교	서울	서울 동서(東署) 유지들
	순동(巡洞) 사립소학교	서울	정운호(鄭雲好)
	사립 진명(進明)학교	서울	
	공덕리(孔德里)소학교	서울	박승석(朴承奭)
	관립 제동(齊洞)야학교	서울	인근 유지들
	합동(蛤洞) 사립소학교	서울	
	사립 일어(日語)전수학교	서울	
	대구 흥화학교 지교	대구	
	안동 흥화학교 지교	안동	
	통진(通津)군 사립학교	통진	
	풍덕(豊德)학교	풍덕	

표 3-3. (계속)

연도	학교명	설립지	설립자
	개창(開昌)학교	밀양	
	유신(維新)학교	단천	단천군(端川郡) 유지들
	취영(聚英)학교	평양	
	점진(漸進)학교	강서	안창호(安昌浩)
	사립 시흥(時興)소학교	광주(廣州)	
	영화(永化)학교	양근	
	대구 달성(達成)학교	대구	
	증산군 사립학교	증산	김인극(金仁極)
	개성학교 구관(舊館)지교	부산	
	개성학교 부산진 지교	부산진	
	김해 사립학교	김해	김해(金海)군 유지들
1899	삼일(三日)학교	평양	
	일신(日新)학교	평양	
	사숭(四崇)학교	평양	
	숭덕(崇德)학교	평양	
	유예(遊藝)학교	평양	
	신흥(新興)학교	평양	
	의신(義信)학교	평양	
	월현(月峴)학교	평양	
	돈의(敦義)학교	평양	
	기타: 평양에서는 관찰사 趙民熙가 종래의 齊의 명칭을 私立學校로 개명하도록 지시해서 三日學校 등 29개 학교가 나타났음		

자료: 金英宇, 「한말의 私立學校에 관한 연구(Ⅰ)」, 『교육연구』 제1집, 1984에서 요약 작성.

관립학교 설립에 소극적이었지만, 해산당한 독립협회 회원들 일부와 그 세력이 '사립' 신식학교 설립에 노력하여 전국에서 사립학교 설립이 추진되었다. 1896~1899년의 전국 사립학교 설립 실태를 보면 〈표 3-3〉과 같이 1896년에 1개교, 1897년에 2개교, 1898년에 6개교였던 것이, 1899년에는 30여 개교로 급증하였다.[146] 독립협회와 국민의 정치활동이 엄금되자, 독립협회 세력의 일부가 '사립' 신식학교 설립의 방향으로 활동을 계속한 결과라고 볼 수 있다.

독립협회 해체 후, 19세기 말부터 20세기 초 신교육운동을 이론적으로 선도한 학자는 백암 박은식(朴殷植)이었다.[147]

---

146 金英宇, 「한말의 私立學校에 관한 연구(Ⅰ)」, 『교육연구』 제1집, 1984 참조.

147 박은식은 독립협회의 영향으로 위정척사파 유생에서 개화파의 신교육론자로 전화하고 1898년 11월의 만민공동회 간부급으로 활동한 적이 있었다. 그해 연말 독립협회와 만민공동회가 강제해산당한 후에는 그는 『겸곡문고』(謙谷文稿, 1901)를 저술하고, 1900년부터 '한성사범학교' 교수로 재직하면서 『학규신론』(學規新論, 1904)을 저술하여 박문사에서 간행하였다. 박은식은 저서들에서 자강을 위한 신지식·신학문·신기술과학의 교육, 전 국민 교육과 평민교육, 공·사립학교 설립과 사범 양성 등을 특히 강조하였다. 박은식은 전국 국민 신교육을 위한 사립학교 설립을 적극 권장하고 다음 사업을 특히 강조하였다.

① 서양의 학제를 도입하여 보통교육(소학), 중등교육(중학교), 전문교육(전문학교, 대학교)의 3단계 학제를 실시할 것.
② 관리들의 신지식이 시급한데, 신교육을 받지 못한 관리들이 많으니, 시급히 '정법학교'(政法學校)를 특설하여 관리들에게 사회과학 등 신지식을 갖게 할 것.
③ 군주제 국가에서는 황태자와 황자들도 신교육을 받아야 하니, '황실학교'(皇室學校)를 특설하여 황세자에게도 신교육을 실시할 것.
④ 학교 교육에서는 반드시 '시험제도'를 실시하여 성적을 평가하고, 후일의 인재택용에도 도움이 되게 하며, 종래의 사정(私情)의 폐단을 청산케 할 것.
⑤ 사립학교의 설립과 훌륭한 신교육을 위해서는 '사범양성'이 시급하니, '사범학교'와 '사범강습소'를 시급히 설립할 것.
⑥ 사범 양성을 위해서 유학생을 외국에 파견하여 신지식을 학습케 하고, 귀국하면 사범으로 채용할 것.
⑦ 외국에서 교사를 초빙하여, 각급학교에서 사범으로 가르치게 할 것.
⑧ 서양의 신학문과 신지식 교육을 중심으로 하되, 공자와 맹자의 유교 교육은 다 버리지 말고 개신하여 적합한 것은 유지하도록 할 것.
⑨ 신학문의 일부로서 '국학'(國學)을 중시하여 '대한'에 관한 지식을 넓고 깊이 갖게 교육하고, '대한정신'을 배양시킬 것.
⑩ 서적을 대량으로 출판케 하고, 우리나라의 한문으로 된 고전들을 국문으로 번역 출판케 하며, 도서관과 박물관을 건립하여 서적과 고적들을 보관·관람케 할 것.

박은식의 이러한 신교육 실시의 주장은 당시 선각적 지식인과 일반국민에게 활로를 가르쳐 준 것과 같은 환영을 받았다. 박은식의 신지식과 신구국교육·사립학교 설립 호소

19세기 말의 이러한 각급 신식학교 설립과 신지식을 학습하는 신교육의 보급은 학생들과 청소년층을 비롯하여 전 국민에게 신교육에 의한 신지식을 보급함으로써 한국의 '전근대민족'을 '근대민족'으로 전화 발전시키는 데 중요한 촉진적 역할을 수행하였다. 또한 19세기 말의 신교육운동은 그 후 애국계몽운동기의 신교육구국운동과 민립학교설립운동에 큰 길을 열어주었다.

는 이미 당시에 호응을 얻기 시작하여, 그 후 애국계몽운동에도 이어져 신교육구국운동의 발전에 기초가 되었다.

제7장 근대민족 형성과 국민의 문화적 성장

1. 동학의 '국문전용' 가사집 『용담유사』 간행 보급과 각종 언해(諺解)

한국민족은 19세기에 국민의 절대다수를 차지하는 '백성'(시민층·평민층과 이전 천민층)이 '글'을 읽을 수 있게 되어 국민의 급속한 문화적 성장이 실현되고 '전근대민족'의 '근대민족'으로의 전화 발전이 급속히 성취되었다.

국민의 다수가 '글'을 읽을 수 있게 된 것은 멀리는 일찍이 15세기 세종대왕의 매우 과학적이고 배우기 쉬운 '훈민정음'(訓民正音, 한글, 국문) 창제의 은덕이었다. 훈민정음은 일주일만 익히면 읽고 쓸 수 있는 매우 배우기 쉽고 과학적인 문자였기 때문에 반포 후 백성들과 부녀들은 상당수가 훈민정음을 익혀서 사용해 왔다. 이에 관련하여 조선 후기에는 서민문화·민중문화가 꾸준히 성장하였다.[148]

동학 창도자 최제우는 포교 방법으로 1860~1863년간에 「용담가」(龍潭歌), 「안심가」(安心歌), 「교훈가」(敎訓歌), 「몽중노소문답가」(夢中老少問答歌), 「도수사」(道修詞), 「권학가」(勸學歌), 「도덕가」(道德歌), 「흥비가」(興比歌), 「검결」(劍訣) 등 9편의 가사를 지어 신도들에게 마치 찬송가처럼 외

148 김영범, 「조선후기 판소리 담론과 민중집단의 집합기억」, 『한국학보』 제43집, 1986 참조.

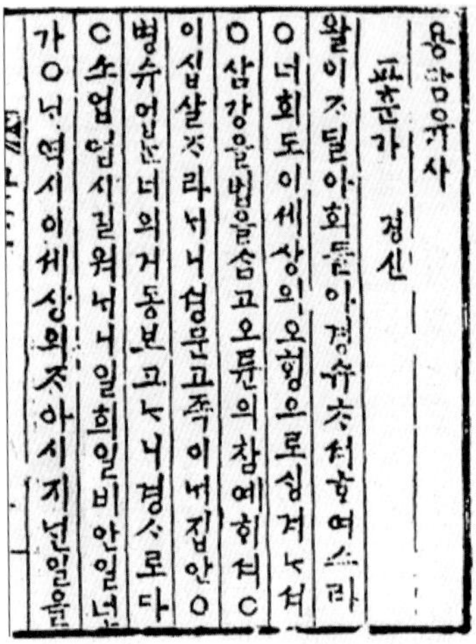

그림 3-12.『용담유사』(1881)

우고 노래 부르게 하였다. 제2세 교주 최시형(崔時亨)은 1880년『동경대전』(東經大全)을 간행한 후, 1881년 위의 9편의 가사를 모아 순국문(국문전용)으로『용담유사』(龍潭遺詞)를 간행하여 신도들에게 보급하였다.[149] 동학이 농민층에 널리 포교됨에 따라 국문전용으로 쓰인『용담유사』를 읽고 익힌 동학농민들은 문화적으로 성장하고 동시에 강렬한 민족의식을 갖게 되었다.

또한 훈민정음 반포 직후에 조선왕조에서『훈민정음언해』(訓民正音諺解)를 간행했으며,『두시언해』(杜詩諺解),『월인석보』(月印釋譜),『삼강행실도』(三綱行實圖),『구급방언해』(救急方諺解),『내훈』(內訓), 불경언해인『석보상절』(釋譜詳節),『능엄경언해』(楞嚴經諺解),『법화경언해』(法華經諺解) 등 훈민정음 문자에 의한 서적 간행이 있었다. 또한 조선왕조 역대 정부는 공식적으로는 여전히 공문서에 '한문전용'을 강행했지만, 국왕의 윤음(綸音)은 관료와 지배층을 위한 '한문본'과 일반 백성들을 위한 '언해본'(諺解本)의 두 종류로 만들어 백성도 국왕의 통치 내용을 알 수 있도록 하였다. 또한 조선왕조 정부는 백성들을 유교 도덕으로 교화시키기 위해 각종 유교경전의 '언해본'(한글본)을 편찬하여 보급하였다. 백성들이 '언해본'은 읽을 수 있었기 때문이었다.

149 『天道敎會史草稿』,『東學思想資料集』(아세아문화사판) 제1권, p.428 및『天道敎創建史』 제2편, p.30 참조.

16세기에는 김안국(金安國)·김정국(金正國) 형제가 '언해본'의 중요성을 인지하고 유교경전의 언해사업과 언해본 보급에 노력하였다. 그러나 지배층 유학자의 유교경전 언해본에 의한 국민의 문화적 성장 효과는 제한적일 수밖에 없었다. 그럼에도 불구하고 이러한 일반 백성과 부녀자용 '언해본'의 전통은 19세기에 '국문전용'의 역사적 전통 배경이 되었다.

2. 개화파의 '국한문혼용' 서적과 신문

19세기에 들어와서 초기개화파들이 국한문혼용의 서책을 짓고 '언해'를 장려·주창했으며, 1886년의 『한성주보』(漢城周報)는 국한문혼용으로 간행되었다. 기독교가 1885년 공인되자 그 후 서양 선교사들은 신도를 위해 국문전용 성경해설서를 간행하기 시작하였다.

1894년 수립된 온건개화파의 갑오개혁 정부는 '국한문혼용'을 아예 법제화하였다.[150] 갑오개혁 정부 학부에서는 국민의 교육적 문화적 향상을 위해 국한문혼용 교과서를 대량으로 간행 보급하였다. 갑오개혁 개화파 정부의 학부는 1894~1896년간 다음과 같은 신서적들을 편찬하여 발간 보급함으로써 당시 한국 국민의 개화와 개명진보에 큰 영향을 끼쳤다.[151]

『세계만국연계』(世界萬國年契, 1894)

『국민소학독본』(國民小學讀本, 1895. 8)

『조선역사』(朝鮮歷史, 1895. 9)

『조선지지』(朝鮮地誌, 1895. 9)

『조선역대사략』(朝鮮歷代史略, 1895. 10)

---

150 정일균, 「갑오개혁기 정부의 공문서제도」, 『사회와 역사』 제101집, 한국사회사학회, 2014 참조.

151 김소영, 「갑오개혁기(1894~1895) 教科書 속의 國民」, 『韓國史學報』 제29호, 2007 참조.

『소학독본』(小學讀本, 1895. 11)

『신정심상소학』(新訂尋常小學, 1896. 2)

『만국사략』(萬國史略, 1896)

개화파 정부 학부의 신서적 편찬은 그 후 대한제국 학부의 신서적 간행과 일반 지식인의 신서적 저술 및 간행에도 큰 자극과 영향을 끼쳤다.

3. 『독립신문』의 '국문전용' 간행과 그 영향

뒤이어 온건개화파의 지원을 받으며 서재필(徐載弼)이 1896년 4월 7일 창간한 『독립신문』은 국문전용, 국어 띄어쓰기, 언문일치의 쉬운 국어쓰기를 실행하여 민족 언어와 문자의 발전에 지대한 공헌을 하였다. 『독립신문』은 창간호에서 국문전용과 국문 띄어쓰기 시행 이유를 창간사 끝에서 다음과 같이 밝혔다.

> 우리 신문이 한문은 아니 쓰고 다만 국문으로만 쓰는 것은 상하귀천이 다 보게 함이라. 또 국문을 이렇게 귀절을 떼여쓴즉 아모라도 이 신문 보기가 쉽고 신문 속에 있는 말을 자세히 알아보게 함이라. […] 조선 국문하고 한문하고 비교하여 보면 조선 국문이 한문보다 얼마나 나은 것이 무엇인고 하니 첫째는 배우기가 쉬우니 좋은 글이요, 둘째는 이 글이 조선글이니 조선 인민들이 알아서 백사를 한문대신 국문으로 써야 상하귀천이 모도 보고 알아보기가 쉬울 터이라. 한문만 늘 써 버릇하고 국문은 폐한 까닭에 국문만 쓴 글을 조선 인민이 도리어 잘 알아보지 못하고 한문을 잘 알아보니 그게 어찌 한심치 아니 하리오.[152]

『독립신문』은 독자의 통신과 편지를 요청하고 이를 선택하여 게재할 것을 약속하면서도 "한문으로 한 편지는 당초에 상관 아니 함"[153]이라고

152 『독립신문』, 1896년 4월 7일자, 「논설」.
153 『독립신문』, 1896년 4월 7일자, 광고.

하여 반드시 국문으로 통신할 것을 요청하였다. 또한 『독립신문』은 한문을 안다고 유식한 것이 아니라 국문을 잘하고 다른 물정을 잘 알면 빈부귀천 간에 그 부인이 한문 잘하고 다른 것 모르는 귀족 남자보다 유식한 것이라고 역설하였다. 『독립신문』의 국문판 제작에는 당시 청년개화파 주시경(周時經, 주상호)이 채용되어 큰 역할을 하였다.[154]

독닙신문

그림 3-13. 『독립신문』 창간호(1896)

---

154 『주시경자필이력서』에 의하면, 주시경은 1896년 4월 7일 『독립신문』 창간과 함께 독립신문사 '회계사무 겸 교보원(校補員)'으로 임명되었다가 그 후 회계의 직임을 그만두고 1898년 9월까지 총무 겸 교보원으로 재직하였다(『周時經自筆履歷書』 참조). 즉, 그는 『독립신문』 창간자 집단의 한 사람으로 처음부터 핵심간부로서 일한 것이다. 그런데 서재필은 주시경을 '총무'라고 부르지 않고 '국문 담당 조필(助筆)'로 기록하였다. 서재필은 주시경이 자기 다음 지위의 간부임을 명백히 한 것이다(『駐韓日本公使館記錄』, 機密本省往信, 1898년 1월 15일조, 「機密 第3號, 獨立新聞買收ノ件」 참조). 독립신문사의 '자산목록표'와 '월비예산표'를 작성할 때 서재필은 주필인 자신의 봉급을 150원으로 기록하고 조필(주시경)의 봉급은 50원으로 기록하였다. 당시 기자의 봉급은 15원이었다. 주시경은 독립신문사에서 처음부터 서재필 다음의 지위에 있었으며, 『독립신문』의 국문판 제작은 '논설'을 제외하고는 전적으로 주시경의 담당이었다. 주시경은 1896년 4월 7일 『독립신문』이 창간되자, 다음 달인 5월에는 독립신문사 안에 '국문동식회'(國文同式會)를 조직하고 국문법을 공동으로 연구하기 시작하였다. 이것은 『독립신문』의 국문판 간행과 관련하여 국문법의 통일된 방식[同式]을 제정해야 기술적으로 일관성 있는 문법체계에 의한 국문판 신문을 간행할 수 있었기 때문에 시작된 것이었다. 또한 주시경은 1897년 12월 5일에는 아직 청년의 나이로 독립협회 위원으로 발탁되었다. 당시 독립협회의 민족문화운동 가운데 어문 부분은 주시경의 사상과 주장이 가장 많이 반영되어 있었다. 『독립신문』이 일찍이 19세기 말에 국문전용을 단행하고 쉬운 국어를 쓰면서 창간된 것은 서재필의 민중을 위한, 민중이 읽을 수 있는 신문을 만들겠다는 민주주의적 결단과, 주시경의 자기 나라 말을 알기 쉽고 배우기 쉬운 세계에서 가장 우수한 문자인 국문(한글)으로 표현하자는 민족주의 사상이 결합하여, 국문전용의 획기적 형태와 내용으로 창간될 수 있었다.

『독립신문』의 영향은 한문을 잘 모르는 국민들과 한문을 알면서도 개화를 주창하던 지식인들에게 모두 선풍적이었다. 『독립신문』의 영향을 받고 한국에서 처음으로 민간 신문과 잡지의 발행이 본격적으로 시작되었다. 『독립신문』은 이에 대해 "근일 성내에 다른 신문들이 많이 생겨 『독립신문』 외에 전 국문으로 『독립신문』의 본을 떠서 글자를 띄어가며 출판하는 신문이 다섯이 있으니, 3년 전에는 신문이라 하는 것을 이름도 모르던 나라에서 지금은 국문 신문이 다섯이오, 영자신문이 하나이오, 국한문 섞은 신문이 하나이오, 일본 글자로 하는 신문이 하나이라"[155]라고 그 영향을 자랑하였다. 독립협회 시기의 주요 신문을 들면 다음과 같다.

① 『조선그리스도인 회보』: 기독교 감리교파의 아펜젤러(Henry G. Appenzeller)가 1897년 2월 2일 창간한 주간 교회신문이었다. 순국문으로 『독립신문』의 본을 따서 띄어쓰기를 시행하고, 주로 교회 소식과 교육 문제를 보도하고 해설하였다.[156]

② 『그리스도 신문』: 기독교 북장로교파의 언더우드(H. G. Underwood)가 1897년 4월 1일 창간한 주간 교회 신문이었다. 『그리스도 신문』은 『독립신문』의 본을 따서 순국문으로 띄어쓰기를 시행하면서 발행되었고, 독립신문사에서 인쇄하였다.[157]

③ 『매일신문』: 배재학당 안에는 1896년 11월 30일 서재필의 지도를 받으면서 학생단체로 협성회(協成會)가 조직되었다. 협성회는 주로 '토론회'를 개최하고 기관지로 『협성회회보』를 발행하였다. 협성회 회원들은 사회참여를 추구해서 『협성회회보』를 일반신문으로 전환하여 제호를 바꾸어서 1898년 1월 26일 『매일신문』을 창간하였다. 사장은 양홍묵(梁弘默), 기자로는 이승만(李承晩)

---

155 『독립신문』, 1898년 4월 12일자, 「논설」 참조.

156 尹春炳, 『韓國基督敎新聞雜誌百年史』, 대한기독교서회, 1984 참조. 『조선그리스도인 회보』는 1905년 7월 1일 장로교파의 『그리스도 신문』과 통합하였다.

157 『駐韓日本公使館記錄』, 1898년 1월 15일조, 「機密 第3號, 獨立新聞買收ノ件」 참조. 독립신문사에서 인쇄하여 독립신문사에 지불한 인쇄비가 1년에 약 700원에 달하였다. 『그리스도 신문』의 편집자는 게일(J. S. Gale), 무스(J. R. Moose), 무어(S. F. Moore) 등이었다. 『그리스도 신문』은 교회 소식뿐만 아니라 독립, 문명개화, 농업, 공업, 교육 등에 관한 해설과 계몽 기사도 수록하였다.

과 최정식(崔廷植)이 활동했으며, 회계는 유영석(柳永錫)이 담당하였다. 종래 『협성회회보』는 배재학당 안에서 발행했으나, 『매일신문』은 사옥을 숭례문 안 싸전의 도가로 옮기고, 종래 주간이었던 것을 1898년 4월 9일부터는 일간신문으로 발전시켰다.[158]

④ 『제국신문』: 『독립신문』의 본을 따서 순국문으로 띄어쓰기를 시행하면서 1898년 8월 10일 창간된 선각적 신문으로, 일반 민중과 부녀자들도 쉽게 읽을 수 있도록 철저하게 언문일치의 쉬운 말을 사용하였다. 독립협회 시기에 『제국신문』은 독립협회의 자주·민권·자강 운동을 적극 지지·성원했을 뿐 아니라, 특히 만민공동회의 활동을 상세히 보도하였다.[159]

⑤ 『황성신문』: 『황성신문』의 전신이 되는 신문으로 『경성신문』(京城新聞)과 『대한황성신문』이 발행되어 있었다. 독립협회 계통인 윤치호(尹致昊), 윤치소(尹致昭), 정해원(鄭海源) 등은 『독립신문』의 본을 따서 순국문으로 띄어쓰기를 시행하면서 1898년 3월 2일 『경성신문』(京城新聞)을 주 2회의 발행으로 창간하였다. 그러나 당시에는 국호가 '조선'에서 '대한제국'으로 바뀌었으므로, '경성'도 '황성'이 되었다고 하여 자존의 뜻으로 창간 1개월 후인 1898년 4월 6일 『경성신문』의 제호를 『대한황성신문』으로 바꾸었다.

윤치호가 1898년 5월 11일 『독립신문』의 사장 직책을 서재필로부터 인계받게 되자, 『대한황성신문』은 남궁억(南宮檍)과 나수연(羅壽淵)에게 인계되었다. 남궁억과 나수연은 새로 공개주식을 모집하여 새로운 체제로 제호를 『황성신문』(皇城新聞)으로 다시 바꾸고, 1898년 9월 5일 『황성신문』 창간호를 발행하였다. 『황성신문』의 초대 사장은 남궁억, 총무는 나수연이 맡았으며, 유근(柳瑾)·박은식(朴殷植)·장지연(張志淵)이 주필(논설위원)로 참여하였다.[160]

---

158 崔埈, 『韓國新聞史』, 일조각, 1965.
鄭晋錫, 『韓國言論史硏究』, 일조각, 1983 참조.
신문 편집 구성은 『독립신문』과 비슷했으며, 『독립신문』의 본을 따서 순국문으로 띄어쓰기를 하고 언문일치의 쉬운 말로 표현하였다. 그러나 논설과 보도기사 내용은 정치적으로 더욱 급진적이었고, 특히 외국의 이권침탈에는 더욱 적극적으로 비판하고 저항하였다.

159 金榮熙, 「李鍾一의 언론관과 "대국신문"의 성격에 관한 일고찰」, 『박유봉박사회갑기념논총』, 1981 참조. 창간 당시 사장은 자본금을 댄 이종일(李鍾一)이 맡고, 편집과 제작은 유영석(柳永錫)·이종면(李鍾冕)·장효근(張孝根)이 맡았으며, 초기에 주필(논설위원)로서 이승만(李承晩)이 참가하여 활동하였다.

160 朴殷植, 『韓國獨立運動之血史』, 『朴殷植全書』 상권, p.457 참조. 『황성신문』은 『독립신문』과는 달리 '국한문혼용'을 택했을 뿐 아니라, 한문에 토를 달았다고 할 정도로 한문을 많이 사용하였다. 그러나 내용은 '개화'의 필요를 찬성하고 역설하였다. 이 때문에 『황성

이 밖에 독립협회 시기에 1898년 4월 10일 광무협회가 『대한신보』를 일요일 발행의 주간신문으로 창간했다가 이듬해 중단되었다. 영자신문으로는 『독립신문』의 영문판인 *The Independent*가 1897년 1월 1일부터는 국문판에서 분리되어 4면의 독립된 영자 격일간지로 주 3회(화·목·토요일) 발행되었다. 일본글자 신문으로는 서울에 거류하는 일본거류민회의 기관지로 『한성신보』(漢城新報)가 1894년 1월 22일 창간되어 독립협회 시기에도 발행되면서 일제와 일본인 거류민들의 이익을 옹호하고 있었다.

이러한 신문들 가운데서도 『독립신문』, 『매일신문』, 『제국신문』 등 국문전용 신문들이 민중에 끼친 영향은 참으로 막강하였다. 지방 5일 장터에는 『독립신문』을 읽어 주는 생업도 나타났다.[161] 신문을 귀중하게 보관하면서 여러 사람과 가정이 돌려가며 읽었다. 서재필은 『독립신문』 1부를 평균 200명이 읽었다고 추산하였다.[162] 이러한 국문전용 및 국한문혼용 신문들은 국한문혼용 신서적들과 함께 19세기 말 한국 국민들의 문화적 성장에 지대한 역할을 수행하였다.

4. 신문 독자층에서 본 국민의 문화적 성장의 단면

19세기 말 여러 신문들과 선각적 단체들 및 개화사상가들의 각종 활동에서 영향을 받은 한국 국민의 문화적 성장의 한 측면을 『독립신문』 일반

신문』은 당시 한문 사용 관행에 젖은 고급 지식인들 사이에서 널리 애독되어 큰 영향을 갖게 되었다. 『황성신문』은 『독립신문』과 함께 독립협회의 기관지처럼 되어 독립협회의 자주·민권·자강운동을 적극 지지 성원하였다. 『황성신문』은 독립협회가 강제해산된 후에도 계속 발행되었다.

161 『독립신문』, 1898년 11월 9일자, 「신문 없지 못할 일」 참조.

162 F. A. McKenzie, *Korea's Fight for Freedom*, London: Simpkin, Marshall and Co., 1920, "The Independent Club," p.67 참조.

독자들의 투고 내용을 조사한 다른 연구자의 연구 보고를 인용하여 확인할 수 있다.

『독립신문』은 독자투고를 환영했는데, 1896년 4월 7일 창간되어 1899년 12월 4일 폐간될 때까지 총 776호를 발행했고, 독자투고는 무려 총 484건(논설란에 실린 독자투고 70건과 잡보란에 실린 독자투고 414건)에 달하였다.[163] 이 연구에 의하면 '불명'을 제외하고, 투고한 독자의 신분은 '일반 백성'이 61.6퍼센트, '공직자'가 22.0퍼센트, '학생'이 6.9퍼센트, '기관 · 단체'가 6.3퍼센트, '외국인'이 3.2퍼센트였다. 투고자의 거주지역은 '불명'을 제외하고 보면, 지방이 77.3퍼센트, 한성(서울)이 20.7퍼센트, 외국이 2.0퍼센트였다. 즉, 투고자는 '일반백성'이 다수를 이루고 있으며, 그 거주지역도 '서울'뿐만 아니라 전국 각 지방에 걸쳐 있음을 알 수 있다. 종래 자기 의견을 자유롭게 공개발표를 할 수 없었던 일반 국민들이 국문전용 신문에 이와 같이 높은 독자투고율을 보인 것 자체가 우선 국민의 문화적성의 한 측면을 나타낸 것이라고 볼 수 있다.

독자투고 내용의 주제를 '논설란'과 '잡보란'으로 나누어 보면, 논설란의 주제는 ① '국민계몽 · 개명진보'에 대한 것이 58.1퍼센트, ② '정부에 대한 비판 · 건의'가 13.5퍼센트였다(〈표 3-4〉 참조). 이것은 논설란에 게재한 독자투고가 선각적 지식인의 논설인 경우가 대부분이었기 때문이었다.

표 3-4. 독자투고 논설의 주제

주제	건수	비율(%)
국민계몽·개명진보	43	58.1
정부에 대한 비판·건의	10	13.5
탐관오리 문제	7	9.5
국제 정세	5	6.8
시사 문제	4	5.4
외교 관계	3	4.0
언론 문제	2	2.7
계	74	100.0

163 채백, 「『독립신문』 독자투고의 현황과 특성에 관한 연구」, 『언론과 사회』, 성곡언론문화재단, 1994 참조.

표 3-5. 독자투고 잡보의 주제

주요 내용	건수	비율(%)
관리의 부정부패	163	39.4
정부에 대한 비판, 건의	68	16.4
사적인 고발	60	14.5
반론, 해명	36	8.7
선정(善政), 선행(善行)	31	7.5
국민계몽	30	7.2
미아, 분실물	7	1.7
언론 문제	4	1.0
기타	15	3.6
계	414	100.0

한편 잡보란에 실린 독자투고의 주제는 〈표 3-5〉와 같이, ①'관리의 부정부패'가 39.4퍼센트, ②'정부에 대한 비판·건의'가 16.4퍼센트, ③'사적 고발'이 14.5퍼센트였다. 관리와 정부에 대한 비판인 ①과 ②를 합하면, 백성들의 관리와 정부 비판 투고는 55.8퍼센트에 달하는 것이다. 독자투고 내용에서 정부와 관리의 부정부패 비판이 무려 55.8퍼센트에 달했다는 것은 국민들이 사회정치의식에서 문화적으로 크게 성장하고 있음을 단적으로 나타내는 것이라고 볼 수 있다.

19세기 말 국민의 문화적 성장은 『독립신문』에 독자들이 투고한 비교적 길이가 간단한 '시가'·'가사' 형식의 글 몇 편에서도 그 예를 찾아볼 수 있다.[164] 서울 순천골 일반백성 최돈성의 독자투고는 다음과 같았다.

---

164 예컨대, 배재학당 학생 문경호는 잠을 깨자는 뜻의 「성몽가」(醒夢歌)를 다음과 같이 지어 투고하였다(『독립신문』, 1897년 9월 14일자).

배재학당 학생 문경호의 「성몽가」

잠을 깨오 잠을 깨오 깊이 든 잠 어서 깨오
그만 하면 실컷 잣지 무슨 잠을 이리 자나
해가 돋아 낮이 되고 동리 집이 다 깨였소
(중략)
우리나라 동포형제 내 말씀을 들어보오
전국 인민 합심하여 애국지심 단단하면
부국강병 절로 되고 문명개화 절로 되고
상등국이 절로 되고 상등 백성 절로 되네
그리하고 볼작시면 두려울 것 하나 없네

서울 순천골 최돈성의 글[165]

대조선국 건양원년 자주독립 기뻐하세
임금께 충성하고 정부를 보호하세
나라 도울 생각으로 시종여일 동심하세
집을 각기 흥하려면 나라 먼저 보전하세
나라 위해 죽는 죽엄 영광 이제 원한 없네
우리나라 흥하기를 비나이다 하느님께
아무것도 모른 사람 감히 일언 하옵내다.
천지간에 사람 되어 진충보국 제일이니
인민들을 사랑하고 나라기를 높이 달세
부녀 경대 자식 교육 사람마다 할 것이라
우리나라 보전하기 자나깨나 생각하세
국태평가 안락은 사농공상 힘을 쓰세
문명개화 열린 세상 말과 일과 같게 하세

송천 사립학교 학생들은 「애민가」를 다음과 같이 지어서 투고하였다.

송천 사립학교 학생들의 「애민가」[166]

우리 동국 사람들아 애민가를 들어보오
천부지재 동포 되어 호생지덕 일반이라
나라의 부강지업 백성으로 말미암고
나라의 독립지권 백성으로 힘입나니

어느 누가 여엇보며 어느 누가 말을 할가
영미국을 부러 말게 어서 빨리 쫓차가면
영미국이 무엇인가 우리나라 배승하네
조선백성 높아지면 대군주 폐하께서는
더 절로 높아지시니 그도 아니 좋을 손가
기쁘구나 기쁘구나 오늘날의 만세 소리
온 지구에 진동하니 기쁜 마음 한량없네
남녀노소 없이 다 합심하여 시작하기를
천만 천만 바라오.

165 『독립신문』, 1896년 4월 11일자.
166 『독립신문』, 1896년 8월 18일자.

어화 우리 백성들아 진충보국 안할소냐
불행이 병화 기근 생령도탄 불상하다
위민 부모 어진 덕화 여보적자 하오시며
위민 자목 밝은 성교 시민여상 할지어다.
우리 백성 부요하면 국가흥왕 절로 되지
상하 일심 개화 힘써 문명진보 구경코저
오천만년 무강지후 여민동락 하여보세

19세기 말에 오면 대한제국 국민들은 문화적으로 지식과 사회의식에서 크게 성장하여 관리와 정부에 대한 비판과 건의를 할 수 있는 단계로 성장해 있음을 간접적으로 알 수 있다. 이러한 국민의 문화적 성장은 한국 '전근대민족'에서 '근대민족'으로 전화 형성 발전하는 데 큰 역할을 수행하였다고 볼 수 있다.

제8장 근대민족 형성과 '민족의식'의 강화 발전

1. 동학 창도의 민족의식

근대민족의 형성에는 모든 민족에서 '민족의식'의 형성과 발전이 결정적 동인과 요소로 작용함은 앞에서 서술하였다. 한국 근대민족 형성과 관련된 '민족의식'의 형성 발전에는 두 개의 큰 흐름이 형성 발전하여 합류하였다. 그 하나가 '동학'(東學)의 민족의식 형성 발전이고, 다른 하나가 개화파의 민족의식 형성 발전이다.

최제우가 1860년 민족종교로서 '동학'을 창도한 것은 19세기 중엽 한국 민족과 국가의 위기를 절감한 그의 '민족의식'의 산물이며, 동포들의 민족의식 강화를 목적으로 창도한 것이었다고 볼 수 있다.

최제우는 청년시절 12년간 전국을 유랑하던 중에 ① 양반관료들의 지배와 착취 밑에서 백성들이 도탄에 빠져 있다는 사실, ② 도탄에 빠진 백성들이 정신적으로도 의지할 도(道)와 종교를 잃고 각자 딴 마음으로 뿔뿔이 흩어져서 어디로 향해야 할지 몰라 방황하고 있다는 사실, ③ 서양세력과 서학(西學)이 중국에 이미 침입해서 중국이 붕괴되어 가고 있고 조선에도 침투해 들어오는데 의지할 곳 없는 백성들의 일부가 서학에 경도되기 시작하고 있어 장차 나라가 서양의 침략 앞에 취약하게 될 위험에 직면했다는 사실 등을 직접 관찰하였다.

최제우는 "유도(儒道)·불도(佛道) 누천년에 운이 역시 다했던가"[167]라

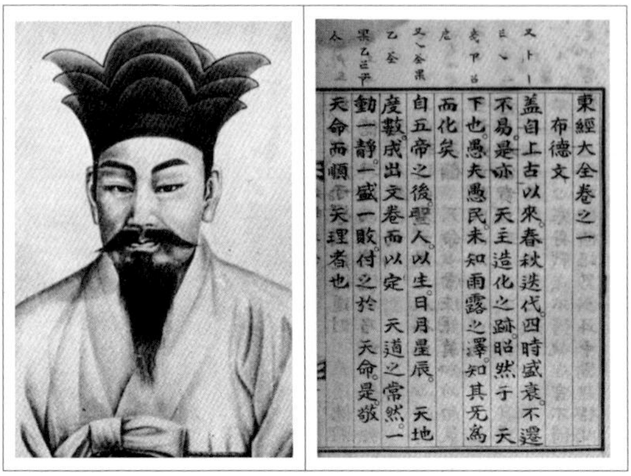

그림 3-14. 최제우와 『동경대전』

고 스스로 쓴 바와 같이, 유교와 불교는 이미 생명력을 상실하여 더 이상 나라와 백성을 구원할 수 없다고 보았다. 그는 서학(西學)도 나라와 백성을 구하기는커녕 서양세력의 침입을 인도하는 힘이므로 이에 대결해야 한다고 판단하였다. 이에 최제우는 보국안민(保國安民)하고 광제창생(廣濟蒼生)하는 새로운 '도'(道)를 자신이 창도할 사명감으로 온 정성을 다하여 공부하다가, 1860년 음력 4월 5일(양력 5. 25) 마침내 새로운 '도'(道)를 깨달아 '동학'(東學)을 창도하였다.

여기서 주목해야 할 것은 최제우의 '동학'의 득도와 포교의 직접적 동기가 서양열강의 중국침략과 다가오는 조선침략에 대항하여 나라와 백성을 지키고 구하려 한 '민족의식'에 의거한 것이었다는 사실이다. 최제우는 스스로 다음과 같이 썼다.

> "경신년(1860년 - 인용자)에 전하여 들으니 서양(西洋) 사람들은 천주(天主)의 뜻이라고 하여 부귀를 취하지 않고 천하를 공격하여 취해서 (서학의) 교당(敎堂)을 세우고 그 (서학의) 도를 행한다고 하였다. 그러므로 나는 '그럴 수 있을까 어찌 그럴까' 하는 의문이 있었다.
>
> 그러다가 뜻밖에 경신년 4월에 갑자기 가슴이 두근거리고 몸이 떨리기 시작하여, 무슨 병인지 병의 증세를 알 수 없고 말로 형상하기도 어려울 즈음에 갑자기 선어(仙語)가 문득 귀에 들려왔다."[168]

---

167 『용담유사』, 「교훈가」.

168 『동경대전』, 「포덕문」.

여기서 명백한 것은 최제우의 득도가 1860년(경신년) 영·불 연합군의 북경점령사건(北京占領事件) 및 그에 따른 북경조약(北京條約, 1860)에 의거한 서학(西學, 천주교)의 중국에서의 자유로운 포교권 획득의 충격과 관련되어 있다는 사실이다. 최제우는 중국의 수도가 영·불 연합군에 점령당하고 서양 열강이 중국에서 서학 포교의 자유를 얻어 교회당을 자유롭게 세우면서 침투해 들어올 것을 알고, 이것이 중국의 멸망뿐 아니라 곧 조국인 조선에도 다가올 심각한 위기라고 절감한 것이었다.[169]

최제우는 '순망치한'(脣亡齒寒, 입술이 없어지면 이가 시리게 된다)이라는 표현을 빌려 중국(천하)을 '입술', 조선을 '이'에 비유하면서 서양이 중국과의 전쟁에서 연전연승하며 막강한 힘으로 침입해 들어오고 있으니, 중국이 망하면 중국이라는 입술을 잃어버린 조선이 심각한 망국의 위기에 놓이지 않을까 두려워하면서 '보국안민'(輔(保)國安民)의 계책이 무엇인가 하는 문제를 제기하였다. 최제우는 중국을 멸망시켜 가고 있는 서양의 힘을 ① 도(道, 西道)·학(學, 天主學)·교(敎, 聖敎) 등 서학의 힘과 ② 무기·전쟁에 보인 바와 같은 무력(武力)의 두 가지 차원에서 관찰하고, 이 중에서도 특히 '서학'의 힘을 더욱 본질적인 것으로 보았다.

---

169 "서양은 전쟁을 하면 승리하고 공격하면 빼앗아 이루지 못하는 일이 없다. 천하가 모두 멸망하면 또한 (우리나라도) 입술이 없어지는 탄식이 없지 않을 것이니 보국안민의 계책을 장차 어떻게 내일까"(『동경대전』, 「포덕문」, "西洋戰勝攻取 無事不成 而天下盡滅 亦不無唇亡之歎 輔國安民 計將安出"); "저 경신년 4월에 이르러 천하가 혼란하고 민심이 효박하여 어디로 가야 할지 알지 못할 즈음에, 또한 괴이한 말이 세간에 요란하게 퍼져 이르기를 '서양 사람들은 도를 이루고 덕을 세워 그 조화가 미치는 곳에 이루지 못하는 일이 없고, 무기로 공격하여 전투를 함에 그 앞에 당할 사람이 없다'고 하였다. 중국이 멸망하면 (우리나라도) 어찌 입술이 없어져 이가 시리는 근심이 없겠는가. 이는 딴 연고가 아니라, 이 사람들(서양인)은 도는 서도라고 칭하고 학은 천주(학)이라고 칭하여 교는 성교(聖敎)라고 하니, 이것은 천시를 알고 천명을 받은 것이 아닐까 하는 말도 있었다. 이러한 말들을 낱낱이 들려면 끝이 없는지라, 나도 또한 늦게 태어난 것을 한탄할 즈음에, 갑자기 몸이 떨리기 시작하여 밖으로 영기가 몸에 접하고 안으로 (하느님의) 가르침이 내리는데 보아도 보이지 않고 들어도 들리지 않았다"(『동경대전』, 「논학문」) 참조.

그러므로 최제우의 '동학'(東學)은 처음부터 매우 의식적으로 '서학'(西學)에 대결한 '민족의식'에서 창도된 것임을 주목할 필요가 있다.

2. 동학의 명칭에 함축된 민족의식

'동학'의 명칭 자체에도 '민족의식'이 함축되어 있었다. 최제우 자신이 이를 다음과 같이 설명하였다.

> 묻기를, "그렇다면 도(道)의 이름을 무엇이라고 합니까?"
> 대답하기를, "천도(天道)이니라."
> 묻기를, "서양(西洋)의 도(道)와 다름이 없습니까?"
> 대답하기를, "서양의 학(學)은 우리 도(道)와 같은 듯하나 다름이 있고 기도하는 것 같으나 실(實)이 없다. 그러나 운수(運數)인즉 같고 도(道)인즉 한가지로되, 이(理)인즉 다르니라…"
> 묻기를, "도(道)는 같다고 말씀하셨으니 그 이름은 서학(西學)이라고 합니까?"
> 대답하기를, "그렇지 않다. 나는 동(東)에서 태어나서 동(東)에서 도(道)를 받았으니 도(道)는 비록 천도(天道)이나 학(學)인즉 '동학'(東學)이다. 하물며 땅이 동(東)과 서(西)로 나뉘어 있는데 서(西)를 어찌 동(東)이라 하며 동(東)을 어찌 서(西)라 하리요.
> 공자(孔子)는 노(魯)나라에서 태어나 추(鄒)나라에서 도(道)를 폈으므로 추노(鄒魯)의 풍(風)이 이 세상에 전하여 남아 있는 것이다. 우리 도(道)는 여기서 받아 여기서 펴고 있으니 어찌 서학(西學)이라 이름하겠는가."[170]

여기서 최제우가 동학과 서학을 엄격히 구분하는 근거 기준은 우선 지역(地域)과 문화(文化)이다. 그에 의하면 도(道)는 '천도'(天道)로서 동일하다 할지라도 지구가 동양과 서양으로 나뉘어 있으니 '동학'(東學)과 '서

---

170 『동경대전』, 「논학문」, "曰然則何道以名之. 曰天道也. 曰與洋道無異者乎. 曰洋學 如斯而有異 如呪而無實 然而運則一也 道則同也 理則非也 ······ 曰同道言之則 名其西學也. 曰不然 吾亦生於東 道雖天道 學則東學 況地分東西 西何謂東 東何謂西." 참조.

학'(西學)은 다를 수밖에 없는 것이다. 이때의 '동'(東)은 '동양'(東洋)을 의미하는 것이라고 볼 수 있다. 또한 최제우는 새로운 도(道)의 창시자인 자신이 이 땅 여기 동(東)에서 도(道)를 받았으니 학(學)이 또한 '동학'(東學)이 된다고 하였다. 이때의 '동'(東)은 '동국'(東國 = 朝鮮)을 의미한다고 볼 수 있다.

또한 최제우의 설명에 의하면, 마치 공자(孔子)가 노(魯)나라에서 태어나 추(鄒)나라에서 유학(儒學)의 도(道)를 폈기 때문에 공자의 유학에 추노(鄒魯)의 문화가 전하여 내려오는 것과 같이, 최제우 자신은 이 땅(東國 = 朝鮮)에서 하느님으로부터 도(道)를 받아 이 땅(東國 = 朝鮮)에서 도(道)를 펴니 또한 '동학'(東學)이 되는 것이라고 하였다. 이때의 '동'(東)도 '동국'(東國 = 朝鮮)을 가리키고 있음이 분명하다.

여기서 알 수 있는 것은 '동학'의 '동'(東) 개념에는 두 가지 의미 내용이 통합되어 있다는 사실이다. 하나는 최제우가 도를 깨닫고 포교한 땅의 문화(또는 풍토)를 강조할 때의 차원인 '동국(東國 = 朝鮮)의 천도학(天道學)'이라는 의미의 '동'(東)이다. 다른 하나는 지구를 동·서로 나눌 때의 차원인 '동양(東洋)의 천도학(天道學)'이라는 의미의 '동'이다.

동학(東學)의 '동'(東)에는 이와 같이 '동국'(東國 = 朝鮮)과 '동양'(東洋)이라는 이중의 뜻과 내용이 하나로 통합되어 있었다. 즉, '동학'이라는 이름과 내용 자체가 처음부터 강렬한 '민족의식'을 함축하고 있는 것이다.[171]

3. 동학의 대외관(對外觀)과 민족의식

이러한 동학의 민족의식은 서세(西勢)와 서학(西學)에 대한 견해를 비

171 신용하, 『신판 동학과 갑오농민전쟁연구』, 일조각, 2016, pp.38~61 참고.

롯해서 모든 나라에 대한 대외관(對外觀)에 확고한 민족주체적 관점과 사상을 내포한 것이 하나의 큰 특징이었다.

먼저 동학의 서세와 서학에 대한 관점을 보면, 동학은 서세(西勢)를 위정척사(衛正斥邪) 사상과 같이 무조건 경멸하거나 기기음교(奇技淫巧, 서양 과학기술에 대한 위정척사파의 개념)에 의존한 금수와 같은 세력으로 경멸하지 않고, 오히려 도성덕립(道成德立)하여 무사불성(無事不成)하고 전쟁과 전투에서도 무인재전(無人在前)하는 막강하고 두려운 세력으로 보았다. 이것은 동학의 서세에 대한 객관적이고 현실주의적인 관찰을 나타내는 것이다.[172]

또한 동학은 서학(西學)에 대해서도 그 운(運, 時運)은 동학과 동일하게 융성하는 운이요, 도(道)도 동학과 동일하게 천도(天道)인데, 학(學)과 이치(理致)만이 동학과 다르다고 보았다.[173] 최제우가 서학의 운이 동학과 마찬가지로 상승하는 성운이라고 보고, 또한 도(道)는 동학과 서학이 모두 동일하게 '천도'(天道)라고 본 것은 동학이 가진 보편주의적 천도관(天道觀)을 나타내는 것이다. 이것은 '하느님'을 자기 종교만의 것이라고 생각하는 전 세계 대부분의 종교들보다 훨씬 더 보편주의적 객관적 관점을 정립한 것이다. 또한 이것은 동양문명(東洋文明)과 서양문명(西洋文明)을 대등하게 보고, 자기의 주관적 관점에서 서양문명을 폄하하지 않는 합리적 사고를 나타내는 것이라고 볼 수 있다.[174]

---

172 이것은 위정척사사상의 서세를 금수와 같은 세력으로 경멸하는 주관주의적이고 비현실적인 관찰과는 매우 대조적인 것이라고 말하지 않을 수 없는 것이다.

173 『동경대전』, 「논학문」 참조.

174 이것은 위정척사사상이 서양문명을 삼강오륜의 이(理)가 없다고 하여 금수와 같은 사악한 문명이라고 폄하한 관점과는 상당히 대조적인 것이라고 볼 수 있다. 물론 동학은 위정척사사상과 마찬가지로 서학을 서세의 동양침략의 첨병으로 인식하였다. 그러나 동학이 가진 서세와 서학에 대한 객관적 관점과 관찰은 서세와 서학을 경계하고 두려워하여 '서학이 천시(天時)를 알고 천명(天命)을 받은 것이 아닌가'(『동경대전』, 「논학문」) 의심하면서, 서학의 창시자보다 최제우 자기 자신이 '늦게 태어난 것을 한탄'(『동경대전』, 「논

한편 동학의 청국(淸國)에 대한 관점은 과거의 청(淸)의 '병자호란'(丙子胡亂) 침략에 대하여 "한이(汗夷, 만주 오랑캐)의 원수를 갚아 보세"[175]라고 매우 강렬한 적의를 보였다.

그러나 명(明)·청(淸)을 모두 포함한 현실의 중원을 차지한 중국에 대해서는 이를 '입술과 이의 관계'로 관찰하였다. 최제우는 서세와 서학의 침입으로 중국이 멸망해 가는 것을 놓고 조선은 중국이라는 입술이 없어지는 근심에 직면했다고 설파하였다.[176] 여기서 주목할 것은 순망치한(脣亡齒寒)이라는 동양적 표현을 통하여 그는 중국과 조선을 깊은 '연대관계'를 가진 것으로 파악하면서도 조선을 '이', 중국을 '입술'에 비유하여 조선 중심적으로 파악하고 있다는 사실이다. '순망치한'의 대외관계 개념은 원래 중국인들이 자기들과 사이(四夷)의 관계를 비유할 때 만들어 애용하던 용어와 개념이므로 위정척사파들은 적어도 조선을 '이'에 놓고 중국을 '입술'에 비유하지 못했었다. 이에 비교하면 동학의 대중국관(對中國觀)은 민족주체적이었다고 볼 수 있다.

동학의 대일본관(對日本觀)은 일본의 과거의 침략에 대하여 매우 강렬한 적개심을 나타내었다. 최제우는 일본의 침략에 대하여 다음과 같이 '개 같은 왜적놈'이라고 매도하였다.

> 기험하다 기험하다 아국운수(我國運數) 기험하다.
> '개 같은 왜적놈아' 너희 신명(身命) 돌아보라.
> 너희 역시 하륙(下陸)해서 무슨 은덕 있었던고. […]
> 내 나라 무슨 운수 그다지 기험할고.
> 거룩한 내 집 부녀 자세 보고 안심하소.

학문」)하고, 서세와 서학을 막아낼 수 있는 서학보다 우수한 새로운 종교와 사상의 창조에 전념하도록 만드는 데 크게 작용한 것이었다고 볼 수 있다.

175 『용담유사』, 「안심가」. "대보단(大報壇)에 맹세하고 한이(汗夷) 원수 갚아 보세. 중수(重修)한 한이비각(汗夷碑閣) 헐고 나니 초개 같고 붓고 나니 박산일세."

176 『동경대전』, 「논학문」 참조.

'개 같은 왜적놈'이 전세 임진(壬辰) 왔다 가서,
술싼 일 못했다고 쇠술로 안 먹는 줄,
세상사람 누가 알꼬 그 역시 원수로다. [...]
내가 또한 신선(神仙) 되어 비상천(飛上天) 한다 해도,
'개 같은 왜적놈'을 하느님께 조화(造化)받아,
일야(一夜)에 멸(滅)하고서 전지무궁(傳之無窮) 하여 놓고.[177]

특히 주목할 것은, 최제우는 만일 앞으로 일본의 재침략이 있을 경우에는 그가 죽은 후에 영혼이 되어서도 이를 멸하겠다는 굳은 결의를 전달하고 있다는 사실이다.

여기까지의 고찰만으로도 최제우의 동학사상이 외국의 침략에 대항하여 얼마나 강렬한 대결적 '민족의식'과 민족주의적 저항의식을 갖고 있었는지를 충분히 알 수 있다.

4. 동학이 주도한 농민층의 민족의식

19세기 후반 민족적 위기를 타개하려고 한국사회에서 형성된 개화사상·동학·위정척사사상 가운데서, 동학은 평등사상과 인본주의와 후천개벽사상으로 농민층에게 가장 높은 '선택적 친화력'(elective affinity)을 갖고 포교하면서 농민 신도들에게 강렬한 '민족의식'을 배양하였다. 19세기 중엽 이후 한국 농민층의 민족의식을 배양 강화 발전시킨 것은 주로 '동학'이었다.[178]

동학은 '시천주'(侍天主) 사상에 기초한 독창적인 구조의 평등사상을 정립하여 포덕함으로써 당시 사회신분제도 폐지를 갈구하는 농민층의

177 『용담유사』, 「안심가」.
178 박명규, 「동학사상의 종교적 전승과 사회운동」, 『한국사회사연구회 논문집』 제7집, 1986 참조.

강렬한 요구에 사회학적으로 가장 높은 '선택적 친화력'을 정립하였다. 동학에 의하면, 사람은 누구나 마음에 하느님을 모시고 있는데[侍天主], 이 하느님은 신분·적서(嫡庶)·노주(奴主)·남녀(男女)·노소(老少)·빈부(貧富)에 전혀 차별 없이 모두 똑같은 하느님이며, 모든 사람들이 바로 동일한 하느님을 모시고 있기 때문에 평등하다는 독창적 구조의 평등사상을 정립하였다.[179]

또한 동학은 "사람이 곧 하느님이요 하느님이 곧 사람이다"라는 '인시천'(人是天) 사상을 정립하여 인간의 지고지귀(至高至貴)한 존엄성을 강조하였다. 최시형은 최제우를 계승하여 "사람은 곧 하늘이다[人是天]. 사람 섬기기를 하늘같이 하라[事人如天]"라고 설파하였다.[180] 동학의 '사람이 곧 하느님이다'라는 인시천 사상은 하느님을 사람 밖에 있는 별개의 주재자(主宰者)로 설정하고 사람은 하느님 밑에서 그 지배를 받는 하느님의 '종'이라고 설파한 종래의 여타 종교 사상과는 크게 다른 최고도의 인본주의(휴머니즘) 사상이었다. 동학의 인시천 사상은 인간을 지고지귀한 하느님

179 예컨대 동학의 신분평등의 경우를 보면, 양반도 그의 마음 안에 하나의 하느님을 모시고 있고, 상민과 천민도 그의 마음 안에 똑같은 하나의 하느님을 모시고 있기 때문에 양반과 상민과 천민은 서로 완전히 평등한 것이라고 이론화하여 강조하는 것이다. 최제우는 양반신분제도를 비판하고 부정하여 "우습다 저 사람은 지벌이 무엇이기에 군자를 비유하며 문필이 무엇이기에 도덕을 의론하뇨"(『용담유사』, 「도덕가」)라고 가사를 지어 불렀다. 그는 후천개벽 후의 앞으로 오는 새 시대에는 빈천자가 부귀자가 될 것임을 다음과 같이 노래하였다. "부하고 귀한 사람 이전 시절 빈천이오, 빈하고 천한 사람 오는 시절 부귀로세"(『용담유사』, 「교훈가」). 동학의 제2세 교주 최시형은 평등사상을 더욱더 강조하고, "우리 도를 각(覺)할 자는 호미를 들고 지게를 지고 다니는 사람 속에서 많이 나오리라"(『동학사』, p.42)라고 했으며, "부한 사람과 귀한 사람과 글 잘하는 사람은 도(道)를 통하기가 어렵다"(『동학사』, p.42)고 하였다. 그뿐만 아니라 동학은 여성도 '하느님을 낳는 하느님'이라 하여 남녀평등을 강조했으며, 어린이는 '어린 하느님'이라고 하여 어린이 존중을 강조하였다(『동학사』, p.64).

180 『천도교창건사』 제3편의 p.66에서 볼 수 있는 바와 같이, 최제우와 최시형의 '인시천'을 손병희는 '인내천'으로 용어 표현을 바꾸었다. "내 꿈인들 어찌 선생(최제우 - 인용자)의 유훈(遺訓)을 잊으리오. 선생이 일찍 유교(遺敎)이 있어 가로되 '사람은 하늘이니라. 그러므로 사람 섬기기를 하늘같이 하라' 하셨도다"(『천도교창건사』 제2편, pp.37~38).

과 동격으로 설정함으로써 그때까지 전 세계 모든 종교들이 창안한 인본주의 중에서도 최고도의 인본주의를 창도한 획기적인 것이었다.

또한 최제우의 동학은 인류 역사를 선천(先天)과 후천(後天)으로 나누어, 선천(先天) 시대 5만 년이 다하면 시운(時運)에 따라 후천(後天) 5만 년이 시작되는 개벽(開闢)이 이루어진다고 설명하였다. 그는 조선왕조 말기의 자기 시대를 선천시대가 마지막 종언을 고하는 시대라고 보았으며, 그의 동학의 득도와 포교의 시작이 후천세계(後天世界)의 시작을 알리는 것이라고 설명하였다. 최제우의 이러한 후천개벽(後天開闢) 사상에는 일반적으로 선천세계를 모두 부정하면서 실제로는 조선왕조를 부정하는 뜻을 내포했다는 의미에서 사상적 혁명성이 있다고 볼 수 있다.[181]

동학의 이러한 평등사상과 최고도의 휴머니즘은 당시 양반관료들로부터 차별받고 학대받으며 천시되어 오던 평민과 천민들에게 매우 높은 '선택적 친화력'을 갖고 인간의 평등과 지고지귀함을 가르쳐 주면서, 새로운 시대의 도래를 예고하여 그들에게 새로운 희망을 주고, 그들로부터 열광적인 환영을 받은 것이었다.[182]

최제우가 창도한 동학은 이러한 내용의 동학사상을 포교하면서 동시에 그의 강렬한 '민족의식'을 신도들에게 전도하여, 모든 동학농민들은 강렬한 민족의식을 형성하여 갖게 되었다. 동학이 전국에 포교되어 다수의 농민층을 장악하자 19세기 말 한국 농민층은 주로 동학에 의하여 강렬한 민족의식을 강화시켜 나가게 된 것이었다. 19세기 당시 한국인의 절대다수가 농민층이었으므로, 동학의 농민층 포교는 한국민족의 민족의식 형성 강화에 매우 큰 역할을 수행하였다.

---

181 김용덕, 「동학사상연구」, 『중앙대논문집』 제9집, 1964 참조.
182 신용하, 『신판 동학과 갑오농민전쟁 연구』, 일조각, 2016 참조.

동학의 강렬한 '민족의식'의 형성 강화는 결국 동학의 '민족주의'로 결정(結晶)되었다. 동학의 민족주의는 1894년에는 한반도에 불법 침입한 일본침략군을 몰아내기 위한 제2차 동학농민혁명운동에 60만 명의 동학농민군이 무장봉기해서,[183] 일본침략군과 혈투를 전개하는 데까지 이른 것이라고 해석할 수 있다.

5. 초기개화파 및 갑오개혁 정부의 자주성과 민족의식 강화정책

한편 개화파의 민족의식은 홍대용·정약용·박지원 등 조선후기 실학파의 민족의식을 계승하여 19세기 서양 열강·일본·청국 등 외세의 위협 증가에 대응하면서 고양·발전된 것이었다. 원래 오경석·유홍기·박규수 등의 개화사상도 1853~1860년대에 서양열강의 동양침입으로 조성된 민족적 위기를 타개하기 위하여 형성된 사상이었다. 처음 형성된 초기개화파는 조선을 자주부강한 근대국가로 만들려고 초기개화정책을 적극 추진하고 있었다.

임오군란(1892)을 계기로 청국이 조선에 3천 명의 청군을 서울에 주둔시키고 조선을 청국의 사실상의 속방으로 종속시키려는 '실질적 속방화 정책'과 '적극 간섭정책'을 자행하자, 초기개화파의 김옥균 등 급진파(개화당)는 청군을 쫓아 보내고 청국의 속방화 정책을 파기하여 조선의 완전 독립을 재확립하려고 1884년 '갑신정변'을 일으켜서 3일간 집권했다가 청군의 공격에 패하여 실패하였다. 박은식은 『한국독립운동지혈사』에서 이 사실을 첫 독립운동으로 다루면서 '갑신독립당의 혁명실패'(甲申獨立黨

---

183 『東京朝日新聞』, 1895년(明治 28) 3월 6일자, 「東學大巨魁審問續聞」에 수록된 全琫準의 비교적 정확한 추계임.

之革命失敗)라는 제목을 붙였다.[184] 그는 김옥균 개화당을 본질적으로 조선의 완전 독립을 추구한 '독립당'으로 본 것이었다.

10년 후(1894)에 집권한 온건개화파의 갑오개혁 정부는 조선에 불법 상륙하여 청일전쟁을 도발한 일본군의 간섭과 위협 속에서도 '민족자주성'을 강화하려고 노력하였다. 그들은 군국기무처의 최초의 의안을 1894년 음력 6월 28일(양력 7. 30) "① 지금 이후부터 국내외의 공사 문안에 개국기년(開國紀年)을 쓸[書] 것, ② 청국과 맺은 약조를 개정하고 열국(列國)에 특명전권대사를 파송할 것"[185]을 의결하여 반포하였다. 이 중에서 '개국기년의 사용'은 종래의 중국황제 연호 사용을 폐지하고 조선왕조의 개창 연도(서기 1392년)를 개국 원년으로 한 '개국기년'을 공사문서에서 사용하도록 법제화하여 민족자주의식을 고양시키려고 한 것이었다. 이 법령에 의해 갑오개혁이 일어난 서기 1894년은 '개국 503년'이 되었다.

갑오개혁 정부는 또한 국호를 단순히 '조선'이라고만 하지 않고 공식 문서에서도 '대조선'이라고 썼으며, 왕을 '군주'에서 '대군주'로, 왕의 호칭을 '전하'에서 '폐하'로 고쳐 불렀다. 이는 온건개화파의 '칭제'(稱帝) 추구를 시사한 것이기도 하였다.

갑오개혁 정부가 이어서 청국과의 조약 개정과 각국에의 특명 전권대사의 파견을 의결한 것은 종래 청국의 조선 자주외교에 대한 방해 간섭을 철저히 극복하기 위한 것이었다.

갑오개혁 정부는 1894년 12월 『관보』 등과 공문서에는 '한문전용'을 금지하고 반드시 '국한문혼용'을 하도록 결정하여 실행하였다.[186] 이것도 자주성 강화와 개화를 목적으로 단행된 획기적 정책이었다.

갑오개혁 정부는 또한 7월 17일(양력 8. 17) 외국 사절들이 국왕을 알현

---

184 朴殷植, 『韓國獨立運動之血史』, 『朴殷植全書』 상권, pp.451~454 참조.

185 『更張議案存案』 갑오년(1894) 6월 28일조.

186 이영학, 「갑오개혁시기 기록관리제도의 변화」, 『역사문화연구』 제27집, 2007 참조.

하려 할 때에는 가마를 타고 대기소 문 밖에 와서 기다리는 등 조선 예절에 따라 시행하도록 하고, 각기 자기 나라의 격식에 자의로 의거하지 못하도록 하였다.[187] 이것도 역시 자주독립국의 위상과 위신을 외교적으로 높이고 강화하기 위해 단행한 조치였다.

또한 갑오개혁 정부는 8월 26일(양력 9. 25) "국내 토지·산림·광산은 본국 입적인이 아니면 점유 및 매매를 허가하지 않을 것"[188]을 법령으로 반포해서 외국인의 토지·산림·광산 소유를 금지하는 조치를 단행하였다. 이것은 당시 일본을 비롯하여 러시아·미국·독일·프랑스·영국 등 열강이 조선의 토지·산림·광산을 구입·점유하려는 활동을 활발히 시작하고 있었기 때문에, 외국의 국내 자원침탈을 사전에 방지하고 나라의 자주독립을 지키며 강화하기 위한 조치였다.

갑오개혁 정부는 또한 1894년 8월 28일(양력 9. 27) "무릇 외무아문에서 외국과 교섭하는 중대한 사건으로서 조약 체결, 고빙(雇聘)과 같은 일은 그 아문의 대신과 협판이 공동 협의하고 판단 관리하여 총리대신의 인가를 얻어 시행한다"[189]라는 법령을 제정 반포하였다. 이것은 종래 전제군주제의 국왕이 독단으로 외국과의 조약을 체결하고 외국인 고용과 해임을 결정하거나, 국왕의 신임을 가진 모든 대신들이 각기 독단으로 이에 간여하여 자주권을 크게 손상시켜 온 것을 엄금하고, 외국과 관련된 모든 사항은 외무아문의 대신과 협판이 공동으로 심의 관리하되 반드시 총리대신의 승인을 받도록 함으로써, 나라의 자주독립을 강화하기 위해 단행된 개혁법령이었다. 그러나 민족자주권을 강화하려는 온건개화파의 개혁은 일본 측의 압력으로 많은 부분이 제대로 시행되기 어려웠다.

---

187 『更張議定存案』, 개국 503년(1894) 7월 22일조 및 『日省錄』, 고종 31년 7월 17일조 참조.

188 『日省錄』, 고종 31년(1894) 8월 26일조 및 『更張議定存案』, 개국 503년 9월 1일조.

189 『官報』, 개국 503년(1894) 8월 29일조 및 『更張議定存案』, 개국 503년 9월 1일조.

또한 갑오개혁 정부는 신식학교를 설립하여 '신교육'을 실시하면서, '한국언어'·'한국문자', '한국역사'와 '한국지리' 교과서를 편찬하여 우리 민족과 국가에 대한 지식을 강화하여 교육시켰다. 갑오개혁 정부 학부는 1894~1896년 사이에 『세계만국연계』(世界萬國年契, 1894), 『만국사략』(萬國史略, 1896) 등 세계를 알기 위한 교과서 외에도 ① 『국민소학독본』(國民小學讀本, 1895. 8), ② 『조선역사』(朝鮮歷史, 1895. 9), ③ 『조선지지』(朝鮮地誌, 1895. 9), ④ 『조선역대사략』(朝鮮歷代史略, 1895. 10), ⑤ 『소학독본』(小學讀本, 1895. 11), ⑥ 『신정심상소학』(新訂尋常小學, 1896. 2) 등 한국민족 자신을 알기 위한 신서적을 편찬하였다. 이러한 갑오개혁 정부의 노력은 당시 학생들과 국민들의 민족적 각성과 민족의식 강화에도 큰 영향을 끼쳤다.

6. 독립협회와 『독립신문』의 국민 민족의식 고양

19세기 한국인의 민족의식을 비약적으로 고양 강화시킨 것은 무엇보다도 『독립신문』과 독립협회의 활동이었다. 서재필은 새 신문의 이름을 아예 '독립신문'이라고 지어 민족의식과 독립사상을 고취하려고 하였다. 『독립신문』은 지금의 세계가 '약육강식'(弱肉强食)의 시대라고 주의를 환기시키면서,[190] '도적'(남의 나라 권리를 뺏기 좋아하는 나라, 침략국)의 당(무리)과 도적의 병장기(무기; 무력)를 헤아려 그들보다 더 많은 당과 더 편리한 병장기를 만들어 대비해야 나라의 독립과 권리를 지킬 수 있다고 다음과 같이 강조하였다.

> 남의 나라 권리를 뺏기 좋아하는 나라도 많이 있는지라. 만일 누구든지 이런 무리한 생각이 있어 남의 물건과 권리를 뺏으려고 하는데 한두 번이고 뺏아 본

---

190 『독립신문』, 1898년 12월 17일자, 「나라 사랑하는 론」 참조.

사람과 나라는 언제든지 욕심이 점점 자라 그칠 날이 없는지라. 다만 이런 무리한 일을 못하게 하는 방책은 암만 저 사람이 뺏으랴 하더라도 내가 뺏기지 아니하면 그 사람이 무리한 일을 못하는 법이라. […] 도적의 당과 도적들이 가진 병장기의 힘을 헤아려 도적의 당보다 내가 당을 더 많이 만들고 도적의 병장기보다 더 편리한 병장기를 준비하여 두어야 설령 도적이 오더라도 방어를 할 터이요. 또 도적이 그 집에 이로운 병장기가 있고 사람이 많이 있는 줄 알면 가지를 아니할 터이라.[191]

서재필은 동양과 세계정세를 볼 때 대한제국이 대외적으로 중립적 친선외교를 하면서,[192] 대내적으로 국제세력균형이 이루어진 시기에 하루속히 '자강'(自强)을 실현해야, 세력균형이 깨어져서 어느 한 강국이 본격적 침략을 자행해도 조선의 힘으로 이를 막아내어 나라의 자주독립을 지킬 수 있다고 강조하였다.[193] 『독립신문』은 또한 나라의 자주독립을 위해서는 국민의 '애국심' 배양이 극히 중요함을 강조하였고,[194] 애국심과 민족의식을 고양시키기 위해 '본국 사기(史記, 역사)' 공부와 교육을 강조하였다.[195]

종래 '사대'(事大)가 온건하고 좋은 사상이며 '독립'은 급진적이고 위험한 불온사상이라는 지배층이 배양한 지적 분위기 속에서, 서재필과 독립협회의 자주독립사상 강조는 전 국민에게 '자주독립'해야만 떳떳하게 살 수 있으며, 나라와 겨레를 지키고 발전시킬 수 있다는 새로운 '민족의식'을 배양하고, 국민의 자주독립사상을 발전시키는 데 지대한 공헌을 하였다.

독립협회는 1896년 7월 2일 창립 때 처음부터 '독립문' 건립을 사업

191 『독립신문』, 1897년 8월 12일자, 「논설」.
192 『독립신문』, 1897년 8월 10일자, 「논설」 참조.
193 서재필, 「동양론」, 『大朝鮮獨立協會會報』 제6호, 1896년 2월 15일자 참조.
194 『독립신문』, 1897년 6월 8일자, 「논설」 및 7월 31일자, 「논설」 참조.
195 『독립신문』, 1898년 3월 8일자, 「논설」.

그림 3-15. 건립 직후의 독립문(1897)

목표로 내세워 회원을 모집하였다. 중국에 대한 '사대'의 상징인 '영은문'(迎恩門)을 갑오개혁 정부가 철거하여 돌기둥만 남아 있는 자리에, 독립협회 발기인들이 '독립문'(獨立門)을 세우기로 합의한 직후 서재필은 『독립신문』 영문판인 *The Independent*에서 독립문 건립에 대해 "이 문은 다만 중국으로부터의 '독립'(獨立)을 의미하는 것이 아니라, 일본으로부터, 러시아로부터, 그리고 모든 유럽 열강으로부터의 '독립'을 의미하는 것이다"[196]라고 강조하였다. 독립문(The Independence Arch)의 정초식(定礎式)은 1896년 11월 21일 회원, 시민, 학생 등 무려 5~6천 명이 참석한 가운데 성대하게 거행되어,[197] 만 1년 후인 1897년 11월 20일경에 역사적 준공을 보게 되었다.[198]

독립협회는 또한 독립문 부근의 전 모화관(慕華館)이 갑오개혁 후 사용 중지되어 폐가가 되어 있으므로, 이를 전면 보수하여 이름을 '독립관'(The Independence Pavillion)이라 고치고 독립협회 회의장과 사무소로 사용하였다.[199] 독립공원(The Independence Park)은 독립문과 독립관 일대가 공지였으므로 이를 현대식 '공원'으로 꾸몄다. 독립공원도 독립관 보수가 완료

---

196 *The Independent,* 1896년 6월 20일자, "Editorial."

197 『大朝鮮獨立協會會報』 제2호, 1896년 12월 15일자, 「會事記」 및 *The Korean Repository,* 1896년 11월호, "The Corner Stone of Independence Arch," p.458 참조.

198 *The Independent,* 1897년 12월 30일자, "The Review of the Chief Events of 1897" 참조.

199 *The Korean Repository,* 1897년 11월호, "The Independence Club," p.436; *The Korean Repository,* 1898년 8월호, "The Independence Club," p.268 및 『독립신문』, 1897년 5월 25일자, 「잡보」 참조.

된 1897년 5월에 일단 건설을 완료하였다.[200]

그림 3-16. 독립관(1897)

독립문·독립관·독립공원은 전 국민의 성금을 모아 건립됨으로써 국민의 '민족의식'을 고양시키고 자주독립사상을 고취하였다. 또한 독립문은 전 세계에 한국국민의 자주독립 의지와 결의를 알렸으며, 영구히 보존 가능한 기념물을 건립함으로써 후손 만대에 자주독립의 중요성과 독립의지를 각성시키도록 하였다.

독립협회는 독립관에서 1897년 8월 29일부터 매주 일요일 오후에 '토론회'(討論會, debating society)를 모두 34회 개최하여 회원과 시민을 계몽하였다. 회원과 시민들은 '토론회'에서 나라가 당면한 중대한 문제들에 대해 치열하게 토론하면서 많은 신지식을 습득했을 뿐 아니라 강렬한 '민족의식'을 형성 강화 발전시켜 나갔다.

7. 독립협회의 이권침탈 반대운동과 민족의식 고양 강화

독립협회가 토론회를 통해 계몽운동을 벌이는 동안에도 열강들은 이권침탈을 위해 대한제국에 온갖 압력을 가하였다. 특히 러시아는 ① 함경도 경원·경성 광산채굴권, ② 두만강 연안 삼림벌채권, ③ 울릉도·삼림벌채권, ④ 시위대 훈련을 위한 군사교관의 파견, ⑤ 재정고문과 기기창

200 『大朝鮮獨立協會會報』 제16호, 1897년 7월 15일자, 「會事記」 참조.

고문의 파견, ⑥ 러한은행(The Russo-Korean Bank) 설립과 대한제국 재정 자금의 관리 등 많은 권리를 이미 침탈하고, 이어서 부산 절영도(絶影島: 영도)의 석탄고 기지 조차(租借)를 요구해 왔다. 친러 수구파 정부는 이를 승인하는 절차를 시작하였다.

독립협회는 러시아의 침략정책에 강력히 반대하였다. 독립협회는 1898년 2월 21일 구국운동 선언 상소 봉정을 전환점으로 하여 본격적인 구국정치운동을 전개하였다. 3월 10일과 12일에는 독립협회 회원과 서울 시민 약 1만 명이 종로에서 '만민공동회'를 두 차례 개최하였다. 이 만민공동회에서는 제정러시아의 '절영도 조차 요구'를 격렬하게 규탄했을 뿐 아니라, 러시아의 군사교관·재정고문·러한은행의 철수를 요구하는 결의안을 통과시켰으며, 일본의 석탄고기지 회수도 결의하였다.

1898년 3월의 만민공동회는 한국인들이 최초로 개최한 근대적 시민 대회였다. 이 대회에는 애국적 시민들이 자발적으로 모여 외국 침략세력을 규탄했으며 대회결의를 채택하였다. 이 만민공동회에는 1만 명 이상의 성년 남자들이 참가했는데, 당시의 서울 인구가 약 17만 명이었으므로 소년과 여성을 제외하면 당시로서는 매우 큰 규모의 민중대회였다. 정부 관료들과 외국공사 및 외국인들이 만민공동회를 보고 그동안 한국인들의 근대적 성장에 탄복과 경악을 금치 못하였다. 만민공동회의 성공은 독립협회의 독립사상 고취로 한국 국민의 '민족의식'과 '자주독립의식'이 비약적으로 고양되었음을 증명해 주었다.

만민공동회의 규모와 강경한 태도에 정부와 외교계는 큰 충격을 받았고 정부도 절영도 석탄고기지 조차를 거부하였다. 제정러시아는 결국 얼지 않는 군항의 부산 부근 설치계획을 변경하여 중국에서 조차한 요동반도 여순·대련항에 해군기지를 설치하도록 하고 한반도에서 마침내 철수하였다.

독립협회의 만민공동회 운동은 러시아 세력과 일본 세력을 한반도에서 철수시켜 결국 한반도 주변 국제열강의 세력균형을 형성하는 결과를 가져오게 되었다. 한반도가 국제열강의 힘의 공백상태가 되자, 제정러시아와 일본은 상호 견제를 위하여 1898년 4월 25일 '로젠-니시협정'을 맺어, 두 나라가 대한제국의 주권과 완전한 독립을 확인하고 내정에 간섭하지 않기로 함과 동시에, 대한제국이 군사교관이나 재정고문의 초빙을 요청하는 경우에도 두 나라가 사전 동의 없이는 응낙하지 않기로 협약하였다. 이 협정에 의하여 한반도를 둘러싼 국제세력균형 형성이 재확인되었고, 이 세력균형은 러일전쟁이 일어나기 직전인 1904년 1월까지 만 6년간 지속되었다. 독립협회는 이 국제세력균형 기간에 대개혁을 단행하여 대한제국 독립의 기초를 공고히 해서 국제세력균형이 깨어져 어느 한 강국이 대한을 침략하려 해도 이것을 막아낼 수 있도록 자주부강한 근대국가를 확립하려 개혁운동을 전개하였다.[201]

---

201 신용하, 『신판 독립협회 연구』 상권, 일조각, 2006, pp.339~464 참조. 독립협회는 만민공동회를 개최한 1898년 3월부터 9월까지 다음과 같은 운동을 전개해 큰 성과를 올렸다.
① 러시아의 부산 절영도 석탄고기지 요구 저지운동
② 일본의 석탄고기지 회수운동
③ 러한은행 철수운동
④ 러시아의 재정고문 및 군사교관 철수운동
⑤ 서재필 재류운동
⑥ 국민의 생명·재산의 자유권 수호운동
⑦ 러시아의 목포·진남포 조계 매도 저지운동
⑧ 프랑스의 광산이권 요구 반대운동
⑨ 독일의 금광인권 요구 반대운동
⑩ 각국이 침탈한 이권의 조사와 이권양여 반대운동
⑪ 의학교 설립운동
⑫ 황실호위 외인부대 창설 저지운동
⑬ 노륙법(孥戮法) 및 연좌법 부활 저지운동
⑭ 개혁파 정부 수립운동
⑮ 관민공동회 개최
⑯ 의회설립운동

이 시기에 친러 수구파가 집권은 하였으나 독립협회의 개혁운동에 밀려 수세에 몰렸다. 독립협회는 특히 열강의 '이권침탈'[202]에 대해 맹렬한 반대운동을 전개하였다.[203]

독립협회는 '개혁파 정부'를 수립하고 '의회'를 개설하여 '국민의 참정'을 실현시켜서 전제적 군주국가를 민주적 국민국가로 개혁해야, 민족적

---

202 '이권'은 영어 'concession'의 번역으로서, 19세기 제국주의 열강이 후진약소국의 자연자원 채굴, 국토조차(租借), 고수익성 사업(예: 철도부설) 등의 독점권과 약정기간의 치외법권을 획득하여 수취하는 방법으로, 식민지점유에 선행하는 전 단계 침략정책으로 간주되어 온 것이다. 영국에 의한 중국 홍콩의 100년간의 'concession'도 그 한 예다.

203 독립협회가 반대한 열강의 이권침탈 항목을 분류해 들면 다음과 같다(신용하, 『한국근대사회변동사 강의』, 지식산업사, 2000, pp.273~276 참조).

① 국토조차의 반대: 러시아의 부산 절영도 석탄고기지 조차 요구 반대, 러시아가 요구한 목포와 진남포의 조계(租界) 조차 반대, 일본의 인천 월미도 석탄고기지 조차의 회수, 일본의 부산 절영도 석탄고기지 조차의 회수

② 광산채굴권 침탈의 반대: 러시아의 경원·경성 광산채굴권 침탈과 양여 비판, 미국의 운산(雲山) 금광채굴권 침탈과 양여 비판, 영국의 은산(殷山) 금광채굴권 요구 반대, 독일의 금성(金城) 당현(堂峴) 금광채굴권 침탈과 양여 비판, 프랑스의 금광채굴권 요구 반대

③ 철도와 전선 부설권 침탈의 반대: 일본의 전선 부설권 침탈 비판, 미국의 경인선 부설권 침탈과 양여 비판, 프랑스의 경의선 부설권 침탈과 양여 비판, 일본의 경부선 부설권 침탈과 양여 비판

④ 삼림벌채권 침탈의 반대: 러시아의 두만강 상류와 무산(茂山)지역 삼림벌채권 침탈과 양여 반대, 러시아의 울릉도 삼림벌채권 침탈과 양여 반대, 러시아의 압록강 조선변지 삼림벌채권 침탈과 양여 반대

⑤ 연해어장 침탈의 반대: 일본의 경상도·전라도·충청도 연안어획권 침탈과 양여의 반대, 일본의 경상도 연안 포경권(捕鯨權) 침탈과 양여의 반대

⑥ 외국상인의 상권침탈 규제 요구: 외국상인의 상행위권을 외국인거류지 이내로 규제 요구, 러한은행의 철수 요구, 일본화폐(일본 제일은행권) 통용 반대, 외국상인의 고리대부 행위의 규제 요구

⑦ 재정권 간섭의 반대: 러시아의 재정고문 알렉시에프의 소환 요구, 러시아의 영궁인 재정고문 브라운의 부당해고 반대

⑧ 군사권 간섭의 반대: 러시아의 군사고문 및 교관의 철수 요구, 황실호위 외인부대 창설 반대

⑨ 외국차관의 반대: 러시아와 일본의 정치차관 제공 밀약의 반대, 일본의 정치차관 제공 반대

⑩ 불평등조약의 폐지 요구: 각국과의 불평등조약 가운데 치외법권 폐지 요구, 외국상인의 면세특혜 폐지 요구, 해관 세무사의 대한인 임명 요구, 관세자주권 확립 요구

적 위기가 급박하게 닥칠 때에 개혁파 정부와 독립협회가 주도하는 의회와 애국적 국민이 일치단결하여, 열강의 침략을 물리칠 수 있다고 보고 개혁정부 수립을 추진하였다. 독립협회와 서울 시민들은 10월 1일부터 12일까지 궁궐을 에워싼 채 개혁파 정부 수립을 요구하는 강경한 철야상소와 시위투쟁을 전개하였다.

황제 고종은 독립협회와 시민의 요구에 마침내 굴복하여 앞에서 서술한 바와 같이 박정양(朴定陽)을 의정서리, 민영환(閔泳煥)을 군부대신으로 한 개혁정부를 수립하였다. 외국 공사들까지도 한국에서 시민운동에 의하여 전면 개각이 이루어지고 개혁정부가 수립된 사실에 경탄을 나타내고, '하나의 평화적 혁명'(a peaceful revolution)이 이루어지고 있다고 본국에 보고한 것이었다.

독립협회는 개혁정부 수립에 성공하자 1898년 10월 28일부터 11월 2일까지 종로에서 시민과 정부관료를 합석시키고 국정의 전반적 개혁, 열강의 이권침탈 방지, 의회설립을 다짐하는 관민공동회(官民共同會)를 개최하였다. 독립협회와 개혁정부는 관민공동회가 성공리에 끝나자, 11월 2일자로 된 '중추원신관제'(中樞院新官制: 상원설립법)를 11월 3일 황제의 재가를 얻어 11월 4일 공포하였다.

그러나 친러 수구파는 독립협회가 의회를 설립하여 전제군주제를 '입헌대의군주제'로 개혁하려는 것이 아니라 '공화정'으로 국가체제를 바꾸려는 것이라고 모략공작과 모략보고를 하였다. 이에 놀란 황제 고종은 11월 4일 밤부터 5일 새벽 사이에 시위대와 경무청을 동원하여 독립협회 간부들을 체포하고, 독립협회 해산령을 내림과 동시에 개혁정부를 해체하고 다시 친러 수구파 정부를 조직하였다. 물론 의회설립법도 취소하였다.

독립협회가 해산되고 간부들이 체포되었다는 소식을 들은 서울 시민들은 자발적으로 궐기하여 만민공동회를 조직하고 전후 42일간에 걸쳐 한국근대사상 최장기 철야시위를 전개하였다.

그러나 1898년 12월 25일 제정러시아·일본의 권고를 받고 미국의 양해를 얻은 황제 고종의 계엄령과 친러 수구파 정부가 시위대의 무력으로 만민공동회를 기습 공격하여 해산시키고 독립협회를 불법화했으며, 독립협회와 만민공동회 간부들을 430여 명이나 일시 검거하여 개혁파의 구국을 위한 정치개혁운동을 철저히 금지시키고 탄압하였다.

그럼에도 불구하고 독립협회가 1898년 황제의 칙령에 의해 강제해체된 후, 서울 시민들이 전 국민의 성원을 받으면서 한국역사상 가장 긴 시위인 무려 42일간의 궁궐을 에워싼 연속 철야시위를 감행한 사실은 대한제국 국민들의 '민족의식'과 관련하여 특히 주목할 필요가 있다. 이 사실은 적어도 1898년에는 대한제국 국민들도 확고한 근대적 '민족의식'을 형성하여 '근대민족'으로 발전해서 '민족의식'을 치열한 '민족운동'으로까지 명료하게 표시한 증거로 볼 수 있는 것이다.

19세기 말 독립협회 시기에 한국민족은 '전근대민족'에서 '근대민족'으로서의 전화 형성이 확실하게 성취되었음을 명확히 인지할 수 있다. 또한 이 시기에 개화파·독립협회의 '민족의식'은 매우 강화되어 '근대시민적 민족주의'로 결정(結晶)되어 있었음을 확인할 수 있는 것이다.

8. 독립협회 시기의 저작과 신문의 민족의식 고취

독립협회 시기의 저작과 신문들을 보면, 19세기 한국 '근대민족'의 형성을 더욱 명확히 재확인할 수 있다. '신문'에 대해서는 앞서 『독립신문』, 『조선그리스도인 회보』, 『그리스도 신문』, 『매일신문』, 『제국신문』, 『황성신문』, 『대한신보』, *The Independent* 등이 명료하게 '근대민족' 형성을 증명하는 신문임을 보았다. 여기에 몇 가지 저작을 보충해 보면, '국어문법'을 근대학문으로 정립하기 위해 이봉운(李鳳雲)의 『국문정리』(國文正理, 1897)와 주시경(周時經)의 『국어문법』(國語文法, 1898)이 저술되었다.

주시경은 독립신문사 안에 한국 근대 최초의 국문연구단체인 '국문동식회'(國文同式會)를 창립하여 활동하였다. 그는 『독립신문』에도 '국문론'을 두 차례나 발표하여,[204] 주로 ① 국문법을 만들고 맞춤법을 통일시킬 것, ② 국문 띄어쓰기를 실행할 것, ③ 국어사전을 편찬할 것, ④ 국문전용을 실행할 것, ⑤ 국문 가로쓰기의 방향으로 나아갈 것, ⑥ 쉬운 국어를 써서 반드시 언문일치를 실행할 것을 주장하였다.[205]

국문동식회의 연구는 주시경의 『국어문법』(1898)으로 집대성되었다. 주시경의 『국어문법』은 품사를 분류하여 새 이름을 정하고, 말의 원소와 합성을 구분하여, 받침법을 원칙에 따라 모든 자음이 받침으로 사용될 수 있게 법칙적으로 정리 통일해서, 오늘날의 국어문법과 동일한 기본틀을 만든 획기적인 내용이었다.[206]

---

204 『독립신문』, 1897년 4월 22일자 및 24일자, 「주상호씨 국문론」 및 1897년 9월 25일자 및 28일자, 「주상호씨 국문론」 참조.

205 신용하, 『신판 독립협회 연구』 상권, 일조각, 2006, pp.213~219 및 『독립신문』, 1897년 4월 24일자, 「주상호씨 국문론」 참조. 주시경은 국문전용이 나라의 개화와 독립에 절대로 필요한 것이라고 다음과 같이 역설하였다. "지금 우리나라 한 시 동안은 남의 나라 하루 동안보다 더 요긴하고 위급하오니, 그림(한문 – 인용자) 한 가지 배우자고 이렇게 아깝고 급한 때를 허비시키지 말고, 우리를 위하여 사업하신 큰 성인(세종대왕 – 인용자)께서 만드신 글자는 배우기가 쉽고 쓰기도 쉬우니 이 글자들로 모든 일을 기록하고, 사람마다 젊었을 때에 여가를 얻어 실상 사업에 유익한 학문을 익혀 각기 할 만한 직업을 가져서 우리나라 독립에 기둥과 주춧돌이 되어 […] 우리나라의 부강한 위엄과 문명한 명예가 세계에 빛나게 하는 것이 마땅하도다."

206 주시경의 『국어문법』은 1898년 말 독립협회가 강제 해산될 때 주시경이 친러 수구파 정부에게 쫓기는 처지가 되었으므로 당시에 출판되지 못하였다. 『국어문법』은 1906년에야 『대한국어문법』의 명칭으로 간행되었다가, 1910년에 이르러 『국어문법』(國語文法)으로 다시 간행되었다. 주시경의 『국어문법』은 국문법을 오늘날의 국문법처럼 만든 최초의 참으로 획기적 업적이었다.

국사 부문에서는 독립협회 회원 최경환(崔景煥)이 조선 역사를 자주적으로 새로 체계화해야 한다고 주장하고, 새 역사서로서 1896년에 『대동역사』(大東歷史)를 저술하였다.[207] 『대동역사』는 전 5권으로 구성되었는데, 새로운 것은 주로 고대사의 새로운 체계화에 있었다. 그 특징은 서거정(徐居正)의 『동국통감』(東國通鑑)과 안정복(安鼎福)의 『동사강목』(東史綱目)을 근대적으로 계승 발전시키면서, 종래의 존화사관(尊華史觀)에서 탈피하여 민족사관을 정립하려고 시도하였다. 이 책은 한국역사의 시작을 종래 언급하지 않거나 외사(外史)에서 신화로 취급하여 이름만 언급해 오던 단군(檀君)을 정식으로 내사(內史)에 넣으면서, '단군'을 개국시조(開國始祖)로 정립하여 단군조선(檀君朝鮮)부터 한국역사를 시작하는 것에 초점을 두었다.[208]

국어 · 국문 · 국사 · 한국지리 · 한국 사회문화를 재발견하여 재정리하려는 독립협회 시대의 노력은 협회 해체 후 1899~1904년에도 계속 이어져 다수의 저작들이 간행되었다.[209]

---

207 신용하, 『독립협회연구』, 일조각, 1976, pp.165~168 참조.

208 『대동역사』는 종래 중시하던 기자(箕子)는 '단군' 이후의 '교화의 성인'[敎化之聖]으로 하고, '기자조선'을 '단군조선'(전조선)에 뒤이은 '후조선'(後朝鮮)이라고 설명하였다. '기자'의 실재를 부정하지 못한 한계는 있으나, 당시에는 이것만으로도 획기적인 것이었다. 이 책은 순한문으로 저술되었으나, 중요 항목에 '사씨단'(史氏斷)의 표시를 넣어 저자의 견해를 제시하였다. 또한 중국을 '중화'(中華)라고 쓰지 않고 반드시 '지나'(支那)라고 표현하여 존화사관에서 벗어났음을 나타내었다. 연기(年紀)는 한국역사 각 왕의 역년마다 중국왕조의 연호, 일본의 연기, 서력기원의 연기를 병기하여, 한국이 중국과 어깨를 나란히 한 오랜 역사를 가진 문명국가임을 드러냈다. 이 책은 1898년에 현채(玄采)의 책임 아래 학부 편집국에서 2천 부를 인쇄하여 전국에 보급시킬 계획이었다. 그러나 당시 학부대신 신기선(申箕善)이 너무 자주성이 강하다는 이유로 이 책의 출간을 금지시켜 당시에 간행되지 못하고, 1905년에야 출간될 수 있었다. 정교는 이 책 서문에서 『대동역사』는 독립협회가 있었기 때문에 저술되었으며, 독립협회 회원들이 탄압받았기 때문에 출간을 못하였고, 독립협회 회원들의 애국심 때문에 보전될 수 있었다고 술회하였다. 『대동역사』는 자주적 근대국사학을 개척한 초기 저작의 하나로 그 후 애국계몽운동 시기의 한국 근대역사학 성립에 상당한 영향을 끼친 저작이었다.

209 독립협회 활동 시기에 뒤이어 1899~1904년 간행된 대표적 저작들을 들면 다음과 같다.

9. 한국 '근대민족' 발전과 대한제국 '국가' 체제의 괴리

한국민족은 19세기 후반에 동학과 개화파·독립협회의 사상 및 운동과 동반하여 민족의식이 고양되고 전근대민족의 근대민족으로의 전화 형성 발전을 성취하였다. 그뿐만 아니라 한국 '근대민족'은 발전하면서 외세의 침입, 식민지화의 위협, 이권침탈에 대항하여 민족과 국가를 수호하려는 강렬한 '민족주의'를 형성하였다.

반면에 대한제국의 '국가' 체제는 한국 '근대민족' 형성 발전에 동반 변혁하지 못하여, 한국의 '근대민족'과 '국가' 사이에 약간의 지체(lag)·괴리가 발생하게 되었다. 그 이유는 '국가'를 운영하는 황제와 집권 수구파 고위관료들이 기득권을 잃거나 축소하지 않기 위해 국가와 국민을 외세로부터 수호할 과감한 국가체제 개혁을 회피하고 도리어 개혁운동을 금압했기 때문이었다.

대한제국의 황제는 수구파 정부와 함께 독립협회를 강제 해체시킨 후

현채(玄采), 『대한지지』(大韓地誌), 廣文社, 1899. 12.
신촌자(愼村子), 『신식유서필지』(新式儒胥必知), 1901. 5.
이제마(李濟馬), 『동의수세보원』(東醫壽世保元), 함흥, 1901. 6.
정약용(丁若鏞), 양재건 교열, 『목민심서』(牧民心書)·『흠흠신서』(欽欽新書), 1901(신활자로 간행).
『대한십삼도정리표』(大韓十三道程里表), 1902. 10.
김택영(金澤榮), 『동사집략』(東史輯略), 1902.
장지연(張志淵), 『대한강역고』(大韓疆域考), 博文社, 1903.
현채(玄采), 『아국역사』(我國歷史), 1904. 3.
안종화(安鍾和), 『동사질요』(東史節要), 1904.
김우식(金宇植), 『국민수지』(國民須知), 국민교육회(기독교연동교회), 1905. 5.
헐버트, *History of Korean*(대한역사), 1905.
지석영(池錫永), 『대한국문설』(大韓國文說), 1905.
김택영(金澤榮), 『역사집략』(歷史輯略), 1905(『동사집략』의 증보판).
대한제국 학부 등에서도 각종 학교 교과서를 겸하여 『동국역사』(東國歷史, 1899), 『대한전도』(大韓全圖) 지도(1900), 『아국지지』(我國地誌, 1904) 등의 신서적을 간행하였다.

대한제국의 정치체제를 '전제군주제'로 영구히 굳히기 위해 1899년 8월 17일 '대한국국제'(大韓國國制)를 제정 · 공포하였다.[210]

'대한국국제'의 내용을 보면, 제1조는 대한국의 정치체제가 '제국'(帝國)이며, 제2조는 '전제군주국'이고, 제3조는 황제가 무한한 군권(君權)을 가짐을 밝힌 것이었다. 제4조는 대한제국 신민이 대한제국 황제의 전제군권을 침해하거나 훼손하는 행위는 이미 행한 행위든지 아직 행하지 아니한 것이든지 물론하고 신민의 도리를 잃은 것으로 인정하여 다스릴 것임을 밝힌 것이었다. 이것은 과거 독립협회 등 개화파의 민권운동은 군권을 훼손하는 행위이므로 처벌할 것임을 천명한 것이었다.

---

210 『官報』, 광무 3년(1899) 8월 22일자, 「大韓國國制」.

제1조 대한국은 세계만국에 공인되온 바 자주독립하온 제국(帝國)이니라.

제2조 대한국의 정치는 유전즉(由前則) 오백년 전래(傳來)하시고 유후즉(由後則) 항만세불변(亘萬世不變)하오실 전제정치(專制政治)이니라.

제3조 대한국 대황제께옵서는 무한(無限)하온 군권(君權)을 향유하옵시나니, 공법(公法)에 위(謂)한 바 자립정체(自立政體)이니라.

제4조 대한국 신민(臣民)이 대황제의 향유하옵시는 군권(君權)을 침손(侵損)하는 행위가 유(有)하면 그 이행미행(已行未行)을 물론하고 신민의 도리를 실(失)한 자로 인(認)할지니라.

제5조 대한국 대황제께옵서는 국내 육해군을 통솔(統率)하옵서 편제를 정하옵시고 계엄(戒嚴) 해엄(解嚴)을 명하옵시나니라.

제6조 대한국 대황제께옵서는 법률을 제정하옵서 그 반포와 집행을 명하옵시고 만국의 공공(公共)한 법률을 효방(效倣)하사 국내 법률도 개정하옵시고 대사(大赦) 특사(特赦) 감형(減刑) 복권(復權)을 명하옵시나니, 공법(公法)에 위한 바 자정률례(自定律例)이니라.

제7조 대한국 대황제께옵서는 행정 각 부부(府部)의 관제와 문무관의 봉급을 제정 혹 개정하옵시고 행정상 필요한 각항 칙령을 발하옵시나니, 공법에 위한 바 자행치리(自行治理)이니라.

제8조 대한국 대황제께옵서는 문무관의 출척임면(黜陟任免)을 행하옵시고 작위(爵位) 훈장(勳章) 급 기타 영전(榮典)을 수여 혹 체탈(遞奪)하옵시나니, 공법에 위한 바 자선신공(自選臣工)이니라.

제9조 대한국 대황제께옵서는 각 유약국(有約國)에 사신(使臣)을 파송주찰(派送駐紮)케 하옵시고 선전(宣戰) 강화(講和) 급 제반조약(諸般約條)을 체결하옵시나니, 공법에 위한 바 자견사신(自遣使臣)이니라.

제5조는 대한제국의 황제는 국내 군사통수권, 군대 편제권, 계엄 선포권과 해제권을 갖고 있고, 제6조는 황제가 입법권, 사법권, 법률개정권, 각종 사면권을 가지며, 제7조는 황제가 행정권, 정부조직, 관제 제정과 봉급 결정, 행정상의 필요한 칙령 발표 등 모든 행정권을 갖고, 제8조는 황제가 관리의 임명과 해임, 작위·훈장의 수여와 박탈, 기타 관리에 대한 모든 임면권과 상벌권을 가짐을 선포한 것이었다.

제9조는 황제가 각 조약체결국에 대사 등 외교관 파견권, 외국에 대한 선전포고와 강화체결권, 모든 조약체결권을 가짐을 천명한 것이었다.

'대한국국제'는 명칭에 다분히 '헌법'을 연상시킬 수 있는 요소가 있으나, 이것은 '헌법'이 아니었다. 헌법은 한 국가의 조직·구성·작용에 관한 근본법인데, '대한국국제'는 국가의 조직·구성·작용을 다루지 않고 '황제의 무한대한 전제권'만 규정하여 선언하고 있기 때문이다.[211]

황제와 친러 수구파 정부는 황제만이 전제권을 갖고 모든 권리를 독점하여 전제정치를 하며, 국민의 정치적 발언·정치적 결사·정치참여를 반역행위로 엄금하는 전제통치체제를 만들어 놓은 다음, 외세 침략에 대항하는 국가·국민 수호체제는 만들지 않았다.

---

211 '대한국국제'의 문장은 때때로 조항마다 서양의 만국공법 또는 국제법을 응용한 것처럼 분식하고 있다. 그러나 이것은 '국제공법'을 들어서 분장한 데 불과하고, 내용은 1899년의 서양군주국가의 모든 헌법에서도 다루고 있는 국가 구성은 전혀 다루지 않고 오직 황제만이 입법·행정·사법·군사통수·외교의 모든 권리를 무한대로 갖는다는 황제의 무한대한 전제권만을 강조하였다. 또한 국민을 논한 제4조에서도 국민의 의무와 권리를 선혀 논하지 않고, 국민은 황제의 전제군주권을 훼손하는 행위나 훼손하려는 의도도 가져서는 안 되며, 그러한 경우에는 다스리겠다는 내용만 강조하였다. 따라서 1899년의 '대한국국제'는 당시 아래로부터 성장해 올라오는 개화파와 국민의 입헌군주제 개혁운동을 저지하고, 전제군주제를 영구히 확립 고착시키려는 시대착오적인 황제와 친러 수구파의 '정치강령'이었다고 볼 수 있다. 이러한 '대한국국제' 아래에서는 개화파와 국민의 근대개혁운동은 국가적으로 황제의 전제권에 의하여 저지되거나 탄압받도록 제도화된 것이다.

그림 3-17. 대원수복을 입은 고종황제

화급한 국방정책은 독립협회처럼 군함을 도입해서 '해군'을 창설하여 '해륙군'(海陸軍) 체제를 수립한 것이 아니라, 황실 권위 수호를 위해 1899년 6월 22일 「원수부 관제」를 제정해서,[212] 궁성 내에 '원수부'(元帥府)를 설치하였다.[213]

원수부의 지휘자로서는 황제가 '대원수'가 되어 군대를 총지휘하고, 황태자가 '원수'로 되며, 전쟁 시 출정할 때가 아니고서는 비록 황자·황손이라도 '대장'은 두지 않고 그 이하의 장(將)만을 두도록 규정했으므로, 원수부의 지휘권은 완전히 '황제'가 직접 장악하게 되었다.[214] 그뿐만 아

---

212 조재곤, 「대한제국기 군사정책과 군사기구의 운영」, 『역사와 현실』 제19집, 1996. 張暎淑, 「고종의 軍統帥權 강화시도와 무산과정 연구: 대한제국의 멸망 원인과 관련하여」, 『軍史』 제66호, 2008 참조.

213 『高宗實錄』, 광무 3년(1899) 6월 22일조 참조. 「원수부 관제」는 다음과 같았다. ① 원수부는 국방 및 작전계획, 군대편성, 군대교육, 부대검열, 군인상벌, 존안(存案), 회계 등에 관한 명령과 사무를 전관한다. ② 원수부는 군부와 중앙 및 지방의 각 부대를 지휘 감독하며, 원수부의 각 국장은 칙명을 받아 각부 대신에게 칙명을 통보하고 중앙 및 지방 각 부대에 명령할 수 있으며, 군부대신에게는 추후 통보할 수 있다. ③ 원수부에는 군무국, 검사국, 회계국, 기록국을 두고, 원수부의 관원은 모두 무관으로 선임하며, 문관은 선임하지 아니한다.

214 광무황제와 수구파 정부는 1900년 3월 다시 '원수부관제'를 개정하여 황제의 직접 통수권을 더욱 강화하였다. 원수부 산하 4개 국장의 칭호를 '총장'으로 격상시킴과 동시에, 각 총장은 직접 의정대신(총리대신)에게 청의할 수 있으며, 칙지(勅旨)를 받아 각부 대신에게 지령할 수 있도록 하였다. 이에 따라 원수부는 의정부 각부보다 상위의 기구가 되고, 의정부 회의를 거칠 필요 없이 독자적인 집행기관이 되었다. 이것은 '원수부'를 '행정부'보다 상위에 둔 황제 고종의 전제 군국(軍國)체제의 수립을 나타낸 것이었다. 또한 원수부의 각 총장은 경무사나 각 도 관찰사, 한성부재판소 및 각 재판소 판사 이하에게는 직접 훈령이나 지령을 말할 수 있게 되었다. 즉, 원수부의 4총장은 군부·관찰사·군수의 어느 급이든 직접 명령할 수 있게 된 것이다.

니라 1900년 6월에는 원수부 안에 '육군헌병대'를 설치하고, 여기서 전국 군대의 헌병 업무를 관장하도록 하였다. 이러한 원수부에의 권력 집중은 종래 군부의 기능을 대부분 가져온 것으로서 군부를 극도로 격하시킨 것이었기 때문에, '군부관제' 개정이 불가피하였다.

황제와 친러 수구파 정부는 1899년 '군부관제'를 개정하여, 군부의 권한과 기능을 ① 군비(軍備)를 관리하고 ② 각 관해와 요새를 관리하는 일로 축소 한정하였다.[215] 군부는 원수부의 지휘 아래서 그 치다꺼리 경리 사무와 물자조달만 하는 부서로 전락한 것이었다.

고종황제와 친러 수구파 정부의 국방정책의 특징은 중앙군과 지방군의 모든 군대를 '원수부'의 직접 지휘 아래 편입하여 고종황제가 직접 지휘하는 군국(軍國) 전제군주 체제를 만들어 강화하고, 중앙군은 황실호위, 지방 진위대는 지방치안을 담당하도록 한 것이었다. 당시 국제정세는 대한제국에 대해 야심 있는 열강의 '군사침략' 위협이 증가되는 시기였음에도 불구하고, 황제 고종과 친러 수구파 정부의 '원수부' 체제는 나라의 '국방'을 등한시해서 '군부'를 업수이 여겨 격하시키고, 군사를 황제의 전제군주권 강화와 지방치안 유지(경찰 임무)에 투입시킨 근본적인 큰 결함을 갖고 있었다.

고종황제와 친러 수구파 정권은 '대한국국제' 발표와 병행하여 황제의 전제권 강화정책의 일환으로 궁내부의 조직과 권한을 대폭 확대 강화하고, 궁내부의 재정을 담당하는 내장사(內藏司)를 내장원(內藏院)으로 격상시켜 황제와 황실의 수익 극대화를 위한 각종 사업의 독점권을 집중시켰다. ① 홍삼(紅蔘) 사업 독점, ② 광산 독점, ③ 종래 탁지부에 속해 있던

215 황제는 이어서 1900년 9월에는 또다시 '군부관제'를 개정하여 종래의 군법국과 의무국을 폐지하고, 포공국과 경리국만 남겨 두었다. 또한 군부대신 관방의 임무도 축소시켜 외국과 외국 유학생에 관한 사항만을 관장하도록 하였다.

국유지인 둔토(屯土)와 목장토(牧場土)와 역토(驛土)의 궁내부 내장원에의 이속, ④ 갑오개혁 때 폐지되었던 무명잡세(無名雜稅) 일부 부활, ⑤ 갑오개혁 때 탁지부에 속해 있던 주전관청인 전환국(典圜局)을 황제직속 독립관청으로 승격 이속시켜서 태환(兌換: 正貨로의 교환) 능력이 없는 악화 남주, ⑥ 철도사업 독점, ⑦ 해운사업 독점, ⑧ 방직공장·제지공장·유리공장 사업의 독점, ⑨ 양전(量田)·지계(地契) 사업 등을 실행하였다.

이러한 국가 조세수입의 황실수입으로의 이속과 고수익 예측 사업 독점의 결과 황실의 내탕금(內帑金) 금고는 급속히 부유하게 되었으나, 반대로 국가재정은 급속히 더욱 빈곤해지고 관리의 봉급 조달에도 허덕이는 재정궁핍 상태에 떨어지게 되었다. 황실의 방직공장·제지공장·유리공장의 독점도 허욕이었을 뿐, 계획만 세우고 실행하지 않아서 수익이 확실한 이 업종에 민간투자 건설만 금지한 결과가 되었다. 양전·지계 사업만은 상당한 성과가 있었으나, 그것도 황실의 궁방전과 역둔토를 중심으로 실시되면서 황실과 내장원의 조세 징수와 소작료 징수 증대를 목적으로 했기 때문에, 양전·지계 사업 과정에서 농민의 토지가 다수 궁방전 등에 혼입되고 탈입되어 황실·정부와 농민 사이에 끊임없이 분쟁이 일어났다.[216]

황제의 전제권 강화에서 뚜렷하게 눈에 띄는 것은 상징의 강화와 복식개혁이었다. 황제와 광무정권은 독일인 에케르트에게 위촉하여 대한제국 국가(國歌)를 작곡·제정하고, 국기로서의 태극기 외에 황제의 어기(御旗)·친왕기(親王旗)·군기(軍旗)를 제정하였다.

복장도 동양 복장의 경우에는 종래의 국왕이 입던 '자주색' 곤룡포를

216 배영순, 「한말역둔토조사에 있어서의 소유권 분쟁」, 『한국사연구』 제25집, 1979.
박찬승, 「한말 驛土·屯土조사에서의 지주경영의 강화와 抗租」, 『韓國史論』 제9집, 1983 참조.

그림 3-18.
프러시아식 예복을 착용한 대한제국 군대의 장교들

버리고, 황제가 입는 '황색' 곤룡포로 바꾸었다. 서양복장의 경우에는 화려한 프러시아식 대원수(大元帥)의 복장과 커다란 견장 및 훈장을 갖추어 착용하도록 하고, 군도(軍刀)를 찼다. 황제뿐만 아니라 황태자도 프러시아식 원수(元帥)의 복장과 견장·훈장·군도를 갖추어 착용하게 하였다. 정부 대신들과 고관, 그리고 군대의 장교들도 모두 화려한 프러시아식 군복을 예복으로 갖추어 착용하도록 하였다.

독립협회 해체 후 대한제국의 '국가'는 표면상 '전제군주국'으로서 독립국가였지만, 국제세력균형이 형성된 약 6년간을 '독립'을 공고히 지킬 수 있는 '국가'의 근대국방·근대산업 등 내부 실력을 양성하지 않고, 황제와 황실의 위엄과 부유만 추진한 결과 국제세력균형이 깨어지면 국가의 존망이 위태롭게 되어 가고 있었다.

19세기 말에 이미 '근대민족'으로 전화 발전한 한국민족의 선각자들은 민간의 정치활동 금지에도 불구하고 국가 위기의 도래를 염려하면서 표면 아래서 꿈틀거렸다. 1902년에는 이상재(李商在) 등의 개혁당(改革黨) 사건 검거 선풍이 있었고, 지방에서는 영학당(英學黨)과 활빈당(活貧黨) 운동이 있었다. 그러나 국민의 정치적 발언과 정치적 결사 및 정치활동이 엄격하게 금지되어 있었기 때문에 실력 없는 '전제국가'와 억압당한 '근대민족'의 소통·통합·단결은 이루어지지 않고 도리어 괴리가 확대되고 있었다.

10. 한국 '근대민족'과 근대민족주의의 국가주권 회복운동 시작

일본제국주의는 한국강점을 목표로 1904년 2월 드디어 러일전쟁을 도발하여 한반도의 국제세력균형을 깨어 버렸다. 대한제국 황제와 대한제국 정부의 승낙도 없이 한반도에 불법 침략상륙한 일본군 무력 앞에 대한제국 황제의 위엄과 전제권은 너무도 무력하고 무능하였다. 일본군은 대한제국 황제와 군대의 저항을 전혀 받지 않고 사실상 서울을 점령했으며, 2월 23일 대한제국 황제를 무력으로 위협하여 '제1차 한일의정서'를 강제 체결하였다. 그 내용은 대한제국이 러일전쟁에서 일본군에 협조하고, 일본군이 한국 내의 군략상 필요한 토지 수용의 권리를 가진다는 것이었다. 이 조약에서부터 대한제국의 주권은 일본에 의해 심하게 침탈당하였다.

일본은 1904년 4월 3일 대한제국에 일본군 2개 사단 병력으로 된 한국주차군(韓國駐箚軍)을 편성하여 상주시켰다. 일본은 이 군사력으로 대한제국 정부를 위협하고 대한제국의 권리들을 조직적으로 침탈하였다.

일본은 대한제국으로부터 서해안 어업권을 강탈해 갔으며, 또한 전국토의 10퍼센트를 초과하는 전국 '황무지'(미개간지) 개간권을 요구하였다. 전제군주권을 가진 황제와 황제의 정부는 전혀 이에 저항하지 못하였다. 마침내 서울 시민들과 상인들이 황제의 민간인 결사 금지의 칙령을 무시하고 '보안회'(輔安會)라는 단체를 결성하여 궐기하였다. 보안회를 앞세운 서울 시민들은 1904년 7월 16일부터 22일까지 하루도 빠짐없이 시민대회를 개최하고, 필요하면 가두투쟁을 전개하면서, 일제의 침략을 규탄하고 미개간지 요구를 반대하였다. 서울 시민들의 궐기 세력이 날로 증가하는 추세를 보고 일제는 굴복하여 미개간지 요구를 철회하였다.

보안회 운동의 승리는 한국 근대민족의 '민족주의' 분출을 억압하고 있던 대한제국 황제의 전제군주권의 민간인 결사(結社) 금지와 정치활동 금지의 둑을 무너뜨렸다. 일제를 몰아내기 위한 한국근대 민족운동이 황제의 전제군주권과 국민정치참여 금지를 전면 무시하고 애국계몽운동과 의병운동의 양면에서 용감하게 전개되기 시작하였다.

보안회(輔安會) - 협동회(協同會) - 정우회(政友會) - 공진회(共進會) - 헌정연구회(憲政硏究會) - 대한자강회(大韓自强會) - 각 지방별 학회(學會) - 신민회(新民會)·대한협회(大韓協會)로 이어지는 애국계몽운동 단체들의 결성과 애국계몽운동의 흐름의 첫출발은 보안회에서 시작되었던 것이다. 즉, 보안회의 민족운동을 효시로 하여 1905년부터는 국권수호와 국권회복을 위한 한말 개화자강파 지식인들의 애국계몽운동이 본격적으로 전개되었다.[217]

또한 보안회 운동과 병행하여 의병무장항쟁도 시작되었다. 1904년 7월 24일 정오경에는 마침내 서울 문밖(동대문) 10리[韓里] 지점에 일단의 '의병'(義兵)이 나타나서 8명의 일본군에 대하여 소총 수십 발을 사격하면서 공격한 후 사라진 사건이 발생하였다.[218] 여기서 한국인 무장대가

---

217 신용하, 「한말 보안회의 창립과 민족운동」, 『韓國社會史學會論文集』 제44집, 1994(『한말 애국계몽운동의 사회사』, 나남출판, 2004 재수록) 참조.

218 日本外交文書』第37卷 第1冊, 文書番號 第680號, 1904년 7월 24일조, 在韓國林公使ヨリ 小村外務大臣宛(電報) 「排日集會解散事情報告ノ件」, p.60. 일본공사는 본국에 이를 다음과 같이 전보로 보고하였다. "본일 정오가 지나자마자 문외(門外) 약 1리 허(許)의 곳에서 아병사(我兵士 - 일본군, 인용자) 8명에 대하여 불의에 원방(遠方)으로부터 소총 수십 발을 방총한 자들이 있다는 급보에 접하고 아군사령부에서는 목하 병(兵)을 파(派)하여 정찰 중이다. 사실이 명료하게 되면 다시 전보하겠으나 본관의 소견으로서는 이 역시 저들 무뢰잡배가 아측의 소수임을 깔보고 위갈적(威喝的) 행위를 한 것이 아

일본군 8명을 소수라고 깔보고 소총을 사격했다는 일본공사관 보고는 이 의병대(義兵隊)가 8명보다 더 많았음을 알려준다. 이것은 명백하게 한국인 의병대의 일본군에 대한 무장 공격인 것이다.

그로부터 약 1개월 후인 1904년 8월 27일 일단의 의병대가 일제의 군용철도로 부설 중인 경의철도를 폭파하였다. 그 가운데 의병 김성삼(金聖三)·이춘근(李春勤)·안순서(安順瑞)가 일제에 체포되어, 9월 21일 서울 마포의 공덕리 부근 산기슭에서 일본군에게 총살당하였다.[219]

그뿐만 아니라 1904년 8월에는 평안북도 안주에서 일단의 의병대가 국민들의 창의(倡義)를 호소하면서 일본군 병참부를 습격했다가, 이 중에서 우기순(禹紀舜), 우내순(禹迺舜), 김윤흥(金允興), 이희몽(李熙夢), 나희호(羅熙豪) 등 5명은 일본군에게 체포되어 8월 28일(음력 7. 18) 일본군에게 총살당하였다.[220] 평안도 지방에서도 1904년 8월 의병봉기가 시작된 것이다.

또한 9월 8일에는 음력 7월 18일(양력 8. 28)자로 된 통문이 '황성(서울) 의병소(義兵所) 김(金)'의 명의로 강원도 춘천에 나붙었는데, 일제의 황무지 개간 약탈 시도와 인부 강제모집을 규탄하고, 음력 8월 초10일(양력 9. 19) 포군(砲軍)을 모집하여 의병을 일으켜서 경기도 여주에 모여 서울로 진군하자는 내용이었다.[221] 강원도에서는 이 통문이 널리 전파되어 의병봉기의 기운이 비등하였다.

1904년 7~9월에 걸쳐 전국 각 지방에서 의병봉기가 시작되었다는 사실은 대한제국 정부가 당황하여 1904년 9월 23일 정부회의에서 각 도별

닌가 생각된다." 참조.

219 『大韓每日申報』, 1904년 9월 21일자, 「雜報(捕殺三人)」 및 『皇城新聞』, 1904년 9월 23일자, 「雜報(抗辯無及)」 참조.

220 『皇城新聞』, 1904년 9월 8일자, 「雜報(五民銃殺)」.

221 『皇城新聞』, 1904년 9월 15일자, 「雜報(匿名稱義)」.

그림 3-19. 의병운동(1908)

로 '의병'(義兵)과 동학(東學)을 효유하기 위한 순찰사를 파견하기로 결정한 사실에서도 이를 간접적으로 재확인할 수 있다.[222] 대한제국 정부가 전국 각도에 '의병'과 '동학'을 효유하고 진압하기 위한 순찰사를 파견했다는 사실은 1904년 9월 23일 이전에 전국 각 지방에서 '의병'과 농민의 봉기가 있었기 때문인 것이다.

일본제국주의는 1905년 9월 러일전쟁에서 승리하자, 바로 그해 11월 18일 '을사조약'을 강요해서 외교권 등 국권의 일부를 침탈하고, 1906년부터는 일제 '통감부'가 설치되어 대한제국 내정까지 간섭하게 되었다. 한국민족은 '근대민족'으로 급속히 성장했는데, 대한제국 '국가'는 역방향으로 일본제국주의의 반(半)식민지로 떨어진 것이었다.

한국 '근대민족'은 이에 일본제국주의를 자기의 강토 한반노에서 놀아내고 빼앗긴 '국가 주권'을 회복하여 완전한 독립국가를 회복하려는 강렬한 '민족주의 운동'을 두 방면에서 치열하게 전개하였다. 국권회복을 위

---

222 『皇城新聞』, 1904년 9월 26일자, 「雜報(巡察差下)」.

한 의병운동과 애국계몽운동이 그것이었다.

'의병운동'은 국민들이 자발적으로 무장하여 '의병부대'를 조직해서 무장투쟁으로 일본침략군을 몰아내려는 국권회복운동이었다. 구 군인과 위정척사파 유생과 농민들을 비롯하여 전국 각계각층의 청장년들이 참가한 의병운동은 매우 치열하여 전국에서 의병부대들이 속출해서 일본침략군을 공격하는 유격전을 전개하였다. 1908년 1월과 4월에는 일제 통감부와 일본침략군이 장악하고 있는 수도 서울을 탈환하기 위해 13도 의병연합부대가 두 차례나 서울탈환작전을 감행해서 서울 창신동, 불광동, 노량진, 뚝섬을 의병들이 점령하였다. 일제의 저평가된 통계에 의거해도 1907년 8월부터 1910년까지 연인원 14만 6천여 명의 의병이 일본군과 2,820회의 항일전투를 전개하였다. 이 가운데 1908년 전투가 1,452회, 전투참가 의병 수가 6만 9,832명이었다. 이 전투 대부분이 서울탈환작전의 전투였다. 1907년 8월부터 1909년 말까지 17개월간 전투 중 전사한 의병이 1만 6,700여 명, 중상자가 3만 6,770여 명이었다.[223] 한국 '근대민족'의 민족주의가 얼마나 애국적이고 강렬했는가를 잘 증명해 준다고 할 것이다.

'애국계몽운동'은 한말 개화자강파의 민족주의 운동이었다. 여기서 한말 '애국계몽운동'은 '을사조약' 강제에 의해 국권을 침탈당하기 전후, 개화자강파가 완전한 국권회복을 목적으로 전개한 1904~1910년의 한국민족의 민력계발과 국권회복역량 양성운동을 총칭하는 개념이다. 이 운동에는 ① 신교육구국운동, ② 언론계몽운동, ③ 실업구국운동(민족산업진흥운동), ④ 국채보상운동, ⑤ 신문화·신문학운동, ⑥ 국학운동, ⑦ 민족종교운동, ⑧ 해외독립군기지 창설운동을 포함하였다.[224]

---

223 日本憲兵隊司令部, 『朝鮮暴徒討伐誌』, 1913, 附表 第3表.

224 한국민족은 당시 열강의 침략에 대한 오랜 기간에 걸친 대외 항쟁에도 불구하고 결국 일

개화자강파들은 ① 국내에서는 민력을 양성하기 위해 앞서 든 사업들을 수행함과 동시에, 특히 청소년들을 국권회복을 위한 새로운 민족간부로 양성하여 '실력'을 준비해 두는 한편, ② 국외에 무관학교를 세우고 독립군 기지를 설치하여 독립군을 양성해서 실력을 준비해 두었다가, ③ 일본제국주의가 더욱 팽창하여 중일전쟁, 미일전쟁 또는 기타 일제가 감당하기 힘겨운 다른 전쟁이 일어나는 '절호의 기회'가 오거나 한국민족의 '실력'이 대폭 증강되면, 국외의 독립군이 국내로 진입하여 '독립전쟁'을 전개하고 국내에서는 그동안 준비한 민족의 실력으로 총단결하여 일시에 봉기해서 가능한 모든 방법을 다하여 한국민족의 실력으로 일본제국주의를 몰아내고 국권을 회복한다는 전략을 세워 애국계몽운동을 전개하였다.

한국민족의 한말 애국계몽운동은 큰 성과를 내었다. 특히 신교육구국운동에는 개화자강파는 물론이고 종래의 위정척사 계통 성리학자·양명학자 유림들까지도 참가하였다.[225] 예컨대, 강화도에서 '계명의숙'을 설립

본제국주의자들에게 '힘'과 '실력'(實力)이 부족해서 국권을 박탈당했다는 반성을 깊이 하게 되었다. 또한 국권을 지킬 수도 없었던 실력으로 한번 빼앗긴 국권을 다시 찾는 것은 매우 어려운 과제이며, 따라서 국권회복운동은 장기전을 전제로 한 운동이 될 수밖에 없다는 사실도 널리 인식되었다. 장기전에서 문제가 되는 것은 전력(戰力)의 장기간 공급을 의미하는 '실력'의 배양 및 축적과 독립운동에의 참가 동원의 문제임도 널리 알게 되었다. 당시 개화자강파들은 한국의 국권을 빼앗은 일본제국주의의 '힘'과 국권을 빼앗긴 한국민족의 '힘'과의 커다란 격차를 객관적으로 인식하고, 불가피하게 장기전이 될 국권회복운동에서 최후의 승리를 쟁취하기 위해서는 국민의 '힘'과 '실력'을 양성하여 '전력'을 민족사회의 밑바닥에서부터 증강시켜야 한다고 생각하였다. 따라서 개화자강파들은 국권회복을 위한 민족의 실력을 양성하기 위해서는, 특수한 지배계층이 아니라 모든 '국민'을 '신국민'(新國民)으로 만들어 '민지'(民智)를 계발하고 '민력'을 양성해야 한다고 확신하였다. 또한 개화자강파들은 일본제국주의를 몰아내고 국권을 회복하기 위해서 이를 다른 강대국에 의뢰해서는 절대로 불가능하고, 오직 '자강'(自强)을 실현하여 '자력'(自力)으로 국권회복의 목적을 달성해야 한다고 인식하였다.

225 권오영, 『근대이행기의 유림』, 돌베개, 2012.
권오영, 「고석로의 위정척사 사상과 '구전심수'의 교육」, 『백범과 민족운동 연구』 제3집, 2005 참조.

하여 신교육국구운동에 참가한 양명학파 유림 이건승은 자신이 지은 '권학가'에서 "소학교를 졸업하고 / 고등졸업 하고 나면 / 대학교에 올라가서 / 그 아니 좋을손가 / […] 사람마다 이러하면 / 집집이 이러하면 / 대한제국(大韓帝國) 개명하여 / 부국강병 하고 보면 / 국권(國權)을 회복(回復)하고 / 동양의 맹주 되어 / 영·법·덕·미(英法德美) 일등국에 / 우리 대한(大韓) 병립하면 / 인자 도리 되려니와 / 국민 의무 이 아닌가"라고 가사를 지어 교육하였다.[226] 이 가사에서도 사립학교 설립과 신교육운동이 국권회복을 위한 구국운동이었음이 명확히 표현되어 있다.

국권회복을 위한 신교육구국운동의 성과의 한 단면을 보면, 당시의 애국계몽가들과 애국계몽운동 단체 및 민중들은 전국 방방곡곡에서 사립학교 설립운동을 전개하여 그 열기가 요원의 불길처럼 타올라서, 1907년부터 1909년 4월까지의 짧은 기간에도 민중들이 자발적으로 세운 사립학교 수가 무려 3천여 개교에 달하였다.[227]

애국계몽운동가들은 서울과 전국 각지 주요 도시에 또한 중학교와 전

226 이건승(李建昇, 1858~1924)은 양명학자 이건창(李建昌)의 아우로서 호는 경재(耕齋), 저서로 『해경당수초』(海耕堂收草), 『경재집』(耕齋集) 등이 있다. 한말 고향에서 스스로 계명의숙(啓明義塾)을 설립하여 신교육구국운동에 동참하였다. 그는 「계명의숙취지서」(啓明義塾趣旨書), 「계명의숙창가」(啓明義塾唱歌), 「태황제폐하만수절가」(太皇帝陛下萬壽節歌), 「계명의숙창립기념가」(啓明義塾創立記念歌), 「권학가」(勸學歌) 등을 남겼다. 그는 「계명의숙창가」에서도, "新學問을 兼修하여 / 一心團體 하온 후에 / 文明發達進步하면 / 自分상에 당연하고 공식상에 유조하다 / 墜失權利 回復하고 一等國을 自期하면 / 아국가에 행복이오 / 가문영광 되려니와 / 대장부의 의무로세 / 국은보답 이 아닌가 / 大韓獨立 만만세를 / 우리 학교 기초 되세."라고 가사를 지어 노래하게 하였다. 구한말 신교육운동이 빼앗긴 국권(권리)를 회복하고 '대한독립'을 영구히 공고하게 하기 위한 것이었음을 확인할 수 있다.

227 일제통감부는 한국 민중의 신교육구국운동의 교육열에 놀라 1908년 8월 '사립학교령'을 제정·공포하여 탄압을 획책하였다. 일제는 높은 시설 기준을 제정하고 모든 사립학교는 학부대신의 심사와 재인가를 받도록 법정화했으나, 한국 민중은 이에 굴하지 않고 의연금을 모아 다시 일어서서 1909년 11월까지 결국 인가를 받아낸 각종 학교 수가 모두 2,232개교에 달하게 되었다.

그림 3-20. 애국계몽운동의 이론적 지도자들(박은식, 신채호, 주시경)

문학교를 설립하여 소학교 출신 청년들에게 고등교육을 시킴으로써 고급 신지식을 습득한 민족간부들을 양성하였다. 여기서 양성된 교사들은 전국 각지에 흩어져 다시 학교를 설립하고 청소년들에게 국권회복의 이념과 목적에 적합한 신교육을 실시하였다.

이 시기 애국계몽운동가들의 신교육구국운동은 당시의 한국의 교육·지식·문화체계를 근본적으로 변혁시켰다. 그뿐만 아니라 그 뒤의 국권회복운동에서 민족간부로 중추적 역할을 담당한 수십만의 신지식을 가진 애국청년들을 양성하고 한국민족의 국권회복 역량을 비약적으로 증강시키는 데 성공하였다.

19세기 한국 근대민족의 '민족의식'은 매우 강렬하여 처음부터 '민족주의'로 결정(結晶)되었을 뿐 아니라, 20세기 초에 일본 제국주의의 침략으로 국권을 침탈당하자 의병무장운동과 애국계몽운동에서 볼 수 있는 바와 같이 국권회복을 위한 매우 헌신적 민족주의로 발전한 것이었다.

민족주의는 민족의 자유와 독립과 발전을 가장 중요시하는 이념이기 때문에, 인류사에서 민족주의를 크게 '제국주의적 민족주의'와 '민족해방적 민족주의'의 두 유형으로 우선 나누어 볼 수 있다.[228] 한국 '근대민족'의 민족주의는 19세기 후반 열강의 이권침탈과 국권침탈에 대항하여 조국과 민족을 지키고 해방시키려는 후자인 '민족해방적 민족주의' 유형으로 형성 발전된 것이다. 민족주의의 유형 중에서 인류에게 유해했던 '제국주의적 민족주의' 유형과는 달리 한국 '근대민족'의 민족주의를 포함한 '민족해방적 민족주의' 유형은 20세기 전반에 인류의 4분의 3에 달했던 피압박 민족에게 자유와 해방과 독립과 행복을 가져다준 인류에게 매우 공헌적인 이념이었다.

즉, 한국민족은 19세기에 외세의 도전 속에서 '전근대민족'의 '근대민족'으로의 전화 형성 발전을 확실하게 성취하였다. 한국민족은 이 과정에서 외세의 도전과 위협의 조건으로 말미암아 매우 강렬한 '민족의식'을 형성·강화하였다. 강화된 '민족의식'은 19세기 후반 열강의 이권침탈과 국권침탈에 대항하여 자기 조국과 민족의 '독립'을 지키려는 강렬한 '민족주의'로 형성 발전되었다. 20세기 초에 일본제국주의가 대한제국을 침

---

228 신용하, 「'민족'의 사회학적 설명과 '상상의 공동체론' 비판」, 『한국사회학』 제40집 제1호, 2006 참조. '제국주의적 민족주의'는 종래 스페인, 포르투갈, 영국, 프랑스, 네덜란드, 벨기에, 러시아, 미국, 일본 등의 민족주의처럼 제국주의 침략과 결합하여 다른 약소민족의 자유와 독립을 빼앗고 억압한 경험을 가진 민족주의 유형이다. 이 유형은 다시 나라별로 하위유형을 설정해 볼 수 있을 것이다. '민족해방적 민족주의'는 폴란드, 아일랜드, 발틱 3국 민족들, 발칸반도 민족 등 유럽 피압박 민족들, 아랍 여러 민족들, 아프리카 여러 민족들, 한국, 베트남, 몽골, 인도, 동남아 여러 민족들, 중앙아시아 여러 민족들, 중앙아메리카 여러 민족들, 남아메리카 여러 민족들의 민족주의처럼 제국주의 침략에 저항하여 자기 민족의 자유와 해방과 독립을 위해 투쟁한 민족주의 유형이다. 이 유형의 민족주의도 다시 지역별, 나라별로 세분해서 하위유형을 설정해 볼 수 있을 것이다. 이에 관련하여 가치 평가를 적용한다면, '제국주의적 민족주의'는 세계사에서 약소한 민족과 국가들을 침략하여 실로 수많은 사람들을 학살하고 수탈해서 인류에게 많은 고통과 불행을 가져다주었다. 반면에 '민족해방적 민족주의'는 제국주의의 침략과 압제로 학살당하고 수탈당하며 신음하고 있는 자기 민족의 자유와 해방을 위해 투쟁하여 독립을 쟁취하고 인류에게 많은 자유와 행복을 가져다주었다. 종래 민족주의를 다룬 일부 저서와 논문들이 민족주의의 이 두 큰 유형을 구분하지 못하고, '민족주의'라는 동일 명칭을 이유로 들어 '제국주의적 민족주의'에 대한 비판논리를 그대로 적용하여 '민족해방적 민족주의'를 비판한 것은 부당한 것이며, 사회과학 방법론의 기초인 유형화를 소홀히 한 비판이라고 볼 수 있다.

략하여 반(半)식민지로 강점하자, 한국 '근대민족'의 민족의식과 민족주의는 매우 강렬한 '민족해방적 민족주의'의 유형으로 발전되어 일본제국주의를 타도하고 한국민족의 자유 · 해방 · 독립 · 통일 · 발전을 쟁취하려는 사상적 원동력으로 작용하였다.[229]

단재 신채호 선생이 당시에 지적한 바와 같이 '민족주의'가 '제국주의' 침략을 물리치고 민족과 국가를 보전하는 가장 확실한 법문(방법과 길)이었기 때문이었다.[230]

외세의 끊임없는 도전에 응전하면서 형성 강화된 한국 '근대민족'의 강렬한 '민족의식'은 '민족해방적 민족주의' 유형으로 결정(結晶)되어, 일본제국주의가 1910년 대한제국 국가를 강점하여 소멸시키자 1945년 연합국 세력과 더불어 일본제국주의를 타도하고 한국민족의 자유와 해방, 독립국가를 다시 쟁취한 광복의 날까지 모든 한국 '근대민족'의 최고이념과 가치체계로서 역할을 수행하면서 줄기차게 나아간 것이다.

---

229 한국 '근대민족'의 '민족해방적 민족주의'는 일제강점기에는 일제의 식민지정책이 한국민족 소멸 · 말살정책을 실시했기 때문에 일제의 한국민족 소멸 · 말살정책에 대항하여 민족을 보전하면서 동시에 민족해방 · 독립 · 재건국을 성취해야 하는 엄중한 과제에 당면하였다. 일본제국주의의 식민지정책은 한국인에 대하여 사회경제적 수탈만 아니라 동화(同化)라는 명목으로 한국민족을 소멸시켜 일본제국의 제도적으로 차별받는 예속 천민층으로 개편하기 위한 한국민족 소멸 · 말살정책을 강행하였다. ① 한국어 사용금지와 말살, ② 한국문자(한글) 말살, ③ 일본어 상용 강제, ④ 한국민족문화 말살, ⑤ 한국역사의 왜곡과 말살, ⑥ 한국 성명 말살과 일본식 '창씨개명' 강제 등이 그 주요 내용이었다. 그러나 한국민족은 5천 년 전부터 형성되어 유구한 역사 기간에 민족형성이 매우 강고했을 뿐 아니라, 한국인들의 민족보존운동과 독립운동이 매우 완강하고 치열하여 일제의 한국민족말살정책은 성공하지 못하였고, 오직 한국민족에 대한 압박과 고통만 가중시켰을 뿐이다. 한국민족은 일제의 '민족말살정책'의 압박과 고통을 받다가 1945년 8월 15일 일제 패망으로 민족해방을 쟁취하고 독립 '국가'를 재건하게 된 것이다.

230 申采浩, 「帝國主義와 民族主義」, 『改訂版丹齋申采浩全集』 하권, pp.108~109 참조.

제9장 맺음말: 19세기 한국 '근대민족'의 형성과 발전

지금까지의 고찰에서 우리는 결론적으로 다음과 같이 말할 수 있다.

(1) 한국의 '근대민족'은 19세기에 '전근대민족'이 '근대민족'으로 전화 형성 발전되었다. 사회학적으로 민족의 기원과 형성부터 관찰하면, 민족형성의 동아시아 유형은 '원민족'(proto-nation)으로 형성되어 '전근대민족'(premodern nation)을 거쳐 '근대민족'(modern nation)으로 발전하였다. 한국민족은 약 5천 년 전 '한'·'맥'·'예' 3부족이 결합·발전하여 '고조선' 민족으로 '원민족'이 형성되었고, 이어서 BC 1세기~AD 18세기에 걸쳐 '전근대민족'으로 전화 형성 발전되었다가, 19세기에 '근대민족'으로 다시 전화·발전되었다. 한국민족은 약 5천 년 전에 형성된 세계에서 가장 오래된 민족의 하나이다.

(2) '근대민족'은 한마디로 정의하면 "시기적으로 근대에 일차적으로 언어의 공동, 지역의 공동, 문화의 공동, 정치의 공동, 사회경제생활의 공동, 민족의식을 공동으로 하고, 부차적으로 혈연의 공동을 기초로 하여 형성된 대자적 민족"이라고 할 수 있다. '근대민족' 구성요소상의 특징은 전근대적 사회신분제 폐지를 전기로 귀족·평민·천민의 세습적 장벽과 제도적 차별이 소멸되어 민족 내부의 소통·교류·순환·통합이 이루어지고, '민족의식'이 형성 강화되는 구조적 변동을 들 수 있다.

'전근대민족'을 공동체 구조 내부에서 '근대민족'으로 전화 형성시키는 사회적 조건으로는 일반적으로 ① 전근대 사회신분제 폐지, ② 자본주의 발흥과 국민경제 성립, ③ 민주주의 발흥과 국민국가 성립, ④ 국민교육 보급, ⑤ 국민의 문화적 성장, ⑥ 민족의식 발흥과 민족주의 형성을 들 수 있다.

한국민족에게는 19세기에 이러한 민족공동체 내부의 사회적 조건 변동이 일어나서, 19세기에 '전근대민족'의 '근대민족'으로의 전화 형성 발전이 확실하게 성취되었다.

그뿐만 아니라 19세기 중엽의 서양자본주의 열강의 압력과 청국의 압력, 일본 군국주의의 침략시도는 대자적(對自的) 한국 근대민족으로 하여금 더욱 강렬한 '민족의식'을 강화 발전시켜 자기 민족과 국가의 자주독립 수호를 위한 강렬한 근대 '민족주의'를 형성 발전시키게 되었다.

(3) 한국민족은 19세기에 두 개의 새로운 운동 흐름이 출현하여 1894년에 전근대사회의 골간인 사회신분제를 독자적으로 폐지하였다. 하나는 1860년에 동학(東學)이라는 독특한 근대적 민족 종교와 사상이 창도되어 철저한 평등사상, 최고도의 인본주의, 혁명적 후천개벽사상 내용이 고도의 '선택적 친화력'을 가지고 전국 농민층을 신도로 흡수하여 교화시켰다. 동학의 평등사상과 인본주의와 후천개벽사상으로 의식화된 농민들은 1894년 3월 20일 농민혁명운동을 일으켜 1894년 5월부터 점령지 호남 일대에서 아래로부터 사회신분제를 스스로 폐지해 나갔다. 다른 하나는 조선왕조 후기 실학파의 사회신분제 비판을 계승한 초기개화파 지식인 관료들이 1884년 12월 갑신정변 때의 양반신분제 폐지 및 인민평등권 제성 시도를 거쳐, 1894년 온건개화파의 갑오개혁 정부 군국기무처가 1894년 음력 6월(양력 7월) 동학농민들의 아래로부터의 운동을 흡수하여 위로부터 사회신분제 폐지의 법령을 제정 반포한 것이다.

한국민족의 1894년 전근대적 사회신분제도 폐지는 '전근대민족'의 내부 구조에서 양반귀족·평민·천민 사이의 세습적 신분 장벽을 제거함으로써 민족공동체 내부의 소통과 상하이동을 자유롭게 하고, 민족공동체 성원의 통합을 실현하여 '전근대민족'을 '근대민족'으로 전화시키는 데 결정적 작용과 역할을 수행하였다.

1894년 한국민족의 사회신분제 폐지는 일본이나 청국도 아직 실시하지 못한 당시 한국민족의 독자적이고 선진적인 사회변혁이었다.

(4) 조선왕조 사회에서는 18세기와 19세기 초에 자본주의의 맹아가 싹터 성장하다가, 1880년부터 1884년 갑신정변 직전까지 26개의 근대적 회사가 설립될 정도로 상업자본주의가 발흥하여 적어도 유통 부문에서는 국내시장이 통일되고 교통·통상이 활발하게 되었다.

또한 사회신분제 폐지 후 1896년 『독립신문』 및 독립협회의 창립과 활동에 계몽되고 고취되어 한국민족과 사회에 생명과 신체의 자유권, 재산의 자유권, 언론·집회·결사·출판의 자유권, 국민평등권, 국민참정권, 국민저항권을 주창하는 민주주의 사상이 보급되었다. 소수 청년들 사이에서는 공화주의가 주창되기도 하였다. 서울시민과 독립협회는 1898년 10월 개혁정부 수립에 성공하자 1898년 11월에 '의회(상원)설립법'도 제정 공포하였다. 의회설립은 친러 수구파의 모략전술에 걸려 황제에게 탄압당해 실패했으나, 19세기 말엽 한국민족 성원 사이에 민주주의 사상이 발흥하고 전제군주국가의 입헌국민국가로의 개혁운동이 치열하게 전개되었음을 명백히 증명하였다.

한국민족은 또한 19세기 후반에 신식학교를 설립하고 '신교육'을 실시하였다. 1883년 개항장 원산에 '원산학사'를 설립한 이래 '동문학'·'육영공원'·'연무공원' 등을 설립했다가, 1894년 갑오개혁 때에는 관립·공립 및 사립 소학교, 한성사범학교, 외국어학교, 종두의양성소, 법관양성소 등을 설립하여 '신지식' 학습을 위한 '신교육'을 실시하였다. 독립협회 시대와 그 이후에는 '신지식'을 위한 '신교육' 실시와 신식사립학교 설립이 전국 각지에서 민간인들에 의해서도 실행되어 국민들에게 널리 '신교육'이 실시·보급되었다.

한국민족은 또한 19세기 후반에 국민의 대대적인 문화적 성장을 성취하였다. 이것은 종래 모든 문서를 평민들이 읽지 못하는 '한문전용'으로 시행하다가, 1894년 갑오개혁 정부가 '국한문혼용'을 법제화하여 유식한 국민이 읽기 편하게 하고, 뒤이어 1896년에 창간된 『독립신문』이 '국문전용'과 '국문띄어쓰기'와 '언문일치'의 쉬운 국어 쓰기를 단행하여, 모든 국민과 여성들도 글과 문서를 읽을 수 있도록 한 사실이 큰 효과를 본 것이었다. 『독립신문』을 본받아 발행된 『매일신문』, 『제국신문』 등 '국문전용' 신문과 『황성신문』 등 '국한문혼용' 신문들이 이에 더욱 박차를 가하였다. 이에 동반하여 학부와 민간인들이 각종 신지식의 서적들을 '국문전용'과 '국한문혼용'으로 간행하여 널리 읽힘으로써, 19세기 말에는 국민의 문화적 성장이 괄목할 만하게 성취되었다.

민족공동체 내부의 이러한 객관적인 사회적 조건의 근대적 대변동에 의하여 한국민족의 '전근대적 민족'의 '근대적 민족'으로의 전환 형성 발전은 19세기에 성취되었다.

(5) 한국민족은 민족공동체 내부 구조의 객관적인 사회적 조건의 대변동 위에 19세기 후반 강렬한 근대적 '민족의식'이 발흥 결합됨으로써 한국 '전근대민족'의 '근대민족'으로의 전환 형성 발전이 더욱 확고부동하게 성취되었다. 19세기 중엽 외세의 도전은 '민족의식'의 형성 강화에 큰 자극과 동기를 조성하였다. 1860년 최제우(崔濟愚)의 '동학'(東學) 창도는 서양세력, 서학(西學) 침입에 대결하여 민족과 국가와 국민을 지키려는 강렬한 '민족의식'에 의거하여 창도된 것이었다. 동학의 독특한 평등사상·인본주의·후천개벽사상이 높은 '선택적 친화력'을 가지고 전국 농민들 사이에 신도를 획득하자, 동학의 강렬한 '민족의식'은 농민층에 확산·

전파되어 당시 한국인구의 절대 다수를 차지하는 농민층의 강렬한 '민족의식'으로 공유 확산되었다. 농민층의 '민족의식'은 1894년 일본군의 불법 침입에 직면하자 강렬한 농민족 '민족주의'로 결정(結晶)되어 일본침략군을 한반도에서 몰아내기 위한 강렬한 제2차 동학농민혁명운동으로 전개되었다.

또한 조선후기 실학파 지식인의 '민족의식'을 계승한 초기개화파는 1882년 '임오군란' 후 청국이 서울에 3천 명의 청군을 주둔시키고 종주권을 주장하면서 '속방화 적극간섭정책'을 실행하자, 청국 세력을 몰아내고 자주부강한 근대국가를 건설하려고 1884년 '갑신정변'을 일으켜서 3일간 집권했다가 청군의 공격으로 실패하였다. 1894년 온건개화파의 갑오개혁 정부는 일본군 간섭의 매우 어려운 여건 속에서도 자주독립을 강화하고 '민족의식'을 고취하는 여러 가지 법제와 행정 개혁을 단행하였다. 개화파가 전 국민의 '민족의식' 고양에 결정적 역할을 한 것은 1896년 『독립신문』을 '국문전용'으로 창간하여 한문을 모르는 평민층과 부녀들도 읽게 하고, '독립협회'가 자주독립 · 자유민권 · 자강개혁 사상을 고취하면서 치열한 정치활동을 전개한 데 있었다. '독립'을 집중적으로 강조한 『독립신문』과 독립협회의 활동에 동반하여 이 시기 한국민족의 '민족의식'은 비약적으로 고양되었다. 고양된 '민족의식'은 한국민족과 국가의 독립과 주권 수호를 위한 '근대 시민적 민족주의'로 형성 발전되었다.

이러한 동학과 개화파 · 독립협회의 활동으로 한국인의 '민족의식'은 객관적인 사회적 조건 변동과 결합하면서 19세기 후기에 한국의 '전근대민족'을 '근대민족'으로 확고부동하게 전화 형성 발전시켰다.

(6) 한국민족은 19세기 후반에 '전근대민족'의 '근대민족'으로의 전화 형성 발전을 성취했으나, '국가'체제는 그에 동반 변동하지 못하여, '근대민족'과 '국가' 사이에 약간의 지체(lag) · 괴리가 발생하게 되었다. 그 이유

는 '국가'를 운영하는 황제와 집권한 수구파 고위관료들이 기득권을 잃거나 축소하지 않으려고 외세의 도전으로부터 국가와 국민을 수호할 수 있는 과감한 '국가' 체제개혁을 회피하였기 때문이었다.

한국 '근대민족'은 '국가'체제를 국민이 참정하여 열강의 침략 도전을 극복할 수 있는 실질적인 자주부강한 근대체제로 과감하게 개혁하려고 했는데, '국가'를 운영하는 황제와 집권 고위관료는 국방은 외세에 의존하고 황제의 전제군주권 강화정책만 추구하였다. 결국 이 '지체'(괴리)는 메꾸어지지 못한 상태에서 일본 제국주의의 침략에 당면하게 되었다.

대한제국의 '국가'는 황제의 막강한 독점 전제권력과 국가 대원수의 군사통수권을 독점하고서도 1904년 2월 일본군의 한반도 불법침입 상륙에 전혀 저항하지 못하였다. 황제는 전제권력을 독점하고서도 고위관료들과 함께 일제의 국권침탈 강박을 국민에게 알리지도 못하고, 국가 대원수의 군사통수권은 일제침략에 대한 저항에는 한 번도 제대로 발휘하지 못한 채 1905년 11월 일제의 침략에 허약하게 국권을 침탈당하여, 대한제국 '국가'는 일본제국주의의 반(半)식민지로 떨어지게 되었다. 반면에 한국 '근대민족'은 '민족의식'을 근대 '민족주의'로 결정(結晶)시키고, 일제의 국권침탈을 알게 되자마자 바로 국권회복을 위한 의병무장투쟁과 애국계몽운동을 양면에서 헌신적으로 치열하게 전개하였다. 이 과정에서 한국 '근대민족'의 독립 역량은 더욱 비약적으로 증강되었다.

한국의 대한제국 '국가'는 황제와 고위관료들의 국가관리 실패와 무능으로 1910년 멸망하고 한국은 일본의 완전식민지로 되어 비렸다. 그러나 한국 '근대민족'은 근대민족주의를 '민족해방적 민족주의' 유형으로 더욱 발전시키면서, 일본제국주의를 타도하고 자기 민족의 자유와 해방과 독립을 쟁취하기 위한 민족해방독립운동을 1945년 8월 일제 패망의 날까지 완강하고 치열하게 전개하여 마침내 광복 쟁취에 성공하였다.

참고문헌

1. 자료

자료 ①

『江東郡邑誌』『江東郡誌』『江東誌』『江東縣邑誌』『疆域考』『高麗史』『古事記』『關西邑誌』『高宗實錄』『管子』『管子校注』『舊唐書』『揆園史話』『記言』『老乞大諺解』『盧龍塞略』『論語』『論衡』『大戴禮記』『大東地志』『大東歷史』『大明一統志』『讀史方輿紀要』『東國通鑑』『東國歷代總目』『東國史略』『東明王篇』『東史綱目』『東史輯略』『毛詩正義』『北史』『史記』『史記索隱』,『史記正義』『山海經』『山海經校注』『三國史記』『三國遺事』『三國志』『尙書』『尙書大傳』『尙書正義』『尙書注疏』『書經』『說文解字』『成川誌』『星湖僿說』『宋書』『水經注』『修山集』『隋書』『旬五志』『承政院日記』『詩經』『新唐書』『新增東國輿地勝覽』『十三經注疏』『藥泉集』『梁書』『呂氏春秋』『與猶堂全書』『燃藜室記述』『永平府志』『營平二州地名記』『禮記』『禮記正義』『五洲衍文長箋散稿』『魏略』『魏書』『應制詩註』『日省錄』『逸周書』『潛夫論』『戰國策』『帝王韻紀』『朝鮮王朝實錄』『左傳』『周書』『周易正義』『周禮』『竹書紀年』『晋書』『集韻』『靑鶴集』『叢史』『春秋』『春秋左氏傳』『太平御覽』『太平宇記』『太平寰宇記』『通典』『平壤誌』『平壤續志』『標題音註東國史略』『漢書』『海東繹史』『海東異蹟』『皇明修文備史』『後漢書』『訓蒙字會』

자료 ②

姜仁求 · 李健茂 · 韓永熙 · 李康承, 『松菊里』 I, 國立中央博物館, 1979.
경기도박물관, 『경기도 3대하천유역 종합학술조사 I: 임진강』 3책, 2001.
경기도박물관, 『경기도 3대하천유역 종합학술조사 II: 한강』 3책, 2002.
경기도박물관, 『경기도 3대하천유역 종합학술조사 III: 안성천』 1책, 2003.
경기도박물관, 『경기도 고인돌』, 2007.
고조선학회, 『고조선유적 답사자료집』, 2008 · 2009 · 2010.

국립문화재연구소, 『高城文岩里遺蹟』, 2004.
국립문화재연구소, 『고성문암리유적(사적 426호) 발굴조사 현장설명회 자료집』, 2012.
국립제주박물관, 『제주의 역사와 문화』, 2001.
國立中央博物館, 『岩寺洞』, 1994.
국립중앙박물관, 『松菊里Ⅲ』, 1987.
權五榮 · 李享源 · 申誠惠 · 朴重國, 『華城 盤松里 靑銅器時代 聚落』, 한신대박물관, 2007.
吉林大學考古敎硏室, 「農安左家山新石器時代遺址」, 『考古學報』, 1989年 2期, 1989.
吉林省文物考古硏究所, 「吉林省近十年考古工作的主要收穫(1979~1989)」, 『博物館硏究』, 1990年 1期, 1990.
金秉模 외, 『中原荷川里 D지구 유적발굴 조사보고-1984년도-』, 충북대박물관, 1984.
김병모 · 金承 · 兪炳隣, 『大母山 文化遺蹟 試掘調査報告書』, 漢陽大學校博物館, 1999.
김신규 · 김교경, 「상원 검은 모루 구석기시대 발굴보고」, 『고고학자료집』 4, 민족문화, 1974.
김신규 · 김교경 · 백기하 · 장우진 · 서국태, 「승호구역 만달리 동굴유적 발굴보고」, 『평양 부근 동굴유적 발굴보고』 14, 과학출판사, 1985.
김용간, 『금탄리 원시유적 발굴보고』, 과학원출판사, 1964.
김원용 · 임효재 · 권학수 · 이준정, 『오산리유적』 Ⅰ · Ⅱ · Ⅲ, 서울대박물관, 1984 · 1985 · 1988.
단국대박물관, 『中原高句麗碑조사보고서』, 1979.
內蒙古敖漢旗博物館, 『敖漢文物精華』, 內蒙古文化出版社, 2004.
大連市文物考古硏究所, 『大嘴子: 靑銅時代遺址 1987年發掘報告』, 大連出版社, 2000.
도유호, 『지탑리 원시유적 발굴보고』, 과학원출판사, 1961.
동아대박물관, 『陜川鳳溪里유적』, 1989.
孟昭凱 · 金瑞淸, 『五千年前的文明: 牛河梁遺址』, 中國文耳出版社, 2009.
문화공보부 문화재관리국, 『八堂 · 昭陽댐 수몰지구 유적발굴 종합조사보고』, 1974.
문화재청 · 서울대박물관, 『한국 지석묘(고인돌) 종합조사 연구』 Ⅰ · Ⅱ, 1999.
미사리선사유적발굴조사단 편, 『渼沙里』 Ⅰ ~ Ⅴ, 1994.
배기동, 『금파리 구석기유적』, 국립문화재연구소, 1999.
山東省文物管理處 濟南市博物館 編, 『大汶口新石器時代墓葬發掘報告』, 北京: 文物出版社, 1974.

席永杰·張國强·王華·孫永剛 編著,『西遼河流域史前陶器紋飾圖錄』, 內蒙古出版集團·內蒙古人民出版社, 2010.

邵國田 主編,『敖漢文物精華』, 內蒙古文化出版社, 2004.

徐五善·權五榮,「천안 청당동유적 발굴조사보고」,『休岩里』, 국립중앙박물관, 1990.

서오선·함순섭,「천안 청당동유적 제3차 발굴조사 보고」,『固城里貝塚』, 국립중앙박물관, 1992.

서오선·권오영·함순섭,「천안 청당동유적 제2차 발굴보고」,『松菊里』Ⅳ, 국립중앙박물관, 1991.

서울대박물관,『鰲山里遺蹟』Ⅰ·Ⅱ·Ⅲ, 1984·1985·1988.

석광준,「오덕리 고인돌 발굴 보고」,『고고학자료집』4, 민족문화, 1974.

석광준,『각지고인돌무덤조사발굴보고』, 백산자료원, 2003.

孫秉憲 외,『김해 퇴래리유적』, 성균관대박물관, 1989.

손보기,「단양 도담리 금굴유적 발굴조사보고」,『충주댐 수몰지구 문화유적 연장 발굴조사보고서』, 충북대박물관, 1985.

손보기·이융조,「앙덕리」,『八堂·昭陽댐 수몰지구 유적발굴 종합조사보고』, 문화공보부 문화재관리국, 1974.

손보기·신숙정·장호수,「일산1지역 고고학조사」,『일산 새도시 개발지역 학술조사보고Ⅰ: 자연과 옛 사람의 삶·자연환경 조사-고고학발굴보고』, 한국선사문화연구소·경기도, 1992.

宋正鉉·李榮文,「牛山里 내우 지석묘」,『住岩댐 수몰지역 문화유적 발굴조사보고서』II, 전남대박물관·전라남도, 1988.

숭실대 한국기독교박물관,『거푸집(鎔范)과 청동기』, 2011.

瀋陽市文物管理辦公室·瀋陽古宮博物館,「瀋陽新樂遺址第2次發掘報告」,『考古學報』, 1985年 2期, 1985.

瀋陽市文物管理辦公室,「瀋陽新樂遺址試掘報告」,『新樂文化論集』, 瀋陽新樂遺址博物館, 2000.

瀋陽市文物管理辦公室,「瀋陽新樂遺址第二次發掘報告」,『新樂文化論文集』, 瀋陽新樂遺址博物館, 2000.

瀋陽市文物管理辦公室,「遼寧沈陽新樂遺址·救清理發掘簡報」,『新樂文化論文集』, 瀋陽新樂遺址博物館, 2000.

瀋陽新樂遺址博物館·瀋陽市文物管理辦公室,「遼寧瀋陽新樂遺址搶救清理發掘簡報」, 『考古』, 1990年 11期, 1990.
沈陽新樂遺址博物館, 『新樂文化博物館館藏文物集粹』, 遼寧美術出版社, 2008.
敖漢旗博物館, 『敖漢文物精華』, 2004.
遼寧省文物考古研究所, 「遼寧牛河梁紅山文化'女神廟'與積石塚群發掘簡報」, 『文物』, 1986年 8期, 1986.
遼寧省文物考古研究所, 「遼寧牛河梁第二地点四號塚筒形器墓的發掘」, 『文物』, 1997年 8期, 1997.
遼寧省博物館, 「大連市郭家村新石器時代遺址」, 『考古學報』, 1984年 3期, 1984.
遼寧省博物館 · 昭烏達盟文物工作隊 · 敖漢旗文化館, 「遼寧敖漢旗小河沿三種原始文化的發現」, 『文物』, 1977年 12期, 1977.
遼寧省博物館 · 遼寧省文物考古研究所, 『遼河文明展文物集萃』, 2006.
遼寧省文物考古研究所 · 本溪市博物館, 『馬城子-太子河上游洞穴遺存』, 文物出版社, 1994.
遼寧省文物考古研究所 編, 『遼東半島石棚』, 遼寧科學技術出版社, 1994.
遼寧省文物考古研究所 編著, 『牛河梁: 紅山文化遺址發掘報告(1983~2003年度)』, 2012.
遼寧省考古研究所 · 吉林大學考古學系, 「遼寧阜新平頂山石城址發掘報告」, 『考古』, 1992年 5期, 1992.
兪炳隣, 『한국 青銅器時代 住居地 集成(서울 · 경기 · 강원도)』, 춘추각, 2004.
劉泳 主編, 『赤峰博物館文物 · 典藏』, 遠方出版社, 2007.
尹炳鏞, 『부산 노포동 고분군』 I · II, 부산시립박물관, 1985 · 1988.
尹容鎭, 「中原荷川里 F지구 유적발굴 조사보고-1983 · 1984년도-」, 『충주댐 수몰지구 문화유적 발굴조사보고』(고고 · 고분 분야 ②), 충북대박물관, 1984.
이선복 · 이교동, 『파주 주월리 · 가월리 구석기유적』, 서울대 고고미술사학과 · 경기도, 1993.
李榮文 · 鄭基鎭, 『여수 오림동 지석묘』, 전남대박물관 · 여천시, 1992.
이영문 · 정기진, 『여천 적량 상적 지석묘』, 전남대박물관 · 여천시, 1993.
李隆助, 「양평군 양근리지역 · 앙덕리지역 유적발굴보고」, 『八堂 · 昭陽댐 수몰지구 유적발굴 종합조사보고』, 문화공보부 문화재관리국, 1974.
이융조, 「단양수양개 구석기유적 발굴조사보고」, 『충주댐 수몰지구 문화유적 발굴 종합보고서』 I, 1984.

이융조·박선주, 『청원 두루봉 흥수굴 발굴 조사 보고서』, 충북대박물관, 1991.
이융조·우종윤, 『충주 조동리 선사유적(Ⅰ)』, 충북대박물관, 2001.
이융조·우종윤 편, 『선사유적발굴도록』, 충북대박물관, 1998.
이융조·우종윤 편, 『청원 小魯里 구석기유적』, 충북대박물관·한국토지공사, 2000.
이융조·우종윤·이승원, 『충주 조동리 선사유적(Ⅱ)』, 충북대박물관, 2003.
李淸圭, 『北村里 유적』, 제주대박물관, 1988.
李亨求, 『江華島 고인돌 무덤 조사연구』, 춘추각, 2006.
李浩宮·趙由典, 「양평군 양수리지석묘 발굴보고」, 『八堂·昭陽댐 수몰지구 유적발굴 종합조사보고』, 문화공보부 문화재관리국, 1974.
任孝宰, 『암사동』, 서울대박물관, 1985.
임효재, 『欣岩里住居地』 Ⅳ, 서울대박물관, 1978.
임효재, 「미사리 긴급발굴 보고」, 『한국고고학보』 제8집, 1981.
제주대박물관, 『제주 高山里유적』, 1998.
朝陽市·遼寧省文物考古研究所, 『牛河梁遺址』, 學苑出版社, 2004.
朝陽市文化局·遼寧省文物考古研究所, 『牛河梁遺址』, 學苑出版社, 2004.
中國國家文物局 主編, 『中國文物地圖集; 內蒙古自治區分冊』(下), 西安市圖出版社, 2003.
『중국동북지방 유적발굴보고』, 사회과학원출판사, 1966.
中國社會科學院考古研究所內蒙古工作隊, 「赤峰蜘蛛山遺址的發掘」, 『考古學報』, 1979年 2期, 1979.
中國社會科學院考古研究所內蒙古工作隊, 「赤峰西水泉紅山文化遺址」, 『考古學報』, 1982年 2期, 1982.
최몽룡, 「나주 보산리 支石墓 발굴보고서」, 『한국문화인류학』 제9집, 1977.
최몽룡·이청규·이영문·이성주 편저, 『한국 지석묘(고인돌)유적 종합 조사·연구(Ⅱ)』, 문화재청, 1999.
崔盛洛, 『영암 장천리 주거지』 2, 목포대박물관, 1986.
충주시, 『조동리 선사유적 박물관』, 2005.
한국동북아역사재단·중국내몽고문물고고연구소 편, 『夏家店上層文化의 青銅器』, 2007.
黑龍江省文物考古工作隊, 「密山縣新開流遺址」, 『考古學報』, 1979年 4期, 1979.
黑龍江省博物館, 「烏蘇里江流域考古調查」, 『文物』, 1972年 3期, 1972.

黑龍江省博物館,「昻昻溪新石器時代遺址調査」,『考古』, 1974年 2期, 1974.

자료 ③

국사편찬위원회,『한국사』1~3, 1997.
金敎獻,『神檀實記』, 民族心氣宣揚會, 1992.
金玉均,『金玉均全集』, 아세아문화사, 1979.
金允植,『陰晴史』, 韓國史料叢書 6, 국사편찬위원회, 1961.
梅原末治·藤田亮策,『朝鮮古文化綜鑑』 제1권, 美德社, 1947.
孟昭凱·陳瑞周 主編,『古今朝陽千題』, 朝陽市文化局, 1993.
朴齊家,『北學議』, 을유문화사, 1978.
朴齊絅,『近世朝鮮政鑑』, 탐구당, 1975.
朴殷植,『朴殷植全書』(전 3권), 단국대 동양학연구소, 1975.
朴殷植,『白巖朴殷植全集』(전 6권), 백암박은식선생전집편찬위원회, 2002.
서울특별시사편찬위원회 편,『漢江史』, 1985.
孫晋泰,『孫晋泰先生全集』, 太學社, 1981.
申采浩,『改訂版丹齋申采浩全集』(전 4권), 단재신채호선생기념사업회, 1977.
安在鴻,『民世安在鴻選集』(전 8권), 지식산업사, 1981~2008.
吳慶錫,『洋擾記錄』, 미간행.
于建設 主編,『中國北方古代文化國際學術硏討會備忘錄』, 遠方出版社, 2006.
越智唯七,『新舊對照朝鮮全道府郡面里洞名稱一覽』, 京城中央市場, 1917.
劉國祥,『東北文物考古論集』, 科學出版社, 2004.
兪吉濬,『兪吉濬全書』(전 5권), 일조각, 1971.
尹致昊,『尹致昊日記』, 국사편찬위원회, 1986.
李相佰,『李相佰著作集』(전 3권), 을유문화사, 1978.
張華 撰·林東錫 譯註,『博物志』, 동서문화사, 2011.
鄭喬,『大韓季年史』, 국사편찬위원회, 1957.
鄭寅普,『薝園鄭寅普全集』(전 6권), 연세대출판부, 1983.
『조선기술발전사』I, 과학백과사전종합출판사, 1996
趙宇·學信·閻海淸·衛中·營文華 編,『今古朝陽』, 遼寧大學出版社, 1986.
周時經,『周時經全集』, 아세아문화사, 1976.
中國社會科學院 主辨·潭基 主編,『中國歷史地圖集』1, 1982.

崔南善, 『六堂崔南善全集』, 현암사, 1973.
崔文煥, 『崔文煥全集』(전 3권), 효강최문환선생기념사업추진위원회, 1977.
崔濟愚, 『東經大全』, 1880.
崔濟愚, 『龍潭遺詞』, 1881.
赤峰市博物館 編, 『赤峰博物館文物考古文集』, 遠方出版社, 2007.
黃鳳岐 主編, 『朝陽史話』, 遼寧人民出版社, 1986.
黃炫, 『梧下記聞』(原稿本), 1894.

2. 저서 및 단행본

1) 한국

강경구, 『고대의 삼조선과 낙랑』, 기린원, 1991.
姜仁求, 『考古學으로 본 韓國古代史』, 학연문화사, 1997.
강인구, 『韓半島의 古墳』, 아르케, 2000.
姜在彦, 『근대한국사상사 연구』, 한울, 1982.
姜昌一, 『근대일본의 조선침략과 대아시아주의』, 역사비평사, 2002.
고구려연구재단, 『고조선 · 단군 · 부여』, 2004.
고동환, 『조선후기 상업발달사 연구』, 지식산업사, 1998.
고석규, 『19세기 조선의 향촌사회연구』, 서울대출판부, 1998.
고조선사연구회 · 동북아역사재단, 『고조선의 역사를 찾아서』, 학연문화사, 2007.
고조선사연구회 · 동북아역사재단, 『고조선사 연구 100년』, 학연문화사, 2009.
국학원, 『고조선과 고구려를 통해 조명하는 한국 고대사』, 2005.
權兌遠, 『古代韓民族文化史硏究』, 일조각, 2000.
權五榮, 『崔漢綺의 학문과 사상 연구』, 집문당, 1999.
권오영, 『조선후기 유림의 사상과 활동』, 돌베개, 2002.
권오영, 『근대이행기의 유림』, 돌베개, 2012.
김경동, 『한국사회변동론』, 나남, 1993.
김경동, 『한국사회발전론』, 집문당, 2002.
金炅一, 『한국의 근대와 근대성』, 백산서당, 2003.
김경일, 『제국의 시대와 동아시아 연대』, 창비, 2011.

김권구, 『청동기시대 영남지역의 농경사회』, 학연문화사, 2005.
金道泰, 『徐載弼博士自敍傳』, 首善社, 1948.
金度亨, 『대한제국기의 정치사상연구』, 지식산업사, 1994.
金東成, 『한국민족주의 연구』, 오름, 1996.
金杜珍, 『韓國古代의 建國神話와 祭儀』, 일조각, 1999.
김병모, 『한국인의 발자취』, 정음사, 1992.
金成煥, 『朝鮮時代 檀君墓 認識』, 경인문화사, 2009.
김성환, 『고려시대의 단군전승과 인식』, 경인문화사, 2002.
김양동, 『한국고대문화 원형의 상징과 해석』, 지식산업사, 2015.
김영모, 『조선지배층연구』, 일조각, 1978.
김영범, 『한국 근대민족운동과 의열단』, 창작과비평사, 1997.
김영범, 『혁명과 의열: 한국독립운동의 내면』, 경인문화사, 2010.
김영범, 『민중사 심화와 기억사회학: 민중의 귀환, 기억의 호출』, 한국학술정보, 2010.
김영수 편, 『고대 동북아시아의 민족과 문화』, 여강출판사, 1994.
김영작, 『한말 내셔널리즘』, 사상과 현실, 2006.
金完鎭, 『原始國語의 자음체계에 대한 연구』, 국어연구회, 1978.
김완진, 『향가와 고려가요』, 서울대출판부, 2001.
김용간 · 석광준, 『남경유적에 관한 연구』, 과학 · 백과사전출판사, 1984.
김용구, 『세계관 충돌과 한말외교사』, 문학과지성사, 2001.
김용구, 『임오군란과 갑신정변』, 원, 2004.
김용구, 『약탈제국주의와 한반도』, 원, 2013.
김용섭, 『한국근현대농업사연구』, 일조각, 1992.
김용섭, 『동아시아 역사 속의 한국문명의 전환』, 지식산업사, 2008.
金元龍, 『한국고고학연구』, 일지사, 1987.
金載元, 『檀君神話의 신연구』, 정음사, 1947.
金載元 · 尹武炳, 『韓國支石墓 연구』, 국립박물관, 1967.
金貞培, 『韓國民族文化의 起源』, 學生社, 1978.
김정배, 『한국고대의 국가기원과 형성』, 고려대출판부, 1986.
金廷鶴, 『韓國上古史研究』, 범우사, 1990.
김종서, 『한사군의 실제 위치』, 한국학연구원, 2005.
金宙鉉, 『申采浩文學研究草』, 소명출판, 2012.

김주현, 『계몽과 혁명: 신채호의 삶과 문학』, 소명출판, 2015.
金哲埈, 『韓國古代社會硏究』, 지식산업사, 1975.
金弼東, 『한국사회조직사연구』, 일조각, 1992.
김필동, 『차별과 연대: 조선사회의 신분과 조직』, 문학과지성사, 1999.
김필동 · 정순우 · 정일균 · 박명규 · 박찬승 · 이준식 · 박태균 · 임대식 · 황혜란 · 윤정로 · 장경섭 · 이정옥 · 이재현, 『지식변동의 사회사』, 문학과지성사, 2003.
金弘宇 · 서울대 정치학과 독립신문강독회, 『독립신문 다시 읽기: 백년전 거울로 오늘을 본다』, 푸른역사, 2004.
노태돈 편저, 『단군과 고조선사』, 사계절, 2000.
단군학회 엮음, 『남북학자들이 함께 쓴 단군과 고조선 연구』, 지식산업사, 2005.
문안식, 『요하문명과 예맥』, 혜안, 2012.
文定昌, 『古朝鮮史硏究』, 한뿌리, 1969.
박대제, 『중국 고문헌에 나타난 고대 조선과 예맥』, 경인문화사, 2013.
박명규, 『한국 근대국가 형성과 농민』, 문학과지성사, 1997.
박명규, 『국민 · 인민 · 시민: 개념사로 본 한국의 정치주체』, 소화, 2009.
박선미, 『고조선과 동북아의 고대화폐』, 학연문화사, 2009.
朴仙姬, 『한국고대복식: 그 원형과 정체』, 지식산업사, 2003.
박선희, 『우리 금관의 역사를 밝힌다』, 지식산업사, 2008.
박선희, 『고조선 복식문화의 발견』, 지식산업사, 2011.
朴成壽, 『단군문화기행』, 서원, 2000.
朴殷植, 『大東古代史論』, 1911.
朴殷植, 『韓國痛史』, 『朴殷植全書』 상권, 단국대 동양학연구소, 1975.
朴殷植, 『檀祖事攷』, 『白巖朴殷植全集』 제4책, 백암박은식선생전집편찬위원회, 2002.
朴殷植, 『韓國獨立運動之血史』, 『朴殷植全書』 상권, 단국대 동양학연구소, 1975.
박준형, 『고조선사의 전개』, 서경문화사, 2014.
박진욱 · 황기덕 · 강인숙, 『비파형 단검 문화에 관한 연구』, 과학 · 백과사전출판사, 1987.
박찬승, 『근대이행기 민중운동의 사회사』, 경인문화사, 2008.
박찬승, 『민족 · 민족주의』, 소화, 2010.
배기동, 『금파리 구석기유적』, 국립문화재연구소, 1999.
白南雲, 『朝鮮社會經濟史』, 改造社, 1933.
白山學會 편, 『古朝鮮 · 夫餘史硏究』, 백산자료원, 1995.

복기대, 『요서 지역 청동기시대 문화연구』, 백산자료원, 2002.
부찐, 유·엠, 『고조선』(이항재·이병두 옮김), 소나무, 1990.
북한문제조사연구소, 『북한의 단군 및 고조선 논문자료』, 1994.
서국태, 『조선의 신석기시대』, 사회과학출판사, 1986.
徐茂松, 『韓國의 石灰岩 地形』, 세경자료사, 1996.
徐永大 편, 『북한학계의 단군신화 연구』, 백산자료원, 1995.
석광준, 『조선의 고인돌무덤 연구』, 중심, 2002.
성삼제, 『고조선, 사라진 역사』, 동아일보사, 2005.
소상영, 『한반도 중서부지방 신석기문화변동』, 서경문화사, 2016.
손보기, 『상시 바위그늘 옛 살림터』, 연세대박물관, 1984.
손보기, 『구석기 유적: 한국·만주』, 한국선사문화연구소, 1990.
손영종, 『고구려사의 제문제』, 신서원, 2000.
손영종·조희승, 『조선수공업사』 I, 백산자료원, 1990.
孫晋泰, 『朝鮮民族文化의 硏究』, 을유문화사, 1948.
宋基中, 『역사비교언어학과 국어계통론』, 집문당, 2003.
宋基豪, 『발해정치사연구』, 일조각, 1995.
송호근, 『시민의 탄생: 조선의 근대와 공론장의 지각 변동』, 민음사, 2013.
송호정, 『한국사 속의 고조선』, 푸른역사, 2003.
쇼다 신야, 『청동기시대의 생산활동과 사회』, 학연문화사, 2009.
신숙정, 『우리나라 남해안 지방의 신석기문화연구』, 학연문화사, 1994.
愼鏞廈, 『박은식의 사회사상연구』, 서울대출판부, 1982.
신용하, 『초기개화사상과 갑신정변연구』, 지식산업사, 2000.
신용하, 『한국민족의 형성과 민족사회학』, 지식산업사, 2001.
신용하, 『신채호의 사회사상연구』(한길사, 1984), 증보판, 나남, 2004.
신용하, 『한말 애국계몽운동의 사회사』, 나남출판, 2004.
신용하, 『한국 원민족 형성과 역사적 전통』, 나남출판, 2005.
신용하, 『신판 독립협회연구』, 일조각, 2006.
신용하, 『고조선 국가형성의 사회사』, 지식산업사, 2010.
신용하, 『한국 개화사상과 개화운동의 지성사』, 지식산업사, 2010.
신용하, 『신판 동학과 갑오농민전쟁 연구』, 일조각, 2016.
申一澈, 『申采浩의 歷史思想 연구』, 고려대출판부, 1981.

신종원, 『일본인들의 단군연구』, 한국학중앙연구원, 2005.
申采浩, 『朝鮮史研究草』, 朝鮮圖書, 1929.
신채호, 『讀史新論』, 『改訂版丹齋申采浩全集』 상권, 단재신채호선생기념사업회, 1977.
신채호, 『朝鮮上古文化史』, 『改訂版丹齋申采浩全集』 상권, 단재신채호선생기념사업회, 1977.
신채호, 『朝鮮上古史』, 『改訂版丹齋申采浩全集』 상권, 단재신채호선생기념사업회, 1977.
신형식, 『고구려사』, 이화여대출판부, 2003.
신형식, 『한국고대사 서술의 정착과정 연구』, 경인문화사, 2016.
심백강, 『황하에서 한라까지』, 참좋은세상, 2007.
岳南, 『天古學案』(심규호 · 유소영 옮김), 『夏商周斷代工程(2)』, 일빛, 2005.
安承模, 『아시아 재배벼의 起源과 分化』, 학연문화사, 1999.
안재호 · 노혁진 · 장호수 · 오강원 · 강인욱, 『동북아 청동기문화 조사연구의 성과와 과제』, 학연문화사, 2009.
安在鴻, 『朝鮮上古史鑑』, 民友社, 1947.
梁柱東, 『古歌研究』, 박문출판사, 1957.
梁柱東, 『增訂古歌研究』, 일조각, 1969.
오강원, 『비파형 동검문화와 요령 지역의 청동기문화』, 청계, 2006.
오강원, 『서단산문화와 길림지역의 청동기문화』, 학연문화사, 2008.
오지영, 『東學史』, 永昌書館, 1940.
우실하, 『전통음악의 구조와 원리』, 소나무, 2004.
우실하, 『동북공정너머 요하문명론』, 소나무, 2007.
우장문, 『경기지역의 고인돌 연구』, 학연문화사, 2006.
유영렬, 『개화기의 윤치호연구』, 한길사, 1995.
柳永益, 『갑오경장연구』, 일조각, 1987.
유원수 역, 『몽골秘史』 1, 혜안, 1994.
尹慶老, 『개정증보 105人事件과 新民會연구』, 한성대출판부, 2012.
尹乃鉉, 『韓國古代史新論』, 일지사, 1986.
윤내현, 『고조선연구』, 일지사, 1994.
윤내현, 『사료로 보는 우리 고대사』, 지식산업사, 2007.

윤내현 · 박선희 · 하문식, 『고조선의 강역을 밝힌다』, 지식산업사, 2006.
윤명철, 『단군신화, 또 다른 해석』, 백산자료원, 2008.
尹武炳, 『韓國青銅器文化研究』, 예경산업사, 1996.
尹以欽 외, 『檀君-그 이해와 자료』, 서울대출판부, 1994.
尹春炳, 『韓國基督敎新聞雜誌百年史』, 대한기독교서회, 1984.
이건무, 『청동기문화』, 대원사, 2006.
李光麟, 『개화당연구』, 일조각, 1973.
이광린, 『개화사상연구』, 일조각, 1979.
이광린, 『한국개화사연구』, 일조각, 1999.
李基東, 『신라골품제 사회와 화랑도』, 한국연구원, 1980.
李基文, 『開化期의 國文硏究』, 일조각, 1970.
이기문, 『국어음운사연구』, 탑출판사, 1977.
이기문, 『국어어휘사연구』, 동아출판사, 1991.
李基白, 『民族과 歷史』, 일조각, 1971.
이기백, 『韓國古代의 國家와 社會』, 일조각, 1985.
이기백, 『韓國傳統文化論』, 일조각, 2002.
이기백 편, 『檀君神話論集』, 새문사, 1988.
이기백 · 이기동, 『한국사강좌: 고대편』, 일조각, 1982.
이덕일 · 김병기, 『고조선은 대륙의 지배자였다』, 역사의 아침, 2006.
이동인, 『율곡의 사회개혁사상』, 백산서당, 2002.
李萬烈, 『丹齋 申采浩의 歷史學 연구』, 문학과지성사, 1990.
李丙燾, 『韓國古代史硏究』, 박영사, 1976.
李相均, 『韓半島 新石器文化의 新動向』, 학연문화사, 2005.
李相佰, 『李相佰著作集』 제3권, 을유문화사, 1978.
이선복 · 한영희 · 노혁진 · 박선주, 『한국민족의 기원과 형성』 상 · 하, 소화, 1996 · 1997.
이성주, 『청동기 · 철기시대 사회변동론』, 학연문화사, 2007.
李用熙, 『韓國民族主義』, 서문당, 1977.
이융조, 『충북의 선사문화』, 충청북도 충북학연구소, 2006.
이융조 편, 『수양개와 그 이웃들』, 충북대박물관, 2007.
이융조 편저, 『舊石器人의 生活과 遺蹟』, 학연문화사, 2003.
이정복 · 임현진 외, 『21세기 민족통일에 대한 사회과학적 접근』, 서울대출판부, 2000.

이정훈, 『발로 쓴 反동북공정』, 지식산업사, 2009.
李鍾旭, 『古朝鮮史研究』, 일조각, 1993.
이종철, 『청동기시대 송국리형문화의 전개와 취락체계』, 진안진, 2016.
이지린, 『고조선연구』(과학원출판사, 1963), 백산자료원, 1997.
李淸圭, 『제주도 고고학 연구』, 학연문화사, 1995.
이태영, 『조선광업사』, 백산자료원, 1991.
이태진, 『고종시대의 재조명』, 태학사, 2000.
이형구 편, 『단군과 고조선』, 살림터, 1999.
이형원, 『청동기시대 취락구조와 사회조직』, 서경문화사, 2009.
이홍직, 『한국고대사연구』, 신구문화사, 1971.
임병태, 『한국 청동기문화의 연구』, 학연출판사, 1996.
임상택, 『한반도 중서부지역 빗살무늬 토기문화 변동과정연구』, 일지사, 2006.
임재해, 『신라금관의 기원을 밝힌다』, 지식산업사, 2008.
임재해, 『고조선문화의 높이와 크기』, 경인문화사, 2015.
임재해 외, 『고대에도 한류가 있었다』, 지식산업사, 2007.
임현진, 『현대한국과 종속이론』, 서울대출판부, 1987.
임효재, 『한국신석기문화』, 집문당, 2002.
임효재 편저, 『한국 고대 稻作문화의 기원-김포의 古代米를 중심으로』, 학연문화사, 2001.
임효재 편저, 『한국신석기문화의 전개』, 학연문화사, 2005.
林熺燮, 『한국의 사회변동과 가치관』, 나남, 2003.
張光直, 『商文明』(윤내현 옮김), 민음사, 1989.
張智鉉, 『韓國傳來豆類栽培史研究』, 성신여대출판부, 1993.
장호수 편, 『북한의 선사고고학: 청동기시대와 문화』, 백산문화사, 1992.
鄭璟喜, 『한국고대사회문화연구』, 일지사, 1990.
정근식·이병천 편, 『식민지 유산, 국가형성, 한국 민주주의 1』, 책세상, 2012.
정석배, 『북방유라시아 대륙의 청동기문화』, 학연문화사, 2004.
鄭榮薰, 『근대한국민족교육에서의 檀君』, 한국정신문화연구원, 1986.
鄭允在 외, 『민세 안재홍 심층연구』, 백산서당, 2005.
鄭寅普, 『朝鮮史研究』, 서울신문사, 1946.
정일균, 『다산 사서경학 연구』, 일지사, 2000.

鄭晋錫, 『韓國言論史研究』, 일조각, 1983.

鄭漢德 편저, 『中國考古學研究』, 學硏文化社, 2000.

趙東杰, 『한국민족주의의 성립과 독립운동사 연구』, 지식산업사, 1989.

조동일, 『동아시아 문명론』, 지식산업사, 2010.

조법종, 『고조선 · 고구려사 연구』, 신서원, 2006.

趙賓福, 『中國東北新石器文化』(崔茂藏 옮김), 집문당, 1996.

趙仁成, 『揆園史話와 桓檀古記』, 일조각, 1988.

趙子庸, 『三神民考』, 가나아트, 1995.

趙鎭先, 『細形銅劍文化의 연구』, 학연문화사, 2005.

조흥윤 · 김택규 · 김열규 · 성백인, 『한국민족의 기원과 형성』, 소화, 1996.

주시경, 『국어문법』(『周時經全集』 하권), 아세아문화사, 1976.

지승종, 『조선전기 노비신분연구』, 일조각, 1995.

陳德奎, 『現代民族主義의 이론구조』, 지식산업사, 1983.

진덕규, 『한국정치의 역사적 기원』, 지식산업사, 2002.

진덕규, 『권력과 지식인』, 지식산업사, 2011.

車基壁, 『韓國民族主義의 이념과 실태』, 까치, 1978.

차기벽, 『민족주의 원론』, 한길사, 1990.

千寬宇, 『古朝鮮史 · 三韓史研究』, 일조각, 1989.

최기영, 『대한제국기 신문 연구』, 일조각, 1991.

최기영, 『한국근대계몽운동연구』, 일조각, 1997.

崔南善, 『不感文化論』(정재승 · 이주현 역주), 우리역사연구재단, 2008.

최성락 편저, 『영산강 유역의 고대사회』, 학연문화사, 1999.

최몽룡 편저, 『경기도의 고고학』, 주류성, 2007.

최몽룡 외, 『한강유역사』, 민음사, 1993.

최몽룡 · 최성락, 『한국 古代國家 형성론』, 서울대출판부, 1997.

최몽룡 · 김경택 · 홍형우, 『동북아 청동기시대 문화연구』, 주류성, 2004.

최몽룡 · 이형구 · 조유전 · 심봉근, 『고조선문화 연구』, 한국정신문화연구원, 1999.

崔文煥, 『民族主義의 전개과정』, 백영사, 1958.

최재석, 『한국가족제도사연구』, 일지사, 1983.

최재석, 『한국고대사회사연구』, 일지사, 1987.

최재석, 『고대한일관계사 연구』, 경인문화사, 2010.

崔埈,『韓國新聞史』, 일조각, 1965.
최태선,『조선의 구석기시대』, 사회과학출판사, 1977.
최홍규,『申采浩의 민족주의사상』, 형설출판사, 1983.
崔弘基,『韓國戶籍制度史 硏究』, 서울대출판부, 1975.
하문식,『고조선지역의 고인돌 연구』, 백산자료원, 1999.
하문식,『고조선 사람들이 잠든 무덤』, 주류성, 2016.
한국고고학회 편,『한국 농경문화의 형성』, 학연문화사, 2002.
한국정신문화연구원,『한국상고사의 제문제』, 1987.
한철호,『한국근대개화파와 통치기구연구』, 선인, 2009.
허종호 외,『고조선역사개관』, 사회과학출판사 · 중심, 2001.
許進雄,『中國古代社會』(洪喜 옮김), 동문선, 1991.
허홍식 · 이형구 · 손환일 · 김주미,『삼족오』, 학연문화사, 2007.
현승일,『사회사상사』, 오래, 2011.
黃義敦,『新編朝鮮歷史』, 以文堂, 1923.

2) 중국

高廣仁 · 欒豊實,『大汶口文化』, 文物出版社, 2004.
郭大順,『龍出遼河源』, 百花文藝出版社, 2001.
郭大順 主編,『紅山文化』, 東北亞歷史財團, 2005.
郭墨蘭 編,『齊魯文化』, 華藝出版社, 1997.
郭文韜 編著,『中國大豆栽培史』, 河海大學出版社, 1993.
大連通史編纂委員會 編,『大連通史: 古代卷』, 人民出版社, 2007.
馬承源 主編,『中國青銅器』, 上海古籍出版社, 1990.
苗威,『古朝鮮硏究』, 香港亞洲出版社, 2006.
常春林,「試論紅山文化的族屬問題」,『中國考古集成(東北卷)』, 北京出版社, 1996.
徐秉琨 · 孫守道,『中國地域文化大系: 東北文化, 白山黑水中的農牧文明』, 上海遠東出版社, 1998.
宋誠如 主編,『遼寧通史』第1卷, 遼寧民族出版社, 2009.
沈陽新樂遺址博物館,『新樂文化論文集』, 2010.
安作璋 · 王志民 主編,『齊魯文化通史』I (远古至西周卷, 王志民 · 張富祥 著), 中華書局, 2004.

嚴文明,『史前考古論集』, 科學出版社, 1998.
袁珂 校注,『山海經校注』, 巴蜀書社, 1996.
柳東靑,『紅山文化』, 內蒙古大學新聞社, 2002.
游修齡·曾雄生,『中國稻作文化史』, 上海人民出版社, 2010.
劉俊勇,『中國大連考古硏究』(崔茂藏 譯), 學硏文化社, 1997.
劉俊勇,『大連考古硏究』, 哈尔濱出版社, 2003.
衣保中,『中國東北農業史』, 吉林文化出版社, 1995.
李伯謙,『中國靑銅器文化結构體系硏究』, 科學出版社, 1998.
林沄,『林沄學術文集』Ⅱ, 科學出版社, 2008.
林惠祥,『中國民族史』上卷, 北京商務印書館, 1998.
張富祥,『東夷文化通考』, 上海古籍出版社, 2008.
張星德,『紅山文化硏究』, 中國社會科學出版社, 2005.
陳文華·渡部武 編,『中國稻作起源』, 六興出版, 1989.
許玉林,『遼東半島石棚』, 遼寧科學技術出版社, 1994.
黃鳳岐 主編,『朝陽史話』, 遼寧人民出版社, 1986.
黃斌·劉厚生,『箕氏朝鮮史話』, 遠方出版社, 2007.

3) 일본

甲元眞之,『東北アジアの青銅器文化と社會』, 東京: 同成社, 2006.
鈴木省吾,『朝鮮名士金氏言行錄』, 東京: 博文堂, 1886.
有光敎一,『朝鮮櫛目紋土器の硏究』, 有光敎一著作集 第1卷, 京都: 同朋舍, 1962.

4) 서양

Adams, Brooks, *The Law of Civilization and Decay,* New York: The Macmilan, 1896.
Anderson, B., *Imagined Communities: Reflections on the Origin and Spread of Nationalism,* Revised edition, London: Verso, 1991.
Bellwood, Peter, *First Farmers, The Origins of Agricultural Societies,* Malden: Wiley-Blackwell, 2005.
Bellwood, Peter, *First Migrants: Ancient Migration in Global Perspective,* Malden: Wiley-Blackwell, 2013.
Bellwood, Peter, and Immanuel Ness, *The Global Prehistory of Human Migration,*

Malden: Wiley-Blackwell, 2014.

Benedict, Ruth, *Race: Science and Politics,* Revised edition, New York: The Viking Press, 1950.

Chang, Kwang-chih, *Shang Civilization,* New Haven: Yale University Press, 1980.

Chang, Kwang-chih, *The Archeology of Ancient China,* Fourth Edition, New Haven: Yale University Press, 1986.

Chapman, Malcom (ed.), *Social and Biological Aspects of Ethnicity,* Oxford: Oxford University Press, 1993.

Dei, George J. Sefa, and Meredith Lordan (eds.), *Contemporary Issues in the Sociology of Race and Ethnicity,* New York: Peter Lang Publishin Inc., 2013.

Durkheim, Emile, *Le Formes Elémentaires de la Vie Religieuse* ; Translated by Karen E. Field, *The Elementary Forms of Religious Life,* Free Press, 1995(한국어판: 노치준·민혜숙 옮김, 『종교생활의 원초적 형태』, 민영사, 1992).

Earle, T. (ed.), *Chiefdom: Power, Economy and Ideology,* Cambridge: Cambridge University Press, 1991.

Engels, F., *The Origin of the Family, Private Property and the State,* New York: Pathfinder, 1972(1884).

Fagan, Brian (ed.), *The Complete Ice Age: How Climate Change Shaped the World,* London: Thames & Hudson, 2009(한국어판: 이승호·김맹기·황상일 옮김, 『완벽한 빙하시대』, 푸른길, 2011).

Fine, John V. A., *The Early Medieval Balkans,* Ann Arbor: University of Michigan Press, 1991.

Gellner, E., *Nation and Nationalism,* Oxford: Blackwell, 1983.

Giddings, F. H., *Principles of Sociology,* London: The Macmillan, 1896.

Hertz, Frederick, *Nationality in History and Politics,* London: Routledge and Kegan Paul, 1957.

Hobsbawm, Eric J., *Nation and Nationalism Since 1780,* Cambridge: Cambridge University Press, 1992.

Hoffecker, John H., *A Prehistory of the North: Human Settlements of the Higher Latitudes,* Rutgers University Press, 2006.

Hoffecker, John F., and Scott A. Elias, *Human Ecology of Beringia*, Columbia

University Press, 2007.

Institute of Korean Prehistory, *Recent Discoveries and Interpretations from Korean Paleolithic Sites(V),* Cheongju, Korea, 2014.

Johnson, A. W., and T. Earle, *The Evolution of Human Societies: From Foraging Group to Agrarian State,* Stanford: Stanford University Press, 1987.

Kafesoglu, Ibrahim, *Origins of Bulgars,* Ankara: Institute for the Study of Turkish Culture, 1986.

Kitamura, S., *Applied Botany,* Tokyo: Asakura Book Co., 1962.

Kohn, Hans, *The Idea of Nationalism: A Study in It's Origin and Background,* London: Macmillan, 1961.

Kottak, Conrad Phillip, *Windows on Humanity,* New York: McGrow-Hill, 2005.

Letourneau, Charles, *Sociology Based upon Ethnography,* London: Chapman and Hall, 1881.

Lukács, Georg (Trans. Peter Palmer), *Destruction of Reason,* New York: Humanities Press, 1981.

Macdougall, Doug, *Frozen Earth: The Once and Future Story of Ice Ages,* University of California Press, 2004(한국어판: 조혜진 옮김, 『우리는 지금 빙하기에 살고 있다: 얼어붙은 지구와 인류의 미래』, 말글빛냄, 2005).

McCrone, David, *The Sociology of Nationalism,* London: Routledge, 1998.

McKenzie, F. A., *Korea's Fight for Freedom,* London: Simpkin, Marshall and Co., 1920.

Mishew, D., *The Bulgarians in the Past,* Lausanne: Librairie Centrale des nationalités, 1919.

Morgan, W. H., *Ancient Society,* Chicago: H. Charles & Kerr, 1909.

Morton, Fried, *The Notion of Tribe,* Menlo Park: Cummings, 1975.

Peel, D. Y. (ed.), *Herbert Spencer on Social Evolution,* Chicago: University of Chicago Press, 1972.

Renan, Ernest, *Qu'est-ce qu'une Nation,* Paris: R. Helleu, 1934.

Rex, John, *Race Relations in Sociological Theory,* New York: Schocken Books, 1970.

Rizoff, D., *The Bulgarians in Their Historical, Ethnographical and Political Frontiers,* Berlin: Wilhelm Greve, 1917.

Runciman, Steven, *A History of the First Bulgarian Empire,* London: G. Bell and Sons Ltd., 1930.

Service, E. R., *Primitive Social Organizations,* New York: Random House, 1962.

Service, E. R., *Cultural Evolutionism: Theory in Practice,* New York: Holt, Rinehart and Winston, 1975.

Service, E. R., *Origins of the State and Civilization: the Process of Cultural Evolution,* New York: Norton, 1975.

Shirokogoroff, S. M., *Anthropology of Northern China,* Shanghai: Royal Asiatic Sosiety, 1923.

Shirokogoroff, S. M., *Ethnological and Linguistical Aspects of the Ural-Altaic Hypothesis,* Shanghai: The Commercial Press, 1931.

Shirokogoroff, S. M., *Social Organization of Northern Tungus,* Shanghai: The Commercial Press, 1933.

Shirokogoroff, S. M., *The Psychomental Complex of the Tungus,* London: Kegan Paul, Trench, Trubner & Co., 1935.

Smith, Anthony D., *The Ethnic Origin of Nations,* Oxford: Blackwell, 1986.

Smith, Anthony D., *Myths and Memories of the Nation,* Oxford: Oxford University Press, 2000.

Smith, Anthony D., *The Antiquity of Nations,* London: Polity Press, 2004.

Smith, Anthony D., *Cutural Foundations of Nations,* Oxford: Blackwell, 2008.

Spencer, Herbert, *First Principles,* London: Williams and Norgate, 1867.

Spencer, Herbert, *The Principles of Sociology,* London: Williams and Norgate, 1893.

Stepanov, Tsvetelin, *The Bulgars and the Steppe Empire in the Early Middle Ages*, Leiden: Brill, 2010.

Steward, J. H., *Theory of Cultural Change,* Urbana-Champaign, University of Illinois Press, 1955.

Van den Berghe, Pierre L., *Race and Ethnicity: Essay in Comparative Sociology,* New York: Basic Books, 1970.

Van den Berghe, Pierre L., *The Ethnic Phenomenon,* London: Fraeger, 1981.

Ward, Lester F., *The Psychic Factors of Civilization,* Boston: Ginn and Company, 1893.

Weber, Max, *Wirtschaft und Gesellschaft,* Tübingen: Mohr, 1956; *Economy and Society,*

New York: Bedminster Press, 1968.
Weber, Max, *The Agrarian Sociology of Ancient Civilizations,* NLB, 1976.
Zakiev, Mirfatyh, *Origin of Turk and Tatars,* Moscow: INSAN, 2002.

3. 논문

1) 한국

강승남, 「고조선시기의 청동 및 철 가공기술」, 『조선고고연구』 2, 1995.
강인구, 「달성 진청동의 지석묘」, 『韓國史研究』 28, 1980.
權臣漢, 「大豆의 起源」, 『한국의 콩연구』 제2권 제1호, 1985.
권오영, 「고석로의 위정척사사상과 '구전심수'의 교육」, 『백범과 민족운동연구』 제3집, 2005.
권오영, 「화서 이항로의 위정척사이념과 그 전승양상」, 『화서학논총』 3, 2008.
기수연, 「중국문헌에 보이는 東夷와 朝鮮」, 『단군학연구』 제14호, 2001.
김경일, 「1950년대 후반의 사회이념: 민주주의와 민족주의」, 한국정신문화연구원 현대사연구소, 『한국현대사의 재인식4』, 오름, 1998.
김경일, 「한국근대사회의 형성에서 전통과 근대: 가족과 여성관념을 중심으로」, 『사회와 역사』 제54집, 1998.
김광억, 「국가형성에 관한 인류학적 이론과 한국고대사」, 『한국 문화인류학』 17, 1985.
김교경, 「평양일대의 단군 및 고조선 유적유물에 대한 년대측정」, 『조선고고연구』 1, 1995.
김동노, 「개항기 농업의 상품화와 지주제의 변화」, 『한국사회사학회논문집』 제50집, 1996.
김동일, 「별자리가 새겨진 고인돌무덤에 대하여」, 이형구 엮음, 『단군과 고조선』, 살림터, 1999.
金杜珍, 「三韓 別邑社會의 蘇塗 신앙」, 『韓國古代의 國家와 社會』, 일조각, 1985.
김미란, 「홍산문화로 본 선사시기 동북아지역 민족의 곰토템 연구」, 『한국문학논총』 제66집, 2014.
金範哲, 「중서부지역 青銅器時代 水稻生産의 政治經濟」, 『한국고고학보』 제58집, 2006.

김병모, 「한국 거석문화 원류에 관한 연구 (1)」, 『한국고고학보』 제10 · 11집, 1981.
金庠基, 「韓 · 濊 · 貊 移動考」, 『東方學論叢』, 서울대출판부, 1974.
김석주, 「중국의 동굴자원과 동굴 연구」, 『한국동굴학회지』 제95집, 2009.
金成煥, 「朝鮮初期 檀君認識」, 『明知史論』 4, 명지대 사학회, 1992.
김성환, 「전통시대의 단군묘 인식」, 『고조선연구』 1(고조선학회), 지식산업사, 2008.
김소영, 「갑오개혁기(1894~1895) 教科書 속의 國民」, 『韓國史學報』 제29호, 2007.
김승옥, 「청동기시대 주거지의 편년과 사회변천」, 『한국고고학보』 제60집, 2006.
김신규 · 김교경, 「상원 검은모루 구석기유적 발굴보고」, 『고고학자료집』 4, 사회과학출판사, 1974.
김신규 · 김교경 · 백기하 · 장우진 · 서국태, 「승호구역 만달리 동굴유적 발굴보고」, 『평양부근 동굴유적 발굴보고』 14, 과학출판사, 1985.
김양선, 「다뉴기하문경연구초」, 『매산국학산고』, 숭전대박물관, 1973.
金永培 · 安承周 , 「夫餘 松菊里 遼寧式銅劍出土 石棺墓」, 『百濟文化』 7 · 8, 1975.
金榮範, 「조선후기 판소리담론과 민중집단의 집합기억」, 『韓國學報』 제43집, 1986.
김영범, 「신채호의 '조선혁명'의 길」, 『한국근현대사연구』 제18집, 2001.
김영범, 「민족운동의 주체와 문제의식 틀: 갑오농민전쟁과 의열단운동의 경우」, 김진균 편, 『저항, 연대, 기억의 정치』, 문화과학사, 2003.
金映遂, 「箕子朝鮮은 중국 蒙縣-東國朝鮮과는 異地同名일뿐-」, 『全北大論文集』 3, 1960.
金英宇, 「한말의 私立學校에 관한 연구(I)」, 『교육연구』 제1집, 1984.
金泳鎬, 「실학과 개화사상의 연관문제」, 『한국사연구』 제8집, 1972.
金榮熙, 「李鍾一의 언론관과 "뎨국신문"의 성격에 관한 일고찰」, 『박유봉박사회갑기념논총』, 1981.
김용덕, 「동학사상연구」, 『중앙대논문집』 제9집, 1964.
金元龍, 「廣州 渼沙里 櫛文土器遺蹟」, 『歷史學報』 제14집, 1961.
김원룡, 「岩寺里遺蹟의 土器 · 石器」, 『歷史學報』 제17 · 18집, 1962.
김원룡, 「김해 무계리 支石墓의 출토품」, 『東亞文化』 1, 1963.
김원룡, 「沈陽鄭家窪子 青銅時代墓와 副葬品」, 『東洋學』 6, 1976.
김유철, 「고조선시기 경제발전과 노예제도의 변천」, 『단군과 고조선』, 살림터, 1999.
김유철, 「고조선의 통치제도」, 『단군과 고조선 연구』, 지식산업사, 2005.
金仁喜, 「上古史에 있어 韓 · 中의 文化交流: 중국 大汶口文化와의 관계를 중심으로」,

『東아시아 古代學』 2, 2000.
김일환, 「한민족 전통문화의 사상적 원류와 창조적 계승방안」, 『동양문화연구』 제13집, 2013.
金壯錫, 「충청지역 송국리유형 형성과정」, 『韓國考古學報』 51, 한국고고학회, 2003.
金正起, 「갑오경장기 일본의 대조선경제정책」, 『한국사연구』 제47집, 1984.
金正基, 「青銅器 및 初期鐵器時代의 竪穴住居」, 『韓國考古學報』 34, 1996.
金貞培, 「蘇塗의 정치사적 의미」, 『歷史學報』 제79집, 1978.
김정배, 「檀君記事와 관련된 "古記"의 性格」, 『韓國上古史의 諸問題』, 한국정신문화연구원, 1987.
김정배, 「한민족의 기원과 국가형성의 제문제」, 『국사관논총』 1, 국사편찬위원회, 1989.
김정배, 「한국과 요동반도의 지석묘」, 『先史와 古代』 7, 1996.
김정배, 「동북아의 비파형동검문화에 대한 종합적 연구」, 『국사관논총』 제88집, 2000.
김정배, 「고조선과 비파형 동검의 문제」, 『단군과 고조선 연구』, 지식산업사, 2005.
金廷鶴, 「檀君神話와 토테미즘」, 『歷史學報』 제7집, 1954.
김정학, 「韓國 青銅器文化의 編年」, 『韓國考古學報』 5, 1978.
김정학, 「韓民族의 源流-文獻 및 考古學的 考察」, 『韓國史論-韓國古代史의 諸問題』 14, 國史編纂委員會, 1984.
김정학, 「고고학상으로 본 고조선」, 『한국상고사의 제문제』, 한국정신문화연구원, 1987.
金鍾允, 「우리나라 콩 재배 역사」, 『생물학』 4-1, 1965.
金鍾徹, 「廣州 渼沙里 櫛文土器에 대한 小考」, 『韓國考古』 1, 1967.
金之龍, 「馬場里 冶鐵住居地」, 『歷史學報』 제50·51집, 1971.
김필동, 「갑오경장 이전 조선의 근대적 관제개혁의 추이와 새로운 관료기구의 성격」, 『한국사회사연구회논문집』 제33집, 1992.
김필동, 「한국 근대관료의 초기 형성과정과 그 역사적 성격: 1880~1894」, 『한국사회사연구회논문집』 제50집, 1996.
김필동, 「한국 전통사회의 공동체와 개인」, 『사회와이론』 1, 2002.
金弘宇, 「조선말기의 자유주의적 사조」, 준봉 구범모교수 화갑기념논총 편찬위원회 편, 『전환기 한국정치학의 새지평』, 1994.
남상찬·이성균·안승락·이융조·조수원, 「청원 소로리 토탄층에서 고대볍씨와 함께 출토된 뿌리잎벌레류의 화석」, 『한국응용곤충학회지』 47(4), 2008.

盧重國,「한국고대의 邑落의 구조와 성격-국가형성과정과 관련하여」,『대구사』, 1989.
盧泰敦,「'기마민족 일본열도 정복설'에 대하여」,『韓國學報』 제5집, 1976.
노태돈,「古朝鮮 중심지의 변천에 대한 연구」,『韓國史論』 23, 서울대 인문대학 국사학과, 1990.
도유호,「조선 거석문화연구」,『문화유산』 2, 1959.
로성철,「미송리형단지의 변천과 그 년대에 대하여」,『조선고고연구』 1993년 제4호, 1993.
류춘길·최미경,「식물규소체 분석을 통한 재배작물분석: 고성 문암리유적 신석기시대 경작층을 중심으로」,『자연과학에서 본 농경 출현』(제1회 동아시아 농경연구 국제워크숍 발표논문집), 문화재청 국립문화재연구소, 2013.
리규태,「배천군 대아리 돌상자 무덤」,『고고학자료집』 6, 민족문화, 1983.
리순진,「신암리유적 발굴보고」,『고고민속』 3, 1965.
리순진,「평양 일대에서 새로 발굴된 황대성에 대하여」,『조선고고연구』 1995년 제1호, 민족문화, 1995.
리순진,「평양 일대 나무곽무덤의 성격에 대하여」,『조선고고연구』 1996년 제1호, 사회과학원고고학연구소, 1996.
리순진,「새로 알려진 대동강류역 문명의 발생과 발전사에 관한 연구성과에 대하여」,『단군과 고조선』, 살림터, 1999.
리지린,「기자조선 전설비판」,『고조선연구』, 백산자료원, 1962.
文明大,「천전리 암각화의 발견 의미와 도상의 재해석」,『울산 반구대 천전리 암각화』(천전리 암각화 발견 40주년기념 학술대회 논문집), 한국미술사연구소, 2010.
문소정,「대한제국기 일본인 대지주의 형성」,『한국사회사학회논문집』 제2집, 1986.
박명규,「한국 '내셔날' 담론의 의미구조와 정치적 지향」,『한국사회사학회논문집』 제2집, 1986.
박명규,「동학사상의 종교적 전승과 사회운동」,『한국사회사연구회논문집』 제7집, 1987.
박명규,「국제관계의 변화와 근대국가 수립운동」,『한국사회사의 이해』(한국사회사연구총서①), 문학과지성사, 1995.
박명규,「네이션과 민족: 개념사로 본 의미의 간격」,『동방학지』 147권, 2009.
朴仙姬,「고조선의 갑옷 종류와 특징 (1)·(2)」,『白山學報』 제56·57호, 2000.
박선희,「고대 한국의 袴와 裙-고조선 복식 刑制에 관한 시론 Ⅱ」,『단군학연구』 제3

號, 2000.

박선희, 「복식비교를 통한 고조선 영역 연구」, 『단군과 고조선 연구』, 지식산업사, 2005.

박선희, 「고대한국 갑옷의 원류와 동아시아에 미친 영향」, 임재해 외, 『고대에도 한류가 있었다』, 지식산업사, 2007.

박선희, 「유물자료로 본 고조선 이전 시기의 복식문화수준」, 『단군학연구』 제19호, 2008.

박선희, 「평양 낙랑유적 복식유물의 문화성격과 고조선」, 『단군학연구』 제20호, 2009.

박선희, 「홍산문화의 복식유물과 고조선 복식의 지속성」, 『白山學報』 제87호, 2010.

박선희, 「홍산문화 유물에 보이는 인장의 기원과 고조선문화」, 『비교민속학』 제49집, 2012.

박선희, 「복식으로 본 고조선문명과 고대사 체계의 재정립」, 『고조선단군학』 제26호, 2012.

박선희, 「복식과 예술로 본 홍산문화와 고조선 제의문화」, 『고조선단군학』 제29호, 2013.

朴成壽, 「檀君文化論-丹齋와 爲堂을 中心으로」, 『정신문화연구』 47, 한국정신문화연구원, 1992.

朴淳發, 「우리나라 初期鐵器文化의 展開過程에 대한 약간의 考察」, 『考古美術史論』 3, 충북대 고고미술사학과, 1993.

박순발, 「한강유역의 청동기 초기철기문화」, 『한강유역사』, 민음사, 1993.

박순발, 「遼寧 점토대토기문화의 한반도 정착과정」, 『錦江學報』 1, 2004.

박은숙, 「갑신정변 政令에 나타난 정치체제와 권력운영 구상」, 『한국사연구』 제24집, 2004.

박준형, 「고조선의 해상교역로와 萊夷」, 『북방사논총』 10, 2006.

박준형, 「고조선의 대외교역과 의미-춘추 제와의 교역을 중심으로-」, 고조선사연구회·동북아역사재단, 『고조선의 역사를 찾아서』, 학연문화사, 2007.

박진욱, 「비파형 단검문화의 발원지와 창조자에 대하여」, 『비파형 단검문화에 대한 연구』, 과학·백과사전출판사, 1987.

박진욱, 「고조선의 비파형 단검문화에 대한 재검토」, 『조선고고연구』 2, 민족문화, 1995.

박찬승, 「한말 驛土·屯土조사에서의 지주경영의 강화와 抗租」, 『韓國史論』 제9집, 1983.

박찬승, 「한말 자강운동론의 각 계열과 그 성격」, 『한국사연구』 제68집, 1990.
박태식, 「한반도의 三國(백제 · 신라 · 고구려) 유적지에서 출토된 炭化米의 비교」, 『농업사연구』 제7권 제2호, 2008.
박태식, 「고대 한반도에서 재배된 벼의 전래 경로에 대한 고찰」, 『한국작물학회지』 제54권 제1호, 2009.
박태식, 「한반도 출토 곡류의 동정법과 연구성과」, 『한반도 출토 곡류의 동정법과 연구성과: 벼와 콩류를 중심으로』(충북대 농업과학기술연구소 제7회 집중세미나 논문집), 2010.
박태식 · 이융조, 「고양 家瓦地 Ⅰ지구 출토 벼 낟알들과 한국선사시대 벼농사」, 『농업과학논문집』 제37집, 1995.
박태식 · 이융조, 「소로리볍씨 – 발굴로 살펴본 한국벼의 기원」, 『농업사연구』 제3권 제2호, 2004.
박효빈, 「동북아시아 상고시대 음악문화에 관한 연구」, 『한국음악문화연구』 제4집, 2013.
방선주, 「한국 巨石制의 제문제」, 『史學硏究』 제20집, 1968.
배영순, 「한말역둔토조사에 있어서의 소유권 분쟁」, 『한국사연구』 제25집, 1979.
卜箕大, 「하가점 하층문화의 기원과 사회성격에 관한 시론」, 『한국상고사학보』 19, 1995.
복기대, 「기원전 12~17-7~6세기 중국 요서지역의 고대문화에 관하여」, 『박물관기요』 12, 단국대출판부, 1997.
복기대, 「하가점 상층문화에 관한 시론」, 『박물관기요』 14, 단국대출판부, 1999.
복기대, 「중국 요서 지역 청동기시대 문화의 역사적 이해」, 『단군학연구』 제5호, 2001.
복기대, 「高台山文化에 대하여」, 『白山學報』 제65호, 2002.
복기대, 「마성자문화에 관한 몇가지 문제」, 『先史와 古代』 제22집, 2005.
복기대, 「존(尊)의 기원과 계승성에 관한 시론」, 『先史와 古代』 제25집, 2006.
복기대, 「홍산문화와 하가점하층문화의 연관성에 관한 시론」, 『文化史學』 제27호, 2007.
복기대, 「試論 紅山文化 原始龍에 대한 재검토」, 『白山學報』 제77호, 2007.
복기대, 「한국사연구에서 고고학응용의 몇 가지 문제에 관하여」, 『고조선연구』 1(고조선학회), 지식산업사, 2008.
복기대, 「小河沿文化에 관하여」, 『고조선단군학』 제21호, 2009.

복기대, 「시론 강화도 塹城壇 유적을 통해 본 단군관련 제사유적」, 『동아시아고대학』 제23집, 2010.

서국태, 「영흡읍 유적에 관한 보고」, 『고고민속』 2, 연문사, 1965.

徐永大, 「단군신화의 역사적 이해」, 『한신 인문학연구』 2, 1995.

서영대, 「전통시대의 단군인식」, 『단군학연구』 창간호, 1999.

서영대, 「참성단(塹城壇)의 역사적 의의」, 『단군학연구』 제19호, 2008.

서영대, 「단군관련 구전자료의 검토」, 『단군학연구』 제21호, 2009.

석광준, 「문흥리 고인돌에 대하여」, 『조선고고연구』 제81호, 1991.

석광준, 「평양일대에서 새로 발굴된 고인돌과 돌관무덤에 대하여」, 『고고연구』 99-3, 1996.

손보기, 「층위를 이루는 석장리 구석기문화」, 『歷史學報』 제35 · 36집, 1967.

손수호, 「팽이그릇시기 집자리의 편년에 대하여」, 『단군과 고조선 연구』, 지식산업사, 2005.

손영종, 「단군 및 고조선 관계 비사들에 대한 이해-『규원사화』를 중심으로」, 『단군과 고조선 연구』, 지식산업사, 2005.

손영종, 「단군조선의 성립」, 『단군과 고조선』, 지식산업사, 2005.

孫晉泰, 「蘇塗考」, 『朝鮮民族文化의 硏究』, 을유문화사, 1948.

손진태, 「조선 Dolmen에 관한 조사연구」, 『朝鮮民族文化의 연구』, 을유문화사, 1949.

송순탁, 「대동강 유역 청동기시대 문화성격에 대하여」, 『단군과 고조선 연구』, 지식산업사, 2005.

송정화, 「홍산문화의 신화,종교적 의미」, 『중국어문학지』 제16집, 2004.

송호정, 「요동 지역 청동기문화와 미송리형 토기에 관한 고찰」, 『한국사론』 24, 서울대 국사학과, 1991.

송호정, 「古朝鮮 · 夫餘의 국가구조와 정치운영: 부 및 부체제론과 관련하여」, 『韓國古代史硏究』 17, 2000.

愼鏞廈, 「우리니리 最初의 近代學校 設立에 대하여」, 『韓國史硏究』 10, 1974.

신용하, 「갑신정변의 개혁사상」, 『韓國學報』 제36집, 1984.

신용하, 「民族形成의 理論」, 『韓國社會學硏究』 제7집, 1984.

신용하, 「金玉均의 개화사상」, 『동방학지』 46 · 47 · 48 합집, 1985.

신용하, 「19세기 한국의 근대국가 형성문제와 입헌공화국 수립운동」, 『한국사회사연구회논문집』 제1집, 1986

신용하, 「주시경의 애국계몽사상」, 『한국사회학연구』 제1집, 1977(『한국근대사회사상사』, 일지사, 1987 재수록).
신용하, 「1894년의 社會身分制의 폐지」, 『奎章閣』 제9집, 1985(『한국근대사회사 연구』, 일지사, 1987 재수록).
신용하, 「檀君認識의 歷史的 變遷-한말 일제시기의 檀君思想과 獨立運動」, 『檀君-그 이해와 자료』, 서울대출판부, 1994.
신용하, 「한말 보안회의 창립과 민족운동」, 『韓國社會史學會論文集』 제44집, 1994.
신용하, 「檀君說話의 社會學的 解釋」, 『韓國社會史研究會論文集』 제47집, 1995.
신용하, 「1894년 甲午改革의 社會史」, 『韓國社會史學會論文集』 제50집, 1996.
신용하, 「1895년 乙未改革의 사회사」, 『韓國學報』 제85집, 1996.
신용하, 「탐라국의 형성과 초기 민족이동」, 『韓國學報』 제90집, 1998.
신용하, 「韓國民族의 起源과 形成」, 『韓國學報』 제100집, 2000.
신용하, 「한민족의 형성과 단군에 대한 사회사적 고찰」, 『단군학보』 제3집, 2000(단군학회 엮음, 『단군과 고조선연구』, 지식산업사, 2005 재수록).
신용하, 「고조선 '아사달' 문양이 새겨진 山東 大汶口文化유물」, 『韓國學報』 제102집, 2001.
신용하, 「古朝鮮文明圈의 三足烏太陽 상징과 朝陽袁台子벽화묘의 三足烏太陽」, 『韓國學報』 제105집, 2001.
신용하, 「'민족'의 사회학적 설명과 '상상의 공동체론' 비판」, 『한국사회학』 제40집 제1호, 2006.
신용하, 「古朝鮮文明의 형성과 동북아의 '아사달'문양」, 임재해 외, 『고대에도 한류가 있었다』, 지식산업사, 2007.
신용하, 「고조선 국가의 형성: 3부족 결합에 의한 고조선 개국과 아사달」, 『사회와 역사』 제80집, 한국사회사학회, 2008.
신용하, 「고조선의 통치체제」, 『고조선연구』 제1집(고조선학회), 지식산업사, 2008.
신용하, 「고조선 국가의 형성과 고조선 금속문화」, 『단군학연구』 제21호, 2009.
신용하, 「古朝鮮文明圈 형성의 기본구조」, 『단군학연구』 제23호, 2010.
신용하, 「고조선 국가의 요동 · 요서지역으로의 발전」, 『고조선단군학』 제25호, 2011.
신용하, 「고조선의 기마문화와 농경 · 유목의 복합구성」, 『고조선단군학』 제26호, 2012.
신용하, 「孤竹國의 성립과 古朝鮮 후국의 지위」, 『고조선단군학』 제28호, 2013.
신용하, 「고조선문명의 형성과 한강문화의 특징」, 『고조선문명의 학제적 연구 제1차년도 연차보고서』, 2014.
신용하, 「고조선문명 형성의 기반과 한강문화의 세계최초 단립벼 및 콩의 재배경작」, 『고조선단군학』 제31호, 2014.
신용하, 「고조선 국가의 영역 확대와 고조선 청동기의 분포」, 『사회와 역사』 제101집, 한국사회사학회, 2014.
신용하, 「고조선문명 형성에 들어간 貊부족의 紅山문화의 특징」, 『고조선단군학』 제32집, 2015.
申采浩, 「檀君時代」, 『讀史新論』(『大韓每日申報』 연재), 1908.
신채호, 「夫餘王朝와 箕子」, 『讀史新論』(『大韓每日申報』 연재), 1908.
신채호, 「수두시대」, 『朝鮮上古史』(『朝鮮日報』 연재), 1931.
신형식, 「'中華5천년', 紅山文明의 再照明」, 『白山學報』 제77호, 2007.
안승모, 「두류 재배기원에 대한 고고학적 고찰」, 『한국콩연구회지』 제19권 제2호, 2002.
안승모, 「대천리유적의 麥類로 본 동아시아 맥작의 초보적 검토」, 『옥천 대천리 신석기 유적』, 한남대중앙박물관 · 한국고속철도건설공단, 2003.
안승모, 「콩과 팥의 고고학」, 『제15회 인제식품과학 FORUM』, 2008.
安在鴻, 「檀君論과 箕子抹殺論」, 『新朝鮮』 1, 노동사, 1935.
안재홍, 「檀君과 開天節-弘益人間의 新高調」, 『朝鮮日報』, 조선일보사, 1935.
안호룡, 「조선시대 가족형태의 변화」, 『한국사회사학회논문집』 제50집, 1996.
양홍진, 「중국 고고천문 유적의 지역적 분포와 특성에 대하여: 홍산문화와 하가점하층 문화 유적을 중심으로」, 『동아시아고대학』 제32집, 2013.
吳江原, 「서요하상류역 청동단검과 그 문화에 관한 연구」, 『韓國古代史研究』 12, 서경문화사, 1997.
오강원, 「春秋末東夷系萊族木槨墓 출토 비파형동검」, 『韓國古代史研究』 23, 서경문화사, 2001.
오강원, 「동북아지역 扇形銅斧의 형식과 시공간적 양상」, 『강원고고학보』 2, 2003.
오강원, 「요령~한반도지역 비파형동검과 세형동검의 검병두식 연구」, 『북방사논총』 2, 고구려연구재단, 2004.
오강원, 「중국 동북지역 세 청동단검문화의 문화지형과 교섭관계」, 『先史와 古代』 제20집, 2004.
오강원, 「내몽고 중남부 지역의 청동기~초기 철기시대 문화와 사회」, 『내몽고 중남부의 오르도스 청동기와 문화』, 고구려연구재단 · 내몽고문물고고연구소, 2006.
오대양, 「한강 본류 유역 고인돌유적의 성격」, 『白山學報』 제79호, 2007.
우실하, 「「천부경」, 「삼일신고」의 수리체계와 '3수 분화의 세계관(1-3-81)'」, 『선도문화』 제1집, 2006.
우실하, 「동북공정의 최종판 '요하문명론'」, 『고조선단군학』 제15호, 2006.
우실하, 「한국 전통문화의 심층 구조 "3수 분화의 세계관(1-3-9-81)"」, 『한민족연구』 제9호, 2010.
우실하, 「역사, 민속; 몽골 지역 석인상의 기원과 요하문명(遼河文明)」, 『몽골학』 제29집, 2010.
우실하, 「'3수 분화의 세계관(1-3-9-81)'의 기원과 홍산문화」, 『비교민속학』 제44집, 2011.
우실하, 「홍산문화 玉猪龍, 雙獸首璜形器, 雙獸首三孔器의 상징적 의미와 '幻日(Sundog)' 현상」, 『東아시아古代學』 제24집, 2011.
우실하, 「홍산문화의 곰토템족과 단군신화의 웅녀족」, 『고조선단군학』 제27호, 2012.
우실하, 「요하문명 · 홍산문화 지역의 지리적 기후적 조건」, 『고조선단군학』 제30호, 2014.
우실하, 「고조선문명의 기원과 요하문명」, 『고조선문명의 학제적 연구 제1차년도 연차보고서』, 2014.
우실하, 「2012년에 발견된 홍산문화 陶塑男神像」, 『고조선문명의 기원과 요하문명』(「고조선문명의 학제적 연구」 제1차년도 연차보고서), 2014.
우장문, 「화성 · 용인지역 선돌의 비교고찰」, 『京畿史學』 제6집, 2002.
禹澈九, 「한말 고빙 軍事顧問(敎官官)이 군부지도층의 정치적 태도에 미친 영향」, 『영남대 사회과학연구』 제1집, 1981.
柳永益, 「미국 軍事敎官 고빙시말기 片考」, 『軍史』 제4집, 1982.
유태용, 「지석묘에 부장된 청동제품의 사회적 기능에 대한 연구」, 『先史와 古代』 제22집, 2005.
尹乃鉉, 「箕子新考」, 『韓國史硏究』 41, 한국사학회, 1983.
윤내현, 「고조선의 도읍위치와 그 이동」, 『단군과 고조선 연구』, 지식산업사, 2005.
윤내현 · 한창균 · 신숙정 · 양현주, 「일산 3지역 고고학 조사」, 『일산 새도시 개발지역 학술조사보고 I : 자연과 옛 사람의 삶 · 자연환경조사 · 고고학발굴보고』, 한국선사문화연구소 · 경기도, 1992.

尹明喆, 「桓檀古記의 사회문화적 영향 검토」, 『단군학연구』 제2호, 2000.
윤명철, 「단군신화의 해석을 통한 장군총의 성격 이해」, 『단군학보』 19, 2008.
윤무병, 「한국 청동유물의 연구」, 『白山學報』 제12호, 1972.
尹世福, 「檀君考」, 『建國大學術誌』 2, 1959.
李康來, 「三國遺事 引用 古記의 性格」, 『季刊書誌學報』 7, 韓國書誌學會, 1992.
이강승, 「遼寧地方의 靑銅器文化-靑銅遺物로 본 遼寧銅劍文化와 夏家店上層文化의 比較硏究」, 『韓國考古學報』 6, 1979.
李康植, 「'古記'에 기록된 神市조직의 구조와 기능」, 『경북대경상대논문집』 15, 1987.
李健茂, 「부여 합송리유적 출토 일괄유물」, 『考古學誌』 2, 한국고고미술연구소, 1990.
이건무, 「당진 소소리유적 출토 일괄유물」, 『考古學誌』 3, 한국고고미술연구소, 1991.
이건무, 「韓國式 銅劍文化의 性格-成立背景에 대하여-」, 『東아시아의 靑銅器文化-제3회 문화재연구 국제학술대회논문집』, 文化財管理局 文化財硏究所, 1994.
이건무, 「요령식동모에 대하여」, 『이기백선생고희기념 한국사학논총』 상, 1994.
李光麟, 「育英公院의 설치와 그 변천」, 『東方學志』 제6집, 1963.
이광린, 「美國軍事敎官의 초빙과 鍊武公院」, 『震檀學報』 제28호, 1965.
이광린, 「安宗洙와 農政新編」, 『歷史學報』 제37집, 1968.
이광린, 「農務牧畜試驗場의 설치에 대하여」, 『金載元博士回甲紀念論叢』, 1969.
李基文, 「韓國語形成史」, 『韓國文化史大系(Ⅴ)』(言語 · 文學史), 고려대 민족문화연구소, 1967.
이기문, 「周時經의 學問에 대한 새로운 理解」, 『韓國學報』 제5집, 1976년 가을.
李基白, 「高句麗王妃族考」, 『震檀學報』 제20집, 1959.
이기백, 「高句麗 國家形成 問題」, 『韓國古代의 國家와 社會』, 일조각, 1985.
이기백, 「古朝鮮의 國家形成」, 『한국사시민강좌』 12, 일조각, 1988.
이기백, 「檀君神話의 문제점」, 『증보판 단군신화 논집』, 새문사, 1990.
李東仁, 「한국근대화과정에서의 유교적 가치」, 『한국사회사연구회논문집』 제7집, 1987.
이동인, 「조광조와 이이의 사회개혁사상 비교연구」, 『사회과학논총』, 충남대사회과학연구소, 1996.
이동인, 「이이와 정약용의 사회개혁사상」, 『동양사회사상』 제10집, 2004.
李玟源, 「대한제국의 성립과정과 열강의 관계」, 『한국사연구』 제64집, 1989.
李白圭, 「경주 구정동 출토 일괄유물」, 『박물관신문』 72, 국립중앙박물관, 1977.

李丙燾,「檀君神話의 해석과 阿斯達 문제」,『서울大論文集』 제2집, 1955;『한국고대사연구』, 1976.

이병도,「箕子朝鮮의 正體와 所謂 箕子八條敎에 대한 新考察」,『朝鮮古代史硏究』, 박영사, 1976.

李盛雨,「大豆文化는 東方에서」,『한국콩연구회지』 제1호, 1984.

이성우,「大豆재배의 기원에 관한 고찰」,『韓國食文化學會誌』 제3권 제1호, 1988.

李盛周,「韓國 青銅器時代 '社會'考古學의 問題」,『古文化』 68, 한국대학박물관협회, 2006.

李松姬,「사회진화론의 수용과 전개」,『한국사회사상사연구』, 나남, 2003.

李榮文「전남 지방의 지석묘문화」,『全南文化財』 2, 1989.

이영문,「한반도 출토 비파형동검 형식분류 시론」,『博物館紀要』 7, 단국대박물관, 1991.

이영문,「중국 절강성 지역의 지석묘」,『韓國支石墓社會硏究』, 학연문화사, 1999.

이영학,「갑오개혁시기 기록관리제도의 변화」,『역사문화연구』 제27집, 2007.

이영호·박태식,「출토유물과 유전적 다양성으로 본 한반도의 두류재배 기원」,『농업사연구』 제5권 제1호, 2006.

이원순,「한말 고빙 구미인 종감(Ⅰ·Ⅱ)」,『조선시대논집』, 느티나무, 1980.

이윤상,「대한제국기 국가와 국왕의 위상제고사업」,『震檀學報』 제95집, 2003.

李隆助,「양평 앙덕리 고인돌 발굴보고」,『韓國史硏究』 제11집, 1975.

이융조,「한국 선사문화에서의 선돌의 성격」,『東方學志』 제46집, 1985.

이융조,「중원지역의 구석기문화」,『중원광장』 창간호, 중원포럼·충북일보, 2009.

이융조·김정희,「한국 선사시대 벼농사의 새로운 해석: 식물규소체 분석자료를 중심으로」,『先史와 古代』 제11집, 1998.

이영호·박태식,「출토유물과 유전적 다양성으로 본 한반도의 두류재배 기원」,『농업사연구』 제5권 제1호, 2006.

이융조·박태식·우종윤,「고양 가와지 볍씨의 발굴과 농업사적 의미」,『고양 가와지볍씨와 아시아 쌀농사의 조명』(고양 600주년 기념 국제학술회의 논문집), 2013.

이융조·박태식·하문식,「한국 선사시대 벼농사에 관한 연구: 고양 가와지 2지구를 중심으로」, 이융조·박태식 편,『고양 가와지 볍씨(Ⅰ)』, 고양시·한국선사문화연구원, 2014.

이융조·신숙정,「중원지방의 빗살무늬토기 고찰」,『손보기박사정년기념논총』, 1988.

이융조·우종윤, 「세계最古의 소로리볍씨의 발굴과 의미」, 충북대박물관 제1회 국제학술회의 『아시아 선사농경과 소로리볍씨』, 충북대박물관·청원군, 2003.
李殷昌, 「대전 괴정동 청동기문화의 연구」, 『亞細亞硏究』 제11권 제2호, 고려대 아세아문제연구소, 1968.
이정옥, 「브로델의 사회사: 시간과 공간의 변증법에 입각한 전체사」, 『한국사회사연구회논문집』 제6집, 1987.
이종미, 「한국의 떡문화: 형성 기원과 발달과정에 관한 소고」, 『한국식문화학회지』 제7권 제2호, 1992.
李鍾宣, 「세형동검문화의 지역적 특성」, 『韓國上古史學報』 3, 1990.
이종호, 「漢江圈의 '未知의 王國' 성립에 관한 一試論 」, 『白山學報』 제80호, 2008.
李眞旼, 「중부 지역 역삼동 유형과 송국리 유형의 관계에 대한 일고찰」, 『韓國考古學報』 54, 2004.
이청규, 「제주도 지석묘 연구」, 『耽羅文化』 4, 제주대 탐라문화연구소, 1985.
이청규, 「제주도 高山里 출토 융기문토기」, 『耽羅文化』 9, 제주대 탐라문화연구소, 1989.
이청규, 「청동기를 통해 본 고조선」, 『국사관논총』 42, 국사편찬위원회, 1993.
이청규, 「동북아지역의 다뉴경과 그 부장묘에 대하여」, 『한국고고학보』 제40집, 1999.
이청규, 「요녕 본계현 상보촌 출토 동검과 토기에 대하여」, 『고고역사학지』 16, 동아대박물관, 2000.
이청규, 「철기시대 전기의 중국 동북과 한반도의 금속기문화-세형동검문화를 중심으로」, 『동북아시아 선사 및 고대사 연구의 방향』, 학연문화사, 2004.
이청규, 「비파형동검문화」, 『한국 고대사 연구의 새동향』, 한국고대사학회, 2007.
이청규·고재원, 「高山里 유적과 土器유물」, 『제주 신석기문화의 원류』(한국신석기연구회 광복50주년기념 국제학술회의 논문집), 1995.
이헌종 외, 「영산강유역 신발견 하루舊石器遺蹟群」, 『한국구석기학보』 제8호, 2003.
李賢惠, 「한반도 청동기시대의 밭농사-진주 대평리 밭유적을 중심으로」, 『震檀學報』 제94집, 2002.
李亨求, 「대릉하유역의 은말주초 청도기문화와 기자 및 기자조선」, 『한국상고사학보』 5, 1991.
이형구, 「화학분석을 통해 본 발해연안 청동기문화의 기원문제」, 『馬韓·百濟文化』 13, 원광대학, 1993.

李慧竹·王靑,「後期靑銅器~鐵器時 中國 山東지역과 한국 간의 교류」,『白山學報』 제64호, 2002.
李浩官·趙由典,「양평군 양수리지석묘 발굴보고」,『八堂·昭陽댐 수몰지구 유적발굴 종합조사보고』, 문화공보부 문화재관리국, 1974.
李弘鍾,「松菊里文化의 文化接觸과 文化變動」,『韓國上古史學報』 48, 2005.
임숭경,「선사시대 옥기의 성격 및 그 제작기술에 대한 일고찰」,『사림』 제20호, 2003.
임재해,「단군신화를 보는 생태학적인 눈과 자연친화적 홍익인간 사상」,『단군학연구』 제9호, 2003.
임재해,「한국신화의 주체적 인식과 민족문화의 정체성」,『고조선단군학』 제17호, 2007.
임재해,「단군신화로 본 고조선 문화의 기원 재인식」,『고조선단군학』 제19호, 2008.
임재해,「고조선 시기 탈춤문화의 형성과 연행예술의 수준」,『비교민속학』 제40집, 2009.
임재해,「신시본풀이로 본 고조선문화의 형성과 홍산문화」,『고조선단군학』 제20호, 2009.
임재해,「탈춤 기원론의 쟁점과 상고시대 탈춤문화의 뿌리」,『한국민속학』 제50권, 2009.
임재해,「홍산문화로 읽는 고조선시대의 제천의식 전통」,『고조선단군학』 제30호, 2014.
임찬경,「女神象을 통한 紅山文化 건설 主體 批正」,『국학연구』 제15집, 2011.
임현진·공유식·김병국,「한국에서의 민족국가 형성 및 전개의 동학에 관한 비교사적 연구: 통일 민족구가의 건설을 위하여」,『성곡논총』 제27집 제3권, 1996.
任孝宰,「한국 중부지방 新石器文化의 상사성과 상이성연구」,『한국고고학보』 제2집, 1977.
임효재,「경기도 김포반도의 고고학조사연구」,『서울대학교박물관보』 제2집, 1990.
張權烈,「古農書를 통해 본 한민족과 콩」,『한국콩연구회지』 제6권 제2호, 1989.
전경수,「신진화론과 국과형성론」,『한국사론』 19, 1988.
전희영,「씨앗분석」,『일산 새도시 개발지역 학술조사보고 I, 자연과 옛 사람의 삶』, 한국선사문화연구소·경기도, 1992.
정경희,「紅山文化 玉器에 나타난 '朝天' 사상(1): '1氣'·'3氣'형 옥기를 중심으로」,『선도문화』 제11집, 2011.

정경희, 「紅山文化 玉器에 나타난 '朝天' 사상(2): '2氣'·'5氣'·'9氣'형 옥기를 중심으로」, 『白山學報』 제88호, 2010.
정근식, 「일제하 서양의료체계의 헤게모니 형성과 동서의학논쟁」, 『한국사회사학회논문집』 제50집, 1996.
정대영, 「중국동북지방 청동기시대 석관묘제와 장속의 지역성」, 『북방사논총』 3, 2005.
정영화, 「한국의 구석기」, 『한국고고학보』 제19집, 1984.
정용길, 「신평군 선암리 돌상자 무덤」, 『고고학자료집』 6, 민족문화, 1983.
鄭允在, 「民世 安在鴻의 신민족주의론 연구」, 신용하 편, 『韓國現代社會思想』, 지식산업사, 1984.
鄭仁盛, 「낙동강유역권의 細形銅劍文化」, 『嶺南考古學』 22, 영남고고학회, 1998.
鄭一均, 「갑오개혁기 정부의 공문서제도」, 『사회와 역사』 101, 2014.
鄭畛相, 「농민집강소를 통해서 본 갑오농민전쟁의 사회적 지향」, 『한국사회사학회논문집』 제27집, 1991.
정진상, 「갑오농민전쟁시기 집강소의 조직자원」, 『사회와 역사』 제62집, 한국사회사학회, 2002.
鄭鎭星, 「계급으로서의 민족 공동체: 일제시기의 재일조선인사회를 중심으로」, 『최홍기 선생님 회갑기념논문집』, 1987.
鄭鶴燮, 「조소앙의 삼균주의」, 『한국현대사회사상』, 지식산업사, 1984.
조법종, 「'장백산문화론'의 비판적 검토」, 『白山學報』 제79호, 2007.
조법종, 「중국 요하문명론의 전개와 의미」, 『한국사학보』 제51호, 2013.
趙賓福, 「遼西地區漢以前文化發展序列的建立及文化縱橫關系的探討」, 『동양학』 제49권, 2011.
조성윤, 「조선후기의 도시와 농촌」, 『한국사회사학회논문집』 제29집, 1991.
조성윤, 「한말의 가족과 신분」, 『한국사회사학회논문집』 제50집, 1996.
조성윤, 「갑오개혁기 개화파정권의 신분제 폐지정책」, 『김용섭교수 정년기념 한국사학논집-한국근현대의 민족문제와 신국가건설』, 1997.
조성윤, 「정치와 종교: 조선시대의 유교의례」, 『사회와 역사』 제53집, 한국사회사학회, 1998.
조유전, 「영남지방의 유적」, 『한국사』 3, 국사편찬위원회, 1997.
조인성, 「檀君古記의 『檀君世紀』와 『檀奇古史』·『揆園史話』」, 『단군학연구』 제2호, 2000.

조현종,「우리나라 稻作農耕의 기원과 稻作類型」,『농업사연구』 제3권 제2호, 2004.
조희승,「잠업, 제강, 벼 재배기술을 통해 본 고조선문화의 우수성과 독자성」,『단군과 고조선』, 살림터, 1999.
周時經,「必尙自國文言」(『周時經全集』 상권), 아세아문화사, 1976.
주시경,「국문연구」(『周時經全集』 하권), 아세아문화사, 1976.
池建吉,「예산 동서리 석관묘출토 청동 일괄유물」,『백제연구』 9, 1978.
진덕규,「척사위정론의 민족주의적 비판의식」,『한국문화연구논총』 제31집, 1978.
진덕규,「대한제국의 권력구조에 대한 정치사적 인식(1)」,『대한제국연구(Ⅰ)』, 이화여대 한국문화연구원, 1983.
진덕규,「대한제국의 권력구조 인식(2)」,『대한제국연구(Ⅱ)』, 이화여대 한국문화연구원, 1984.
진덕규,「한국 현대정치사에서 분단체제 형성에 대한 민족주의적 인식」,『한국문화연구원논총』 제59집 2호, 1991.
진덕규,「동아시아의 전통문화와 근대적 가치체계」,『신아세아』 제6권 4호, 1999.
진소래,「요동반도 신석기문화 연구」,『韓國上古史學報』 24, 1977.
陳元甫,「중국 절강성지역의 석실 토돈묘」, 제2회 아시아권 문화유산(고인돌) 국제심포지엄 논문집,『아시아 거석문화와 고인돌』, 동북아지석묘연구소, 2007.
채백,「『독립신문』 독자투고의 현황과 특성에 관한 연구」,『언론과 사회』, 성곡언론문화재단, 1994.
채오병,「민족형식과 민족주의: 제국문화와 반식민문화의 상동성」,『한국사회학』 제41권 제4호, 2007.
千寬宇,「傅斯年의 '夷夏東西說'」,『韓國學報』 제14집, 일지사, 1979.
崔南善,「檀君論」(『東亞日報』 연재), 1926.
崔南善,「檀君及其硏究」,『別乾坤』 1928년 5월호.
崔南善,「檀君古記箋釋」,『思想界』 2, 思想界社, 1954.
崔南善,「檀君古記箋釋」, 이응봉 편,『檀君神話硏究』, 온누리, 1986.
崔德卿,「'齊民要術'의 高麗豆 보급과 한반도의 농작법에 대한 일고찰」,『東洋史硏究』 제78집, 2002.
최덕경,「大豆재배의 기원론과 韓半島」,『中國史硏究』 제31집, 2004.
崔夢龍,「주변지역 청동기문화의 비교: 시베리아 및 극동지역」,『한국사』 3(청동기문화와 철기문화), 국사편찬위원회, 1997.

최몽룡 외, 「백령·연평도의 즐문토기유적」, 『韓國文化』 3, 1981.
최영실, 「고조선의 군사력에 대하여」, 단군학회 편, 『단군과 고조선 연구』, 지식산업사, 2005.
최응선, 「상원군 장리 고인돌무덤을 통하여 본 고조선 초기의 사회문화상에 대하여」, 이형구 편, 『단군과 고조선』, 살림터, 1999.
하문식, 「금강과 남한강 유역의 고인돌문화 비교연구」, 『손보기박사정년기념고고인류학논총』, 지식산업사, 1988.
하문식, 「고인돌의 축조에 관한 문제: 채석과 덮개돌운반-경기 지역을 중심으로」, 『白山學報』 제79호, 2007.
하문식, 「경기지역 선돌유적과 그 성격」, 『古文化』 제72집, 2008.
河仁秀, 「남해안 櫛文土器 연구현황과 과제 (Ⅰ)-편년을 중심으로」, 『博物館研究論集』 9, 부산박물관, 2002.
하지연, 「대한제국의 일본대자본의 지주화과정 연구」, 『이화사학연구』 제33집, 2006.
한국고고학회, 「부여 송국리 출토 一括遺物」, 『고고학』 3, 1974.
한규항, 「한국 선돌의 기능변천에 대한 연구」, 『白山學報』 제28호, 1984.
韓道鉉, 「다산의 사회이론에서 권위와 질서」, 『한국사회사상사연구』, 나남, 2003.
韓炳三, 「价川 용흥리 출토 청동검과 반출유물-세형동검의 기원과 관련된 일고찰-」, 『考古學』 I, 한국고고학회, 1968.
韓佑劤, 「開港後 商業構造의 변천」, 『한국개항기의 商業研究』, 일조각, 1970.
韓永愚, 「17세기 反尊華的 道家史學의 成長: 北崖의 '揆園史話'에 대하여」, 『韓國學報』 1, 일지사, 1975.
韓永熙, 「馬場里 주거지 출토유물」, 『中島』 Ⅲ, 국립중앙박물관, 1982.
한영희, 「新石器時代 중·서부지방 土器文化의 재인식」, 『한국의 농경문화』 5, 경기대박물관, 1996.
한인호, 「고조선 초기의 금제품에 대한 고찰」, 『조선고고연구』 1, 사회과학출판사, 1995.
한인호, 「고조선의 귀금속 유물에 대하여」, 이형구 편, 『단군과 고조선』, 살림터, 1999.
한창균, 「고조선의 성립배경과 발전단계시론」, 『國史館論叢』 제33집, 1992.
한창균 외, 「옥천 대천리유적의 신석기시대 집자리 발굴 성과」, 『한국신석기연구』(한국신석기연구회) 제2호, 2002.
한창균·김근완·구자진, 「대천리유적 신석기시대 집자리에 대한 고찰」, 『옥천 대천리 신석기유적』, 한남대박물관·한국고속철도건설공단, 2003.
한흥수, 「朝鮮의 巨石文化 硏究」, 『震檀學報』 제3호, 1935.
허문회, 「신석기시대 집자리 출토 곡물분석」, 『옥천대천리 신석기유적』, 한남대중앙박물관·한국고속철도건설공단, 2003.
허종호, 「단군 및 고조선 역사연구에서의 몇 가지 기본문제들과 그 해명」, 『단군과 고조선』, 살림터, 1999.
허종호, 「고조선사회의 성격」, 『단군과 고조선』, 지식산업사, 2005.
홍시환, 「우리나라 자연동굴의 지리적 분포와 그 특성의 연구」, 『한국동굴학회지』 제62집, 2004.
황경숙, 「혜강 최한기 사상의 근대적 성격」, 『한국사회사학회논문집』 제47집, 1995.
황경숙, 「혜강 최한기의 인간관과 사회관」, 『한국사회사상사 연구』, 나남출판, 2003.
황경숙, 「최한기의 기학적 대외인식」, 『사회와 역사』 제84집, 한국사회사학회, 2009.
황기덕, 「최근에 새로 알려진 비파형단검과 좁은 놋단검관계의 유적 유물」, 『고고학자료집』 4, 사회과학출판사, 1974.
황기덕, 「무산 범의 구석 유적 발굴보고」, 『고고민속논문집』 6, 사회과학원출판사, 1975.
황기덕, 「길림, 장춘 지방 비파형단검문화의 년대에 대하여」, 『조선고고연구』 3, 사회과학출판사, 1986.
황기덕, 「우리나라 청동기시대의 사회관계에 대하여(1)·(2)」, 『조선고고연구』, 사회과학출판사, 1987.
황기덕, 「요서 지방의 비파형 단검문화와 그 주민」, 『비파형 단검문화에 관한 연구』, 백산자료원, 1987.
황용훈, 「양평군 문호리지구 유적발굴보고」, 『八堂·昭陽댐 수몰지구 유적발굴 종합조사보고』, 문화공보부 문화재관리국, 1974.
黃義敦, 「檀君考證에 대한 新記錄의 發見」, 『東光』 1-7, 東光社, 1926.

2) 중국

高廣仁, 「試論大汶口文化的分期」, 『考古學報』, 1978年 4期, 1978.
龔維英, 「論東夷族團的分化及昊陶族的南徒」, 『江漢考古』 1, 1988.
曲瑞琦, 「試論新樂文化」, 『新樂遺址學術討論會文集』, 1983.
郭大順, 「西遼河流域青銅文化研究的新進展」, 『中國考古學會第四次年會論文集』, 文物出版社, 1985.

郭大順, 「遼河流域“北方式青銅器”的發現與研究」, 『內蒙古文物考古』 1 · 2, 1985.
郭大順, 「試論魏營子類型」, 『考古學文化論集』 1, 1987.
郭大順, 「紅山文化 ‘惟玉爲葬’與遼河文明起源再認識」, 『文物』, 1995年 1期, 1995.
郭大順, 「遼寧史前考古與遼河文明探源」, 『遼海文物學刊』, 1995年 1期, 1995.
郭大順, 「玉器的起源與漁獵文化」, 『北方文物』, 1996年 4期, 1996.
郭大順, 「紅山文化 ‘惟玉爲葬與遼河文明起源特徵’再認識」, 『文物』, 1997年 8期, 1997.
郭大順, 「論聚落的層次性: 紅山文化與良渚文化的比較研究」, 『良渚文化研究: 紀念良渚文化發現六十週年國際學術討論會文集』, 科學出版社, 1999.
郭大順 · 張克擧, 「遼寧省喀左縣東山嘴紅山文化建築群發掘簡報」, 『文物』, 1984年 11期, 1984.
郭文韜, 「略論中國栽培大豆的起源」, 『第8屆中國飮食文化學術硏討會論文集』, 2004. 7.
廣守川, 「遼寧大凌河流域的殷周靑銅器」, 『東北亞考古學硏究』, 文物出版社, 1997.
靳楓毅, 「夏家店上層文化及其族屬問題」, 『考古學報』, 1987年 2期, 1987.
唐蘭, 「從大汶口文化的陶器文字看我國最早文化的年代」, 『大汶口文化討論文集』, 濟魯書社, 1979.
童明康, 「進一步深討中國文明的起源」, 『史學情報』, 1987年 1期, 1987.
董新林, 「魏營子文化初步硏究」, 『考古學報』, 2000年 1期, 2000.
董學增, 「試論吉林地區西團山文化」, 『考古學報』, 1983年 4期, 1983.
藺新建, 「紅山文化與古史傳說」, 『北方文物』, 1987年 9期, 1987.
牟永抗 · 吳汝祚, 「試論玉器時代-中國文明時代産生的一個重要標誌」, 蘇秉琦 主編, 『考古學文化論集(4)』, 文物出版社, 1997.
方殿春 · 劉葆華, 「遼寧阜新縣胡頭溝紅山文化玉器墓的發現」, 『文物』, 1984年 6期, 1984.
傅斯年, 「箕子明夷的故事」, 『古史辨』 제3책 上篇, 1931.
傅斯年, 「夷夏東西說」, 『慶祝蔡元培先生六十歲論文集』, 北京, 1935.
傅仁義, 「大連郭家村遺址的動物遺骨」, 『考古學報』, 1984年 3期, 1984.
常春林, 「試論紅山文化的族屬問題」, 『中國考古集成(東北卷)』, 北京出版社, 1996.
薛志强, 「紅山諸文化與中華文明」, 『中國地方古代文化國際學術討論會文集』, 文物出版社, 1995.
薛志强, 「紅山諸文化與中華文明」, 『中國地方古代文化國際學術討論會論文集』, 文物出版社, 1995.
邵望平,「遠古文明的火花-陶瓮上的 文字」,『大汶口文化討論文集』, 濟魯書社, 1979.
蘇秉琦,「遼西古文化古城古國一試論當前田野考古工作的重點和大課題」,『文物』, 1986年 8期, 1986.
蘇秉琦,「象徵中華的遼寧重大文化史蹟」,『遼寧畵報』, 1987年 1期, 1987.
蘇秉琦,「中華文明的新曙光」,『東南文化』, 1988年 5期, 1988.
蘇秉琦,「論西遼河古文化: 與赤峰史學工作者的談話」,『北方民族文化』, 1993.
孫守道,「論中國史上'玉兵時代'的提出-紅山文化玉器硏究札記」,『遼寧文物』, 1983年 5期, 1983.
孫守道 · 郭大順,「論遼河流域的原始文明與龍的起源」,『文物』, 1984年 6期, 1984.
孫永剛 · 趙志軍,「魏家窩鋪村: 紅山文化遺址植物遺存綜合硏究」,『農業考古』, 2013年 3期, 2013.
孫祖初,「論小珠山中層文化的分期及與各地比較」,『遼海文物學刊』, 1991年 1期, 1991.
安志敏,「試論文明的起源」,『考古』, 1987年 5期, 1987.
安志敏,「談談中國文明起源」,『河南師範大學學報(哲學社會科學版)』, 1991年 3期, 1991.
安志敏,「論'文明的曙光'和中河祭遺址的考古實證」,『北方文物』, 2002年 1期, 2002.
安志敏,「關于牛河梁遺址的重新認識」,『考古與文物』, 2003年 1期, 2003.
安志敏,「紅山玉器的質疑和論證」,『考古』, 2004年 2期, 2004.
楊東晨,「東夷的發展與秦國在西方的復位」,『中南民族學院報』, 1989年 5期(總38期), 哲學社會科學版, 1989.
楊美莉,「試論新石器時代北方系統的環形玉器」,『北方民族文化新論』, 哈爾濱出版社, 2001.
嚴文明,「中國稻作農業的起源」,『農業考古』, 1982年 1 · 2期, 1982.
嚴文明,「山東楊家圈稻穀發見の意義」, 和佐野喜久生 編,『東アジア稻作起源と古代稻作文化』, 報告 · 論文集, 1995.
黎家方,「新樂文化的科學價値和歷史地位」,『新樂文化論文集』, 沈陽新樂遺址博物館, 2000.
烟台市文物管理委員會 · 栖霞縣文物事業管理處,「山東栖霞縣占疃鄉杏家庄戰國墓淸理簡報」,『古考』1, 1992.

烏居龍藏,「中國石棚之硏究」,『燕京學報』31, 1946.
吳汝祚,「論老哈河 · 大凌河地區的文明起源」,『遼海文物學刊』, 1995年 1期, 1995.
吳汝祚,「論老哈河 · 大凌河地區的文明起源」,『北方文化』, 1995年 1期, 1995.
王嗣州,「小珠山 下層文化類型與后洼下層文化類型的比較」,『博物館硏究』, 1990年 3期, 1990.
王樹明,「陶尊文字: 古代文明的史話」,『山東文物縱談』, 中國廣播電視出版社, 1992.
王獻唐,「山東的歷史和文物」,『文物參考資料』2, 1957.
王曾,「紅山文化走向」,『文史硏究』, 1987年 1期, 1987.
于崇源,「從瀋陽的新樂文化談記」,『遼海文物學刊』, 1999年 1期, 1999.
宇野隆夫,「多紐鏡の硏究」,『史林』60-1, 1977.
袁家榮,「玉 · 蟾岩獲水稻起源重要新物証」,『中國文物報』, 1996.
游修齡,「对河姆渡遺址第四文化層出土稻穀和骨耜的幾点看法」,『文物』, 1976年 8期, 1976.
游修齡,「從河姆渡遺址出土稻穀試論我國栽培稻的起源 分化與傳播」,『作物學報』, 第 5卷 3號, 1979.
劉振華,「內蒙古奈曼旗滿德圖遺址」,『社會科學輯刊』, 1994年 增刊號, 1994.
魏凡,「牛河梁紅山文化第三地点石棺墓」,『遼海文物學刊』, 1994年 1期, 1994.
劉景文,「試論西團山文化中的靑銅器」,『文物』, 1984年 4期, 1984.
劉國祥,「下家店上層文化靑銅器硏究」,『考古學報』, 2000年 4期, 2000.
劉國祥,「紅山文化墓葬形制與玉制度硏究」,『首屆紅山文化國際學術硏討會』資料集, 2004.
劉國祥,「西遼河流域新石器時代至早期靑銅器時代考古學文化概論」,『遼東師範大學學報』, 2006年 1期, 社會科學版, 2006.
維英,「論東夷族團的分化及昊陶族的南徙」,『江漢考古』1, 한강문화재연구원, 1989.
劉素俠,「紅山諸文化所反映的原始文明,『中國考古集成(東北卷4)』, 北京出版社, 1996.
劉煥民,「新樂斜口異形器用途硏究」,『新樂遺址學術討論會文集』, 1983; 沈陽新樂遺址博物館,『新樂文化論文集』, 2000.
李江浙,「秦人起源東方考」,『先秦史硏究動態』, 1984年 4期, 1984.
李經漢,「試論夏家店下層文化的分期和類型」,『中國考古學會第一次年會論文集』, 文物出版社, 1980.

李恭篤,「遼寧凌源縣三官甸子城子山遺址試掘報告」,『考古』, 1986年 6期, 1986.
李恭篤,「遼寧原始文化區計劃分與類型硏究」,『遼寧大學學報』, 1988年 2期, 1988.
李伯謙,「論夏家店下層文化」,『記念北京大學考古學專業三十年論文集』, 文物出版社, 1990.
李龍,「試談昂昂溪遺存的元始農業」,『黑河學刊』, 1988年 2期, 1988.
李浩宮 · 陽東晨,「東夷的發展與秦國在西方的復位」,『中南民族學院報』1989年 5期(總38期), 哲學社會科學版, 1989.
李曉鐘,「瀋陽新樂遺址 1982~1988年發掘報告」,『遼海文物學刊』, 1990年 1期, 1990.
李曉鍾 · 藺新建,「下遼河流域早期靑銅文化譜系硏究」,『遼海文物學刊』, 1991年 1期, 1991.
林沄,「中國東北系銅劍初論」,『考古學報』, 1980年 2期, 1980.
林沄,「關于中國的對匈奴族源的考古學硏究」,『內蒙古文物考古』, 1993年 1 · 2期, 1993.
林沄,「東胡與山戎的考古探索」,『環渤海考古學術發表會論文集』, 知識出版社, 1996.
林沄,「所謂 '玉猪龍' 并不是龍」,『二十一世紀的 中國考古學』, 文物出版社, 2006.
林沄,「說 '貊'」,『林沄學術文集』2, 北京: 科學出版社, 2008.
張光直,「談'琮'及其在中國古史上的意義」,『文物與考古論集』, 文物出版社, 1986.
張文緒,「中國古栽培稻的硏究」,『農業考古』, 1998年 1期, 1998.
張忠培 外,「夏家店下層文化硏究」,『考古學文化論集』1, 文物出版社, 1987.
張泰湘,「嫩江流域原始文化初論」,『北方文物』, 1985年 2期, 1985.
翟德芳,「中國北方地區靑銅短劍分群硏究」,『考古學報』, 1988年 3期, 1988.
田黃金,「中國北方系靑銅器文化和類型的初步硏究」,『考古學文化論集』4, 文物出版社, 1997.
鳥居龍藏,「中國石棚之硏究」,『燕京學報』31, 1946.
周季維,「長江中下流出土古稻考察報告」,『雲南農業科技』, 1981年 6期, 1981.
朱鳳瀚,「吉林奈曼旗大瀋他拉新石器時代遺址調查」,『考古』, 1979年 3期, 1979.
周延忠,「淺談'新樂文化'出土的斜口器」,『新樂遺址學術討論會文集』, 1983; 沈陽新樂遺址博物館,,『新樂文化論文集』, 2000.
朱永剛,「夏家店上層文化初步硏究」,『考古學文化論集』1, 文物出版社, 1987.
朱永剛,「西團山文化基葬分期硏究」,『北方文物』, 1991年 3期, 1991.
周陽生,「瀋陽新樂遺址第三次發掘主要收獲」,『新樂文化論文集』, 2000.

陳星燦,「青銅器時代與玉器時代-再論中國文明的起源」,『考古求知集』, 中國社會科學出版社, 1997.
陳雍,「左家山新石器時代遺存分析」,『考古』, 1992年 11期, 1992.
陳全家 · 趙賓福,「左家山新石器時代遺址的分期及相關文化遺存的年代序列」,『考古』, 1990年 3期, 1990.
陳俏蕾,「新樂遺址木雕藝術品再探」, 瀋陽市文物考古硏究所 編,『瀋陽考古文集』第2集, 2009.
蔡鳳書,「中國文明起源'新說'駁議」,『文史哲』, 1988年 4期, 1988.
巴林右旗博物館,「內蒙古巴林右旗那斯臺遺址調査」,『考古』, 1987年 6期, 1987.
何賢武,「從江山文化的最新發現看中國文明的起源」,『遼寧大學學報』, 1987年 4期, 1987.
郝思德,「也談昂昂溪文化的經濟生活」,『內蒙古東部區考古學文化硏究文集』, 海洋出版社, 1991.
鴿子洞發掘隊,「遼寧鴿子洞舊石器遺址發掘報告」,『古脊椎動物與古人類』第13卷 第2期, 1976.
許玉林,「遼寧東溝縣后洼遺址發掘概要」,『文物』, 1989年 12期, 1989.
許玉林,「后洼遺址考古新發現與硏究」,『中國考古學會 第6次年會論集』, 文物出版社, 1990.
許玉林,「遼寧商周時代的靑銅文化」,『考古學文化論集』3, 文物出版社, 1993.
華玉冰,「牛河梁女神廟平臺東坡筒形群遺存發掘簡報」,『文物』, 1994年 5期, 1994.
華玉冰 · 陳國慶,「大連地區晚期靑銅時代考古文化」,『遼海文物學刊』, 1994年 1期, 1994.

3) 일본

江上波夫,「騎馬民族の渡來」,『騎馬民族國家』(江上波夫著作集6), 東京: 平凡社, 1986.
宮本一夫,「青銅器と彌生時代の實年代」,『彌生時代の實年代』, 學生社, 2004.
渡部忠正,「アジア栽培稻の起源と傳播」,『サイエンス』14(12), 1984.

4) 서양

Ambrose, S. H., "Late Pleistocene Human Population Bottlenecks, Volcanic Winter, and Differetiation of Modern Humans," *Journal of Human Evolution,* 34, 1998.

Berger, A., and M. F. Loutre, "Climate: An Exceptionally Long Interglacial Ahead?" *Science,* 297, 2002.

Eldredges, S., "Ice Ages-What are they and What causes them?" *Utah Geological Survey,* Retrieved 2, March, 2013.

Hoffecker, John F., "The Human Story," in Brian Fagan (ed.), *The Complete Ice Age,* London: Thames & Hudson, 2009.

Kim, Kyeong Ja, Yung-jo Lee, Jong-Yoon Woo, and A. J. Timothy Jull, "Radiocarbon ages of Sorori ancient rice of Korea", *Beam Interactions with Materials and Atoms (Nuclear Instruments and Methods in Physics Reserach B)*, vol. 294, January 2013.

Lee, Yung-jo, and S. J. Park, "A New Discovery of the Upper Pleistocene Child's Skelton from Hungsu Cave (Turubong Cave Complex), Ch'ongwon, Korea", The *Korea Journal Quaternary Research*, vol. 4, 1990.

Park, Chan Kirl, and Yang, Kyung Rin, "KAER I Radiocarbon Measurements III", *Radiocarbon*, Vol. 16, No. 2, 1974.

Severinghaus, J., and E. Brooks, "Abrupt Climate Change at the End of the Last Glacial Period Inferred from Trapped Air in Polar Ice," *Science,* 286, 1999.

Varadi, F., B. Runnegar, and M. Ghil, "Successive Refinements in Long-Term Integrations of Planetary Orbits," *The Astrophysical Journal,* 592, 2003.

찾아보기

[ㄴ]

[ㄷ]

[ㄹ]

[ㅁ]

[ㅅ]

[ㅇ]

[ㅎ]

신용하(愼鏞廈)

서울대학교 문리과대학 사회학과 졸업
서울대학교 대학원 경제학석사 · 사회학박사
서울대학교 사회과학대학 사회학과 교수
서울대학교 사회과학대학 학장
한국사회학회 회장
한국사회사학회 회장
독도연구보전협회 회장
한국영토학회 회장
한양대학교 석좌교수
이화여자대학교 이화학술원 석좌교수 역임

현재 서울대학교 명예교수
울산대학교 석좌교수
대한민국학술원 회원
독도학회 회장